UTB **8244**

Einführungstexte Erziehungswissenschaft

Herausgegeben von Heinz-Hermann Krüger

Band 4
Einführung in die Erwachsenenbildung

Jürgen Wittpoth

Einführung
in die Erwachsenenbildung

2., aktualisierte Auflage

Verlag Barbara Budrich
Opladen & Farmington Hills 2006

Gedruckt auf säurefreiem und alterungsbeständigem Papier.

Die Deutsche Bibliothek – CIP-Einheitsaufnahme
Ein Titeldatensatz für die Publikation ist bei Der Deutschen Bibliothek erhältlich.

© 2006 Verlag Barbara Budrich, Opladen & Farmington Hills
Verlags-ISBN 3-86649-997-3
www.budrich-verlag.de

| UTB ISBN | 3-8252-8244-9 |
| UTB ISBN 13 | 978-3-8252-8244-8 |

Satz: Beate Glaubitz Redaktion und Satz, Opladen
Umschlaggestaltung: Atelier Reichert, Stuttgart
Druck: Ebner & Spiegel GmbH, Ulm
Printed in Germany

Editorial zu den
Einführungstexten Erziehungswissenschaft

Die Reihe Einführungstexte der Erziehungswissenschaft in sechzehn Bänden ist so konzipiert, dass sie Studierenden in erziehungswissenschaftlichen Hauptfachstudiengängen an Universitäten und Fachhochschulen im Grundstudium sowie Lehramtsstudierenden eine Einführung in Geschichte, Grundbegriffe, theoretische Ansätze, Forschungsergebnisse, Institutionen, Arbeitsfelder, Berufsperspektiven und Studienorte der Pädagogik/Erziehungswissenschaften sowie der verschiedenen Studienschwerpunkte und Fachrichtungen geben soll. Die einzelnen Bände sind so strukturiert, dass sich sich als Grundlagentexte für einführende Lehrveranstaltungen eignen.

Die Lehrtextreihe umfasst 16 Bände:

1. Einführung in die Erziehungswissenschaft
2. Einführung in die Schulpädagogik und Didaktik
3. Einführung in die Sozialpädagogik/Sozialarbeit
4. Einführung in die Erwachsenenbildung
5. Einführung in die Sonderpädagogik
6. Einführung in die Berufspädagogik/Wirtschaftspädagogik
7. Einführung in die Pädagogische Psychologie
8. Einführung in die Soziologie der Bildung und Erziehung
9. Einführung in die Interkulturelle Pädagogik
10. Einführung in die Kultur- und Freizeitpädagogik
11. Einführung in die Medienpädagogik
12. Einführung in die Genderstudien
13. Einführung in die Vorschulpädagogik
14. Einführung in die Gesundheitspädagogik
15. Einführung in das Bildungs- und Sozialmanagement
16. Einführung in die Altenhilfe/Altenbildung

Die Bände 1, 4, 5, 6, 8 und 12 sind bereits erschienen. Alle weiteren Bände werden in den Jahren 2006 bis 2007 erscheinen Die Autorinnen und Autoren der sechzehn Bände sind von dem Herausgeber gebeten worden, folgende Aspekte bei der Texterstellung zu berücksichtigen:

1. Geschichte des Feldes und der Teildisziplinen
2. Grundbegriffe und Theorieansätze
3. Forschungsfelder, Forschungsthemen
4. Institutionen, Arbeitsfelder, Berufschancen für Absolventen
5. Studienorte, Studiertips
6. Thematisch sortierte Literaturempfehlungen

Es bleibt abschließend noch allen Autorinnen und Autoren, die Bände für die Reihe Einführungstexte Erziehungswissenschaft verfasst haben bzw. noch fertig stellen, für die bisherige produktive und reibungslose Kooperation zu danken.

Mein besonderer Dank gilt Petra Essebier für die umsichtige und ausdauernde Mithilfe bei den vielfältigen Redaktionsarbeiten.

Heinz-Hermann Krüger
Martin-Luther-Universität Halle-Wittenberg

Inhaltsverzeichnis

1. Perspektiven auf die Erwachsenenbildung und die Bildung Erwachsener

Es gibt unterschiedliche Arten, sich auf Erwachsenenbildung zu beziehen und es gibt unterschiedliche Formen der Bildung Erwachsener, auf die wir uns beziehen.[1] Gerade wenn man mit dem Feld wenig vertraut ist, lohnt es sich, solche Differenzen im Auge zu behalten, allein schon um zu verstehen, wovon jeweils die Rede ist. Aus heutiger Sicht lassen sich im Interesse einer ersten, grundlegenden Orientierung unterscheiden:

Perspektive
— programmatisch
— analytisch

Objektbereich
— explizite Erwachsenenbildung
— implizite Bildung Erwachsener

Während die Differenz ,programmatisch/analytisch' seit geraumer Zeit bedeutsam ist, hätte man den Unterschied ,explizit/implizit' vor 15 Jahren wohl kaum betont. Er ist erst in jüngerer Zeit, seitdem man sich verstärkt für ,selbst organisierte' und sich eher beiläufig ergebende Formen des Lernens interessiert, relevant geworden.

Programmatische Perspektiven heben darauf ab, was Erwachsenenbildung leisten oder wie sie aufgebaut sein *soll* (oder: kritisch gegen bestehende Zustände gewandt: auf keinen Fall sein *darf*); es geht also vor allem um die (gemäß den jeweiligen Interessen möglichst optimale) *Gestaltung* von Erwachsenenbildung.

Analytische Perspektiven fragen demgegenüber danach, was Erwachsenenbildung *ist*, wie sie funktioniert, was sie leistet/leisten kann und was nicht; es geht also in erster Linie darum, zu *erfassen*, zu *beschreiben* und zu *verstehen*, was geschieht.

Als *explizite* Erwachsenenbildung wird all das verstanden, was in eigens zu ihrem Zwecke geschaffenen Institutionen und veranstalteten Kursen in der ausdrücklichen Absicht zu bilden geschieht.

Grundlegende Unterscheidungen

---

1   Für vielfältige Hilfen bei der Erstellung des Buchmanuskriptes danke ich Tordis Ackermann, Kornelia Charaf, Olaf Dörner und Ulrich Scheller.
    An der Überarbeitung für die zweite Auflage hat Juliane Giese intensiv mitgewirkt.

9

Implizite Formen sind solche, in denen Menschen eher beiläufig etwas lernen oder in denen sie sich selbst an irgendwelchen Orten, mit Hilfe irgendwelcher Medien mit Wissen versorgen. Es zeichnet sich ab, dass diese Formen in Abgrenzung von explizit und institutionalisiert gedachter ,Weiterbildung' bzw. ,Erwachsenenbildung' (beide Begriffe werden heute meist synonym verwandt) als ,Bildung Erwachsener' bezeichnet werden. ,Durchgesetzt' ist dieser Sprachgebrauch aber keineswegs; meist meinen Weiterbildung und Erwachsenenbildung noch immer alle erdenklichen Formen.

In den wissenschaftlichen, den bildungspolitischen und den alltagspraktischen Debatten trifft man weder die beiden Perspektiven stets in *Reinform* an, noch interessiert man sich ausschließlich für jeweils einen der beiden Bereiche. Oft geht es aber *schwerpunktmäßig* um das eine oder das andere, bisweilen sind Texte und Äußerungen auch ziemlich klar zuzuordnen. Im Interesse möglichst plastischer Erläuterung wähle ich im Folgenden Beispiele, die eindeutiger sind als die meisten Positionen, die man in den einschlägigen Debatten antrifft (zumal die hier getroffene Unterscheidung nicht immer gegenwärtig ist).

Programmatik Wenn ich ein *Programm* zur Weiterbildung entwickeln, Vorschläge zu ihrer Gestaltung machen, Fehlentwicklungen kritisieren will, dann kann ich dies nicht ohne Bezugspunkte, allein ,aus mir selbst heraus' tun. Von solchen Bezugspunkten gibt es eine ganze Reihe, und je nachdem, welche(n) man wählt, gerät man mit Menschen, die eine andere Wahl getroffen haben, beinahe unweigerlich in Streit.

– So kann man – wie viele (Erwachsenen-) Pädagogen dies tun – an *allgemeine* Vorstellungen von ,Aufklärung' anschließen. Es geht dann immer darum, möglichst alle Menschen in den Stand zu setzen, sich ihres eigenen Verstandes zu bedienen, das eigene Leben möglichst unabhängig, ,mündig' zu gestalten.
– Man kann aber auch an die *besondere* Lebenssituation bestimmter Bevölkerungsgruppen anschließen und Weiterbildung als ein Instrument denken, mit dessen Hilfe diese Lebenssituation zu verbessern ist. Klassisch ist dies in der ,Arbeiterbildung' der Fall, in der es ,parteilich' darum geht, zur Artikulation und Durchsetzung eigener Interessen zu qualifizieren. Jüngeren Datums sind Programme, die etwa auf das Geschlecht abheben und mittels ,feministischer Bildungsarbeit' die Gleichstellung von Frauen und Männern fördern wollen.
– Man kann an so genannte ,*Zeitdiagnosen*' anschließen, also an Konzepte, die je besondere Merkmale der Gesellschaft, in der wir leben, herauszuarbeiten suchen. Dann fragt man, was Menschen wissen und können müssen, um in der ,Risikogesellschaft' oder der ,Wissensgesellschaft' o.Ä. ein gelingendes Leben zu führen.
– Schließlich kann man an die technische und ökonomische Entwicklung anschließen, Weiterbildung also unter dem Aspekt der *Erfordernisse des Arbeitsmarktes* zu gestalten suchen.

Dies ist nur eine Auswahl von – allerdings sehr verbreiteten – Möglichkeiten. Gleichwohl kann man sich hier bereits vorstellen, dass es programmatische Positionen zur Weiterbildung gibt, die sich nicht ,vertragen'. Vertrete ich etwa die Auffassung, Weiterbildung sei in ihrer institutionellen Struktur und in ihren Inhalten so anzulegen, dass stets die benötigten Qualifikationen am Arbeitsmarkt verfügbar sind, dann gerate ich mit einer gewissen Zwangsläufigkeit in Streit mit denen, die sich an Aufklärungsprinzipien orientieren, aber ebenso mit Vertretern der Arbeiter-, der Frauenbildung etc. Dieser Streit ist im Bereich der Erwachsenenbildung alltäglich und er lässt sich nicht ohne weiteres ‚entscheiden‘; zwar kann man für verschiedene Ausrichtungen mehr oder weniger gute Argumente finden, aber die ‚letzten‘, allen anderen überlegenen wohl kaum, zumindest nicht in der Art, dass sie durchweg Anerkennung fänden.

Dies ist aber nur eine ‚Konflikt-Linie‘. Eine andere gibt es zwischen der Theorie eher programmatischen und der eher analytischen Perspektive. Dies *muss* meines Erachtens nicht der Fall sein, *ist* es aber in vielen Fällen. Für Programmatiken der Weiterbildung – also für das, was sein soll – interessiert sich die theorieorientierte/analytische Perspektive allenfalls in einem ganz besonderen Sinne: Sie kann fragen, wer zu welcher Zeit und aus welchen Gründen welche Programme bevorzugt, und sie kann fragen, was im Zuge der Umsetzung verschiedener Programme geschieht. Sie ist also nicht *beteiligt*, sondern nimmt (generell) eine *Beobachter*position ein. Auch diese ist auf Bezugspunkte angewiesen, und auch in diesem Bereich gibt es eine ganze Reihe solcher möglicher Bezugspunkte.

Zunächst ist zwischen theorieorientierten und empirischen Interessen zu unterscheiden. Erstere sind darauf gerichtet, verschiedene Aspekte des Weiterbildungsgeschehens im Horizont von Bezugstheorien zu beschreiben. Damit ist bereits klar: auch hier gibt es wieder Vielfalt, denn die Zahl der Bezugstheorien, die grundsätzlich herangezogen werden können, ist groß (vgl. Kap. 3).

Gerade wenn man sich vergegenwärtigt, was Weiterbildung alles *leisten soll*, bietet sich im Sinne der Kontrastierung ein Bezug auf Theorien an, die *Funktionen* verschiedener gesellschaftlicher Teilsysteme (also auch des Weiterbildungsbereiches) betrachten. Die Unterscheidung zwischen (subjektiven) ‚Erwartungen an‘ und (objektiven) ‚Funktionen von‘ sowie das mit ihr verbundene Konfliktpotential kann man sich am Beispiel der Familie verdeutlichen. Entscheiden sich zunächst zwei Menschen, eine solche zu gründen, so geschieht dies aus der Perspektive der einzelnen Akteure (in unserer Kultur und heutzutage) aus Liebe. Werden dann auch noch Kinder geboren, so geht dies in der Regel ebenfalls auf emotionale Beweggründe zurück. Aus einem anderen Blickwinkel dient der gesamte Vorgang aber der Erhaltung der Art, der sozialen Integration, Versorgung etc. Das Ge- und Misslingen des Unternehmens lässt sich unter Hinzuziehung einer solchen Betrachtungsweise unter Umständen besser verstehen als ohne sie. So sind etwa die gestiegene Bedeutung der ‚romantischen Liebe‘ wie die hohen Scheidungsraten *auch* in Abhängigkeit der veränderten Versorgungsnotwendigkeit und ähnlicher Faktoren zu sehen. Gleichzeitig ist es für die Akteure schier unerträglich, ihr Handeln in dieser Perspektive zu betrachten (um es hier bereits anzukündigen: *Strukturell* entspricht dies den Schwierigkeiten, die viele Programmatiker der Weiterbildung mit theorieorientierten Betrachtungsweisen der skizzierten Art haben). Bedient man sich dieser Unterscheidung bei der Betrachtung der Weiterbildung, wird deutlich, dass vieles von dem, was mit allerlei weit reichenden Erwartungen in Gang gesetzt wird, zu anderen Ergebnissen führt als unterstellt wird.

Andere Beispiele theorieorientierter Betrachtung beziehen sich weniger auf systemische Fragen der Funktionen von Weiterbildung in der Gesellschaft, sondern gehen stärker vom einzelnen Menschen aus, der weitergebildet wird/werden soll. Die (Un-) Möglichkeit der Teilnahme, der Zweck von Weiterbildung u.Ä. werden dann im Horizont bisweilen konkurrierender Theorien der Sozialisation, des Lebenslaufregimes und der Biographie reflektiert. Es geht dann darum, unter welchen Bedingungen, bei welchen Anlässen und in welchen Lebensphasen eine (Nicht-) Teilnahme wahrscheinlich ist, Sinn ergibt usw.

Empirie Empirische Forschung findet nicht außerhalb von Theorie statt, hat aber ein anderes Interesse. Ihr geht es weniger darum, Sachverhalte zu ordnen, Zusammenhänge zu erklären, als vielmehr um die Erfassung und Dokumentation von Tatbeständen möglichst ‚so wie sie sind‘. Es gibt einen langen Streit darüber, ob so etwas überhaupt möglich ist. Ein tatsächlich ‚begriff-‘ oder ‚theorieloses‘ Erkennen ist schwer vorstellbar. Bereits die Fragestellungen für empirische Forschungsvorhaben kommen nicht von ungefähr, sondern schließen an theoretische Annahmen an, lassen sich oft auch von ihnen in dem Sinne ‚provozieren‘, dass sie wissen wollen, ob es ‚wirklich‘ so ist, wie unterstellt wird. So sind zum Beispiel seit geraumer Zeit bestimmte ‚Theorien‘ über den Zusammenhang zwischen technologischer und ökonomischer Entwicklung auf der einen sowie dem Qualifizierungsbedarf auf der anderen Seite verbreitet. Ihnen zufolge gewinnen wegen des Einsatzes zunehmend komplizierterer Technologien die Qualifikationen der Beschäftigten – die so genannten ‚Humanressourcen‘ – einen immer größeren Stellenwert für ökonomischen Erfolg. Empirisch überprüfen lässt sich eine solche zunächst sehr plausible Annahme etwa dadurch, dass man in einzelnen Unternehmen, bei verschiedenen Berufsgruppen, in unterschiedlichen Branchen Daten über die vorhandenen Qualifikationen und die Weiterbildungsaktivitäten der Beschäftigten sammelt. Man stellt dann fest, dass die Annahme in der meist vorgetragenen Allgemeinheit nicht zutreffend ist; vielmehr gilt sie lediglich für bestimmte Bereiche und unter besonderen Voraussetzungen. Die ‚Theorie‘ muss also modifiziert werden, auch wenn dies unter Umständen eine Weile dauert, weil man sie weithin für überzeugend gehalten hat.

Denkt man nun noch einmal an das Verhältnis von programmatischen zu analytischen (theorieorientierten bzw. empirischen) Perspektiven, so ist ein wesentliches Merkmal letzterer hervorzuheben. Sie haben zunächst einmal keinen ‚Respekt‘ vor den Normen, die das programmatische Denken anleiten. Deshalb sind ihre Ergebnisse in gewisser Weise ‚unkalkulierbar‘. Man weiß nicht, ob am Ende etwas herauskommt, was ‚erwünscht‘, heute würde man wohl sagen ‚politisch korrekt‘ ist. So kann man sich genötigt sehen, der verbreiteten Überzeugung, Weiterbildung diene der Emanzipation des Subjektes, zu widersprechen, etwa weil die Menschen, um die es vor allem geht, gar nicht erreicht werden, oder weil der Zwang zu lebenslangem Lernen immer auch eine Entwertung vorhandener Qualifikationen zur Folge hat usw. Damit ist klar, dass das Verhältnis zwischen beiden Perspektiven ein spannungsreiches ist.

Gehen wir nun über zur Unterscheidung des ‚explizit‘ bzw. ‚implizit‘ gedachten ‚Objektbereiches‘, also zu dem, *was* wir (in unterschiedlichen Perspektiven) betrachten.

Explizite Wesentlich explizit und in einschlägigen Institutionen ablaufend wurde ErWeiterbildung wachsenenbildung seit den 1970er-Jahren bis weit in die 1990er-Jahre gedacht. Da ab den 1970ern der allmähliche Ausbau der erziehungswissenschaftlichen Teildisziplin Erwachsenenbildung bzw. -pädagogik an den Hochschulen erfolgte (konkret:

12

Professorenstellen eingerichtet wurden), die Zahl der schreibenden Wissenschaftler also zunahm, sind große Teile der heute insgesamt vorliegenden Fachliteratur von diesem Grundverständnis geprägt. Man dachte unter dem Begriff Erwachsenenbildung lange Zeit an eigens zu Lehr-/Lernzwecken mit Erwachsenen geplante und durchgeführte Veranstaltungen, überwiegend in Institutionen, die sich als solche der Weiterbildung selbst verstanden und auch von der Öffentlichkeit als solche wahrgenommen wurden. Paradigmatisch steht dafür sicherlich der ‚Volkshochschulkurs'. Allerdings gibt es heute eine schier unüberschaubare Zahl von Orten, Institutionen, Anlässen und Ereignissen, die sich unter die Rubrik ‚explizit/institutionalisiert' in diesem Sinne fassen lassen. Es gibt Bildungswerke und -stätten der politischen Parteien, der Unternehmen, der Verbände, der Kammern, der Kirchen, der Gewerkschaften, in denen politische, berufsbezogene, kulturelle, allgemeine Bildung mit Erwachsenen betrieben wird. Bei dieser Vielfalt bleibt es nicht aus, dass in den begleitenden (programmatischen) Debatten Kontroversen geführt werden, z.B. zwischen denen, die sich insbesondere der politischen und denjenigen, die sich insbesondere der beruflichen Weiterbildung verschrieben haben. Setzt sich doch die eine zum Ziel, das Subjekt *gegen* die es umgebenden Verhältnisse zu stärken, wohingegen die andere darauf zielt, Arbeitende funktionsfähig zu halten, also technologischen und Verwertungs-Logiken *unterzuordnen* (zumindest ist das der Standardvorwurf aus ‚dem anderen Lager'). Bei aller Vielfalt der Formen, Orte und Positionen gibt es als gemeinsames Moment die ausdrückliche Institutionalisierung. Sie schien so selbstverständlich für das zu stehen, was Erwachsenenbildung ist und sein soll, dass eine einzige Person, die sich vehement gegen diese Perspektive gewandt (und im Laufe der Zeit eine Reihe von Anhängern gefunden) hat, international Aufmerksamkeit auf sich zog: Ivan Illich (vgl. Wittpoth 1997, S. 18ff.). *Gegen* den Aufbau eines institutionalisierten Systems der Erwachsenenbildung anzutreten, erschien so radikal, auch in gewisser Weise exotisch, dass gesteigertes Interesse gewiss war.

Gegenwärtig haben wir eine andere Situation: Die institutionalisierte Form, der über Jahrzehnte das beinahe ausschließliche Interesse galt, ist zwar *faktisch* enorm expandiert (bezieht in Deutschland knapp die Hälfte der Menschen zwischen 19 und 65 Jahren ein), verliert in den Debatten jedoch an Aufmerksamkeit und Zuspruch. Beides gilt in Wissenschaft und Politik zunehmend den impliziten beiläufigen Formen, die mindestens so vielfältig gedacht werden können, wie die institutionalisierten. Bezeichnet werden diese Formen als selbst organisiertes Lernen, Kompetenzentwicklung, Lernen im Prozess der Arbeit, Wissensaneignung u.Ä. Gemeint ist gewissermaßen ‚das Andere' des ausdrücklich Institutionalisierten, alle Formen der Bildung und des Wissenserwerbs von Erwachsenen außerhalb der Institutionen und Settings, an die bislang vor allem gedacht wurde. Bemerkenswert ist dabei, dass die beiden Formen in der programmatischen Perspektive *gegeneinander* gestellt werden (insofern haben wir es hier mit einer weiteren Konfliktlinie zu tun). Eher analytisch wird dann angenommen, die impliziten Formen wären ‚neu' und/oder hätten massiv an Bedeutung gewonnen, eher programmatisch werden sie als (zumindest teilweise) überlegen in Stellung gebracht. Man *muss* dies meines Erachtens keineswegs so sehen, es wird aber weithin so gesehen.

Die hier zunächst grob skizzierten Unterscheidungen werden im Folgenden nicht ‚streng', im Sinne eines ‚Rasters' durchgehalten. Sie bleiben allerdings

Implizite
Weiterbildung

maßgeblich und werden in verschiedenen Hinsichten variiert, exemplarisch konkretisiert, im Blick auf ihre Konsequenzen reflektiert. Um es vorwegzunehmen: Es wird am Ende, nach dem Durchgang durch verschiedenste Betrachtungsweisen der Weiterbildung keinen ‚Sieger‘ geben, keinen Ansatz, der uns sagen könnte, wie es ‚wirklich‘ oder ‚richtig‘ ist. Die gesamte Argumentation ist nicht daraufhin angelegt, verschiedene Perspektiven zu bewerten und dadurch unterwegs immer mehr Kandidaten ‚ausscheiden‘ zu lassen (auch wenn es zweifellos Qualitätsunterschiede gibt). Vielmehr soll diese ‚Einführung in die Erwachsenenbildung‘ zugleich eine Einführung in multiperspektivisches Denken und in theoretische Mehrsprachigkeit sein. Sollte sich am Ende ‚Lust‘ an einer solchen Beobachtungshaltung und Reflexionsweise einstellen, wäre sehr viel erreicht – zumindest müsste deren Produktivität nachvollziehbar werden.

2. Historische Betrachtungen

Die Auseinandersetzung mit der eigenen Geschichte hat bislang sicher nicht im Zentrum erwachsenenpädagogischer Aufmerksamkeit und Debatten gestanden. Daher wird der Kenntnisstand seit langem als vorläufig und lückenhaft angesehen. Aktuell kommen Probleme für die Geschichtsschreibung (Historiographie) hinzu, insofern sich der Blick auf den Gegenstand verändert, erweitert hat (vgl. 2.1.). Interessiert man sich über die institutionalisierte (explizite) Erwachsenenbildung hinaus für vielfältige Formen der Aneignung von Wissen oder der Bildung Erwachsener, dann werden historische Ereignisse, Lernmedien und Praxisformen bedeutsam, die bislang eher wenig Beachtung gefunden haben – vor allem reicht die Geschichte der Erwachsenenbildung weiter zurück, als bisher unterstellt wurde. Exemplarisch lässt sich dies an den Folgen zeigen, die mit der Durchsetzung des Buchdrucks verbunden waren (vgl. 2.2.). Unabhängig davon gibt es eine ganze Reihe von Arbeiten, die sich mit dem Wandel der Ideen und Formen von Erwachsenenbildung vor allem seit dem Zeitalter der Aufklärung beschäftigen. Deren Erträge werden in einer knappen Zusammenfassung vorgestellt (vgl. 2.3.), die die Lektüre der Vorlagen keinesfalls ersetzen kann; vielmehr soll der Überblick den Zugang zu ausführlichen Darstellungen über Epochen, besondere Problemlagen etc. erleichtern.

2.1. Zur Historiographie der Erwachsenenbildung

Will man sich der Geschichte von etwas vergewissern, so braucht man einen Begriff, eine einigermaßen klare, umgrenzte Vorstellung von eben diesem, weil man ansonsten nicht weiß, wonach man suchen soll. Genau an dem Punkt hat die Geschichtsschreibung zur Erwachsenenbildung ein Problem, das sich im Zuge jüngster Entwicklungen noch einmal zugespitzt hat.

Fasst man Erwachsenenbildung weit, bezieht also alle nur erdenklichen Formen des Lernens oder Weiterlernens von Erwachsenen ein, dann gibt es keine historische Begrenzung mehr. Man findet sie überall, „wo *Kulturleistung im weitesten Sinne* erbracht wurde" (Tietgens 1981, S. 138). Insofern ist es zunächst plausibel, von einem engeren Verständnis auszugehen. Üblich sind dabei zwei Varianten/Vorgehensweisen, die ineinander übergehen:

Probleme der Eingrenzung

15

- Man kann sich auf das konzentrieren, was in der Geschichte selbst als Erwachsenenbildung verstanden, ausdrücklich als solche benannt wurde.
- Man kann nach den historischen Vorläufern dessen suchen, was man gegenwärtig unter Erwachsenenbildung versteht.

Eine solche Einschränkung des Blicks erleichtert es, den Gegenstand überhaupt zu ‚fassen‘, etwas zu ‚sehen‘, bleibt aber auch in anderen Hinsichten nicht folgenlos:

- Die erstgenannte Variante hat zur Konsequenz, dass man vor allem Quellen wahrnimmt, in denen *Programme* der Erwachsenenbildung entfaltet werden. Was dabei herauskommt, ist im Wesentlichen eine *Ideen*geschichte, und weil Ideen an Personen oder Gruppen gebunden sind, ist die Geschichtsschreibung gleichzeitig reich an personenorientierten Darstellungen.
- Die zweite Variante hat zur Konsequenz, dass in der üblichen Geschichtsschreibung die *organisierte* Erwachsenenbildung sehr stark betont wird. Denn zu der Zeit, zu der eine wissenschaftliche Beschäftigung mit dem Gegenstand Erwachsenenbildung in nennenswertem Ausmaß begann, also etwa ab der späten Mitte des 20. Jahrhunderts, verstand man unter Erwachsenenbildung im Wesentlichen ihre institutionalisierte (explizite) Variante. Unterlegt ist meist das Verständnis des ‚Strukturplanes für das Bildungswesen‘ (1970), in dem Weiterbildung „als Fortsetzung oder Wiederaufnahme organisierten Lernens nach Abschluß einer unterschiedlich ausgedehnten ersten Bildungsphase“ definiert wird (Deutscher Bildungsrat 1973, S. 197). Nimmt man eine 10 Jahre ältere, ebenfalls sehr breit rezipierte Definition hinzu, dann ist leicht nachvollziehbar, dass wir es mit einem *sehr speziellen Blick* zu tun haben: „Gebildet im Sinne der Erwachsenenbildung wird jeder, der in dem ständigen Bemühen lebt, sich selbst, die Gesellschaft und die Welt zu verstehen und diesem Verständnis gemäß zu handeln“ (Deutscher Ausschuß 1963, S. 20). Hier bleibt offen, in welcher *Form* sich das ‚ständige Bemühen‘ vollzieht.

Blinde Flecken Mindestens zwei Probleme haben wir uns mit diesen ‚Entscheidungen‘ eingehandelt:

- Zum einen hat die Fixierung auf Ideengeschichte, verbunden mit dem Umstand, dass diese Engführung *als solche* selten gegenwärtig ist, dazu geführt, dass wir über die Rezeption und praktische Umsetzung dieser Ideen wenig wissen. Im Extremfall kann sich eine erhebliche Diskrepanz zwischen programmatisch-ideologischen Debatten auf der einen und dem Alltag der Erwachsenenbildung auf der anderen Seite ergeben (vgl. exemplarisch für die Weimarer Republik Langewiesche 1989).
- Zum anderen sind die Formen der Bildung Erwachsener, die nicht als solche bezeichnet wurden und – vor allem – die sich außerhalb pädagogischer Einrichtungen vollzogen, kaum beachtet worden. Dies erweist sich gerade heute als besonders problematisch, weil nun genau diese Formen besondere Aufmerksamkeit erfahren. Das Verständnis des Gegenstandes hat sich also erheblich erweitert und für diesen *anderen* Gegenstand verfügen wir über keine Geschichtsschreibung. Sobald es uns nicht mehr (allein) um die organisierte Erwachsenenbildung geht, muss die historische Neugier unbegrenzt sein und

sich durch die gesamte Geschichte hindurch für das Problem des Umgangs mit Wissen (das Lernen) interessieren.

Letzteres wird hier nicht in erster Linie mit dem Blick auf bloße Unvollständigkeit angemerkt. Vielmehr leidet die *gegenwärtige* Debatte unter diesem Defizit in besonderem Maße. Weil die entschiedene Begrenztheit der Historiographie der Erwachsenenbildung nicht gegenwärtig ist, erachten heute viele Autoren die nicht-organisierten Formen als ‚neu‘, stellen sich selbst als deren ‚Entdecker‘ dar. Damit nicht genug: das vermeintlich Neue erhält den Nimbus des Innovativen und Zukunftsfähigen schlechthin, desjenigen, das die ‚alte‘ organisierte – und nicht selten als verstaubt dargestellte – Erwachsenenbildung tendenziell ablöst bzw. ablösen soll. Erst wenn wir uns generell vergegenwärtigen, dass die organisierte Erwachsenenbildung – und nicht die sich in irgendwelchen Formen ‚vollziehende‘ – den Sonderfall darstellt, können wir uns vor solchen Missverständnissen schützen. Das bleibt dann nicht ohne Konsequenzen für die Bewertung der vermeintlich neuen Formen oder genauer: für die Einschätzung des Verhältnisses zwischen den explizit organisierten/institutionalisierten und den impliziten/offenen Formen.

Mit diesem Dilemma wird im Folgenden umzugehen sein, was nicht immer ohne Brüche möglich ist. Auf der einen Seite ist die Erwachsenenbildung, der sich die bisherige Geschichtsschreibung gewidmet hat, nicht die Erwachsenenbildung, die heute im Blick ist. Eine der aktuelleren Form gemäße Geschichtsschreibung gibt es aber noch nicht und sie wird uns auch vor erhebliche (Eingrenzungs-) Probleme stellen. An einem Beispiel werde ich die erweiterte Variante vorzustellen versuchen: an der Bedeutung des Buchdrucks für die Bildung Erwachsener.[1] Ich setze also im 15./16. Jahrhundert an (und müsste weiter ‚zurück gehen‘, weil auch orale, allein die gesprochene Sprache nutzende Kulturen über Praxen des Wissenserwerbs und der Wissensvermittlung verfügt haben, die für uns interessant sein dürften), wohingegen die ‚übliche‘ Geschichte der Erwachsenenbildung frühestens mit dem Ende des 18. Jahrhunderts, also der Aufklärung, beginnt. Streng genommen müsste man nicht nur die Lücken füllen, sondern die Geschichtsschreibung der Erwachsenenbildung (mindestens) von der Renaissance bis heute in einer weiteren Perspektive noch einmal neu aufrollen – das ist mir nicht möglich. Also steht neben diesem neuen, lediglich eine Epoche und in ihr ein Medium betreffenden Versuch die Skizze dessen, was bislang als Geschichte ‚der‘ Erwachsenenbildung gilt. So lückenhaft diese ist, so sehr trägt sie doch zum Verständnis relevanter Teile dessen bei, was wir heute vorfinden.

Seit wann gibt es ‚Weiterbildung‘?

2.2. Buchdruck und die Bildung Erwachsener

Geht man von dem ständigen Bemühen aus, „sich selbst, die Gesellschaft und die Welt zu verstehen und diesem Verständnis gemäß zu handeln" (Deutscher Ausschuß 1963, S. 20) und stellt dabei die Frage nach der Existenz organisierter

---

1 Die ‚Wahl‘ dieses Gegenstandes ist insofern ‚zufällig‘, als sie nicht auf systematische historische Studien zurückgeht, sondern von den sehr anregenden Schriften Michael Gieseckes zum Buchdruck (1998a, b) inspiriert ist, auf die ich im Zusammenhang meiner medientheoretischen Arbeiten gestoßen bin.

Formen von Erwachsenenbildung zurück, dann ist die Durchsetzung des Buchdrucks insofern von erheblicher Relevanz, als sich die Möglichkeiten für dieses ‚ständige Bemühen‘ enorm erweitern und seine Formen nachhaltig verändern. Auch wenn wir es fraglos mit einer historischen Zäsur zu tun haben, sollte diese nicht dramatisiert werden, denn die neue Technik setzt in mancherlei Hinsicht Entwicklungen fort, die vor ihr existiert haben (vgl. Flasch 2000, S. 441).

Rahmendaten Zunächst einige Rahmendaten:[2] **Produktion und Distribution** gedruckter Bücher vollzogen sich ab Mitte des 15. und dann durch das 16. Jahrhundert hindurch mit einer außerordentlichen Dynamik (vgl. Wittmann 1991, S. 23ff., S. 68ff.; Engelsing 1973, S. 15ff.; Manguel 2000, S. 160f.). Bis 1470 gab es 17 Druckorte, bis 1480 121, bis 1490 204 und bis 1500 252. In diesen erschienen etwa 27.000 Druckwerke in etwa 20 Mio. Exemplaren, davon knapp ein Drittel in Deutschland. Die durchschnittlichen Auflagen stiegen von zunächst 150 bis 200 in den 1470er-Jahren auf 400 bis 500 bis zum Jahr 1500 auf 1.000 Exemplare. Für das 16. Jahrhundert wird eine Gesamtproduktion von 130.000 bis 150.000 bibliographischen Einheiten allein im deutschen Sprachraum geschätzt. Die Bevölkerung hat sich vom ausgehenden 15. Jahrhundert bis 1600 auf etwa 20 Mio. knapp verdoppelt; demgegenüber steigerte sich die Titelzahl um fast das Zwanzigfache.

Die Quote der lesefähigen Menschen und damit die Frage nach der **Zugänglichkeit** zum ‚neuen Medium‘ ist in der Literatur umstritten; die Angaben schwanken sowohl zwischen den Ländern als auch zwischen Stadt und Land, aber auch zwischen verschiedenen Städten (vgl. Engelsing 1973, S. 20ff.). Vor 1500 wird von einer Alphabetisierungsrate von 2%, in den Städten von 4% oder mehr ausgegangen. Weitaus größer war die Zahl derer, die sich von einem Lesekundigen vorlesen ließen. Für das 16. Jahrhundert geht man in Deutschland insgesamt von eher mehr als 5% aus; für einzelne Städte (z.B. Nürnberg und Hamburg; vgl. ebd., S. 32) werden allerdings erheblich höhere Zahlen genannt, in denen dann auch ein nennenswerter Teil der so genannten ‚niederen Volksmassen‘ enthalten ist. Wie auch immer: Die Quote ist sehr viel höher als die der Menschen, die später durch die (in der bisherigen Geschichtsschreibung beachteten) ‚Lesegesellschaften‘ erreicht wurden (vgl. Röhrig 1987, S. 338).

Was die **Arten der Bücher** angeht, gibt es zunächst in großer Zahl solche mit religiösen Inhalten. Für unseren Zusammenhang besonders wichtig ist die ständig steigende Zahl der

– Alltagsratgeber; z.B. der sehr weit verbreitete ‚Ackermann‘ (Erstdruck um 1460), der Hilfen für den Umgang mit Trennung und Tod gibt;
– praktischen Handreichungen; z.B. der ‚Hortus Sanitatis‘ des Bernhard von Breydenbach (1485), der über Natur und Kraft der Kräuter informiert; das ‚Destillierbuch‘ von Brunschwyg (1505), in dem Anleitungen zur Herstellung von Arznei enthalten sind und das als Prototyp der ‚technischen Unterweisung‘ gilt; später (1537) erscheint vom selben Autor der ‚Thesaurus Pauperum‘, über lange Zeit vorbildlich für eine nicht zu überschauende Literatur,

---

2 Die angesichts des knappen Rahmens komprimierte Skizze zentraler Befunde wirkt relativ spröde. Wahrscheinlich erschließt sich die Nähe der frühen zu den heute gefeierten Formen deutlicher in der Lektüre der Details, die Giesecke in seiner opulenten Fallstudie (1998b) ausbreitet.

18

die pharmakologische Information für den ‚gemein man' aufbereitet (vgl. Giesecke 1998b, S. 511ff.);

–   Texte zur beruflichen Weiterbildung; z.B. Albrecht Dürers Schriften zur Malerei und Georg Agricolas Beschreibung der Bergwerkskunst (vgl. ders. 1998a, S. 73ff.);

–   schließlich Erstlesedidaktiken für das Selbststudium; etwa die des Valentin Ickelsamer, die für eine sehr lange Zeit vorbildlich bleibt (vgl. ebd., S. 122ff.).

Bei all dem geht es nicht allein – und in unserem Zusammenhang nicht einmal in erster Linie – darum, dass immer mehr Menschen zur Lektüre fähig waren und auf immer breiteren Lesestoff zurückgreifen konnten (also: ‚immer mehr des Gleichen'). Vielmehr verändern sich durch den Buchdruck (a) die Art des dargelegten Wissens und (b) die grundlegenden Verhältnisse zwischen Produzenten, Vermittlern und Rezipienten des Wissens.

(a) Mit der Durchsetzung des Buchdrucks entwickeln sich moderne Standardsprachen, in Deutschland die neuhochdeutsche Schriftsprache. Mittels dieser Schriftsprache werden nicht lediglich mündlich tradierte Wissensbestände ‚aufgeschrieben' und in fremden Sprachen vorliegendes Wissen ‚übersetzt'. Vielmehr integriert die Standardsprache bis dahin Getrenntes:

Neuordnung des Wissens

–   Sie ist der Code, der als ‚gemeinsames Drittes' die Verbindung herstellt zwischen verschiedenen Mundarten, an besondere Funktionen und Kontexte gebundenen Sprachstilen sowie den lateinischen und deutschen Schriftsprachen. Sie kann in den unterschiedlichsten Handlungsbereichen, also dem Gespräch, der handschriftlichen Aufzeichnung, dem Briefverkehr und der öffentlichen Kommunikation genutzt werden (vgl. Giesecke 1998a, S. 76f.)

–   In der Schriftsprache werden außerdem Informationen über Sachverhalte und Handlungen abgebildet, die zuvor lediglich als nonverbale Erfahrungen im Handeln der Menschen zum Tragen kamen. Anschauliche Beispiele für die Mühen, die diese Transformation unterschiedlicher Informationstypen in einen ‚Zentralspeicher' bereitet haben muss, liegen etwa für das Erzählen vor. So bestehen die Buchseiten von Boners ‚Edelstein' (Bamberg 1461/2) aus zweigeteilten Holzschnitten und ihnen zugeordneten Texten. Im einen Teil der Holzschnitte ist der Erzähler abgebildet, der jeweils auf die im anderen Teil dargestellten Protagonisten der Fabeln ‚hinweist'. Dem Leser werden so nicht nur Geschichten erzählt, sondern mitlaufende Informationen darüber gegeben, dass es sich um Erzählungen handelt (Abb. vgl. Giesecke 1998b, S. 309).

–   Schließlich finden sich in der Fachprosa des frühen 16. Jahrhunderts (etwa bei Paracelsus und Dürer) Hinweise auf die Notwendigkeit, Erfahrungswissen an die überprüfbaren Maßstäbe der Theorie zu binden. Dies markiert einen Wendepunkt in der Geschichte des Wissens: Es kommt zur Verknüpfung von visuellem Erfahrungswissen, mündlich überliefertem Alltagswissen mit dem theoretisch-begrifflichen Wissen, das bis dahin in der lateinischen Schriftsprache dargestellt war, auf einer Ebene der gemeinen Standardsprache. „Damit werden unterschiedliche Praxisarten, Kompetenzbereiche, Erkenntnisweisen und Bildungstraditionen, die historisch im Zuge der Arbeitsteilung und der sozialpolitischen Fraktionierung der Gesellschaft auseinander gerissen wurden, zumindest partiell integriert. [...] Auf die Muttersprache ist diese Integration deshalb angewiesen, weil mit ihrer Hilfe der Großteil der handwerklichen Erfahrung und überhaupt des Alltagsbewußtseins ausgearbeitet und tradiert wurde und wird." (Giesecke 1998a, S. 103)

(b) Der skizzierte Wandel hat weit reichende Auswirkungen auf die Produktion und Rezeption, die Vermittlung und Aneignung von Wissen.

Wissensvermittlung — Das Verhältnis zwischen *Lehrenden und Lernenden* verändert sich im Sinne der **Entgrenzung.**

Das gilt zunächst für die Unterrichtssituation: beginnend mit den Donaten (gedruckte Grammatiken) im Lateinunterricht kommt eine neue Informationsquelle, eine ‚dritte Größe‘ ins Spiel, das Lehrbuch, auf das Lehrende und Lernende unabhängig voneinander zurückgreifen können (vgl. Giesecke 1998b, S. 217ff.). Zuvor bildeten allein handschriftliche Aufzeichnungen des Lehrers, die dann wiederum von den Schülern aufgezeichnet wurden, die Grundlage des Unterrichts und prägten seine Struktur nachhaltig.

Generell kam es zu einer enormen Ausweitung der Möglichkeiten: Einerseits hatte die Druckkunst tausende von umherziehenden Meistern geschaffen, die stets bereit waren zu lehren und die jeder in Anspruch nehmen konnte (vgl. Febvre 2000, S. 41f.).[3] Andererseits konnte nun ein einzelner Experte eine tendenziell beliebige Zahl von Menschen ‚belehren‘.

— Das Verhältnis von *Autor und Botschaft* verändert sich im Sinne der **Pädagogisierung.**

In der Fachprosa des ausgehenden 15. und beginnenden 16. Jahrhunderts werden Wissensbestände nicht mehr für individuelle, gedächtnisentlastende Zwecke aufgeschrieben. Vielmehr verfolgt sie eine kommunikative Absicht, sie will Wissen *vermitteln*. Notizen, Tagebücher und Ähnliches sind ursprünglich allein für die Bedürfnisse desjenigen bestimmt, der sie niedergeschrieben hat. Damit die Information zur Nachricht wird, die von den Rezipienten dann auch noch verstanden werden kann, muss sie aufbereitet werden. Von besonderer Bedeutung ist dabei die Antizipation der Wissensbestände vermutlicher Kommunikationspartner. Diese (neue) Haltung setzt sich schließlich bis in den Bereich der Wahrnehmung hinein fort: Soweit eine Veröffentlichung beabsichtigt ist, werden von vornherein die Ausdrucksmöglichkeiten des Mediums Buch antizipiert.

Wissensaneignung — Das Verhältnis von *Wissen und Aneignung* verändert sich im Sinne der **Autonomisierung.**

Die gedruckte Fachliteratur durchbricht den ursprünglichen Zyklus der Wissensübertragung von einer Generation auf die andere in ‚natürlichen‘ Situationen. Handlungswissen wird nicht mehr nur in der Werkstatt, sondern auch davon losgelöst vermittelt. Dies führt zu einer enormen Beschleunigung der individuellen Aneignung sowie der Wissenszirkulation und -akkumulation, die zugleich als konstitutiv für das gesteigerte Bildungsbedürfnis angesehen wird.

Da das Buch nicht auf zusätzliche mündliche Erläuterungen angewiesen ist, wird es möglich, in eigener Regie zu lernen. Das Lesen gewinnt so eine

---

3   Vgl. dazu die immer wieder erwähnte ‚erstaunliche autodidaktische Karriere‘ des Baselers Thomas Platter (Platter 1999).

grundlegend neue Bedeutung: Es wird nun für alle relevant, die die fortgeschrittenste Möglichkeit der Informationsbeschaffung für sich nutzen wollen. Und genau darauf reagieren die Fachprosa-Autoren dann wieder in einem durchaus ‚didaktisierenden' Sinne, am stärksten sicherlich Autoren wie Ickelsamer, für den ‚Selbstlernen' (politisches) Programm war. Vor dem Hintergrund starker Vorbehalte gegen die etablierten Ausbildungsinstitutionen verstand er Bildung in erster Linie als eine Entfaltung der inneren Anlagen und nicht als Aneignung fremder Muster (vgl. Giesecke 1998a, S. 145).

Auch die Bürger betrachteten Bücher weniger als Helfer, denn als Hilfe zur Selbsthilfe. Zwar tritt beim Lernen durch Lesen der Fachbuchautor an die Stelle des Lehrers im Unterricht oder des Meisters in der Werkstatt. Dennoch geht die Selbstbeschreibung der Gesellschaft von der Autonomie des Lernenden aus, wenn er die typographischen Medien nutzt.[4] „So gesehen fördert die Ausbreitung der typographischen Informationssysteme das Bewußtsein fortschreitender Autonomie bei den Menschen. Das rasch anwachsende Bedürfnis nach einer Selbststeuerung wird zu einem mächtigen Katalysator für die Ausweitung des typographischen Informationssystems. Da nur die gedruckten Bücher eine solche Autonomie von Fremdinstruktion zu gewährleisten scheinen, werden sie zu unverzichtbaren Medien" (Giesecke 1998b, S. 543).

– Das Verhältnis von *Wissen – Nichtwissen* verändert sich im Sinne des **‚Zwangs zum Lernen'**.

Im Zuge der sich ausweitenden Möglichkeiten der Wissensverbreitung und des Selbstlernens entsteht die Erwartung, dass diese Möglichkeiten auch genutzt werden. So verglich Albrecht Dürer bereits 1525 die üblich ausgebildeten Menschen mit ‚unbeschnittenen Bäumen'. Er stellte sich der jahrhundertealten Gepflogenheit des ‚Vor-sich-hin-Werkelns' entgegen und forderte in seinen belehrenden Schriften zur Kunst der Malerei eine ständige Verfeinerung der Fähigkeiten. Die Bäume unbeschnitten zu lassen, sah er als ein Unglück für die ganze soziale Gemeinschaft und als Gefährdung des Platzes der deutschen Nation in Europa (!) an (vgl. Giesecke 1998b, S. 551). Auch im historischen Rückblick wird davon ausgegangen, dass Kaufleute und Verwaltung bereits im späten Mittelalter angesichts wachsender Komplexität der Geschäfte und der Differenzierung der Administration nicht mehr ohne geschriebene Wörter und Zahlen auskamen (vgl. exempl. Wendehorst 1986, S. 33). Demgemäß wird für die erste Hälfte des 15. Jahrhunderts mit Blick auf die Stadt Nürnberg davon ausgegangen, dass Lesen, Schreiben und Rechnen notwendiges Allgemeingut aller Nürnberger Kaufleute – mit Ausnahme von ‚Krämern' – und ihres gehobenen Personals war (vgl. ebd., S. 29).

Die bislang skizzierten Aspekte beziehen sich weitgehend auf eigenständiges Lernen und den Umgang mit Wissen außerhalb pädagogischer Institutionen. Was die Nutzung ausdrücklicher personaler Belehrungsangebote und den Besuch von

‚Selber lernen' und Belehrung

---

4 Dieses zeitgenössische (Selbst-) Verständnis hat sich bis in die gegenwärtige Geschichtsschreibung hinein erhalten: „Der persönliche Umgang mit dem gelesenen oder geschriebenen Text befreite die Menschen von den alten Vermittlungsinstanzen und damit von der Kontrolle durch die Gruppe; er begründete die Wendung zum Selbst" (Castan u.a. 1991, S. 12).

‚Schulen' durch Erwachsene angeht, ist die Forschungslage bestenfalls vorläufig. Eines der Probleme besteht darin, dass die Schulgeschichtsschreibung sich lediglich für den kindlichen/jugendlichen Zögling interessiert, während die Geschichtsschreibung der Erwachsenenbildung historisch nicht weit genug zurück reicht. Allerdings finden sich in der Literatur verstreute Hinweise, die auf organisierte Bildung auch mit Erwachsenen schließen lassen. So bezeichnet etwa Engelsing eine der Lübecker Schulen zu Anfang des 14. Jahrhunderts ‚geradezu als kaufmännische Fortbildungsschule' (vgl. Engelsing 1973, S. 4) und verweist darüber hinaus auf die Bedeutung des Privatunterrichts (vgl. ebd., S. 5). In den ‚teutschen Schulen', die seit Beginn des 15. Jahrhunderts von Kommunen eingerichtet wurden, erwarben außer Kindern auch Kaufleute und Handwerker Schreib-, Lese- und Rechenkenntnisse (vgl. Fleischmann-Heck 2000, S. 154). Schließlich zeigt das überlieferte ‚Basler Schulmeisterschild' von 1516 auf der einen Seite Kinder und auf der anderen Erwachsene in angeleiteten Lehr-/Lernsituationen. Der Werbetext wendet sich an ‚Bürger, Handwerksgesellen, Frauen, Jungfrauen, Knaben und Mädchen' der Stadt, denen angeboten wird, das Lesen und Schreiben sowie das Rechnen und die Buchführung zu erlernen. Solcher Unterricht fand in den Wohnungen der privaten ‚Schreib- und Rechenmeister' statt, worauf der Name ‚Winkelschule' zurückgehen mag (vgl. Schiffler/Winkeler 1991, S. 50).

‚Entgrenzte' Erwachsenenbildung einst und jetzt Für das 15. und 16. Jahrhundert lassen sich also im Zusammenhang des Buchdrucks ohne Mühe Phänomene beschreiben, die in den heutigen Debatten über selbst organisierte implizite Formen des Lernens und die Entgrenzung der Erwachsenenbildung bedeutsam sind:

- eine Explosion zugänglichen/vermittelbaren Wissens,
- eine Entkopplung von Vermittlung und Aneignung (innerhalb und außerhalb pädagogischer Institutionen),
- eine Pädagogisierung der literarischen Produktion,
- eine Autonomisierung des Lernenden und
- ein allmählich entstehender Zwang zur Weiterbildung.

Sobald man sich von der engen Fixierung auf institutionalisierte Formen und explizite pädagogische Intentionalität löst, die die bisherige Geschichtsschreibung der Erwachsenenbildung bestimmt, kann man die Durchsetzung des Buchdrucks als Meilenstein in der Geschichte der ‚Bildung Erwachsener' verstehen. Die sich erst deutlich später herausbildende und allmählich durchsetzende ‚Erwachsenenbildung' wäre dann als eine *besondere Form* der Vermittlung und Aneignung von Wissen anzusehen, die zwar immer größere Teile der Bevölkerung einbezieht, neben der aber die anderen Formen weiterhin bestehen und sich selbstverständlich nach Maßgabe ganz unterschiedlicher Ereignisse auch wandeln.

Unsere heutige Situation wäre dann weniger durch neue Gegebenheiten im bunten Feld der (Selbst-) Bildung, des Lernens und der Kompetenzentwicklung gekennzeichnet als vielmehr dadurch, dass Erwachsenenpädagogen (und andere an Weiterbildungsfragen Interessierte), deren Denken sich lange Zeit allein auf die *besondere Form* bezogen hat, nun an anderen, dem traditionellen Rahmen ‚äußeren' Phänomenen interessiert sind. Anders formuliert: Wir haben es bei den vermeintlich neu entdeckten impliziten, offenen Formen vor allem mit einem Diskurs- oder Aufmerksamkeitsphänomen und weniger mit einem Phänomen der empirischen sozialen Welt zu tun.

Wenn man aber nicht länger *neue* Verhältnisse unterstellt, sondern sich an etwas erinnert, das der eine Weile dominierenden Form unserer Bemühungen weit vorausgeht und sie immer schon begleitet, dann bleibt das nicht folgenlos. Blickt man in der hier angedeuteten Weise historisch weiter zurück, gerät auch der vermeintlich festgefügte institutionalisierte ‚Kern‘, der sich *nun* allmählich zu entgrenzen, in die Gesellschaft hinein zu diffundieren scheint, in Bewegung. Denkt man bei der Beobachtung von Phänomenen der ‚Entgrenzung‘ die vorgängige ‚Begrenzung‘, Fokussierung oder Konzentration mit, dann verändert sich das Verhältnis zwischen ‚innen‘ und ‚außen‘. Pädagogische Praxen ergießen sich nicht in einen leeren Raum – sie sind immer schon da. Wir haben es also auf längere Sicht mit unterschiedlichen ‚Formationen‘ des Pädagogischen zu tun, deren Gestalt sich immer wieder wandelt. Interessant ist dann weniger, *dass* eine Zeit lang gering geschätzte Formen an Bedeutung bzw. Aufmerksamkeit gewinnen, sondern *warum* dies der Fall ist und in welchem Verhältnis die verschiedenen Formen zueinander stehen.

2.3. ‚Geschichte der Erwachsenenbildung‘ oder ‚Erwachsenenbildung in der Geschichte‘?

Weder ist es einfach zu entscheiden, in welcher Form bei eng begrenztem Raum Auskunft über die historische Entwicklung der Erwachsenenbildung von der Aufklärung (also der gemeinhin als Beginn definierten Epoche) bis heute gegeben werden soll. Noch lässt sich das, was dann schließlich im Überblick dargestellt wird, befriedigend benennen. Vorliegende Gesamt- und Epochendarstellungen orientieren sich großteils an Phaseneinteilungen der Geschichtsschreibung generell. Sie unterscheiden also:

— (bis 1800: Vorläufe/Übergänge)
— 1800 bis 1870: Aufklärung und Vormärz
— 1870 bis 1918 Jahrhundertwende/Industrialisierung
— 1918 bis 1933: Weimarer Republik
— 1933 bis 1945: Nationalsozialismus
— (ab 1945 ‚Zeitgeschichte‘)

Insofern behandeln sie weniger eine Geschichte der Erwachsenenbildung als vielmehr die Erwachsenenbildung in der Geschichte; denn erstere würde Entwicklungsphasen nach Gesichtspunkten zu unterscheiden versuchen, die in der Erwachsenenbildung selbst auszumachen sind.

Eine weitere Präzisierung ist notwendig: Beschrieben wird in erster Linie das Denken über Erwachsenenbildung (‚Ideengeschichte‘ s.o.). Die Schriften geben also weitaus weniger Auskünfte über das, was in der Bildungsarbeit mit Erwachsenen geschah, als über die Visionen und Erwartungen ihrer Protagonisten (also über Programmatiken im o.g. Sinne).

All diese Geschichten lassen sich nun nicht noch einmal sinnvoll zusammendrängen. Vielmehr

1. gebe ich einen geordneten Überblick über die Literaturlage; d.h. in dem Falle, in dem man sich mit einer bestimmten historischen Epoche beschäftigen will, findet man zumindest einen Einstieg über die angegebene Literatur, die

dann gleichzeitig eine Fundgrube für weiterführende Schriften und Quellen darstellt.

2. werde ich – in systematisierender Absicht – eine Entwicklungslinie von der Volks- über die Erwachsenen- zur Weiterbildung skizzieren, die an ‚inneren‘, die Erwachsenenbildung selbst betreffenden Phasen interessiert und sich stets des Umstandes bewusst ist, dass über Programmatiken gesprochen wird (die allerdings weder von realhistorischen Prozessen noch von übergreifenden zeitgenössischen Orientierungen losgelöst gedacht werden können, die diese begleiten).

Im Blick auf die einschlägige Literatur ist sinnvoll zu unterscheiden zwischen:

– Gesamt- oder Überblicksdarstellungen (mehr oder weniger umfänglicher Art)
– Epochendarstellungen (in Anlehnung an die o.g. Phasen)
– Quellensammlungen
– Spezialdarstellungen zu besonderen Aspekten (z.B. ‚Arbeiterbildung‘) (vgl. Abb. 1)

Abb. 1: Literatur zur Geschichte der Erwachsenenbildung

	Monographien	Quellen
Gesamtdarstellungen	Olbrich 2001	
	Pöggeler 1975	
	Seitter 2000	
	Wolgast 1996	
Epochen		
1800-1870	Olbrich 1993	Dräger 1979
	Röhrig 1987	Kaiser 1989
1870-1918	Olbrich 1994a	Dräger 1984
	Röhrig 1991	
1918-1933/1945	Olbrich 1994b	Henningsen 1960
	Langewiesche 1989	Tietgens 1969
	Tuguntke 1988	
1933-1945	Feidel-Merz 1994	
	Fischer 1981	
	Keim/Urbach 1976	
nach 1945	Feidel-Merz 1975	Knoll 1967
	Siebert 1994	Knoll 1988
Spezielle Bereiche		
Arbeiterbildung	Feidel-Merz 1972	Feidel-Merz 1968
Konfessionelle Erwachsenenbildung	Ahlheim 1982	Benning 1971
Handwerkerfortbildung	Huge 1989	
Akademisierung	Friedenthal-Haase 1991	
Soziales Engagement	Faulstich/Zeuner 2001	

Die Skizze der Entwicklungslinie beginnt mit

Übergänge/Vorläufer

Aufklärung   Ausgehend von dem dargestellten engeren, auf entsprechende Selbstbeschreibungen und organisierte Formen abhebenden Begriff von Erwachsenenbildung liegt es zunächst nahe, ihre Geschichte etwa in der Zeit der Aufklärung (also ab Ende des 18. Jahrhunderts) beginnen zu lassen. Denn:

24

- Es ist die Zeit, seit der über Erwachsenenbildung ausdrücklich und kontinuierlich reflektiert wird (vgl. Tietgens 1981, S. 139). Die Menschen werden von nun an als lernbedürftige und lernfähige Subjekte gesehen, die zum (lebenslangen) Lernen verpflichtet sind.
- Es entsteht eine bürgerliche Kultur und damit eine Konstellation, aus der ‚ein in die Breite wirkendes Anregungspotential für die Bildung Erwachsener erwächst' (vgl. Tietgens 1994, S. 23). Das selbstbewusster gewordene Bürgertum drängt nach politischer Verantwortung, begründet seine Ansprüche wesentlich über Fähigkeiten und Kompetenz und sieht ‚Erwachsenenbildung' nicht zuletzt als Ort des öffentlichen Räsonierens.

Gleichzeitig gibt es aber auch hier Probleme, weil lediglich der Tatbestand einschlägiger Selbstbeschreibung erfüllt ist, während sich organisierte Formen, wie wir sie heute kennen, erst später allmählich etablierten. Daher wird von der Aufklärungszeit auch als Vorform oder Übergang gesprochen.

Die immer wieder bemühte Äußerung, in der der ‚Geist' der Aufklärung besonders prägnant zum Ausdruck kommt, stammt von Immanuel Kant (1784):

„Aufklärung ist der Ausgang des Menschen aus seiner selbst verschuldeten Unmündigkeit. Unmündigkeit ist das Unvermögen, sich seines Verstandes ohne Leitung eines anderen zu bedienen. *Selbstverschuldet* ist diese Unmündigkeit, wenn die Ursache derselben nicht im Mangel des Verstandes, sondern der Entschließung und des Mutes liegt, sich seiner ohne Leitung eines anderen zu bedienen. Sapere aude! Habe Mut, dich deines *eigenen* Verstandes zu bedienen! ist also der Wahlspruch der Aufklärung."* (Kant 1875, S. 55)

In diesem starken Appell ist Aufklärung zunächst im Wesentlichen Selbstaufklärung jedes vernunftbegabten Menschen. Bemerkenswert für eine Geschichte der Erwachsenenbildung, die auf ihre eigene Thematisierung abhebt, ist hier also die entschiedene Formulierung eines Programms. Ein wenig später im Text fügt Kant eine Differenzierung hinzu, die für das gegenwärtige Verständnis von Erwachsenenbildung ebenfalls große Bedeutung haben dürfte:

„Es ist [...] für jeden einzelnen Menschen schwer, sich aus der ihm beinahe zur Natur gewordenen Unmündigkeit herauszuarbeiten. [...] Daß aber ein Publikum sich selbst aufkläre, ist eher möglich; ja es ist, wenn man ihm nur Freiheit läßt, beinahe unausbleiblich." (ebd., S. 55f.)

Das Bemühen um Selbstaufklärung wird also in den Kontext einer Öffentlichkeit gestellt. *Eine Form* solcher Öffentlichkeit trifft man zum Ende des 18. Jahrhunderts in den so genannten ‚Gesellschaften' an. 1794 hatte das preußische allgemeine Landrecht die Möglichkeit eröffnet, Vereine zu bilden, soweit diese nicht der öffentlichen Ordnung, Ruhe und Sicherheit zuwider handelten. Es entstanden ‚literarische', ‚moralische' und auch ‚Lese-Gesellschaften', die gemeinhin als ‚frühe Institutionalform der Erwachsenenbildung' gelten (vgl. exempl. Tietgens 1994, S. 26) in großer Zahl. In Deutschland waren es zeitweise mehr als 430 solcher Gesellschaften, von denen viele sich jedoch unter zunehmendem politischen Druck bis 1800 bereits wieder aufgelöst hatten, andere mit politisch unverdächtigerem Etikett (‚Museums'-, ‚Harmonie'-Verein, ‚Casino'-Gesellschaft) hinzukamen.

Als Motive für die Gründung von Lesegesellschaften gelten zum einen das in breiten Kreisen gewachsene Interesse am Lesen und zum anderen der pragmatisch-ökonomische Effekt, sich im Verbund eine größere Zahl an Büchern und Zeitschriften überhaupt erst leisten zu können. Als Reaktion auf Kommunikati-

Lesegesellschaften

onsbedürfnisse wurden dann schließlich über die Bibliotheksräume hinaus auch Clubräume geschaffen, in denen man sich (über das Gelesene) austauschen konnte. Mitglieder solcher Lesegesellschaften waren vor allem das mittlere und gehobene Bürgertum, also Beamte, Juristen, Professoren, Geistliche, Buchhändler, Ärzte u.Ä. (vgl. Tietgens, S. 26f.). Was die Größenordnungen angeht, wird für die Wende vom 18. ins 19. Jahrhundert eine Zahl von etwa 50.000 Mitgliedern genannt, das entspricht etwa jedem 500sten Deutschen bzw. weniger als 2% des lesenden Publikums (vgl. Röhrig 1987, S. 338).

Übergänge Die Praxis solcher Lesegesellschaften als ‚Erwachsenenbildung' zu bezeichnen, bereitet durchaus Mühe. ‚Lesen' und ‚Geselligkeit' allein reichen an das, was in der zweiten Hälfte des letzten Jahrhunderts, aus der die vorliegende Geschichtsschreibung im Wesentlichem stammt, gemeinhin unter ihr verstanden wurde, nicht heran. Dementsprechend wird die Aufklärung von einigen ‚lediglich' als Vorstufe der Erwachsenenbildung verstanden (vgl. etwa Groothoff/ Wirth 1976, S. 70). Andere suchen nach Anknüpfungspunkten und finden sie in dem Motiv, das ‚Räsonnement in der Gemeinschaft' zu pflegen oder indem sie die praktizierte Form der Geselligkeit als ‚arbeitende Geselligkeit' bezeichnen (vgl. Röhrig 1987, S. 335ff.) und mit beidem von ‚bloßem' Amüsement abgrenzen. Sobald man also einen – vorsichtshalber nicht näher bestimmten – Grad an Sozialität und Ernsthaftigkeit ausmachen kann, lassen sich abweichende Formen ‚eingemeinden'. Hans Tietgens hat demgegenüber bereits früh einen meines Erachtens aussichtsreicheren Weg gewiesen, indem er zwischen Erwachsenenbildung (als engere Form) und Bildung Erwachsener (die sich auch außerhalb einschlägiger Settings ereignet) unterschieden hat (vgl. Tietgens 1989, S. 7). Allerdings ist diese Unterscheidung für die Geschichtsschreibung bislang eher folgenlos geblieben.

Von ‚Übergängen' lässt sich insofern sprechen, als (bürgerliche) Bildungsvereine auch gemeinnützige Ziele verfolgten. Sie verbreiteten aufklärendes Schrifttum und richteten sich teilweise dezidiert nach außen, um Volksaufklärung zu betreiben (vgl. Röhrig 1987, S. 339).

Volksbildung

Arbeiterbildung Zur Mitte des 19. Jahrhunderts hin bildeten sich dann allmählich Formen, die dem späteren Verständnis von Erwachsenenbildung eher entsprechen. Analog zu den Vereinen des Bürgertums, die sich zunächst auch geöffnet hatten, wurden Handwerker- und Handwerkerbildungsvereine gegründet. Tradierte Korporationsstrukturen und die Zünfte gerieten durch Manufaktur, beginnende Industrialisierung und liberalisierte Wirtschaftspolitik (Gewerbefreiheit) unter Druck. Gravierende soziale Folgen des Wandels wie Arbeitslosigkeit, Obdachlosigkeit, Krankheit und fehlende soziale Absicherung traten ein. Insofern stellten die Vereinsgründungen zunächst eine neue Form des wesentlich selbst organisierten Zusammenschlusses, der wechselseitigen Unterstützung und Hilfe (Herbergen, Speisehäuser) dar. Qua Satzung waren viele dieser Vereine unpolitisch, tatsächlich wurden sie aber – nicht zuletzt durch Lektüre demokratischer Blätter – politisiert. Schließlich dienten sie auch der berufliche Qualifizierung von Lehrlingen und Gesellen, weil sich rein karitative Maßnahmen als erfolglos erwiesen.

Während der März-Revolution (1848) hatten die Handwerker- und Arbeiterbildungsvereine offen ihre bis dahin eher verborgenen politischen Ziele gezeigt. Nach

26

dem Scheitern der Revolution gerieten sie daher unter Druck, bis hin zum formellen Verbot durch den Reichstag 1854. Ende der 1850er-Jahre kam es dann – nun unter der Federführung des wiedererstarkten liberalen Bürgertums – zu erneuten Gründungen. Der ‚Vereinszweck‘ hatte sich damit verändert, mindestens erweitert: Die Arbeiterschaft sollte durch die Vereine an die Vorstellungswelt des Bürgertums herangeführt und damit letztlich ‚befriedet‘ werden. Diese Art Instrumentalisierung von Arbeiterbildung bringt Johann Peter Eichelsdörfer, Begründer des Mannheimer Arbeiterbildungsvereines, 1863 sehr unverblümt zum Ausdruck: „Und so hoffen wir denn schließlich, daß die Arbeiterbildungsvereine, die der Selbsthilfe ihre Entstehung verdanken [...] in immer größeren Kreisen die Überzeugung verbreiten, daß das ‚hilf dir selbst, soll dir geholfen werden‘, eine unbestreitbare Wahrheit ist [...]. Wir werden wohl noch Irrthümern und Mißgriffen begegnen; sicherlich aber nirgends Ausschreitungen im Sinne der Theorien des modernen Sozialismus und Communismus" (zit. nach Olbrich 1993, S. 12).

Davon abweichend bildeten sich Ansätze einer eigenen Arbeiterpolitik. So unterscheidet sich z.B. der 1863 gegründete ‚Allgemeine Deutsche Arbeiterverein‘ von liberalen Vereinen durch seine politische Forderung nach einem allgemeinen, direkten und gleichen Wahlrecht. Die Emanzipation der Arbeiterschaft sollte also weniger durch Selbsthilfe und Bildung, als vielmehr durch gleichberechtigte Teilhabe erreicht werden. **Arbeiterpolitik**

Diese Spaltung zwischen Arbeiterbildung und Arbeiterpolitik führt schließlich zur Gründung der Sozialdemokratischen Arbeiterpartei Deutschlands (1869) auf der einen und der ‚Gesellschaft für die Verbreitung von Volksbildung‘ (1871) auf der anderen Seite. Während Erstgenannte sich einer *unmittelbaren* Verbesserung der Lebenssituation von Arbeitern verschreibt, stellt sich Letztere zur Aufgabe, die ‚Masse durch mannigfachige Bildungsmittel über ihr jetziges Niveau emporzuheben‘ (vgl. Tietgens 1994, S. 31). Als besonders geeignet galten dazu die ‚Wahrheiten der großen Philosophen‘ (vgl. ebd.). Gelegentlich wird die Gründung der ‚Gesellschaft für die Verbreitung von Volksbildung‘ als Zäsur verstanden; erst von dieser Zeit an könne man von einem ‚freien Volksbildungswesen‘ sprechen (vgl. Olbrich 2001, S. 23).

Zur weiteren Charakterisierung einer eher paternalistisch orientierten Volksbildung (Hebung der Massen) ist schließlich auf die Aktivitäten der meisten deutschen Universitäten hinzuweisen. Ab dem Ende des 19. Jahrhunderts wurden in fast allen Universitäten und Technischen Hochschulen der deutschsprachigen Länder Vereine, Ausschüsse u.Ä. für ‚volkstümliche Hochschulkurse‘ gegründet. Deren Aktivitäten, die auf eine Popularisierung von Wissenschaft (also die gemeinverständliche Darstellung ausgewählter Ergebnisse) zielten, trafen auf erhebliche Resonanz.

Hans Tietgens charakterisiert die Situation der Jahrhundertwende mit den Stichworten ‚Teilhabe und Zähmung‘. Da mit ‚Teilhabe‘ diejenige an geistigen und kulturellen Traditionen, nicht aber an politischen Entscheidungen gemeint war, bestand die Funktion der (paternalistisch orientierten) Volksbildung in einer Zähmung *durch* Teilhabe (vgl. Tietgens 1994, S. 30). **Teilhabe und Zähmung**

In der Weimarer Republik setzt sich der Prozess institutioneller Ausdifferenzierung vor dem Hintergrund eines wachsenden Bedarfs an Weiterbildung fort. Die Verfassung von 1919 enthält den Auftrag: „Das Volksbildungswesen, einschließlich der Volkshochschulen, soll von Reich, Ländern und Gemeinden gefördert werden" (§ 148, Abs. 4). Es kam zu einem unerwartet starken Andrang aus allen Bevölkerungsschichten, was dazu führte, dass in sehr kurzer Zeit eine große Zahl von Volkshochschulen gegründet wurde. Für 1919 wird von etwa 2000 Volkshochschulen ausgegangen; viele überlebten allerdings nur kurze Zeit, so dass 1927 nur noch 215 Abendvolkshochschulen in deutschen Städten nachgewiesen sind (vgl. Langewiesche 1989, S. 340). In der Breitenwirkung noch bedeutsamer waren die Volksbibliotheken. Wenig bekannt ist über die Werksbibliotheken und Werksschulungen, mit denen sich große Unternehmen und das 1929 gegründete Deutsche Institut für Arbeitsschulung (DINTAS) nun ebenfalls an der (beruflichen) Weiterbildung beteiligten.

Intensive und extensive Volksbildung

Auffallend und relativ breit dokumentiert sind die programmatischen Debatten über eine ‚neue Richtung‘ der Volksbildung, die sich ab 1923 im ‚Hohenrodter Bund‘ zusammenschloss. ‚Neu‘ war das Programm einer ‚intensiven, gestaltenden‘ Volksbildung in Abgrenzung von der ‚alten Richtung‘, die nun (im Rückblick) als ‚extensiv, verbreitend‘ gekennzeichnet wird. Die Popularisierung von Wissenschaft ist ein Beispiel dieses ‚alten‘ Verständnisses: es ging um die *Vermittlung* von *Wissen* an die *Massen*. Dem wird nun die Forderung nach *individualisierender* Arbeit, nach *Auseinandersetzung* mit Weltanschauungen, *Verarbeitung* von Information entgegengesetzt. Volksbildung sollte eine geistige Einheit, eine wirkliche Volksgemeinschaft hervorbringen, kurz: Volksbildung sollte der Volk-Bildung dienen. In dieser Erwartung kommt eine tiefe Krisenstimmung nach dem ersten Weltkrieg und der gescheiterten Revolution zum Ausdruck, die weitere Nahrung durch die Expansion der Freizeitindustrie (Kino, Radio, Schausport, Tanzsäle etc., vgl. Maase 1997, S. 118ff.) erhielt.

Die radikalisierte Form des Vergemeinschaftungsgedankens der Volksbildung hat in der Literatur der Weimarer Zeit eine sehr starke Rolle gespielt und ist auch nach dem zweiten Weltkrieg als herausragendes Merkmal dieser Phase behandelt worden. Bemerkenswert – für die stark auf Programmatiken abhebende Geschichtsschreibung der Erwachsenenbildung generell – ist, dass diese Ideenwelt mit der Realität der Volksbildung der Weimarer Republik so gut wie nichts zu tun hatte (vgl. Tietgens 2001, S. 149; Langewiesche 1989, S. 339).

Nationalsozialistische Gleichschaltung

Allerdings wurden viele Erwachsenenbildner für die nationalsozialistische Volksgemeinschaftsideologie aufgeschlossen. Manche hatten sogar die Hoffnung, ihre eigenen noch nicht verwirklichten Vorstellungen nun realisieren zu können (vgl. Feidel-Merz 1994, S. 47), die dann aber ernüchtert wurde. 1933 wurden die bestehenden Organisationen der Volksbildung aufgelöst: In einem Erlass vom 19.9.1933 wurde die Hauptaufgabe des Volkshochschulwesens nicht darin gesehen, nationalsozialistisches Gedankengut *verstandesmäßig* zu vermitteln, sondern darin, die *Willenshaltung* des deutschen Volkes zu fördern. Erreicht werden sollte dies dadurch, „daß der Wille zur Wehrhaftigkeit, zur völkischen Selbstbehauptung, zum Bekenntnis von Blut und Boden und zur Einordnung in die Volksgemeinschaft verstärkt wird" (Keim/Urbach 1976, S. 18). Neben dieser ideologischen Gleichschaltung erfolgte auch die organisatorische: Das Volkshochschulwesen wurde 1934 dem Reichsschulungsamt der NSDAP und der deutschen Arbeitsfront als deutsches Volksbildungswerk angeschlossen. Die gesamte Volksbildungsarbeit wird so – als Teil einer ausgedehnten Freizeit- und Kulturarbeit – von einem Zentrum aus bis hin zum Instrument der Kriegsführung funktionalisiert.

Mit dem Begriff ‚Volksbildung‘ wird also insbesondere auf zwei Dimensionen verwiesen:

– Zum einen ging es um die Bewältigung der ‚sozialen Frage‘, um die ‚Hebung‘ und gleichzeitig Befriedung des ‚einfachen Volkes‘, also nicht einzelner Menschen, sondern eines ‚Kollektivs‘, einer ganzen gesellschaftlichen ‚Klasse‘.
– Später kam dann der Gesichtspunkt der Volk-Bildung hinzu, also die Integration verschiedener Gruppen zu einem sich seiner selbst bewussten (nationalen) Ganzen.

Erwachsenenbildung

Um von Erwachsenenbildung sprechen zu können, braucht es zunächst *den* Erwachsenen, muss es einen Sinn haben und im gesellschaftlichen Leben sinnfällig, ‚sichtbar‘ sein, dass es ihn gibt. Eine wesentliche Voraussetzung dafür ist die Existenz klar voneinander abgrenzbarer Lebensphasen. Diese entstehen durch Faktoren wie die Ausdehnung des Bildungssystems, die Einführung der Sozialversicherung, das allgemeine Wahlrecht, die Ausdifferenzierung von Berufsrollen und Karrieren sowie schließlich die Verlängerung der Lebensspanne selbst. Es differenzieren sich verschiedene voneinander relativ klar abgrenzbare Rollen, mit diesen verbundene Entwicklungsaufgaben und Institutionen aus, die bei der Bewältigung dieser Aufgaben behilflich oder für sie ‚zuständig‘ sind. Hauswirtschaftliche Lebensformen in einer Gesellschaft ohne Schulpflicht integrieren Kinder umstandslos in die Subsistenzsicherung (in Form von ‚Arbeit‘). Industriegesellschaftliche Lebensformen unterscheiden zwischen der Phase der Ausbildung und der der Veräußerung des Arbeitsvermögens. In unserer Gesellschaft ist dieser Prozess weit vorangeschritten. Dies wird anschaulich etwa an der Schwierigkeit, die Jugendphase, die sich erst allmählich zwischen die Kindheit und das Erwachsenenalter geschoben hat, klar zu fassen. In dem Maße, in dem immer mehr Jugendliche in längere Ausbildungen einbezogen wurden, sie also einerseits volljährig (geschäftsfähig, wahlberechtigt), andererseits aber noch materiell abhängig waren, also noch nicht ‚auf eigenen Füßen stehen konnten‘, wurde die so genannte Postadoleszenz erfunden, eine besondere Lebensphase, die *nicht mehr* der Jugend und *noch nicht* dem Erwachsenenalter zugerechnet werden kann. Auch zum Ende des Lebens hin wird immer stärker differenziert, etwa zwischen Vorruhestand und Ruhestand, jungen Alten und Alten usw.

Die genannten Voraussetzungen sind im Verlauf des 19. Jahrhunderts allmählich entstanden. Ist es für die erste Hälfte noch schwierig, ‚Erwachsenenbildung‘ von der schulischen Ausbildung der Kindern zu unterscheiden (weil z.B. alle miteinander in der Sonntagsschule Grundfertigkeiten vermittelt bekamen), so wird dies im Verlauf der zweiten Hälfte immer leichter möglich, weil berufliche Qualifizierungsangebote aber auch die Bemühungen um eine Popularisierung der Wissenschaft sich an bereits grundlegend ausgebildete erwachsene Personen adressierten.

Gleichwohl ist es für das 19. Jahrhundert, in manchen Hinsichten aber auch für die erste Hälfte des 20. Jahrhunderts, im hier vorgeschlagenen, systematischen Sinne noch schwierig, von ‚Erwachsenenbildung‘ zu sprechen. Im strengen Wortsinne setzt sie nämlich neben der Existenz des Erwachsenen auch noch die

Der Erwachsene

Die Bildung des Erwachsenen

29

ausschließliche (mindestens überwiegende) Orientierung der Bildungsarbeit an ihm (an seiner ‚Person') voraus, das heißt, an den individuellen Entwicklungsaufgaben jedes einzelnen erwachsenen Menschen. Davon kann bis zur Mitte des 20. Jahrhunderts allenfalls bedingt die Rede sein, ging es doch in relevanten Teilen um die Bewältigung der sozialen Frage, um die Herstellung und Sicherung von (Volks-) Gemeinschaft etc.

Re-education   Zwar bekommt der *Begriff* Erwachsenenbildung bereits um 1920 als Übersetzung des englischen ‚Adult Education' in Deutschland immer mehr Bedeutung (vgl. Lenz 1979, S. 43), die Bildungsarbeit changiert aber noch länger zwischen ‚Volks-' und ‚Erwachsenen'-Bildung. Dies gilt bis hin zu den Re-education-Bemühungen der Militärverwaltungen nach dem zweiten Weltkrieg, insofern es dabei um eine Umerziehung im Prinzip der *gesamten Bevölkerung* ging.

Der Wiederaufbau einer pluralistischen und demokratisch orientierten Erwachsenenbildung in der Nachkriegszeit war dann an einem ‚Erwachsenenbildungs'-Verständnis orientiert. Das gilt allerdings nur für den westlichen Teil Deutschlands, also die spätere BRD, und kommt in einem der zentralen bildungspolitischen Dokumente der Nachkriegszeit zum Ausdruck, dem Gutachten des Deutschen Ausschusses für das Erziehungs- und Bildungswesen (1960). Der dort verwendete Bildungsbegriff hat für die Erwachsenenbildung den Rang eines Klassikers: „Gebildet im Sinne der Erwachsenenbildung wird jeder, der in dem ständigen Bemühen lebt, sich selbst, die Gesellschaft und die Welt zu verstehen und diesem Verständnis gemäß zu handeln" (Deutscher Ausschuß 1963, S. 20). Die Formulierungen erinnern zu Recht an den Aufklärungsbegriff Kants, auf den in dem Dokument ausdrücklich verwiesen wird. Allerdings verfechten die Autoren ein Aufklärungsverständnis, das die ursprüngliche Standes- (18. Jahrhundert: Bürgertum) und Klassenorientierung (19. Jahrhundert: Arbeiterklasse) überschreitet. Aufklärung „geht vielmehr als Möglichkeit und Aufgabe die ganze Gesellschaft an" (ebd., S. 21). Betont werden also die Orientierungs- und Selbstbehauptungsfunktion für den einzelnen Erwachsenen.

Realistische Wende   Gleichzeitig gilt dieses Dokument als erster Schritt auf dem Wege zur so genannten ‚realistischen Wende' der Erwachsenenbildung, in deren Folge von ‚Weiterbildung' die Rede ist. Zum einen bahnt sich hier ein Verständnis an, demzufolge die Ermöglichung lebenslangen Lernens eine wichtige gesellschaftliche, öffentliche Aufgabe darstellt, zum anderen wird die überlieferte Frontstellung zwischen ‚Ausbildung' und ‚Bildung' überwunden. Berufliche Weiterbildung und Umschulung als unabdingbare Folge ökonomischer und technischer Entwicklung werden ausdrücklich anerkannt (vgl. ebd., S. 30ff.)

Erwachsenenbildung im engeren, skizzierten Sinne wäre demnach etwas, was allein im Blick auf zeitliche Dauer eine so geringe Bedeutung hatte, dass es fragwürdig erscheint, sie – wie hier vorgeschlagen – systematisch als eine von Volks- und Weiterbildung zu unterscheidende Form aufzunehmen. Der Sinn ergibt sich zumindest daraus, dass Erwachsenenbildung als (regulative) Idee und als ein mehr oder weniger von anderen Orientierungen und Interessen überlagerter Bestandteil relevant war und bleibt. Man braucht den Begriff also historisch nach vorn und nach hinten, um einen Unterschied, eine Unterscheidung machen zu können. In beiden Fällen steht Erwachsenenbildung für das andere, für das noch nicht, in Ansätzen oder nicht mehr gegebene/mögliche.

Während der 1960er-Jahre geriet das *gesamte* bundesdeutsche Bildungssystem zusehends unter Druck. Die von ihm erzeugten Qualifikationen erschienen weder qualitativ noch quantitativ geeignet, im internationalen technologischen und ökonomischen Wettbewerb zu bestehen. Auch die ‚Systemkonkurrenz‘ – diesseits und jenseits des ‚eisernen Vorhangs‘ – hatte im Anschluss an den so genannten ‚Sputnik-Schock‘ eine neue Qualität erhalten. Es war von einer Bildungskatastrophe die Rede, der man mit einer umfassenden Reform zu begegnen versuchte. Entsprechende Überlegungen fanden Eingang in den ‚Strukturplan für das Bildungswesen‘ des Deutschen Bildungsrats (1970), der auch den Bereich der Erwachsenenbildung neu geregelt sehen wollte.

Eine Wende von der Erwachsenen- zur Weiterbildung wird hier insofern vollzogen, als die Bildung Erwachsener nun in funktionale Zusammenhänge gestellt wird, die nicht in erster Linie von der zu bildenden *Person* ausgehen. Die zentralen Grundüberzeugungen zur Notwendigkeit lebenslangen Lernens, die seit dem Strukturplan bis heute allgegenwärtig sind, lauten:

> Die Notwendigkeit ‚lebenslangen Lernens‘

– Angesichts des technologischen Wandels und der beschleunigten Veralterung des Wissens kann eine einmal erworbene schulische und berufliche Ausbildung nicht mehr für ein ganzes Leben ausreichen. Daher muss es jedem Einzelnen möglich sein, seine Qualifikationen jeweils neuen Erfordernissen anzupassen. Dies ist nicht allein im Interesse des Individuums gefordert, sondern auch im Blick auf den Erhalt eines funktionsfähigen ökonomischen Systems notwendig.

– Damit jedes Gesellschaftsmitglied seine grundgesetzlich garantierten Rechte wahrnehmen und seinen entsprechenden Pflichten Folge leisten kann, muss es die Möglichkeit haben, seine Kenntnisse über gesellschaftliche und politische Probleme auf dem aktuellen Stand zu halten und sein Verständnis der relevanten Zusammenhänge zu vertiefen. Nur so kann der Einzelne seine gesellschaftlichen Mitgestaltungsaufgaben angemessen erfüllen. Mit wachsender Komplexität und zunehmender Unübersichtlichkeit der Lebensverhältnisse gewinnt dieser Gesichtspunkt permanent an Bedeutung.

Auch wenn die Belange des Einzelnen immer wieder betont werden, geht es nun wesentlich um die Erhaltung des ökonomischen und politischen Systems, die lebenslange Lernanstrengungen jedes Menschen erforderlich machen.

Die zentrale Forderung des bis heute in vielen Punkten aktuellen Dokumentes ist die nach einer ‚Einheit des Bildungswesens‘, die den Weiterbildungsbereich umfasst. Alle Stufen, von der Vorschulerziehung bis zur Erwachsenenbildung werden hier erstmals als ein zusammenhängendes Ganzes dargestellt (vgl. Deutscher Bildungsrat 1973, S. 26). Seit dieser Zeit ist vom quartären Sektor (nach dem primären (Grundschule), sekundären (Klasse 5 bis 13), tertiären (Berufsausbildung und Hochschule)) oder auch von der vierten Säule des Bildungssystems die Rede. Jedem Bürger soll es möglich sein, den Anspruch auf Bildung zu verschiedenen Zeiten, in verschiedenen Formen und auf verschiedenen Ebenen zu realisieren. Zu diesem Zweck sind alle Stufen des Bildungssystems sowohl unter dem Gesichtspunkt ihrer zeitlichen als auch dem ihrer inhaltlich-organisatorischen Ordnung neu zu gestalten.

> Einheit des Bildungswesens

Für die neu gedachte *zeitliche* Strukturierung ist das ‚Prinzip der ständigen Weiterbildung' zentral. Wenn immer mehr Menschen „durch organisiertes Weiterlernen neue Kenntnisse, Fertigkeiten und Fähigkeiten" erwerben müssen, „um den wachsenden und wechselnden beruflichen und gesellschaftlichen Anforderungen gerecht zu werden" (ebd., S. 51), dann kann die traditionelle Vorstellung von zwei getrennten Lebensphasen, in denen Bildung zunächst angeeignet und dann angewendet wird, nicht mehr angemessen sein. An ihre Stelle tritt die Auffassung, „daß organisiertes Lernen sich nicht auf eine Bildungsphase am Anfang des Lebens beschränken kann" (ebd.). Es ist vielmehr notwendig, Weiterbildung als einen „ergänzenden nachschulischen, umfassenden Bildungsbereich" (ebd.) zu institutionalisieren und mit den vorangehenden zu verkoppeln.

Prinzip ständiger Weiterbildung

In dieser Sicht ist Weiterbildung *nicht* auf eine rein nachholende und/oder Wissen aktualisierende Funktion reduziert, wie dies heute in der Realität weit überwiegend der Fall ist. Vielmehr erfordert das ‚Prinzip ständiger Weiterbildung' gleichzeitig eine Veränderung der Curricula grundständiger Ausbildungen in den verschiedensten Bereichen. Es geht dabei um eine neue Verteilung von Lernzeiten und -inhalten über die gesamte Bildungslaufbahn hinweg. Die gegenwärtige Praxis, in der alle Stufen und Institutionen des Bildungssystems vor allem auf sich selbst orientiert sind und zaghafte Reformen allenfalls in ihren eigenen Mauern auf den Weg bringen, entspricht den Reformvorschlägen des Strukturplanes also nicht. Vielmehr war 1970 bereits das im Blick, was heute wieder unter dem Stichwort der Verkürzung von Ausbildungs- und Studiengängen kontrovers diskutiert wird. In den früheren Phasen der Ausbildung sollten also jeweils Grundlagen vermittelt werden, die dann über Weiterbildung immer wieder um speziell erforderliche und/oder neue Elemente zu ergänzen sind.

Der Gedanke der ‚Einheit des Bildungssystems' bleibt aber bei den Gesichtspunkten der zeitlichen Anordnung des Lernens und dessen curricularer Neuorganisation nicht stehen. Vielmehr warnt die Bildungskommission gleichzeitig davor, Weiterbildung auf „einen Funktionszusammenhang mit technischem Fortschritt" zu verengen (ebd., S. 52). Sie sieht also auch (berufliche) Fortbildung, Umschulung und (allgemeine) Erwachsenenbildung als ein zusammenhängendes Ganzes an und zielt darauf ab, „den Menschen zur bewußten Teilhabe und Mitwirkung an den Entwicklungs- und Umformungsprozessen *aller* Lebensbereiche zu befähigen und ihm dadurch die Entfaltung seiner Person zu ermöglichen" (ebd.; Hervorh. J.W.).

Zaghafte Realisierung

Vieles davon ist Programm geblieben: es wurde nicht realisiert und wird weiterhin vehement gefordert. Allerdings erfolgte während der 1970er-Jahre eine rechtliche Verankerung der Erwachsenenbildung; bis auf Schleswig-Holstein, Hamburg und Berlin erhalten alle (west-) deutschen Bundesländer ein Erwachsenenbildungsgesetz. Auch die ersten so genannten ‚Bildungsurlaubs'- oder ‚Bildungsfreistellungs'-Gesetze werden verabschiedet. Auf diesem rechtlichen und mit ihm verbundenen finanziellen Fundament erfährt die institutionalisierte Erwachsenenbildung einen rasanten Aufschwung.

Während in den 1970er-Jahren noch sehr intensiv um die Gewichte von Bildung/Qualifizierung, Institutionalisierung/Offenheit, Emanzipation/Integration gerungen wurde, erhält die Debatte in den 1980er-Jahren einen anderen Akzent. Die Bundesregierung ruft eine so genannte ‚Qualifizierungsoffensive' aus, bei

32

der es vor allem um die Integration der Weiterbildung in die Arbeitsmarktpolitik und Personalentwicklung ging. Die Bundesanstalt für Arbeit stellte erhebliche Mittel zur Verfügung, die den Bereich der beruflichen Qualifizierung, insbesondere Umschulung etc. für Arbeitslose, aufwertete. Auf der anderen Seite ging das Zutrauen in die Gestaltbarkeit der Welt verloren. Die Debatte über die ‚Postmoderne' stellte Denktraditionen und Überzeugungen in Frage, die der Aufklärung zugrundelagen und -liegen, die immer deutlicher wahrgenommenen Umweltrisiken verwiesen auf die destruktiven Potentiale der Entwicklungsdynamik ‚moderner' Gesellschaften. Förderung und Ausbau der allgemeinen Erwachsenenbildung, soweit sie öffentlich finanziert war, stagnierten; die Teilnehmerzahlen an Weiterbildung insgesamt stiegen im Verlauf der 1980er-Jahre kontinuierlich.

In der DDR war die Entwicklung in vielen Hinsichten anders verlaufen. Während sich in der BRD bereits Anfang der 1950er-Jahre – nicht zuletzt vor dem Hintergrund der Erfahrungen des Nationalsozialismus – ein institutioneller Pluralismus entfaltet hatte, ging die Entwicklung in der DDR genau in die andere Richtung. Volkshochschulen, Klub- und Kulturhäuser, Betriebsakademien und Betriebsschulen sowie die ‚Urania' (ursprünglich ‚Gesellschaft zur Verbreitung wissenschaftlicher Kenntnisse') werden in ein System integriert, das zentraler staatlicher Kontrolle unterworfen und der sozialistischen Ideologie (wie sie in der SED verstanden wurde) verpflichtet war. Zum Ende der 1950er-Jahre war die Entwicklung hinsichtlich Professionalisierung und Institutionalisierung weiter vorangeschritten als in der BRD (vgl. Siebert 1994). Mit dem ‚Gesetz über das einheitliche sozialistische Bildungssystem' von 1965 ist der Prozess der Verstaatlichung und Zentralisierung der Erwachsenenbildung weitgehend abgeschlossen. Anders als in der BRD, in der sich die Hochschulen – angestoßen durch eine entsprechende Verpflichtung im Hochschulrahmengesetz 1976 – erst ab Ende der 1970er-Jahre sehr zögerlich der Weiterbildung zuwenden, sind sie in der DDR (insbesondere über Fern- und Abendstudien) voll in das System integriert.

Weiterbildung in der DDR

Insofern ergeben sich für die 1990er-Jahre aus der Vereinigung markante Entwicklungsprobleme. Diese sind nicht im Sinne wechselseitiger Angleichung gelöst worden. Vielmehr wurden die in der BRD zum Ende der 1980er-Jahre gegebenen Verhältnisse relativ abrupt auf die neuen Bundesländer übertragen. Dieser Systemumbau hat nicht nur zum Verlust erhaltenswerter Strukturen und Praktiken, sondern auch zu erheblichen Verwerfungen in der Übergangszeit geführt. Dabei wurden nicht zuletzt Schwächen der Strukturen deutlich, die sich in der BRD entwickelt hatten. So dürfte die Tatsache, dass sich in den neuen Bundesländern kurz nach der Wende hunderte von Bildungswerken gegründet hatten, die ihre Angebote mit einer bunten Fülle phantasievoller Zertifikate ‚krönten', ein wichtiger Anstoß für die in den 1990er-Jahre virulente Debatte über die ‚Qualität' von Weiterbildung gewesen sein.

3. Theoretische Zugänge

Bereits die vermeintlich schlichte Frage, was denn eigentlich eine Theorie sei, Was ist eine Theorie? stellt vor nicht unerhebliche Probleme. Wortspielerisch könnte man darauf verweisen, dass es dazu eine ganze Reihe von Theorien gibt. Vergewissert man sich pragmatisch in Lexika, bleiben die Angebote vielfältig. Eines lautet: „Begriff mit stark variierender Bedeutung" – das ist zweifellos zutreffend – und „Allgemein wird mit Theorie ein System von Begriffen, Definitionen und Aussagen bezeichnet, das dazu dienen soll, die Erkenntnisse über einen Bereich von Sachverhalten zu ordnen, Tatbestände zu erklären und vorherzusagen" (Fuchs u.a. 1978, S. 780). Bisweilen wird unter Theorie aber „auch nur eine einfache Hypothese über einen bestimmten Zusammenhang verstanden" (ebd.). Schließlich gibt es die umgangssprachliche Variante, der zufolge es sich um „Erkenntnis um ihrer selbst willen, [eine] rein wissenschaftliche Betrachtungsweise ohne Hinblick auf Anwendung; Gegensatz: Praxis" handelt (dtv-Lexikon 1970).

Dem ‚allgemeinen' Verständnis wird man sich – gegenüber dem Aspekt der Theorie und Praxis ‚Vorhersage' eher zögerlich – anschließen können. Wenn im Folgenden von ‚Theorie' die Rede ist, geht es also um Begriffe, um Unterscheidungen, die eine Ordnung, ein Verstehen von Sachverhalten ermöglichen, besser noch: ein *bestimmtes* Verstehen *ausgewählter* Sachverhalte. Das umgangssprachliche (Miss-) Verständnis begegnet uns leider oft in Seminaren („Das ist mir zu theoretisch!"), so dass ein Widerspruch, zumindest eine Klarstellung angebracht erscheint. Theoriebildung erfolgt (im günstigen Fall) gegenüber Praxis und Anwendung ‚rücksichtslos'. Sie lässt sich weder für die Lösung von Handlungsproblemen in Anspruch nehmen, noch richtet sie ihre Aussagen danach aus, was in bestimmten sozialen Zusammenhängen zu einem gegebenen Zeitpunkt gewünscht, ‚gern gehört' wird. Im Gegenteil: Ein allgegenwärtiger Common sense kann zum Widerspruch reizen und einen wichtigen Antrieb für die Formulierung abweichender Auffassungen darstellen. Das bedeutet aber keineswegs, dass Theorie für Praxis ‚folgenlos' bleibt, wie dies etwa mit der eher abfälligen Formulierung *‚bloße Theorie'* suggeriert wird. Vielmehr kann man Theorien als ‚Sehhilfen' verstehen, die letztlich auch in Handlungszusammenhängen einen anderen Blick auf die umgebende Realität eröffnen (vgl. Wittpoth 1997a). Anders als von Studierenden oft angenommen, ist es daher kein Problem, sondern ein Vorzug, dass verschiedene Theorien verschiedene Blicke auf ihre Gegenstände ermöglichen, dass die ungeduldige Frage ‚Wie ist es denn nun wirklich?' unbeantwortet bleibt. Multiperspektivität, die Möglichkeit, sich von verschiedenen Standpunkten aus und mit unterschiedlichen begrifflichen Instrumentarien den Gegenständen zu nähern, ist eines der herausragenden Merkmale theoretischer, wissenschaftlicher Arbeit. Sie zu kultivieren, ist nicht gleich bedeutend mit Professionalität, stellt aber eine ihrer wesentlichen Grundlagen dar.

3.1. *Eine* Theorie *der* Erwachsenenbildung?

Wie es anfing Im Vergleich mit den Bereichen der Erziehungswissenschaft, deren Fragestellungen sich im Wesentlichen auf Erziehung und Bildung in *schulischen* Kontexten beziehen, ist die Erwachsenenpädagogik eine recht junge Teildisziplin. Während andere bis weit in das 19. Jahrhundert zurückblicken können (vgl. Krüger 1999, S. 11), wurden die ersten Lehrstühle, die ausdrücklich und speziell der Erwachsenenbildung gewidmet waren, in den 1960er-Jahren eingerichtet. Etwa zur selben Zeit wurde Erwachsenenbildung als dringliche gesellschaftliche Aufgabe entdeckt und mit dem Aufbau entsprechender Strukturen begonnen (vgl. 2. Kap.). Das Fach Erwachsenenpädagogik an Universitäten war damit *von vornherein* mit einer doppelten Aufgabenstellung konfrontiert: sich selbst als Fach zu konstituieren und den rapiden Auf- und Ausbau des so genannten ‚quartären Sektors‘ konzeptionell zu begleiten.

Durch die 1970er-Jahre hindurch vollzog sich der relativ rasche Ausbau der Disziplin an den Universitäten bis auf den gegenwärtigen Stand von 40 bis 50 Professuren im Bereich Erwachsenenbildung. Mangels Vorlauf konnte es zu der Zeit kaum Personen geben, die eine wissenschaftliche Laufbahn im Bereich der Erwachsenenpädagogik hinter sich hatten. Die neuen Professorinnen und Professoren wurden also zum Teil aus anderen Fachdisziplinen und zum anderen Teil aus der Weiterbildungspraxis rekrutiert. Eine Reproduktion des Faches im klassischen Sinne – also ‚vollständige‘ Laufbahnen in der Teildisziplin (Magister/Diplom, Promotion, Habilitation) – wurde erst in der 1990er-Jahren in nennenswertem Ausmaß erreicht. Fragestellungen, Orientierungen und Methoden anderer Fächer – vor allem Soziologie, Psychologie, Geschichtswissenschaft, Philosophie – haben in der Erwachsenenpädagogik daher eine ebenso große Bedeutung (behalten) wie die Orientierung an bildungspolitischen und bildungspraktischen Belangen. Dies ist nicht in erster Linie auf einen ‚Entscheid‘, sondern wesentlich auf die (Gründungs-) Konstellationen zurückzuführen; es ist nicht unbedingt ein Mangel, aber eine Besonderheit, die nicht folgenlos bleibt.

Eine umfassende Theorie Es mögen auch diese Konstellationen gewesen sein, die – aus heutiger Sicht – anfangs zu einer (Selbst-)Überforderung der Disziplin geführt haben. Das Denken kreiste um ‚eine‘ oder gar ‚die‘ Theorie ‚der‘ Erwachsenenbildung, die möglichst alles umfassen sollte. So spricht etwa Siebert 1977 – in einer bis heute mit Zustimmung zitierten Schrift (vgl. Nuissl 2000, S. 142; Siebert 1999, S. 33; Weinberg 1990, S. 87) – von einer ‚vollständigen Theorie der Erwachsenenbildung‘, die eine ganze Reihe von ‚Dimensionen berücksichtigen sollte‘ (vgl. Siebert 1977, S. 12). Sie sollte

– Aussagen enthalten über die vom Autor oder Vertreter einer Theorie favorisierte gesellschaftspolitische, anthropologische, wissenschaftstheoretische und/oder weltanschauliche Position;
– die Notwendigkeit von Erwachsenenbildung auf ihre je besondere Weise begründen;

- Ziele und Aufgaben der Erwachsenenbildung bestimmen;
- ihre jeweils aktuelle Funktion, Leistung und Entwicklung beurteilen;
- didaktische und methodische Strategien und Konzepte entwickeln;
- bildungspolitische Folgerungen und Forderungen enthalten.

Ähnlich ‚ausgreifend' formuliert Groothoff etwa zur selben Zeit: „Es wird [...] eine Theorie gesucht, die es erlaubt, das geschichtlich-gesellschaftliche Phänomen Erwachsenenbildung wahrzunehmen, zu beschreiben, zu erforschen und zu verändern, wobei berücksichtigt werden muss, dass es um ein Subsystem des [...] Systems Bildungswesen [...] und damit um Kriterien (regulative Ideen), Sinnfragen, institutionale Regelungen, Organisation und Handeln [...] und damit um den Zusammenhang von philosophischen, hermeneutisch-historischen (ideologiekritischen) und empirisch-praktischen Fragen geht" (Groothoff/Wirth 1976, S. 165).

Das Besondere ist, dass analysierend-beschreibende und normative Aspekte stets ineinander übergehen, miteinander vermischt werden. Oft stehen Letztere dabei im Vordergrund, sind also ‚das Maß aller Dinge', etwa bei Weinberg, für den Theorien der Erwachsenenbildung aus Sätzen bestehen, „in denen begründet wird, welche Aufgaben die Erwachsenenbildung übernehmen soll" (Weinberg 1990, S. 85).

Beobachtung und Begründung

Die immer wieder aufgeführten einzelnen Dimensionen, Aspekte oder Problembereiche sind von den Autoren in einem *konsistenten* Sinne gedacht. Bemühungen um eine schlüssige Begründung und Analysen der Realität von Erwachsenenbildung gehen also nicht getrennt vonstatten. In diesem Sinne jüngst Nuissl: „Eine ‚schlüssige' Theorie erlaubt einen *widerspruchsfreien* Ableitungszusammenhang zwischen diesen [gemeint sind Sieberts ‚Dimensionen' J.W.] Bestandteilen, der damit nicht nur *Sollsätze* definiert, sondern auch [...] pädagogische Wirklichkeit *erklärt*" (Nuissl 2000, S. 142). Man kann sich dann nur schwer vorstellen, Aussagen über Funktionen von Weiterbildung zu machen, die den Begründungen widersprechen – bestenfalls in dem Sinne, dass eine Passung hergestellt werden muss. Schwer vorstellbar ist in diesem Kontext ebenfalls, dass man die Notwendigkeit von Weiterbildung – nicht generell, aber in bestimmten Zusammenhängen – bestreitet. Einer Provokation käme schließlich die Frage gleich, ob und in welchen Hinsichten Weiterbildung für die Menschen oder die Gesellschaft *schädlich* sein könnte.

Dominiert in theoretischen Zugängen zur Erwachsenenbildung der programmatisch-normative Aspekt, läuft man also Gefahr, die Wirklichkeit zu ‚verkennen'. Man bleibt Teil eines Diskurses oder einer ‚sozialen Welt', in dem/der bestimmte Grundannahmen geteilt werden und Selbstverständlichkeiten fraglos gelten. Die Welt stellt sich den Angehörigen der sozialen Welt Erwachsenenbildung (mit ihren Institutionen, Programmen und Überzeugungen) als eine Welt dar, die der Weiterbildung bedarf. Der einzelne Mensch kommt nur noch als Adressat oder Teilnehmer in den Blick, das Geschehen im Kurs dient ausschließlich der Bildung, gesellschaftliche Zustände behindern Weiterbildung oder fordern sie heraus.

Beobachtung statt Begründung

Dezidiert theorieorientierte Betrachtungsweisen im engeren Sinne, also solche, die sich normativer Aussagen möglichst enthalten, bleiben misstrauisch gegenüber den Selbstbeschreibungen der sozialen Welt Erwachsenenbildung. Sie schließen an Theorieperspektiven unterschiedlichster Art an und thematisieren die Weiterbildungspraxis ‚respektlos‘. Weiterbildung ist nicht der (in normativer Hinsicht) entscheidende Ort, sondern ein Ort neben vielen anderen. Man sieht auf diese Weise mehr (zumindest vieles anders), hat aber ebenfalls ein Problem: Was mit welchen Mitteln besser zu machen wäre, kann (oder will) man (vorsichtshalber) nicht sagen. Denn in vielen Fällen leben solche Betrachtungsweisen gerade von der Differenz zwischen den Erwartungen bzw. Absichten der Akteure und den tatsächlichen Funktionen bzw. Effekten dessen, was geschieht.

Man kann sich den grundlegenden Unterschied zwischen beiden Perspektiven an einem alltäglichen Beispiel verdeutlichen. Gelegentlich kommentieren Freunde die Paarbeziehungen oder Erziehungspraktiken, an denen sie als ‚externe Beobachter‘ vorübergehend teilnehmen, in einer für die Beobachteten schwer erträglichen Weise. Die unermüdliche Zuwendung zum quengelnden Kind beschreiben sie – mit Verweis auf Lernen – als Bestärkung des eigentlich unerwünschten Verhaltens und die freundliche Nachsichtigkeit (etwa der Frau gegenüber ihrem Partner) als Unterwerfung unter anachronistische Rollenmuster. Sie werden sich mit alternativen Verhaltensvorschlägen zurückhalten und – vor allen Dingen! – im Zweifelsfall ganz ähnlich agieren, sobald sie wieder zu Hause sind.

Niklas Luhmann hat dieses Problem mit einer Unterscheidung zu fassen versucht, die zunächst verwirrend komplex daherkommt, aber letztlich sehr hilfreich ist. Er unterscheidet Beobachtungen erster und zweiter Ordnung (vgl. etwa Luhmann 1990, S. 51ff.). Beobachtungen erster Ordnung sind solche, bei denen irgendetwas beobachtet wird. Sobald diese Beobachtung von einem weiteren Beobachter beobachtet wird, liegt die Beobachtung zweiter Ordnung vor. An einem Beispiel: Wenn ich mich in einem Seminar auf die Beiträge von Studierenden beziehe, im Anschluss an das Seminar mit Kollegen begeistert oder zerknirscht über das Erlebte spreche, bewege ich mich auf der Ebene der Beobachtung (und ihrer Folgen) erster Ordnung. Wenn ich einen Kollegen oder einen professionellen Evaluator mitnehme, der den Auftrag übernimmt, den Seminarablauf (unter besonderer Berücksichtigung meiner eigenen Anteile) zu dokumentieren und zu kommentieren, dann hat dieser die Beobachtung zweiter Ordnung übernommen. Hilfreich ist an dieser sprachlichen Fassung des Problems, dass man sich nun kaum noch vorstellen kann, dass beides (sinnvoll) *gleichzeitig* geschieht. Wenn ich mich ständig bei meiner Kommunikation mit Studierenden im Seminar beobachte, wird die Kommunikation gestört; wenn der Evaluator ins Geschehen eingreift, verlässt er in dem Moment seinen Beobachtungs-Posten.

Unreine Wissensordnung Für die Erwachsenenpädagogik – wie für die Erziehungs- und Sozialwissenschaften generell – besteht das Problem, dass sie sich nicht für die eine *oder* andere Variante entscheiden kann. Diese Wissenschaften haben es nicht mit *Naturgesetzmäßigkeiten* zu tun, die registriert, erklärt und in ihren Abläufen vorhergesagt werden können. Vielmehr besteht der Gegenstandsbereich im Wesentlichen aus (mehr oder weniger zielgerichtetem) *Handeln* von Akteuren (Individuen und Kollektiven). Fragen nach der Angemessenheit von Zielen unter je besonderen Bedingungen, nach der Wirksamkeit von Methoden und nach Handlungsalternativen sind also gewissermaßen in den Gegenstand ‚eingebaut‘. Man kann sich daher gegenüber solchen Fragen kaum ‚in Schweigen hüllen‘; damit ist allerdings noch nicht geklärt, *wie* man sich auf diese Fragen bezieht und – vor allem – wie man sie zu den Bemühungen ins Verhältnis setzt, das Handeln und seine Folgen zu *verstehen*. Einem Vorschlag von Jochen Kade folgend, kann man vom Neben-

und bisweilen Durcheinander verschiedener ‚Wissensordnungen' ausgehen: die erziehungswissenschaftliche ist in ‚Reinform' strikt theorieorientiert, die pädagogische Wissensordnung ist der Begründung und Gestaltung erwachsenenbildnerischer Praxis verpflichtet; vieles spielt sich genau zwischen diesen beiden Polen im Sinne einer gewissermaßen ‚unreinen' Wissensordnung ab (vgl. Kade 2001, S. 31ff.).

3.2. Theorieansätze und Bezugsebenen

Sortierungsversuche

Einschlägige Literatur zu ‚Theorien der Erwachsenenbildung', Handbücher und Einführungsbände verfahren in der Regel so, dass einer mehr oder weniger ausführlichen Erörterung allgemeiner Probleme eine Auflistung verschiedener ‚Theorieansätze' folgt (in dem Wort ‚-ansätze' steckt schon eine gewisse Distanzierung von den ursprünglichen Absichten, ‚eine Theorie' zu entwickeln). Abbildung 2 enthält zumindest den größeren Teil entsprechender Versuche:

Abb. 2: Theorieansätze und Konzeptionen der Erwachsenenbildung *

Siebert 1977	Schmitz 1980	Dahm u.a. 1980
1. personalistisch	1. inhaltsbezogen	1. empirisch-analytisch
2. marktorientiert	2. persönlichkeitsbezogen	2. kritische Theorie
3. reformerisch	3. sozialstrukturbezogen	3. historisch-materialistisch
4. politökonomisch	4. lebensweltbezogen	4. hermeneutisch
5. neomarxistisch		5. symbolisch-interaktionistisch
Dewe u.a. 1988	*Romberg 1992*	*Tippelt 1994*
1. system-/wirtschafts- wissenschaftlich	1. Bildungsmotivation	1. sozialisationstheoretisch
2. lern-/verhaltens-theoretisch	2. Teilnehmerorientierung	2. biographisch
3. geisteswissenschaft- lich/hermeneutisch	3. Zielgruppenorientierung	3. lebensweltorientiert
4. sozialisationstheoretisch	4. Deutungsmusteransatz	4. sozialökologisch

5. sozialwissenschaftlich-
  kulturtheoretisch
	5. Identitätslernen, sozial-
	  therapeutische Funktion
		5. systemtheoretisch

	6. bildungstheoretisch	6. Gruppendynamik/Interaktion
Siebert 1993	*Kade u.a. 1999*	
1. technologisch	1. institutionszentrierter Zugang**	
2. identitätstheoretisch	2. bildungszentrierter Zugang	
3. integrativ	3. lebenslauforientierter Zugang	
4. sozialökologisch	4. subjektorientierter Zugang	
5. sozialistisch		
6. postmodern		

*   Nach Siebert 1993, S. 30; ergänzt um Siebert 1993, S. 34/35 und Kade/Nittel/Seitter 1999, S. 61ff.

** Kade/Nittel/Seitter sprechen nicht von ‚Theorieansätzen', sondern von ‚theoretischen Zugängen'. Diese verstehen sie als ‚erkenntnisleitende Orientierungen der Theoriebildung', womit sie eine ‚tiefere' Ordnungsebene bezeichnen als diejenige, auf der gemeinhin Theorieansätze unterschieden werden.

Theorieansätze

Man erkennt relativ rasch, dass die einzelnen Autoren nach ganz unterschiedlichen Kriterien sortiert haben: Es handelt sich zum Teil um programmatische Grundpositionen (z.B. marktorientiert, sozialökologisch, personalistisch), zum Teil um ganz allgemeine sozialwissenschaftliche Theorietraditionen (z.B. kritische Theorie, Systemtheorie), zum Teil um Problemorientierungen (z.B. Motivation, Zielgruppen). Um Theorie/n im oben skizzierten Sinne (also in der Form, die man sich ursprünglich vorgestellt hatte) handelt es sich durchweg nicht. Vielmehr geht es eher um Grundverständnisse (bei Siebert schon beinahe Weltanschauungen), um Orientierungen, um Ebenen, auf denen die jeweiligen Reflexionen sich bewegen oder um (Erkenntnis-) Interessen, von denen sie ihren Ausgang nehmen. Erwachsenenbildung wird also ,im Horizont von', ,im Anschluss an', ,unter Bezug auf' verschiedene Ansätze reflektiert. Dabei kann es dann zu ganz unterschiedlichen (wenngleich nicht beliebigen) Kombinationen von (Theorie-)Ansätzen kommen. Ich kann z.B. ,marktorientiert' denken und mich dabei ,systemtheoretischer' Unterscheidungen bedienen oder ,reformerisch' in der Perspektive der ,kritischen Theorie' argumentieren, ,konstruktivistisch' über ,Identität' nachdenken usw. Gleichzeitig haben wir es wieder mit einer kaum entwirrbaren Gemengelage von normativen und theoretischen Orientierungen zu tun. Es ist allerdings folgenreich, für welche dieser Orientierungen man sich ,entscheidet': das, was Erwachsenenbildung ist und das, was sie sein soll, sieht je nach ,gewählter' Perspektive ganz unterschiedlich aus.

Bezugsebenen

Statt nun die vorliegenden Unterscheidungen ein weiteres Mal im Einzelnen zu referieren und zu kommentieren (sie liegen ja zur Lektüre bereit), werde ich exemplarisch einige Schneisen in dieses Dickicht zu schlagen versuchen. Dabei geht es mir in erster Linie darum, Orientierungshilfen zu geben, Unterscheidungen anzubieten und auszuprobieren, mit deren Hilfe man in der Vielzahl von Ansätzen Sortierungen vornehmen kann. Das ist angesichts der unterschiedlichen Art theoretischer und programmatischer Zugänge, wie sie oben in Teilen benannt sind, nicht einfach. Sich zuvorderst auf etablierte allgemeine Theorietraditionen zu beziehen, wie dies etwa Dewe u.a. getan haben (vgl. Abb. 2), liegt zunächst nahe. Es zeigt sich jedoch recht bald, dass eine solche Unterscheidung im Blick auf die Theoriebildungs- und Forschungspraxis der Erwachsenenpädagogik in Deutschland eher ,künstlich' ist. Man findet entsprechende Arbeiten in ,Reinform' eher selten. Bleibt die in den Sozialwissenschaften in vielen Hinsichten eingeführte Unterscheidung nach den Ebenen: Gesellschaft, Institution/Organisation, Individuum (bzw.: Makro/Meso/Mikro). Da wir Individuen nicht als Monaden betrachten, sondern immer ihre Sozialität mit bedenken, umfasst die Bezugsebene ,Individuum' auch Aspekte der ,Interaktion'. Auch diese Unterscheidung ist nicht in allen Fällen trennscharf, aber sie erschien mir im Zuge der Ausarbeitung zunehmend nützlicher. Es geht also darum, auf welche Ebene sich erwachsenenpädagogische Theoriebildung oder auch theoriegeleitete Reflexionen beziehen. Und da ergeben sich markante Unterschiede, ob man von gesamtgesellschaftlichen, institutionellen oder individuellen Belangen ausgeht. Unterschiede dieser und anderer Art werden im Folgenden jeweils an ausgewählten Beispielen erläutert. Auf diese Weise wird kein ,flächendeckendes' Abbild erzeugt, aber es wird plastisch nachvollziehbar, was man mit Hilfe bestimmter theoretischer Perspektiven ,sieht' (und was nicht).

3.2.1. Bezugsebene: Gesellschaft

Erkenntnis-
interessen

Reflexionen über Weiterbildung, die auf der Ebene der Gesellschaft ansetzen, in ihr den zentralen Bezugspunkt haben, sind zahlreich. Es gibt unterschiedliche Perspektiven und ihnen entsprechende Erkenntnisinteressen. Gefragt wird z.B.

40

- nach dem Beitrag, den das Bildungssystem – hier speziell der Bereich Weiterbildung – angesichts je spezifischer Bedingungen zur Aufrechterhaltung einer funktionsfähigen Ökonomie leistet/zu leisten hat (sog. ‚bildungsökonomische' Ansätze, die sich für das Humankapital oder die ‚human resources' interessieren);
- nach den Aufgaben der Weiterbildung zur Sicherung einer funktionsfähigen Demokratie (demokratietheoretisch inspiriert);
- nach der Rolle, die das (Weiter-) Bildungssystem bei der Reproduktion der (hierarchischen) Gesellschaftsordnung spielt (und unter Umständen kritisch gewendet: welche es spielen könnte);
- nach den besonderen Funktionsprinzipien des Bildungssystems im Vergleich mit anderen gesellschaftlichen Teilsystemen (allgemeine Systemtheorie).

Der Weiterbildungsbereich selbst und die sich in ihm aufhaltenden Akteure sind auf dieser Ebene in einer spezifischen Weise ‚gleichgültig' (weshalb solche Betrachtungsweisen den meisten praktisch tätigen Pädagogen und vielen Erziehungswissenschaftlern Probleme bereiten). Dabei kommt diese ‚Gleichgültigkeit' mindestens noch einmal in zwei verschiedenen Ausprägungen vor. In den beiden ersten Fällen geht es um das übergeordnete Ziel ‚Funktions*fähigkeit*' (der Ökonomie und der Demokratie). Betrachtungen dieser Art beinhalten daher in der Regel Aussagen über die Erwartungen oder Anforderungen an Weiterbildung: „Weiterbildung muss ...!" In den beiden anderen Fällen geht es eher darum zu verstehen, wie Weiterbildung funktioniert, welche Rolle sie in der Gesellschaft spielt – also um die ‚Funktions*weise*'. Während die einen Ansätze also noch eine relativ starke normative Komponente haben, wird diese bei den anderen immer schwächer bzw. verschwindet (in der Systemtheorie) völlig. Schließlich harmonieren die Betrachtungsweisen nicht miteinander: Die formulierten ‚Erwartungen' brechen sich gewissermaßen an den ‚Funktionen'.

Dies wird in einer knappen Skizze der zentralen Fragen und Annahmen der genannten Ansätze deutlich.

Bildungsökonomische Ansätze haben spätestens seit den 1970er-Jahren Gewicht. Sie ‚entdeckten', dass neben den klassischen Elementen Boden, Kapital und Arbeit die Qualifikation der Beschäftigten für ökonomischen Erfolg einzelner Unternehmen, aber auch ganzer Volkswirtschaften immer wichtiger wurde. Mehrere Faktoren waren dafür maßgeblich. Zum einen trugen technologische Entwicklung und Verwissenschaftlichung der Produktion dazu bei, dass Arbeitskräfte eine Höherqualifizierung benötigten. Zum anderen beschleunigte sich die Entwicklung neuen Wissens, so dass der bis dato übliche Erneuerungsrhythmus (über den Generationenwechsel) verkürzt werden musste. Man konnte nicht mehr auf die ‚modern' ausgebildeten jüngeren Arbeitskräfte warten, sondern musste die Qualifikation der bereits Beschäftigten immer wieder auf den aktuellen Stand bringen.

Seitdem hat sich die Situation noch weiter zugespitzt. Einmal ist der so genannte ‚tertiäre Sektor' (Dienstleistungen) der Volkswirtschaft zu Lasten des primären (Landwirtschaft) und sekundären (Produktion) weiter gewachsen. Sicherlich erfordern nicht alle Tätigkeiten im Dienstleistungsbereich eine höhere Qualifikation, für viele gilt dies allerdings. Zum anderen haben sich die Rahmenbedingungen für Produktion und Dienstleistung im Sinne einer Internationalisierung von Märkten und einer Globalisierung der Unternehmenstätigkeit geändert. Man

Bildungsökonomie

nimmt nun an, dass der internationalen Konkurrenz – insbesondere aus Billiglohnländern – nicht mehr (allein) auf der Ebene des Preiskampfes begegnet werden kann. Wettbewerbschancen liegen vielmehr in der Produktüberlegenheit, der Verarbeitungsqualität, der Zuverlässigkeit der Lieferung, der an Kundenwünschen ausgerichteten, maßgeschneiderten Einzellösung und der Innovation schlechthin. Gefragt sind also ,intelligente' Produkte und eine möglichst sensible Beobachtung der Märkte, Kunden, ihres Bedarfs und ihrer Zufriedenheit sowie schnelle und flexible Reaktionen auf Wandel. Dass für all dies besonders kompetente und qualifizierte Mitarbeiterinnen benötigt werden, liegt auf der Hand.

Demokratietheorie
Demokratietheoretisch fundiert ist ein anderer Ableitungszusammenhang. Die Geschicke des Staates bestimmen letztlich die Bürgerinnen und Bürger, die durch die von ihnen gewählten Parlamentarier im politischen Raum ,repräsentiert' werden. Damit die Menschen eine ,vernünftige' Wahl treffen, ihre Rechte wahrnehmen und ihnen korrespondierenden Pflichten genügen können, müssen sie die Möglichkeit haben, ihre Kenntnisse über gesellschaftliche und politische Probleme auf dem je aktuellen Stand zu halten und ihr Verständnis der relevanten Zusammenhänge zu vertiefen. Nur so können sie ihre gesellschaftliche Mitgestaltungsaufgabe angemessen erfüllen. Mit wachsender Komplexität und Unübersichtlichkeit der Lebensverhältnisse gewinnt dieser Gesichtspunkt ständig an Bedeutung. Das aktuelle Beispiel der Diskussion über Gentechnik dürfte für diesen Zusammenhang evident sein: Im Akt der Wahl entscheiden alle mit darüber, ob und an welchem Punkt Forschung und Entwicklung in diesem Bereich Grenzen gesetzt werden sollen. Um dies *verantwortlich* tun zu können, braucht man entsprechende Kenntnisse, die in schulischer Ausbildung nicht vermittelt wurden.[1]

In beiden Fällen ist Weiterbildung nicht ein *Problem*, das es zu ergründen, zu analysieren gilt, vielmehr wird sie als eine *Lösung* für Probleme verstanden. Zugleich sind die Ziele, denen Weiterbildung zu dienen hat, und die Inhalte, die in ihr bearbeitet werden, weithin vorgegeben. Maßstab für das Ge- und Misslingen ist im einen Fall der Erhalt internationaler ökonomischer Konkurrenzfähigkeit und im anderen Fall der Zustand der demokratischen Kultur im Lande. Weiterbildung ist hier also Mittel zum (höheren) Zweck, ,bloßes' Instrument und insofern *als solche*, in ihrem Eigensinn von nachgeordneter Bedeutung.

Soziale Reproduktion
Einer anderen (Theorie-) Perspektive zu Folge ist dieser weit verbreitete Blick gewissermaßen ,auf einem Auge blind' (vgl. Bourdieu u.a. 1981; Bourdieu 2001). Er ,sieht' lediglich die ,technische Reproduktionsfunktion' des Bildungswesens, also die Aufgabe, den historisch erreichten Stand des Wissens und Könnens über die Weitergabe an die jüngere Generation zu sichern und zu entwickeln, damit Ökonomie und Gesellschaft weiterhin auf dem erreichten Niveau funktionieren. Die zweite, nämlich die ,soziale Reproduktionsfunktion' kommt dabei nicht in den Blick. Sie sorgt dafür, dass die gegebene Sozialstruktur im Wesentlichen erhalten bleibt, dass also die Kinder aus einem bestimmten Milieu in aller Regel nach Durchlaufen des Bildungssystems als Erwachsene etwa wieder in dem Milieu ankommen, aus dem sie stammen. Es gibt Durchlässigkeiten

---

1   Das Beispiel zeigt aber zugleich die Grenzen dieses Verständnisses auf: Den im Prinzip notwendigen Expertenstatus können wir nicht mehr in all den Bereichen, für die es wichtig wäre, erreichen.

nach oben und unten, also Auf- und Abstiege, aber im Gros sind die Verhältnisse erstaunlich stabil.

Möglich wird das zum einen dadurch, dass man über besondere Kompetenzen und über einen gewissen Umfang an ökonomischem Kapital verfügen muss, um das Bildungssystem möglichst effektiv nutzen zu können. Die Familie muss sich eine lange Ausbildung der Kinder leisten können (braucht also Geld) und wollen (muss also die Erfahrung gemacht haben, dass es sich ‚rechnet‘). Sie braucht schließlich Informationen über die zu einem gegebenen Zeitpunkt bevorzugten, besonders attraktiven Orte. Kleinräumig kann das ein altsprachliches Gymnasium sein, das vorzugsweise Kinder aus bestimmten Milieus rekrutiert, was gleichzeitig heißt: andere abstößt. Beim Studium geht es dann längst auf die internationale Ebene: Wer genügend Informationen hat, es sich leisten kann und will, schickt seine Kinder auf englische oder amerikanische Universitäten, die obere Plätze in den Rankings einnehmen. Die Kinder selbst brauchen eine bestimmte kulturelle Kompetenz, etwa im sprachlichen Ausdruck, im Umgang mit der legitimen Kultur (Literatur, bildende Kunst, Musik etc.), um den Erwartungen des Bildungssystems in besonderem Maße zu entsprechen. Und sie brauchen ein bestimmtes ‚Ethos‘, eine Haltung, die die Normen des Bildungssystems offensiv bejaht. Schule setzt also sehr viel voraus, was besonders Begünstigte auf ‚natürliche‘, beiläufige Weise erwerben. Selbst wenn es weniger Begünstigten gelingt, in schulischer Ausbildung opulentes Wissen anzuhäufen, so ‚verrät‘ doch letztlich die Art und Weise des Erwerbs, die im Ergebnis unauslöschbare Spuren hinterlässt. Als brillant gilt stets die souveräne, elegante, unverkrampfte (also ‚natürliche‘) Argumentation und Betrachtung, während die mit Fleiß erworbenen und unsicher (verkrampft) präsentierten Kenntnisse immer den Makel des Mühsamen, Bemühten in sich tragen und insofern geringer bewertet werden.

Es gibt also Menschen, für die schulische Ausbildung eher ein ‚Heimspiel‘ und solche, für die sie eher ein ‚Auswärtsspiel‘ darstellt und beide bekommen am Ende Zertifikate ausgehändigt und Titel verliehen, die einen universalen und relativ zeitlosen Wert haben. Wegen ihres Berechtigungscharakters verbürgen Titel und Zertifikate eine Qualifikation relativ unabhängig von ihrem tatsächlichen Vorhandensein und vom Zeitpunkt des Erwerbs. Schließlich – und das ist einer der wesentlichsten Effekte – legitimieren die Zertifikate ungleich verteilte Chancen. Sowohl diejenigen, die Karrieren machen, als auch diejenigen, denen sie verschlossen bleiben, begründen ihre Möglichkeiten mit Verweis auf die mehr oder weniger guten Abschlüsse, die sie erreicht haben. Ausgeschlossen zu bleiben, wird also ‚verständlich‘, akzeptiert, erscheint als unmittelbare Folge zu geringer Intelligenz oder Lernbereitschaft.

Im Weiterbildungsbereich setzen sich diese Mechanismen fort. Es gibt unterschiedliche Anlässe, Orte und Formen der Weiterbildung, die unter je bestimmten Voraussetzungen zugänglich sind. Menschen mit einer geringen Erstausbildung sind besonders schlecht versorgt, die mittleren Lagen können auf ein breites und hoch differenziertes Angebot zurückgreifen, während die Hierarchiespitzen ‚unsichtbare‘ Formen des Qualifikationserhalts bevorzugen (müssen), um gar nicht erst als ‚lernbedürftig‘ zu erscheinen. Dabei sind Karrieren innerhalb von Unternehmen und zwischen ihnen in vielen Fällen an (Weiterbildungs-) Zertifikate gekoppelt und über sie legitimiert (vgl. Wittpoth 1997, S. 44ff.). Wegen des geringen Formalisierungsgrades der Weiterbildung ist Steuerung über Zertifikate oder bloße Teilnahme besonders leicht möglich: im Bedarfsfall – also bei einem Überangebot an hoch qualifizierter Arbeitskraft – lassen sich kurzfristig exklusive Ereignisse inszenieren, an denen per definitionem nur wenige (Auserwählte) teilhaben können, die dadurch zu ‚Ausgezeichneten' werden usw. Der Weiterbildungsbereich trägt also entgegen der allgemeinen Auffassung nicht zu einem höheren Maß an Chancengleichheit bei, sondern vergrößert den Abstand zwischen den Gering- und den Höherqualifizierten, weil die einen tendenziell ausgeschlossen bleiben, wohingegen den anderen Weiterbildung zur unabweisbaren ‚lebenslänglichen' Pflicht geworden ist.

Man sieht deutlich, dass Weiterbildung hier in einem ganz anderen Licht erscheint. Was geschieht, verhält sich nicht mehr so ‚glatt' zu dem, was geschehen soll, und es wird möglich, Weiterbildungspraktiken zu verstehen, die in der Perspektive der technischen Reproduktion keinen Sinn ergeben (vgl. ebd., S. 48ff.). Schließlich geht es nicht mehr darum, was Weiterbildung leisten *soll*, sondern um den Versuch, ihre Wirkungen in der Gesellschaft zu *beschreiben* und zu *verstehen*. Man *kann* aus dieser Bestandsaufnahme auch ‚Soll-Sätze' ableiten, etwa dahingehend, dass die sich zuspitzende Selektion durch geeignete Maßnahmen abgemildert wird, aber darum geht es erst in zweiter Linie.

Systemtheorie Ebenfalls dezidiert theoretisch, aber wiederum ganz anders, setzt der Blick auf Weiterbildung im Horizont der allgemeinen Systemtheorie im Sinne Luhmanns an. Ihm ging es darum, eine *Gesellschafts*theorie zu entwickeln, d.h. die Betrachtung aller einzelnen gesellschaftlichen ‚Teilsysteme' (Wirtschaft, Religion, Politik, Kunst, Erziehung usw.) erfolgte in der Absicht, sie so zu beschreiben, dass sie sich gewissermaßen ‚reibungslos' in den übergreifenden Theorierahmen einfügten. Soziale Systeme können sich für Luhmann nur durch ‚Selbstreferenz', also Bezug auf sich selbst, ausdifferenzieren, von anderen Systemen (ihrer Umwelt) unterscheiden. Dazu müssen sie Selbstbeschreibungen erzeugen und benutzen, um ‚entscheiden' zu können, welche Probleme die ‚ihren' sind, welche sie zu bearbeiten haben und welche nicht. In den wichtigsten Funktionssystemen liegt dem ein ‚binärer Code' zugrunde, der als ‚Leitdifferenz' alle weitere Kommunikation kanalisiert (vgl. Luhmann 1990, S. 75ff.). So operiert etwa das Rechtssystem unter dem Code ‚Recht/Unrecht', das Wirtschaftssystem unter dem Code ‚Geld haben/nichthaben', das politische System unter dem Code ‚Macht haben/nichthaben'. Vielleicht lässt sich das Gemeinte – exemplarisch für das Rechtssystem – anhand einer verbreiteten alltäglichen Reaktion auf manche Gerichtsurteile plastischer darstellen. Bisweilen erscheinen Urteile als ‚ungerecht' und die Richtenden werden mehr oder weniger nachhaltig gedrängt, nach Kriterien von Gerechtigkeit zu urteilen. Sie können dies nicht, weil ‚Gerechtigkeit' für das Rechtssystem nicht die entscheidende Kategorie ist. Vielmehr bedeutet die grundlegende Orientierung an der Unterscheidung ‚Recht/Unrecht', dass die Recht*mäßigkeit* von Handlungen, also ihre Übereinstimmung mit gesetzlichen Regelungen geprüft wird. *Genau und nur dies* tut das System (solange es funktioniert), alle anders gelagerten Anforderungen wehrt es ab. Es mag sein, dass einzelne gesetzliche Regelungen vielen Menschen als ungerecht erscheinen. Dieses Problem ließe sich aber nur auf dem ‚Umweg' über das politische System lösen; allerdings nur dann, wenn die dortigen Akteure sich von der Durchsetzung entsprechender Forderungen ‚Profite' im Sinne des Erhalts oder Zuwachses von Macht versprechen (denn auch das politische System kann mit ‚Gerechtigkeit' *allein* nichts anfangen).

44

Man kann sich nach diesem Muster nun selbst ausmalen, was z.B. im Wirtschaftssystem passieren würden, ließe es sich auf Barmherzigkeit ein usw.

Mit dem Code des Erziehungssystems hatte Luhmann Zeit seines Lebens Selbstbeschreibung des Erziehungssystems Probleme. Im Blick auf die *Selektions*funktion von *Schule* lässt sich ein solcher ermitteln: „Man kann gut oder schlecht abschneiden, gelobt oder getadelt werden, bessere oder schlechtere Zensuren erhalten." (ebd., S. 195). Grundlegend wäre demnach die Unterscheidung ‚gut/schlecht'. Diese ist aber einerseits sehr unspezifisch und andererseits betreibt die Profession der Pädagogen die Selektion „als unerfreuliches Nebengeschäft, das die eigentliche Aufgabe der Erziehung eher stört oder erschwert" (ebd., S. 197). Insofern schließt die Kommunikation im Erziehungssystem bestenfalls in Teilen an diesen Code an; eigene Aufgaben zu erkennen und sich von anderen Systemen abzugrenzen gelingt (allein) auf diese Weise kaum. Jochen Kade hat daher – vor dem Hintergrund eines ausdrücklich ‚entgrenzten', also nicht länger auf Institutionen und schon gar nicht auf Schule fixierten Verständnisses des Pädagogischen – die Differenz ‚vermittelbar/nicht-vermittelbar' als Code des Erziehungssystems identifiziert (vgl. Kade 1997; Luhmann 2002, S. 59f.). ‚Vermittelt' werden in einem speziellen, historisch erst allmählich zu diesem Zweck ausdifferenzierten sozialen System Wissen und Werte sowie (dadurch) Individuen und Gesellschaft. Mit Hilfe dieser Unterscheidung beobachtet das Erziehungssystem die Welt und ‚entscheidet', welche soziale Praxis ihm zugehörig ist.

Auch diese Perspektive zeichnet sich zunächst durch eine relative ‚Gleichgültigkeit' gegenüber dem Erziehungssystem als solchem aus. Zentraler Ausgangs- und Bezugspunkt ist Gesellschaft (-stheorie), in der das Erziehungssystem neben vielen anderen eine – je nach Theorierahmen unterschiedlich gefasste – besondere Rolle spielt. Grob formuliert könnte man sagen, dass auch dieses System ‚erledigt, abgehakt' ist, sobald die Code-Frage befriedigend geklärt und damit das Teilsystem mit Hilfe der grundlegenden Begrifflichkeit dieser speziellen Theorie (komplett) zu ‚fassen' ist. Unabhängig davon, für den Gesellschaftstheoretiker gewissermaßen als ‚Nebeneffekt', liefert die Systemtheorie eine Fülle von Anregungen auch für Reflexionen, die sich in erster Linie auf das Erziehungssystem – und hier noch genauer: die Weiterbildung – beziehen. Denkt man Weiter Weiterbildung als System bildung als soziales System im Sinne Luhmanns, dann hat man nicht mehr konkrete, ‚(an-)fassbare' Institutionen – Volkshochschulen, Bildungswerke, Akademien – vor Augen. Vielmehr kann man das Geschehen abstrakter unterscheiden: Man bewegt sich innerhalb *eines* institutionellen Rahmens in *unterschiedlichen* Systemen, je nach dem, um was es geht (bei Finanzierungsfragen z.B. im Wirtschaftssystem). Auch die Unterscheidung zwischen ‚Funktion' (Selektion) und ‚Leistung' (etwas zu lehren, was Menschen in anderen Systemen anwenden können) trägt zu Differenzierungen bei. In Verbindung mit dem für Systeme konstitutiven Aspekt einer besonderen ‚Selbstbeschreibung', die in der Regel auf die ‚Leistungen' abhebt, löst man sich schließlich von der Vorstellung, dass das, was die Akteure über ihr Tun sagen (oder auch in umfangreichen Programmen aufschreiben), genau ‚so ist', wie sie es sagen. Mit Fragen und Betrachtungen dieser Art bewegen wir uns aber schon auf der ‚mittleren' Ebene der Institutionen/Organisationen.

3.2.2. Bezugsebene: Institution/Organisation

Spätestens hier ergibt sich ein *begriffliches* Problem, das bereits in der Unentschiedenheit der Kapitelüberschrift zum Ausdruck kommt und kaum befriedigend gelöst werden kann. Im engeren Sinne des (sozialwissenschaftlichen) Sprachgebrauchs haben wir es im Folgenden allein mit ‚Organisationen‘ zu tun, insofern es um künstlich geschaffene Gebilde geht, innerhalb derer formal geregelte Kooperation von Menschen stattfindet – also Bildungseinrichtungen, Firmen, Behörden usw. Der Begriff der ‚Institution‘ ist offener, bezieht sich auf tradierte Werte und Normen, die bestimmte Bereiche des menschlichen Zusammenlebens – im Vergleich mit ‚Organisationen‘ gewissermaßen ‚unsichtbar‘ – regulieren. Gleichzeitig wird jedoch in weiten Bereichen von der ‚institutionalisierten Weiterbildung‘ oder der ‚Institution VHS‘ usw. geredet, wobei letztere sich unter Umständen auch noch als ‚lernende Organisation‘ beschreibt. Diesem diffusen Gebrauch beider Begriffe schließe ich mich hier an, um noch ‚verständlich‘ zu bleiben; denn ‚Weiterbildungs*organisation*‘ bedeutet im ‚normalen‘ Sprachgebrauch etwas anderes als ‚Weiterbildungs*institution*‘. In der Tendenz sind mit ‚Institution‘ im folgenden Text eher Einrichtungen der Weiterbildung (also z.B. Volkshochschulen, Familienbildungsstätten, Berufsbildungswerke usw.), mit ‚Organisation‘ eher Firmen, Behörden usw. gemeint.

Auf dieser Ebene sind gesamtgesellschaftliche Fragen nicht unbedingt ausgeblendet, sie stehen aber nicht ‚am Anfang‘, nicht im Zentrum des Interesses. Vielmehr reklamieren Reflexionen in der institutionellen Perspektive einen Eigensinn für die Weiterbildung, siedeln sich die Institutionen meist als vermittelndes Element zwischen Gesellschaft (ihren Anforderungen) und Subjekt (seinen Lebensnöten, Bildungsansprüchen) an. Diese Perspektive war für die zweite Hälfte des gerade hinter uns liegenden 20. Jahrhunderts wohl die maßgebliche. Zwei große Gruppen lassen sich unterscheiden: Einmal geht es um die Institutionen, die sich speziell der Weiterbildung widmen, ein anderes Mal um Organisationen jedweder Art, in denen/für die Weiterbildung – oder wie man heute eher sagen würde ‚Lernen‘ – eine Rolle spielt.

Insofern im erstgenannten Bereich Weiterbildung gewissermaßen ‚zu sich selbst kommt‘, sich selbst zum Thema macht, werden hier vielfältige Fragen aufgeworfen und bearbeitet, von denen ich nur einige nennen kann.

– Noch relativ nah an der gesamtgesellschaftlichen Ebene ist die Frage nach der entwickelten Gestalt des Weiterbildungssystems, seiner Reform-Erfordernisse und -Möglichkeiten.
– Welche Bestandteile und welche Ausrichtung muss das Programm einer Weiterbildungseinrichtung angesichts je besonderer gesellschaftlicher Rahmenbedingungen und Qualifikationserfordernisse bzw. Bildungsinteressen haben und wie kann dieses Programm realisiert, d.h. auch an Adressaten vermittelt werden?
– Wie sind einzelne Kurse zu gestalten, damit die Teilnehmenden möglichst ihren Lernvoraussetzungen und -interessen gemäß lernen können?
– Welche Qualifikationen braucht das (pädagogische) Personal in der Weiterbildung und welche Aufgaben hat es in welcher Weise zu bewerkstelligen?
– Schließlich eine Fragestellung jüngeren Datums, die zudem an der Schnittstelle zum zweiten Bereich liegt: Welche Anstrengungen zur Organisations-

entwicklung müssen Weiterbildungsinstitutionen unternehmen, um den komplexen (und einer nicht unerheblichen Veränderungsdynamik unterliegenden) Anforderungen genügen zu können?

Unterschiedliche Betrachtungsweisen, Argumentationen und Befunde ergeben sich hier aus – im Blick auf die Ebene ‚Gesellschaft' anderen – verschiedenen Gründen. Einmal abgesehen von der Frage nach dem Zustand des ‚Weiterbildungssystems' lassen sich viele der genannten Fragen nur noch im Blick auf konkrete Institutionen bzw. Institutionsbereiche bearbeiten. Das ist ein wesentlicher Unterschied zum gesamten Bereich der Erstausbildung (Schule, Berufsbildung, Hochschule), die in einer Vielzahl von Gesetzen und Verordnungen relativ weit geregelt ist. Man weiß dort in etwa, was in welcher Zeit und mit welchen Ergebnissen gelernt werden muss. Da Weiterbildungseinrichtungen jeweils nur in einem mehr oder weniger breit zugeschnittenen Bereich der Weiterbildung aktiv sind, stellen sich die Probleme hier ganz unterschiedlich dar (vgl. Kap. 5). Volkshochschulen, die ein breites und inhaltlich möglichst ausgewogenes Programm vor allem der allgemeinen, kulturellen und politischen Weiterbildung in Kommunen oder Kreisen zu entwickeln haben, sind mit anderen Bedingungen konfrontiert als Industrie- und Handels-Kammern, die sich im Bereich kurz-, mittel- und langfristiger beruflicher Qualifizierungsangebote (z.B. Meisterschulungen) engagieren. Auch die Gestaltung jedes einzelnen Kurses differiert nach dem institutionellen Kontext, dem Zweck, den Zielen, den Interessen der Teilnehmenden usw. Es liegt von daher nahe, dass sich auch die auf solche Probleme beziehenden theoretischen Anstrengungen, die Reflexionen und die Versuche, Konzepte zu entwickeln, nach Bereichen unterscheiden. In mancherlei Hinsicht sind die Unterschiede insbesondere zwischen den Bereichen der beruflichen und der allgemeinen Weiterbildung so groß, dass man von verschiedenen ‚Kulturen' sprechen kann. Im einen Fall geht es um die Qualifizierung von Beschäftigten nach Maßgabe beruflicher oder betrieblicher Erfordernisse, im anderen Fall um die Bildung von Privatpersonen mit Blick auf eine gelingende humane Existenz.

Institutionelle Vielfalt

Eine andere, über die gesamte Breite reichende Differenz ergibt sich erneut unter dem Gesichtspunkt Theorie/Programmatik. Der überwiegende Teil der zu den angesprochenen Fragen vorliegenden Literatur hat normativ-programmatischen Charakter. Das liegt gerade auf dieser Ebene vor dem Hintergrund der ‚Entstehungsgeschichte' der Disziplin relativ nahe. Es ging und geht darum, einen Bildungsbereich auf den verschiedenen Ebenen zu *gestalten* und Probleme zu *lösen* (im Gegensatz zur *Problematisierung* eines Sachverhalts). Diesbezügliche Reflexionen haben meist ein besonderes Verhältnis zur empirischen-sozialen Welt: die ‚Realität' interessiert sie vorzugsweise als ‚Aufgabe', als etwas, das es zu verändern gilt. Insofern ist die Realität nie ‚ganz da': Am Gegebenen interessiert lediglich das Unvollkommene (als zu Verbesserndes) und das Neue verbleibt im Status der Ankündigung oder Versprechung (zumal recht rasch schon wieder etwas neues Neues zu ersinnen ist) – bestenfalls wird noch registriert, ob die Sprache, in die das Neue gewandet wurde, in der Praxis ‚angekommen' ist.[2]

Erwartungen an und Funktionen von Weiterbildung

---

2 Um Missverständnisse möglichst zu vermeiden: das ist keineswegs ein Spezifikum der *Erwachsenen*pädagogik!

Damit mangelt es diesem Reflexionstypus an einer wichtigen Unterscheidung(-s-möglichkeit), die theorieorientierte Betrachtungen auszeichnen: nämlich die Differenz zwischen (guten) Absichten und Effekten, zwischen Erwartungen und Funktionen, zwischen dem, was mit Äußerungen und Praktiken subjektiv *gemeint* ist und dem, was in ihnen *zum Ausdruck kommt*. Da solche Reflexionen jeweils Teil eines ‚Projektes' sind, fehlt es weiterhin an der Respektlosigkeit, die unverzichtbar ist (und in der Profession oft als Zynismus missverstanden wird), wenn man nach dem Motto verfährt: alles sieht so aus, als ob – es könnte aber auch ganz anders sein.

Dies kann an einigen Beispielen plastischer dargestellt werden:

‚Mittlere Systematisierung' der Weiterbildung

Im Blick auf die entwickelte Gestalt des ‚*Weiterbildungssystems*' – System nun wieder im allgemein üblichen Sinne als strukturierte Gesamtheit aller Beteiligten (Institutionen) verstanden – wird seit einigen Jahren die Perspektive einer ‚mittleren Systematisierung' (vgl. Faulstich u.a. 1991) diskutiert. Es handelt sich um eine ‚typisch pädagogische' Perspektive im hier zu erörternden Sinne, insofern sie Analyse und Programm *zugleich* verkörpert. Zur Seite der Analyse hin geht es darum, den – im Vergleich zu anderen Sektoren des Bildungssystems – geringen Formalisierungsgrad und das wenig geordnete Wachstum jedes einzelnen Bereiches und des ‚Systems' insgesamt begrifflich zu fassen. Es gibt einschlägige Gesetze, es gibt einigermaßen klar erkennbare Strukturen, Zuständigkeiten, Profile etc., aber es gibt auch viel Undurchschaubares und Unbefriedigendes. Insofern kann man sagen, dass sich der Weiterbildungsbereich durch einen ‚mittleren Systematisierungsgrad' auszeichnet. Um die Probleme – Intransparenz, inhaltliche Angebotslücken, Unterversorgung gering Qualifizierter u.Ä. – zu lösen, *soll* (wir sind also beim ‚Programm') nun nicht etwa nach dem Muster des Schul- und Hochschulbereiches – also im Sinne ‚starker' Systematisierung – verfahren werden. Vielmehr heben die Reformvorschläge – weiterhin im Sinne einer ‚mittleren' Systematisierung – auf intensivere Kommunikation, mehr Kooperation, Vernetzung und Ähnliches ab, um die bewährte Pluralität und Flexibilität der Weiterbildung nicht zu gefährden. Als Problemursache wird also angenommen, dass Institutionen und Angebote *noch nicht* dicht genug gestaffelt, Information und Beratung *noch* verbessert werden müssen etc. Der (Bildungs-)Auftrag und die Art und Weise, in der die Institutionen ihn wahrnehmen, steht also grundsätzlich nicht in Frage. Deshalb kommt auch nicht in den Blick, ob es denn überhaupt *Anlässe* zur Weiterbildungsbeteiligung bei denen gibt, die bislang nicht in den Institutionen anzutreffen sind. Unterbelichtet bleibt schließlich die Möglichkeit, dass die Weiterbildungsbeteiligung relativ unabhängig vom ‚Zustand' des institutionellen Feldes reguliert wird. Dies legen z.B. erste vergleichende Untersuchungen der Weiterbildungspartizipation in Deutschland und der Schweiz nahe: Bei deutlichen Unterschieden in der Entwicklung des Diskurses über Weiterbildung, in den gesetzlichen Regelungen sowie der Struktur des institutionellen Feldes sind die Quote derer, die sich aktiv an Weiterbildung beteiligen, und die Merkmale derer, die dies eher nicht tun, nahezu identisch (vgl. Weber/Wittpoth 1999). Würde man den Blick in dieser Weise öffnen, dann ginge es in vielen Fällen nicht darum, Pädagogik *direkt* zu beanspruchen, sondern darum, *Voraussetzungen* dafür zu schaffen, dass Pädagogik wirksam werden kann (vgl. Bourdieu 2001) – das wäre dann allerdings ein Problem, das das ‚Erziehungssystem' – nun wieder im engeren Sinne – gar nicht lösen kann.

Für die *Kursebene* liefert eine in Bremen durchgeführte Programmanalyse Kurssturz der Wissensvermittlung einige interessante Befunde (vgl. Körber u.a 1995). In der Entwicklung des gemessen an den Veranstaltungszahlen größten Bereichs allgemeiner Weiterbildung, den die Autoren mit ‚Alltagskompetenz und Allgemeinwissen' kennzeichnen, entdecken sie einen ‚Kurssturz der klassischen Wissensvermittlung' (vgl. ebd., S. 121). Demnach kann immer weniger zwischen der eher rezeptiven Übernahme von Wissen und der aktiven Einübung von Fähigkeiten im gemeinsamen Handeln sowie im Austausch mit anderen unterschieden werden. So hat sich das Profil im expansiven Bereich kultureller Weiterbildung immer stärker von der Kunstbetrachtung zum kreativen Gestalten hin entwickelt. Überdurchschnittlich gewachsen sind Bereiche wie Malen und Zeichnen, Theater/Kabarett, Musizieren und Singen, während die Auseinandersetzung mit kulturpolitischen Fragen oder die Musikbetrachtung stagnieren bzw. an Gewicht verloren haben. In der Themengruppe ‚Literatur/Sprache' sind an die Stelle systematischer Einführungen in die Literaturgeschichte und einzelne Werke Veranstaltungen getreten, in deren Verlauf man über Literatur ins Gespräch zu kommen sucht. Insofern werden viele Möglichkeiten kultureller Praxis angeboten, bei denen offen bleibt, wohin ihr ‚Gebrauch' führt, so dass man immer größere Teile kultureller Weiterbildung „als Teilmoment der ungeheuren Vermehrung von Kulturkonsum" (ebd., S. 141) ansehen kann. Auch im Bereich der ökologischen Bildung stehen stärker konkrete Anwendungen in Haus und Garten im Vordergrund, bei denen unklar bleibt, wie das zum Verständnis notwendige Wissen erworben wird (vgl. ebd., S. 144). Schließlich geht in der Gesundheitsbildung, dem mit Abstand expansivsten Bereich der letzten Jahre, der weitaus größte Teil des Zuwachses auf Veranstaltungen zur Bewegung/Körpererfahrung und Entspannung/Meditation zurück. Die alte stillschweigende ‚Vereinbarung', dass zwischen Lehrenden und Lernenden ein Gefälle besteht, das im Kurs überwunden werden kann und soll, ist also praktisch außer Kraft gesetzt. An die Stelle einer ursprünglichen Lerninhalts- und Themen- ist eine Situations- und Subjektorientierung getreten, und viele dieser Angebote repräsentieren „einen Typus sozialen Handelns, der dem therapeutischen oder Beratungshandeln näher steht als dem Typus Lehren und Lernen im herkömmlichen Sinne" (ebd., S. 173).

Die Botschaft an die Institutionen ist dann, sich auf ‚den eigentlichen Auftrag' zu besinnen, zu ‚Bildungsarbeit' zurückzukehren. Mit weniger Respekt vor Pflege des Lebensstils der Institution und mehr Unterscheidungsmöglichkeiten (durch Anschluss an Theorie) könnte man diesen Befund auch als Ausdruck dessen ‚lesen', dass die Milieus, die von Angeboten allgemeiner Weiterbildung erreicht werden, die Kurse vorzugsweise im Sinne der Bearbeitung von Identitätsproblemen, der szenischen (Selbst-) Darstellung von Informiertheit und Betroffenheit, der Pflege eines besonderen Lebensstils nutzen. Dabei ist die Etikettierung des Geschehens als ‚Bildung' genau so wichtig wie die Tatsache, dass faktisch gar nicht ‚gebildet' wird. Anders formuliert: sowohl bei Verzicht als auch bei Einlösung der Verheißung (‚Weiterbildung') würden die Menschen den Ort nicht mehr aufsuchen. Im einen Fall (Verzicht) würde das Beisammensein nicht länger als Bildung ‚geadelt' (man könnte an beliebige andere Orte gehen), im anderen müsste man anerkennen, dass man ‚bildungs-‚ oder ‚lern*bedürftig*' ist und sich dann auch noch auf unerwünschte Weise betätigen. Schwierigkeiten bereitet eine solche Sicht, solange eine enge programmatische Bindung an die Institutionen(-perspektive) besteht. Gesteht man sich diesen Blick jedoch nicht zu, trägt man dazu bei, Illusionen zu reproduzieren.[3]

Eine ganz **anders gelagerte Perspektive** auf der (‚mittleren‘) Ebene der Institutionen hat erst in den letzten Jahren in der Erwachsenenpädagogik, aber auch in anderen Disziplinen (Betriebswirtschaft, Psychologie, Soziologie) verstärkte Aufmerksamkeit erfahren. Es geht weniger um die *besonderen* Institutionen, die sich der Weiterbildung von Individuen und Gruppen widmen, als um Institutionen ganz unterschiedlicher Art, für die das ‚Lernen‘ und das ‚Wissensmanagement‘ als (über-)lebenswichtig angesehen wird. Dabei steht nicht mehr das *individuelle* Lernen von Angehörigen einer Organisation im Vordergrund, sondern die Überzeugung, dass die *Organisation als solche* lernen muss.

Wissensbasierte Organisationen Grundlegend sind dabei verschiedene Annahmen, die auch in der Kennzeichnung unserer Gesellschaft als ‚Wissensgesellschaft‘ eine herausragende Rolle spielen.[4] Eines ihrer zentralen Charakteristika ist, dass Organisationen sich immer mehr zu wissensbasierten, ‚intelligenten‘ Organisationen transformieren. Das ist zunächst eine ungewöhnliche Betrachtung, die jedoch rasch plausibel zu machen ist. Organisationales, von (jeweils zugegenen) Personen unabhängiges Wissen steckt in Verfahrensweisen, Produktionsabläufen, Kommunikationsmustern etc. Solches Wissen ist zwar ursprünglich von Personen in die Organisation eingebracht worden, hat sich dann aber in dem Sinne von diesen Personen ‚abgelöst‘, dass es der Organisation auch dann erhalten bleibt, wenn die konkreten Personen die Organisation verlassen. Am einfachsten lässt sich dies am so genannten ‚betrieblichen Vorschlagswesen‘ veranschaulichen. Mitarbeiter entdecken vor dem Hintergrund meist langjähriger Erfahrungen Verbesserungsmöglichkeiten in der Gestaltung von Produktionsabläufen, in der Handhabung oder veränderten Konstruktion von Maschinen, die dann zu rationellerer oder zuverlässigerer Produktion führen. Solche Entdeckungen werden mitgeteilt und technisch oder organisatorisch umgesetzt. Ab diesem Zeitpunkt ist das vorher personengebundene Wissen quasi ‚materialisiert‘ und in die Organisation übergegangen. Auch für Verwaltungen gilt dieses Prinzip: man kann bestimmte Abläufe ausgesprochen kompliziert, mit erheblichen Reibungsverlusten, man kann sie aber auch so organisieren, dass es für alle Beteiligten eine wahre Freude ist. Im letzteren Fall, oder allgemeiner: Wenn die Organisation ihre Probleme besonders gut lösen kann, spricht man von einer ‚intelligenten‘ Organisation. Die ‚Intelligenz‘ von Personen und die von Organisationen sind dabei nur ‚lose gekoppelt‘, das heißt, sie können unabhängig voneinander variieren. So gibt es Organisationen, die mit intelligentem Personal nicht in der Lage sind, erfolgreich zu agieren, und solche denen dies auch mit weniger intelligentem Personal recht gut gelingt. Insofern erscheint die Qualifizierung *einzelner Personen* als nicht länger hinreichend.

Betrachten Organisationen in dieser Perspektive sich selbst, dann stellen sie immer wieder fest, dass z.B.

---

3 Auf die eingangs angesprochenen Aspekte Teilnehmervoraussetzungen und pädagogisches Personal gehe ich an dieser Stelle nicht ein, da sie später erörtert werden (Kap. 3.2.3 und 6).

4 Der Einfachheit halber greife ich hier auf eine spezielle Variante dieser Zeitdiagnose ‚Wissensgesellschaft‘ zurück, die von Helmut Willke (vgl. Willke 1997); zu anderen Varianten und deren Bedeutung für die Erwachsenenbildung vgl. Nolda 2001.

- Wissen nicht genutzt wird (weil man gar nicht weiß, was man weiß);
- nicht bekannt ist, welche Kernkompetenzen für die Geschäftsprozesse besonders relevant sind;
- wenig Verbesserungsvorschläge gemacht werden;
- Potentiale von Mitarbeitern nicht erkannt werden;
- Wissensträger die Organisation verlassen (und ihr Wissen verloren geht);
- Wissen nicht geteilt wird usw. (vgl. Pawlowsky 1999, S. 114).

Sie entdecken an sich selbst also immer wieder reichlich ,Dummheit', die ihnen die erfolgreiche Arbeit (unnötig) erschwert.

Es liegt dann nahe, dass man sich vornimmt, die Organisation zur ,lernenden Organisation' umzugestalten. Das bedeutet im Kern (vgl. exempl. Willke 1998): **Lernende Organisationen**

1. Das individuelle und organisationale Lernen bedarf der ständigen Thematisierung und Reflexion. Oft ist hier vom ,Lernenlernen' die Rede; d.h. nicht mehr das zu Lernende, sondern *das Lernen selbst* wird zum Gegenstand der Beobachtung mit dem Ziel einer verbesserten Lern- und in Folge dessen Problemlösungsfähigkeit.
2. Die in den Köpfen der Beschäftigten und in den organisationalen Routinen verborgenen Wissensbestände bzw. Kompetenzen sind wie Schätze zu ,heben' und für die Organisation nutzbar zu machen. Dabei wird zwischen implizitem und explizitem Wissen unterschieden. Implizites Wissen hat eine Person aufgrund ihrer Erfahrungen, ihrer Praxis und ihrer (Lern-)Biographie im Sinne eines ,Know-how'. Sie muss nicht wissen, dass sie dieses Wissen hat und kann oft nicht erklären, wie sie kann, was sie kann. Bei Organisationsroutinen kann das ganz ähnlich sein: man sieht, dass etwas klappt, aber man weiß nicht, warum. Explizites Wissen ist demgegenüber ein benennbares Wissen, von dem der Wissende weiß und über das er sprechen kann.
3. Es muss eine gemeinsame Vision geben, die Vorstellung von einer Zukunft, in der die Organisation eine gestaltende Rolle spielt.
4. Es muss eine soziale und technische Infrastruktur (EDV) vorhanden sein, die möglichst viel implizites und explizites, organisationsinternes und -externes Wissen zugänglich und handhabbar macht.

Um all dies zu bewerkstelligen, wird ein ,Wissensmanagement' für nötig erachtet, über das es mittlerweile eine kaum noch zu überschauende Literatur gibt, deren Betrachtungsweisen und Empfehlungen sich jedoch – soweit ich die ,Überschau' treiben konnte – sehr ähnlich sind. **Wissensmanagement**

Wir haben es hier mit einer eindrucksvollen Pädagogisierung des Denkens über betriebliche und organisatorische Abläufe zu tun. Eindrucksvoll nicht zuletzt deshalb, weil all die Hoffnungen, die man bislang in das ,zu bildende Subjekt' gesetzt hatte, schlicht auf die ,lernende Organisation' übertragen werden. Auch hier hat die Literatur in weiten Teilen normativ-programmatischen Charakter und – in Folge dessen – interessiert die ,Gegenwart' der Organisation, ihre Verfasstheit, Funktionsweise und Struktur allenfalls in ihrer – als überwindbar unterstellten – Unvollkommenheit.

In Wiederholung des Perspektivwechsels bietet sich zunächst die Frage danach an, wie es um die Möglichkeit der Explikation und ,Verwaltung' impliziten

Wissens bestellt ist. Mit Dirk Baecker (1999, S. 70ff.) kann man verschiedene Arten von Wissen danach unterscheiden, ob und wie weit es thematisiert wird bzw. thematisierbar ist.

Offen thematisierbar ist/thematisiert wird:

– Wissen über Produkte, Technologien und Produktionsprozesse;
– Expertenwissen aller Art vor allem über die relevanten Umwelten der Organisation.

Selten, eher verdeckt oder gar nicht thematisiert wird/thematisierbar ist:

– gesellschaftliches Wissen darüber, was eine Organisation ist, wie sie funktioniert, was man von ihr erwarten kann;
– Wissen darüber, wie eine hierarchische Organisation zu führen und Arbeitsteilung zu koordinieren ist;
– Milieuwissen darüber, wie die Dinge in der Organisation üblicherweise laufen, was man von wem zu erwarten hat, wessen Initiativen in der Regel erfolgreich sind und welche meist im Sand verlaufen, von wem man Intrigen erwarten kann, wie man mit Kontrollmaßnahmen umgeht, wie die eigenen Arbeitsabläufe stressfrei und/oder karrieredienlich zu gestalten sind.

Einmal angenommen, es könnte tatsächlich gelingen, Wissen der letztgenannten Arten zu ‚veröffentlichen‘, dann wäre in diesem Moment die Existenz der Organisation gefährdet. Die gegenwärtig als unumstrittenes ‚Heilmittel‘ propagierte Explikation impliziten Wissens hat demnach – zumindest in einigen Bereichen – eine eminent zerstörerische Kraft.

Ziele und Bedingungen organisationalen Lernens

Man kann weiter fragen, welche Bedingungen gegeben sein müssen, um die immer wieder propagierten Ziele organisationalen Lernens erreichen zu können (vgl. Pawlowsky 1992):

– Will man Umweltveränderungen möglichst breit und aus verschiedenen Blickwinkeln identifizieren können, braucht man Toleranz für unterschiedliche Wahrnehmungen und subjektive Interpretationen.
– Will man Systemanpassungen nicht erst in zugespitzten Krisensituationen vornehmen können, muss interne Sensibilität für Widersprüche erhöht werden.
– Sollen individuelle Wahrnehmungen in der Organisation wirksam werden, muss man Strukturen schaffen, in denen Kommunikationschancen symmetrisch verteilt sind.
– Will man Reflexivität erhöhen, sind Freiräume für hierarchiefreie Dialogprozesse vonnöten.
– Sollen eingeschliffene Handlungstheorien probeweise modifiziert werden können, braucht man Gelegenheiten, um Szenarien und Ähnliches zu entwickeln.

Es ist eher unwahrscheinlich, dass Wirtschaftsunternehmen, die sich (nach außen) unter teilweise extremen Konkurrenzbedingungen durchsetzen müssen und (nach innen) soziale Ungleichheit – also Hierarchien, Karrieren, Einkommensunterschiede etc. – zu verwalten haben, so einen (transparenten, sanften und geradezu

,verständnisvollen') Charakter annehmen können, der mancher Familie gut anstände. Auf solche Skepsis trifft man gleichwohl selten, weil sie die programmatischen Verheißungen der ,lernenden Organisation' und des ,Wissensmanagement' unterminieren würde. Das schier unlösbare Problem, an dem Unternehmen sich gegenwärtig abarbeiten, nämlich Unkalkulierbares kalkulierbar zu machen, ließe sich dann nicht mehr ,pädagogisieren', was hier erneut heißt: in einen offenen Zeithorizont stellen und damit als irgendwann dann doch lösbar kommunizieren.

3.2.3. Bezugsebene: Individuum/Interaktion

Dieser Ebene zuzuordnende theoretische Reflexionen haben oft mehr oder weniger starke Berührungen mit der institutionellen Ebene – insbesondere, wenn über subjektive Belange vor dem Hintergrund institutionalisierter Weiterbildung nachgedacht wird. Auch hier gilt: Fragen und Beobachtungen nehmen *eher* von den Subjekten ihren Ausgang. Es geht zum einen um die individuellen Voraussetzungen von Weiterbildung, also um biographische und aktuelle Ausprägungen von Lebenslagen und Interessen. Ein anderer Bereich ist am ehesten mit einem weiten Verständnis von ,Lerntheorie' zu bezeichnen; es geht also um die Frage, was bestimmte Gruppen von Erwachsenen in welcher Weise lernen wollen, sollen und können. Schließlich findet gerade in jüngerer Zeit die ,selbst gesteuerte' Bildung jedes einzelnen Menschen außerhalb klassischer Bildungsinstitutionen immer stärkeres Interesse.

Ursprüngliche Formen des ,Ausgehens vom Subjekt' waren (und sind) noch relativ eng mit der institutionellen Perspektive verkoppelt, wobei generell gilt: die Trennung ist analytisch, kommt in ,Reinform' selten vor. Zentral stehen dafür ab den 1970er-Jahren Begriff und Programm der ,Teilnehmerorientierung', die als *das* Spezifikum der Erwachsenenbildung im Vergleich mit anderen Bereichen des Bildungssystems angesehen wurde (vgl. exempl. Mader/Weymann 1979). Anders als Schule und Hochschule will (insbesondere allgemeine) Erwachsenenbildung bei der Wahl von Inhalten und Methoden weniger von Fach- oder Sachsystematiken als vielmehr von den Lernvoraussetzungen und Lerninteressen der Teilnehmenden ausgehen. Dieses Grundprinzip hat im Laufe der Zeit verschiedene Variationen erfahren, die jeweils besondere Akzente setzen. So ist etwa von ,Zielgruppenorientierung' die Rede, wenn man die Planung von Weiterbildungsprogrammen eher an *Kollektiven* in besonderen Lebenslagen ausrichtet. In der *ambitionierten* Variante sind vorzugsweise solche Gruppen im Blick, die in irgendeiner Weise benachteiligt sind. *Pragmatisch* wird das Konzept im Sinne eines gezielten Marketing verwandt – in diesem Falle dann meist als ,Adressatenorientierung' bezeichnet. Auch die so genannte ,Stadtteilarbeit', der es um die Bearbeitung besonderer Problemlagen der BewohnerInnen ausgewählter Stadtteile geht, kann in diesen Kontext gestellt werden, insofern einschlägige Aktivitäten sich in der Regel auf benachteiligte Stadtteile und dann noch einmal auf eher benachteiligte Gruppen in denselben konzentriert haben. Schließlich lassen sich Versuche einer ,Lebensweltorientierung' hier einordnen, der es – nun eher auf der Ebene des einzelnen Kurses – darum geht, an den besonderen, durch lebensweltliche, alltägliche Erfahrungen geprägten Sichtweisen und Verständnissen der Teilnehmenden anzuschließen.

Es geht stets darum, bei der Programm- und Kursplanung und -gestaltung die Interessen und Erwartungen derer zu berücksichtigen, die man mit seinen Angebo-

Teilnehmerorientierung

ten erreichen will. Eher pragmatisch heißt dies, Themen und Inhalte zu finden, die Menschen ansprechen (damit aus Adressaten Teilnehmer werden), sowie Methoden und Arbeitsformen zu praktizieren, die motivieren und das Lernen erleichtern. Weitergehende Intentionen richten sich darauf, aus der unermesslichen Fülle möglicher Inhalte genau diejenigen auszuwählen, die für bestimmte Menschen im Blick auf eine unabhängige Gestaltung ihres Lebens besonders wichtig sind und Formen zu praktizieren, die sie auch für die Durchsetzung eigener Interessen qualifizieren. Hier wird – idealtypisch – die Differenz zu solchen Ansätzen deutlich, die von gesellschaftlichen Erfordernissen ausgehen: Es kann Konstellationen geben, in denen das Subjekt *gegen* allerlei Zumutungen, die mit gesellschaftlichem Wandel verbunden sind, gestärkt werden muss – und viele Erziehungswissenschaftler und Pädagogen sehen gerade in solchen Aktivitäten ihre ‚vornehmste‘ Aufgabe.

Alltagsorientierung   Verpflichtet man sich solchen Zielsetzungen, dann wird es wichtig, genaueres über Adressaten und Teilnehmer zu wissen. Man greift also in einem spezifischen Interesse auf Theorieangebote zurück. Bereits die angesprochene ‚Lebenswelt-‘, bisweilen auch ‚Alltagsorientierung‘ geht zumindest in Teilen auf Theorie zurück, zunächst auf die phänomenologische Soziologie (vgl. Schütz/ Luckmann 1979), die die Bedeutung der Lebenswelt für die Entwicklung von Identität und Zugehörigkeitsempfindungen, für die Ausbildung des ‚Selbstverständlichen‘ – das ja dann (bisweilen ‚widerständiger‘) Anknüpfungspunkt für Erwachsenenbildung ist – betont. Darüber hinaus spielt die Habermas'sche Unterscheidung zwischen System und Lebenswelt (vgl. Habermas 1988, S. 173ff.) eine Rolle, derzufolge lebensweltliche, alltägliche Orientierungen und Praxen der Menschen zunehmend von ‚systemischen‘ Rationalitäten etwa der Politik, des Berufslebens, der Wissenschaft überformt oder zumindest bedrängt werden. Gerade in dieser Perspektive liegt es nahe, lebensweltliche Belange zu stärken.

Wichtig sind in diesem Zusammenhang all die Theoriestränge und -traditionen, die sich mit der persönlichen Entwicklung des Menschen in seiner sozialen Umwelt und mit den Entwicklungspotentialen beschäftigen, also Entwicklungstheorien, Lifespan-Development, Sozialisation u.Ä.[5] Bis in die zweite Hälfte des 20. Jahrhunderts hinein war das gesamte Unternehmen Erwachsenenbildung insofern prekär, als (in der wissenschaftlichen Diskussion) Entwicklungsmöglichkeiten des Erwachsenen eher gering veranschlagt wurden. ‚Erwachsen‘ sein war weithin gleich bedeutend mit ‚fertig‘ sein; nach dem ‚psychosozialen Moratorium‘ der Jugendphase (vgl. Erikson 1991) galt Entwicklung als im Wesentlichen abgeschlossen. Sozialisation, also der „Prozess der Entstehung und Entwicklung der Persönlichkeit in wechselseitiger Abhängigkeit von der gesellschaftlich vermittelten sozialen und materiellen Umwelt" (Geulen/Hurrelmann 1982, S. 51), wurde im Wesentlichen auf Kindheit und Jugendphase beschränkt gedacht. Gleichzeitig ging man von der so genannten ‚Adoleszens-Maximum-Kurve‘ aus, derzufolge die Lernfähigkeit vom dritten Lebensjahrzehnt an kontinuierlich ab-

---

5   Obwohl es gerade bei den Sozialisationstheorien um *gesellschaftliche* Einflüsse auf die Entwicklung von Subjekten geht, führe ich sie hier (und nicht unter ‚Bezugsebene Gesellschaft‘) auf, weil man sie in der Regel zu Rate zieht, wenn man sich für die Befindlichkeiten oder Lernvoraussetzungen von Adressaten und Teilnehmenden, für deren Handlungsbegrenzungen und -spielräume – also: für *individuelle*, in der Interaktion wirksam werdende *Effekte* von Sozialisationsprozessen interessiert. ‚Gesellschaft‘ ist dabei nur als verursachende Größe im Spiel.

nimmt. Erst allmählich setzte sich ein Verständnis lebenslanger Sozialisation durch (vgl. Wittpoth 1994, S. 2ff.) und wurde (auch empirisch) die Annahme des generellen Nachlassens der Lernfähigkeit mit dem Alter differenziert und relativiert: wesentlich sind biographisch erworbene Bewältigungsmuster und das Lebensgefühl (vgl. Löwe 1983). Lebenslange Sozialisation

Es geht in diesem ‚Theoriesegment‘ also um Orientierungs- und Handlungsspielräume derer, die man mit Weiterbildungsangeboten erreichen und durch sie ‚verändern‘ will. Man stellt sich den Adressaten und Teilnehmenden (aus guten Gründen!) also nicht als ‚tabula rasa‘, als eine Person ohne Voraussetzungen vor, die beliebige Handlungsalternativen entwickeln könnte. Die allgemeine Sicht auf diese Spielräume variiert zum einen in der Zeit und zum anderen mit den je favorisierten Konzepten. Die ‚Grenzwerte‘ oder Pole sind *Determiniertheit* und *Autonomie*, d.h. im einen Fall gibt es praktisch keine (Veränderungs-) Spielräume und im anderen keine Begrenzungen. Es liegt nahe, dass beide Grenzwerte unrealistisch sind, der Streit spielt sich also im Spannungsfeld zwischen ihnen ab (vgl. Weymann 1989).

Für die jüngere erwachsenenpädagogische Diskussion dürfte zunächst die ursprünglich auf Schule bezogene Debatte über ‚schichtenspezifische Sozialisation‘ der 1970er-Jahre maßgeblich gewesen sein. Einerseits wurde *registriert*, dass die soziale Lage der Elternhäuser den schulischen Weg der Kinder stark beeinflusst. Man beschäftigte sich mit den Wohnverhältnissen, den Kosten für eine längere schulische Ausbildung, aber auch mit dem Sprachverhalten in den Familien (in Anlehnung vor allem an Bernsteins Unterscheidung zwischen dem ‚elaborierten und restringierten Code‘; vgl. Bernstein 1972). Als ‚Kunstfigur‘, in der alle Benachteiligungsmerkmale zusammenkamen, wurde die Tochter einer katholischen Arbeiterfamilie in einer ländlichen Region Süddeutschlands ‚erfunden‘. Andererseits entwickelte man aus diesen Befunden das *Programm*, Effekte schichtenspezifischer Sozialisation im Bildungssystem möglichst weitgehend auszugleichen. Die Gründung von Gesamtschulen und Gesamthochschulen mit ihren Leistungsniveau-Differenzierungen, der Durchlässigkeit etc. geht wesentlich auf dieses Motiv zurück. In der Erwachsenenbildung wurde diese allgemeine Orientierung dann umgesetzt in Forderungen wie ‚Arbeiter in die Volkshochschule‘, mit denen nicht zuletzt schulische Selektion im Nachhinein konterkariert werden sollte. Es mag mit den vielfältigen Enttäuschungen, die diese bildungspolitische Reformeuphorie erfahren hat, zusammenhängen, dass es um die Sozialisationsperspektive allmählich stiller wurde. Zugespitzt könnte man sagen, dass die *analytische* Potenz dieses Ansatzes nur so lange attraktiv war, wie man mit ihr sichtbar zu machende Probleme *pädagogisch bearbeiten* zu können glaubte.

Stärker beachtet wurde dann die Biographie, zunächst im Sinne des ‚Normallebenslaufs‘ oder auch des ‚Lebenslaufregimes‘ (vgl. Kohli 1988). Einmal ließ sich so die Entwicklungsperspektive, die in frühen Sozialisationsansätzen auf Kindheit und Jugend begrenzt gedacht wurde, auf ein ganzes Leben erweitern. Auch in späten Lebensphasen sind Menschen mit Situationen oder Konstellationen konfrontiert, die ihnen neue Orientierungen abverlangen. Zum anderen blieb der gesellschaftliche Einfluss gegenwärtig. Denn Kennzeichen des Normallebenslaufs sind sozial durchgesetzte Sequenzen und ihnen entsprechende (Alters-) Normen, zu denen der Einzelne sich nicht beliebig verhalten kann. Es gibt für beinahe alles im Leben ein ‚zu früh‘ und ein ‚zu spät‘ (berufliche Karriereschrit- Normallebenslauf te, Heirat, aber auch das Tragen eines Bikinis). Eine Vielzahl empirischer Studien der Entwicklungspsychologie verweist darauf, dass Altersnormen als soziale Standardwerte internalisiert sind. „Sie erlangen den Status von *Sollvorschriften* [...], deren Nichtbefolgen *Sanktionen* zur Folge hat" (Heckhausen 1990, S. 354).

Biographie   Der Gesichtspunkt sozialer Rahmungen, der im Begriff des Lebenslauf-*regimes* noch sehr deutlich zum Ausdruck kommt, verlor dann in der weiteren Thematisierung von Biographie an Gewicht – das Interesse richtet sich also stärker auf den Pol ‚Autonomie' hin aus. Vielfach wurde die ‚Entdeckung' der Biographie in den Kontext einer ‚Wiederentdeckung des Subjekts' gestellt. Eine wichtige Rolle dürfte dabei das von Ulrich Beck in die Welt gesetzte ‚Individualisierungstheorem' gespielt haben (vgl. Beck 1986, S. 121ff.). Demnach sind die Menschen in der ‚Risikogesellschaft' aus den traditionellen Bindungen von Klasse, Schicht, Familie, Religion, Normalarbeitsverhältnis etc. entlassen und dadurch genötigt, ihre eigene Biographie relativ selbständig zu ‚entwerfen'. Im Begriff ‚Bastelbiographie' kommt dies plastisch zum Ausdruck. Erwachsenenpädagogen haben dies so aufgegriffen, dass sie von einer ‚Schlüsselqualifikation Biographizität' sprechen. Gemeint ist, „daß wir unser Leben in den Kontexten, in denen wir es verbringen (müssen), immer wieder neu auslegen können, und daß wir diese Kontexte ihrerseits als ‚bildbar' und gestaltbar erfahren. [...] Es kommt darauf an, die ‚Sinnüberschüsse' unseres biographischen Wissens zu entziffern" (Alheit 1992, S. 32). Damit ergeben sich für Erwachsenenpädagogik und Erwachsenenbildung zwei Anschlussmöglichkeiten: Man kann Konzepte biographischen Lernens entwickeln und man kann die Biographie zum Gegenstand von Analysen machen. Biographieforschung hat in der Erwachsenenbildung in den letzten Jahren an Bedeutung gewonnen und die Aufmerksamkeit auf Bildungsprozesse jedweder Art gerichtet. Das heißt, sie ist weniger darauf angelegt, den Institutionen Erkenntnisse über ihre Adressaten und Teilnehmenden zu liefern als vielmehr daran interessiert, zu welchen Anlässen, an welchen Orten, in welchen Formen und mit welchen Ergebnissen Menschen sich bilden.

Lerntheorie   Bei all diesen Betrachtungsweisen geht es um Voraussetzungen des Lernens oder der Bildung Erwachsener, die zwar ‚in der Person' verankert, aber nicht auf sie zu reduzieren sind. Es gibt biographische, ‚sozialräumliche' Bedingungen und Konstellationen, die in je aktuelle Lern- und Bildungsprozesse ‚hineinragen', sie nachhaltig ‚prägen'. Das trifft für die Schule auch zu, wird dort aber weniger stark thematisiert als in der Erwachsenenbildung. Ein Grund mag sein, dass die ‚Situation Schule' für uns selbstverständlich gegeben ist (Kinder müssen lernen), während Erwachsenenbildung immer wieder neu ‚herzustellen' ist. Das gilt historisch in dem Sinne, dass die Bildung Erwachsener nicht ‚normal', lange Zeit begründungspflichtig war, es gilt aktuell in all den Bereichen, die auf der Basis freiwilliger Teilnahme agieren. Berücksichtigt man diese Zusammenhänge, dann überrascht es nicht, dass allgemeine Lerntheorien, die sich mit dem Lernen ‚an sich', losgelöst von je besonderen Konstellationen befassen, in der Erwachsenenbildung eine bestenfalls untergeordnete Rolle spielen. Als (auch lerntheoretisch und empirisch) erst einmal geklärt war, *dass* Erwachsene im fortgeschrittenen Alter noch lernen können, widmete man sich dann vor allem den (didaktischen) Fragen, was sie zu welchem Zweck in welchen Formen lernen wollen und sinnvollerweise lernen sollen. Solche Reflexionen fanden und finden auch eher im Horizont des Bildungs-Gedankens statt, also der allgemeinen Frage, wie sich

Personen auf erweiterte Mündigkeit und Selbstbestimmung hin entwickeln können. Es kann durchaus sein, dass sich dies ändern wird, weil in vielen Bereichen etwa der beruflichen Qualifizierung immer dringlicher nach der Effektivität verschiedener Lernarrangements, Orte und Medien gefragt wird. Wenn bis ins Detail klar zu sein scheint, was Menschen lernen *müssen*, um bestimmte Tätigkeiten besser oder schneller auszuüben, dann drängt sich die Frage auf, ob dies eher selbst organisiert oder eher angeleitet, eher mittels elektronischer Medien oder mittels personaler Kommunikation, eher in Bildungseinrichtungen oder eher am Arbeitsplatz etc. geschehen soll. Darüber wissen wir bislang eher wenig.

Einige Aufmerksamkeit im weiteren lerntheoretischen Zusammenhang haben in jüngerer Zeit die ‚Erfahrungsorientierung' (1970er-Jahre) und der so genannte ‚Deutungsmusteransatz' (1980er-Jahre) erfahren. Erstgenannte Perspektive ist vor allem im Kontext gewerkschaftlicher Bildungsarbeit entfaltet worden (vgl. Negt 1971). Die Vorstellung war, über die exemplarische Aufarbeitung von Erfahrungen aus der Arbeits- und Lebenswelt zunächst zum Erkennen struktureller Zusammenhänge führen zu können, aus dem sich dann eine gesellschaftsverändernde Kraft ergeben sollte. Der ebenfalls zunächst in der gewerkschaftlichen Bildungsarbeit entwickelte (vgl. Thommsen 1980) und dann später von Arnold weiter ausgearbeitete (vgl. Arnold 1985) ‚Deutungsmusteransatz' konterkariert die Hoffnungen, die mit der Erfahrungsorientierung verbunden waren. Erfahrungen sind mindestens ambivalent. Zu ‚Deutungsmustern', also handlungsleitenden und identitätsstabilisierenden Orientierungen geronnen, können sie dem Lernen, das stets Veränderungszumutungen beinhaltet, auch entgegenstehen. Deutungsmuster

In gewisser Weise ‚radikalisiert' wurde dieser Deutungsmusteransatz durch den Anschluss an konstruktivistische Grundannahmen in der zweiten Hälfte der 1990er-Jahre (vgl. exempl. Arnold/Siebert 1995, Siebert 1999). Ganz knapp und allgemein geht es darum, dass Menschen nicht über einen *unmittelbaren* Zugang zur sie umgebenden Wirklichkeit verfügen. Vielmehr wird das, was sie wahrnehmen oder ‚erkennen', vom eigenen kognitiven System ‚konstruiert', und dieser Prozess verläuft ‚autopoietisch', selbstbezüglich, in einem abgeschlossenen System. Impulse von außen können dieses System irritieren und in diesem Sinne Lernprozesse auslösen, sie können aber nicht in es hinein- oder ‚durchgreifen'. Man kann also weder davon ausgehen, dass Menschen das, was ihnen in Lehr-/ Lernprozessen nahe gebracht wird, übernehmen, noch ist gewiss, dass sie gewonnene Erkenntnisse im gewünschten Sinne anwenden. Beides verläuft vielmehr unter Gesichtspunkten der Integrierbarkeit des Neuen in das Gerüst vorhandener Auffassungen und Überzeugungen sowie der so genannten ‚Viabilität', also der Brauchbarkeit und Nützlichkeit. Erwachsene sind in diesem Sinne zwar lernfähig, aber unbelehrbar. Konstruktivismus

Gegen eine Reihe von Einzelannahmen des Konstruktivismus sind insbesondere erkenntnistheoretische Einwände formuliert worden, die hier nicht nachgezeichnet werden können (vgl. exempl. Rustemeyer 2001). Ein wesentlicher Punkt ist, dass die Grundannahme, derzufolge Wahrnehmung nicht im Sinne der bloßen ‚Abbildung' verläuft, keineswegs so neu ist, wie gelegentlich unterstellt. Man findet sie in anderer Weise ausgearbeitet etwa im symbolischen Interaktionismus (vgl. Wittpoth 1994, S. 72ff.) oder in der Phänomenologie (vgl. Merleau-Ponty 1966). Bleibt man also auf dieser Ebene, dann ist in unserem Zusammenhang vor allem interessant, *wie* konstruktivistische Überzeugungen von Erwachsenenpädagogen aufgenommen worden sind. Distanziert, analytisch betrachtet, würde zu allererst die Frage nahe liegen, wie es denn angesichts der selbstbezüglichen Konstruktion jedes einzelnen Subjekts zu den massenhaft einhelligen Lernerfolgen etwa in der Schule (für Leib und Leben vielleicht noch wichtiger: in der Fahrschule) kommen kann. Dass Unterrichts- und Aufklärungsbemühungen bisweilen scheitern, gehört zu den Alltagserfahrungen der Menschen. Wenn der Konstruktivismus also ein neues Problem aufwerfen sollte, dann wäre es das der *gelingenden* Unterrichtung.

Ermöglichungs-
didaktik

Aufgegriffen werden konstruktivistische Annahmen aber genau anders herum, sie werden unmittelbar didaktisiert: Wenn die eingebürgerte Haltung der ‚Unterweisung‘ auf unrealistischen Annahmen beruht, dann müssen die didaktischen Settings der Erwachsenenbildung verändert, den konstruktivistischen Auffassungen angepasst werden. In Schlagworten formuliert: Wir müssen die ‚Instruktionsdidaktik‘ – zugespitzt im Bild des ‚Nürnberger Trichters‘ – überwinden zu Gunsten einer ‚Ermöglichungsdidaktik‘ (vgl. Arnold 1996), die den Menschen günstige Voraussetzungen und Bedingungen für ihre eigenen Lernprozesse schafft. Versteht man solche Vorschläge mit einer gewissen Gelassenheit als Ausdruck des Verzichts auf pädagogische Allmachtsphantasien, als Hinweis auf *eine* sinnvolle Weise, Lehr-/Lernprozesse zu gestalten, kann man sie als Bereicherung verstehen. Wird die Ermöglichungs- *gegen* die Instruktionsdidaktik, als einzig angemessene Perspektive in Stellung gebracht, dann verlieren alle Bemühungen, Menschen *etwas bestimmtes* ‚beibringen‘ zu wollen, ihren Sinn. Aufklärungs- und Bildungsanstrengungen, die ja oft gerade darauf hinauslaufen, Gewohnheiten und einverleibte Selbstverständlichkeiten zu überschreiten, müssten (kontrafaktisch) als vergebliche Liebesmüh‘ angesehen werden.

Neben der bislang geschilderten und für die zweite Hälfte des letzten Jahrhunderts maßgeblichen Art, zuvorderst ‚vom Subjekt auszugehen‘, gewinnt in der jüngeren Erwachsenenbildungsdiskussion ein anderes Verständnis an Bedeutung. Sicherlich werden Weiterbildungsinstitutionen (und auch klassische Bildungstheorie) vehement für sich in Anspruch nehmen, stets im Sinne der Subjekte zu agieren. Allerdings tun sie das immer *in einem bestimmten Sinne*. So wie der Friseur Menschen als mit Kämmen und Scheren zu frisierende Kunden, die Klinik als mit Medikamenten und Apparaten zu behandelnde Patienten (an-) sieht, so betrachten die Bildungseinrichtungen und an ihrer Entwicklung interessierte Erwachsenenpädagogen die Menschen als in Kursform zu belehrende. Von ‚Adressaten‘ und ‚Teilnehmern‘ zu sprechen, wie dies die Einrichtungen in der Regel tun, macht nur vor dem Hintergrund der Existenz dieser Einrichtungen und ihrer Angebote Sinn. Man kann sich aber auch seine Haare selber schneiden, allein oder in Selbsthilfegruppen etwas für die Gesundheit tun und auch ohne institutionelle Anleitung etwas lernen. Um diese Differenz kreisen gegenwärtig verschiedene Varianten einer stärkeren Orientierung am Subjekt.

Selbst organisiertes
Lernen

Programmatische Arbeiten betonen in den letzten Jahren vehement die Bedeutung des selbst organisierten bzw. gesteuerten Lernens, der Kompetenzentwicklung im Vollzug der Arbeit u.Ä. (vgl. etwa Dohmen 1996). Sie verbinden dies oft mit einer Kritik an den etablierten Bildungsinstitutionen, die ihnen als zu bürokratisch und unbeweglich erscheinen, um ein dem einzelnen Menschen entsprechendes Angebot zu entwickeln. Sie tragen ihre Programme schließlich in dem Gestus vor, eine *neue* Alternative zu institutionalisiertem Lernen entdeckt zu haben. Tatsächlich haben wir es mit der Renaissance einer Perspektive zu tun, die seit der großen bildungspolitischen Debatte über ,recurrent education/education permanente/lebenslanges Lernen' vielfach variiert wurde.

Auf der *internationalen Ebene* wurde Weiterbildung in den 1970er-Jahren unter zwei verschiedenen Gesichtspunkten verhandelt: Einmal stand das Prinzip der ,recurrent education' im Vordergrund, das auf einen Umbau der kompletten Systemstruktur zielte (vgl. etwa OECD/CERI 1973), ein anderes Mal ging es stärker um das nachschulische lebensbegleitende Lernen außerhalb institutionalisierter Kontexte (vgl. etwa Faure u.a. 1972). Beide Varianten waren weniger als konkurrierende Modelle, denn als unterschiedliche Akzentuierungen im Gespräch. Mittlerweile wird auf Rekurrenz im ursprünglichen Sinne kaum noch zurückgegriffen; einschlägige Deklarationen arbeiten sich vielmehr an den Disparitäten bzw. Schwächen gegebener Verhältnisse ab und denken den Weiterbildungsbereich dabei kaum noch als integralen Bestandteil eines Gesamtbildungssystems (vgl. etwa UNESCO 1998). Dass eine Reihe dieser Probleme kaum gelöst werden können, wenn nicht auch die Erstausbildung reformiert und mit dem lebenslangen Lernen systemisch verkoppelt wird, ist dabei allerdings vielfach gegenwärtig (vgl. etwa Kommission der Europäischen Gemeinschaften 1995).

In Deutschland ist ab Ende der 1960er-Jahre v.a. der Aspekt der Rekurrenz rezipiert worden. Die Leistungen des Bildungssystems wurden im Blick auf die Sicherung der internationalen Wettbewerbsfähigkeit als so unzureichend angesehen, dass ein kompletter Umbau des Systems notwendig zu sein schien. Gleichzeitig sollte die Bildungsreform ein höheres Maß an Chancengleichheit bewirken und zu weiterer Demokratisierung beitragen (vgl. Kap. 2). Weiterbildung wurde dabei als integraler Bestandteil eines öffentlich verantworteten ,einheitlichen' Bildungssystems gedacht. Es blieb seinerzeit vor allem den radikalen Kritikern institutionalisierter Weiterbildung vorbehalten, auf ,Entschulung' (im Anschluss an Ivan Illich) und damit auf die andere, informelle Dimension des lebenslangen Lernens zu verweisen (vgl. etwa Dauber/Verne 1976). Spätestens Mitte der 1980er-Jahre wurde die Perspektive umgestellt von öffentlicher Verantwortung auf die Regulierung über Marktmechanismen, auf Subsidiarität und auf die Orientierung am Qualifikationsbedarf des Beschäftigungssystems (vgl. etwa Bundesminister für Bildung und Wissenschaft 1985). Mittlerweile sind in weiten Teilen der Debatte systemische Bezüge oder gar Verweise auf Rekurrenz weitgehend suspendiert. Insofern ist das ,natürliche lebensbegleitende' Lernen außerhalb institutionalisierter Kontexte gewissermaßen ,wiederentdeckt' worden.

Im Rückblick auf die letzten Jahrzehnte war es sicherlich ein Problem, dass der erwachsenenpädagogische Diskurs sich weithin auf die Weiterbildungs*institutionen* konzentriert und die bunte Vielfalt anderer Orte und Formen kaum beachtet hat. Diese nun – auch mit Nachdruck – ins Blickfeld zu rücken, trägt zur notwendigen Differenzierung bei. Dabei aber in eine Art schlichter Gegenbewegung zu verfallen, also nun die institutionalisierten Formen geringzuschätzen, ist unproduktiv. Wir könnten – durch die Folgen der ,alten' Einäugigkeit belehrt – Zeit sparen, wenn wir nun recht bald beide zugleich in den Blick nähmen: die mittlerweile als ,traditionelle' unter Verdacht geratenen und die ,neuen, kreativen' (d.h. hier im Wesentlichen ,selbst organisierten') Formen.

Die andere, eher *theorieorientierte*, analytische Variante des ‚Ausgehens vom Subjekt‘ *weiß* nicht bereits, wie es (anders) gehen soll, sondern *fragt* in erster Linie und zwar danach, wo und wie Menschen Wissen erwerben, welche Rolle ‚Bildung‘ in ihren verschiedensten Varianten in der Biographie von Menschen gespielt hat, wie soziale Laufbahnen (die Sozialisation) die Haltung zu Bildung und Lernen beeinflussen u.Ä.; sie bewegt sich also nicht auf der Ebene von Programmen, sondern bemüht sich sehr stark um eine Intensivierung entsprechender empirischer Forschung. Eine wichtige Unterscheidung ist dabei die zwischen ‚Vermittlung und Aneignung‘ (vgl. Kade 1997), mit der sich zunächst die traditionelle Weiterbildungssituation selbst in anderer Weise betrachten lässt. Während die Vermittlungsperspektive tendenziell Lehren und Lernen in eins setzt, also unterstellt, dass die an Bildungsveranstaltungen Teilnehmenden sich zumindest bemühen, die dargebotenen Inhalte aufzunehmen, macht die Aneignungsperspektive den Eigensinn der Teilnehmenden stark. Was in den Veranstaltungen geschieht und was ‚am Ende herauskommt‘, wird in dieser Sicht vor allem von den Teilnehmenden und weniger von den Lehrenden bzw. den institutionellen Settings bestimmt. Darüber hinaus eröffnet diese Perspektive den Blick auf andere Formen kultureller Praxis, in denen Menschen Wissen aneignen, die aber nicht oder nicht erkennbar pädagogisch strukturiert sind. ‚Lebenslanges Lernen‘ lässt sich so an unterschiedlichsten Orten und in einer großen Vielfalt von Formen beobachten. Bildung ist nicht in erster Linie das, was von Pädagogen eigens inszeniert werden muss, sondern das, was sich – wo und wie auch immer – ‚ereignet‘. Dass mit diesem Blick weniger neue Formen entdeckt als vielmehr sehr alte rehabilitiert werden, ist bereits erörtert worden (vgl. Kap. 2).

3.2.4. ‚Kreuz & quer‘

Wer Eindeutigkeit erwartet, wird mittlerweile reichlich enttäuscht sein. ‚Die eine Theorie‘ oder wenigstens ‚die klar unterscheidbaren Schulen‘ gibt es im Bereich der Erwachsenenbildung nicht und wird es auch angesichts einer sich entfaltenden und fruchtbaren Pluralität, einer weiter zu pflegenden theoretischen Mehrstimmigkeit nicht geben. Es kommt aber ‚noch schlimmer‘. Bei der exemplarischen Erörterung verschiedener ‚Ansätze‘ und ihrer Probleme ist immer wieder deutlich geworden, dass auf ganz *unterschiedliche* Theorien und Theorietraditionen Bezug genommen wird. Erschwerend kommt nun hinzu, dass man an *dieselben* Theorien auf allen drei unterschiedenen Ebenen anschließen kann (selbstverständlich auf je besondere Weise).

Auch dies lässt sich an **Beispielen** verdeutlichen, einmal an verschiedenen Zeitdiagnosen, aus denen ich hier die ‚reflexive Moderne‘ auswähle, zum anderen an der Kultursoziologie Pierre Bourdieus.

Bei der knappen Skizze dessen, was mit ‚reflexive Moderne‘ gemeint sein kann, schließe ich an das besondere Verständnis Ulrich Becks an (zu anderen vgl. Wittpoth 2001). Am einfachsten erschließt sich der Gehalt, wenn man das Neue, das besondere Merkmal der Zeit, in der wir leben, vom Vorherigen unterscheidet. Beck macht das etwa folgendermaßen (vgl. Beck 1996):

–   Die Industriegesellschaft, die ‚erste Moderne‘, orientierte sich an Linearitätsmodellen, an Planbarkeits- und Kontrollphantasien, die die handlungsleitende Idee einer Immer-weiter-so-Modernisierung begründeten. Tauchten

Probleme auf, so wurden sie als Indiz dafür angesehen, dass die Modernisierung noch nicht weit genug fortgeschritten war. Risiken und (unerwünschte) Nebenfolgen etwa des Einsatzes bestimmter Technologien erschienen als etwas, das die problemerzeugenden Institutionen nicht selbst betrifft, und als begrenzbar. Zentral war dabei ein einfaches Verständnis von Verwissenschaftlichung, der man zutraute, immer neue Problemlagen alsbald einzuholen und adäquate Lösungsinstrumentarien zu liefern. Es war so nur konsequent, Verwissenschaftlichung mit Modernisierung gleichzusetzen.

– Diese Grundorientierung hat sich nun – in der ‚zweiten (reflexiven) Moderne‘ – als illusionär erwiesen. Die ‚Nebenfolgen‘ haben einen globalen Zuschnitt bekommen und sind nicht kontrollierbar. Sie kehren zu den Verursachern zurück: materialiter im Sinne der globalen Naturzerstörung, aber ebenso vermittelt über die Subjekte, die in ihrem gewandelten Bewusstsein die von den Institutionen erzeugten (Folge-) Probleme in sie zurücktragen. Die Annahme, Nebenfolgen seien externalisierbar, ist durch Bumerang-Effekte nachhaltig in Frage gestellt. Verwissenschaftlichung untergräbt sich selbst: Indem Probleme gelöst werden, treten neue auf. Gewissheit ist nicht zu haben, vielmehr wachsen Begründungszwänge und Unsicherheit.

Eher auf der *gesellschaftlichen Ebene* wäre von dieser Figur ausgehend der Frage nachzugehen, welche Rolle (Weiter-) Bildungsinstitutionen im Übergang von der ersten zur zweiten Moderne spielen. Agieren sie noch nach industriegesellschaftlichen Prinzipien (Planbarkeit, Gewissheit, Weiter-so-Modernisierung); sind sie wie viele andere auch von Problembewältigungs- zu problemerzeugenden Institutionen geworden, schaffen also, *indem sie sich an ihren traditionellen Aufgaben abarbeiten*, gewissermaßen Probleme zweiter Ordnung? Ein konkretes Beispiel: Welche Konsequenzen hat die massenhafte Umschulung von Arbeitslosen, die ihr Ziel oft nur in sich selbst findet, also nicht in neue Beschäftigung mündet, für die Art, in der wir mit Arbeitslosigkeit umgehen? Zum einen wird individuelle Arbeitslosigkeit dem Mangel an Qualifikation zugeschrieben, was keineswegs generell zutrifft, zum anderen beruhigt der Anschein, über ein wirksames Problemlösungsinstrument zu verfügen, die Gemüter, auch wenn diese Annahme sich längst als unrealistisch erwiesen hat. Zugespitzt könnte man also sagen, dass das Festhalten an eingebürgerten Qualifizierungspraxen der Entwicklung adäquater Lösungsansätze entgegensteht. Eine solche Frage-Haltung ist in der Erwachsenenpädagogik zwar (noch) nicht verbreitet, sie ist gleichwohl nahe liegend und von daher auch gelegentlich anzutreffen.

Auf der *institutionellen Ebene* ginge es eher um die Frage, wie Weiterbildungseinrichtungen in ihren Programmen unter inhaltlichen, methodischen und organisatorischen Gesichtspunkten auf zunehmende Risiken und Unsicherheiten reagieren können. In dieser Weise wird weit überwiegend an diese und andere Zeitdiagnose(n) angeschlossen. Das Problem ist hier (erneut), dass die Bildungs-Institutionen unausgesprochen für sich einen gesellschaftlich exterritorialen Ort reklamieren; sie wären demnach nicht in sozialen Wandel einbezogen, sondern allein mit der segensreichen Bearbeitung seiner Folgen befasst.

Im Blick auf die *Subjekte* kann dann (programmatisch) gefragt werden, welche Art von Weiterbildung unter je besonderen Unsicherheitsbedingungen für Menschen hilfreich sein kann, oder (analytisch), wie Menschen (lernend) mit riskanten Lebenslagen umgehen. Wir haben also *eine* Perspektive vor uns, an die man auf allen *drei Ebenen* in verschiedener Weise und mit unterschiedlichen Konsequenzen anschließen kann. Dabei harmonieren die Anschlussmöglichkeiten zumindest teilweise nicht miteinander. Wenn ich mich dafür entscheide, institutionelle Qualifizierungs-Konzepte zur Bearbeitung von Folgeproblemen reflexiver Modernisierung zu entwickeln, dann habe ich in der Regel die Frage nach dem Charakter und der Rolle der Weiterbildungsinstitution bereits implizit positiv beantwortet.

Schließt man an zentrale Elemente der (Kultur-) Soziologie Bourdieus (vgl. v.a. Bourdieu 1983) an, wird man auf der *gesellschaftlichen Ebene* die technische und die soziale Reproduktionsfunktion von (Weiter-) Bildung unterscheiden, die bereits erörtert wurde.

Weiterbildung und Lebensstil

Auf der *institutionellen Ebene* kann man an den Begriff des Lebensstils anschließen und jüngere Arbeiten zu ‚sozialen Milieus‘ etc. von deutschen Autoren hinzunehmen (vgl. Flaig u.a. 1993; Vester u.a. 1993; Schulze 1992). Dabei geht es darum, dass Menschen sich selbst, ihr Verhältnis zu anderen und ihren Platz in der Gesellschaft nicht länger allein nach den groben Gesichtspunkten arm/reich, oben/unten beschreiben, sondern – auf dieser basalen Unterscheidung aufbauend – nach alltagskulturellen Vorlieben oder auch dem ‚Geschmack‘. Zugehörigkeit und Fremdheit, Überlegenheit und Unterlegenheit werden also (auch) daran festgemacht, wie man wohnt, wohin man reist, welches Auto man fährt, wie man sich kleidet, welche Speisen, Getränke, Sportarten man (auf welche besondere Weise) bevorzugt etc. Solche Unterschiede werden nicht nur wechselseitig registriert, sondern im Sinne der Distinktion oder des ‚Unterscheidungskampfes‘ gepflegt. Menschen erscheinen uns als *zu* laut, *zu* grell gekleidet, *zu* stark duftend, als dass wir uns mit ihnen ‚gemein‘ machen wollten. Andere beeindrucken uns durch ihre gepflegte Erscheinung, ihren souveränen Umgang mit Kunst, Literatur, aber auch mit ‚Premier Crus‘ aus dem Bordelais so sehr, dass wir gehemmt sind. Schließlich empfinden wir es als peinlich, wenn Menschen ihren materiellen Reichtum demonstrativ zur Schau stellen – dabei kann ich das ‚wir‘ bzw. ‚uns‘ nur im Blick auf die wahrscheinlichen Leser dieses Buches verwenden, bei Golfspielern und Yachtbesitzern würde ich ebenso falsch liegen wie bei Taubenzüchtern, womit wir uns schon mitten im ‚Unterscheidungskampf‘ befinden. Um es unmittelbar auf Erwachsenenbildung zu beziehen: für SPIEGEL-Redakteure zum Beispiel gibt es kein treffenderes Bild für Spießigkeit und Langeweile als die Volkshochschule. Insofern kann man das Geschehen auf der institutionellen Ebene als Ausdruck eines je besonderen Lebensstils analysieren. Man kann aber auch – programmatisch/pragmatisch – Lebensstilerwägungen für Marketingstrategien fruchtbar machen. Man vergewissert sich dann, welche Gruppierungen (‚Milieus‘) die eigene Weiterbildungseinrichtung vorzugsweise aufsuchen und richtet die Ansprache, das räumliche Ambiente etc. möglichst auf deren Vorlieben ein. Gerade Letzteres spielt in der Weiterbildungsdiskussion der letzten Jahre eine Rolle.

Reflexive Anthropologie

Aber auch auf der *Ebene des Subjekts* lässt sich an Bourdieu anschließen, und zwar an sein Verständnis von ‚reflexiver Anthropologie‘ (vgl. Bourdieu/ Wacquant 1996). Gerade wegen der Bedeutung des Lebensstils für die Praxen der Menschen wird man vorsichtig sein mit den verbreiteten Bestrebungen, ‚die‘ Menschen über das ‚aufzuklären‘, was ‚vernünftig‘ ist. Denn auch die ‚Entscheidung‘ für die umweltgerechte Lebensweise oder die ‚Lust am Lesen‘ sind nach

Gesichtspunkten des Lebensstils (nicht) gegeben. Die im Bildungsbereich verbreitete ‚Verkündigungs'-Haltung erscheint in dieser Perspektive wenig überzeugend, weil der Lebensstil der Verkündiger nicht verallgemeinerbar ist. Aufklärung ist gleichwohl möglich, nämlich in dem Sinne, dass Menschen vorbewusst verankerte Strukturierungen ihres Handelns (reflexiv) zugänglich gemacht werden. Es ginge dann weniger darum, die Menschen zu allerlei gemeinhin positiv besetzten Haltungen aufzufordern, als vielmehr darum, verstehen zu lernen, warum man sich auf diese oder jene Weise (nicht) verhält.

4. Forschung

Reflexionstypen

Wie die Erziehungswissenschaft insgesamt, so zählt auch die Erwachsenenpädagogik nicht zu den Wissenschaftsdisziplinen, die sich in erster Linie über empirische Forschung definieren. Dies wird – wie so vieles – am ehesten im Vergleich deutlich: So hat etwa in der Psychologie während der letzten 25 Jahre eine starke ‚empirische Wende‘ stattgefunden, die zu beinahe ‚kulturellen‘ Differenzen geführt hat, mit der Folge, dass sich Psychologen und Pädagogen weniger ‚verstehen‘ können, als dies lange der Fall war. Traditionell ging es in der Erziehungswissenschaft eher um *Begründungen* pädagogischen Handelns, um die Entwicklung praktikabler *Konzepte* für Unterricht und um Fragen der angemessenen *Systementwicklung*, und diese Tradition ist wirkungsmächtig, bestimmt die gegenwärtige Situation also mit.

– *Begründungen* bezogen sich auf Ideengeschichte, auf philosophische Strömungen, später auch auf soziologische und psychologische Arbeiten sowie (seltener) auf Zeitdiagnosen (‚Industriegesellschaft‘, ‚Postmoderne‘ etc.). Es ging und geht also darum, wodurch sich Bildung und Erziehung des Menschen auszeichnen, woran sie sich orientieren können, welche Ziele ihnen zu gegebener Zeit unterlegt werden können usw. Maßgeblich war dabei eine ‚hermeneutische‘ Einstellung, also die Auslegung, das Verstehen von Texten, oft älteren aus der eigenen Zunft, die man in den Rang von ‚Klassikern‘ gehoben hatte.
– Die *Konzeptentwicklung* für Unterricht, also die Didaktik und Methodik, versucht gewissermaßen zwischen solchen allgemeinen Begründungen, aber auch Erkenntnissen aus Psychologie und Soziologie einerseits und der Fachlichkeit, den institutionellen Rahmenbedingungen und personalen Aspekten der Lehrenden und Lernenden zu ‚vermitteln‘. Geprüft werden solche Konzepte im Streit zwischen verschiedenen ‚Schulen‘ und in der praktischen Durchführung, wobei man in der Regel davon ausgehen kann, dass pädagogische Praxis von ihnen ‚inspiriert‘ ist, sie aber nicht buchstabengetreu ‚umsetzt‘. Unterstützend eingesetzt werden Verfahren der Unterrichtsbeobachtung und der Evaluation.
– Auch Bemühungen um eine zielgerechte Systemgestaltung und -entwicklung fußen in der Regel auf Traditionsbeständen und Reflexionen der genannten Art. Sie vollziehen sich meist in einem öffentlichen Ringen, das von weltanschaulichen, (partei-) politischen und anderen Interessen durchsetzt ist. Das

65

spektakulärste Beispiel für Deutschland (West) ist sicherlich nach wie vor die Integrierte Gesamtschule. Auch solche Konzepte werden allenfalls partiell auf ihre Leistungen hin beobachtet. Es gibt vereinzelte Schulversuche und es gibt vor allem in letzter Zeit empirische Untersuchungen darüber, was Schülerinnen und Schüler (nicht) wissen bzw. können, die aber wenig aussagekräftig sind im Blick auf die Qualität von Schule und Unterricht (man kann – wie aktuell bei der Pisa-Studie – bestenfalls davon ausgehen, dass ‚irgendetwas nicht stimmt‘).

Explizite Forschung Wenn hier und in anderen Kontexten von ‚Forschung‘ die Rede ist, dann sind all diese Reflexionstypen und konzeptionellen Arbeiten *nicht* gemeint. Vielmehr geht es um *empirische* Forschung, also um die Entwicklung von Aussagen, die sich direkt auf Erfahrungen beziehen, aus ihrer Beobachtung gewonnen werden oder sich an ihnen überprüfen lassen. Solche Art Forschung gewinnt in der Erwachsenenpädagogik erst allmählich an Bedeutung. Das heißt allerdings keineswegs, dass wir in diesem Feld keinerlei Tradition hätten. Dementsprechend beginnt dieses Kapitel mit einer knappen Skizze der ‚Geschichte der Erwachsenenbildungsforschung‘ (4.1.). In ihr spielen vereinzelte Studien eine Rolle, die heute oft als ‚Leitstudien‘ bezeichnet werden, ein Hinweis darauf, dass sie in gewisser Weise ‚herausragen‘, nicht die Normalität repräsentieren. Im Anschluss daran werden Felder benannt, auf denen nach heutigem Verständnis ein Forschungsbedarf besteht, auch wenn dazu bereits mindestens vereinzelte Arbeiten vorliegen (4.2.). Schließlich gibt es unterschiedliche Forschungsmethoden sowie einen Streit über deren angemessene Verwendung und deren Aussagekraft. Auch darüber wird im Folgenden nach dem bislang zugrunde gelegten Prinzip berichtet (4.3.): Es soll eine allgemeine Orientierung gegeben werden, die einen Überblick und das Verständnis von Auseinandersetzungen ermöglicht, die oft nur unterschwellig gegenwärtig sind. Was die Methoden im Einzelnen auszeichnet und worauf man bei ihrer Verwendung zu achten hat, ist bereits in einer Reihe einschlägiger Schriften gut beschrieben, muss also hier nicht noch einmal wiederholt werden. Den Abschluss bildet ein Beispiel aus eigener Forschungsarbeit, an dem sich meines Erachtens noch einmal gut die Unterschiede zwischen Programmatik, Theoriebildung und empirischer Forschung, sowie die Leistungsmöglichkeiten verschiedener Methoden und insbesondere deren Kombination zeigen lassen (4.4.).

Ambivalenzen Auf eine grundlegende Ambivalenz gegenwärtiger und absehbarer weiterer Entwicklungen soll bereits hier hingewiesen werden. Wir verzeichnen eine enorm gewachsene Wertschätzung empirischer Forschung in unseren Bereichen, auf deren ‚Rückseite‘ die Arbeit am Begriff oder Theoriebildung beinahe unausweichlich an Ansehen verliert. Das ist insofern problematisch, als die Zuschnitte von Problemlagen, die mit den jeweils verfügbaren Mitteln bearbeitbar sind, deutlich differieren. Kurz gesagt dürfen Fragestellungen empirischer Untersuchungen eine gewisse Komplexität nicht überschreiten, weil ansonsten die Variablen nicht mehr kontrollierbar sind, man weiß also nicht mehr, worauf sich bestimmte Effekte zurückführen lassen. Interaktionssituationen, mit denen wir es meist zu tun haben, sind aber – wenn man zumindest einige historische, soziale u.a. Dimensionen beachtet, die in sie ‚hineinragen‘ – außerordentlich komplex. Kultiviert man also nicht *beides*, den umfassenderen, in gewisser Weise ‚kühnen‘ Blick (Theorie), der mangels empirischer Prüfmöglichkeit ‚spekulativ‘ bleibt, und den

66

detaillierteren Blick (Forschung), der sich die Welt so zurechtlegt, dass seine Instrumente sie noch fassen können, dann wird die jüngere Entwicklung, die der empirischen sozialen Welt zu ihrem Recht verhelfen will, in einen eigentümlichen ‚Realitätsverlust‘ führen.

4.1. Stationen der Erwachsenenbildungsforschung

Fasst man den Begriff der empirischen Forschung nicht zu eng, so findet man erste Ansätze in der Erwachsenenbildung bereits am Ende des 19. Jahrhunderts (vgl. Born 1994). Sie waren vor allem von dem Interesse geprägt, mehr über die Teilnehmenden bzw. – wie man seinerzeit sagte – ‚Hörer‘ zu erfahren. 1895 wurden von Ludo Hartmann in Wien erstmals die Teilnehmenden an volkstümlichen Universitätsvorträgen in einer Hörerstatistik systematisch erfasst. Drei Motive, die bis heute bei ähnlichen Bemühungen zentral sind, standen dabei im Vordergrund: Einmal sollte mit Hilfe der Bestandsaufnahme Rechenschaft über die geleistete Bildungsarbeit gegeben werden, zum Zweiten sollte deren Finanzierung weiterhin sichergestellt werden, schließlich erwartete man von der statistischen Erfassung Orientierungshilfen für die Weiterentwicklung des Bildungsangebotes. Die Hörerstatistik wurde dann in einem zweiten Schritt 1903/04 um eine Befragung der Teilnehmenden erweitert, in der man neben Geschlecht, Alter, Vorbildung, Wohnbezirk und Beruf auch die Gründe für die Teilnahme und den daraus gewonnenen Nutzen erhob.

Frühe Adressatenforschung

Diese Aktivitäten fanden Nachahmer in unterschiedlichen Bildungseinrichtungen in Hamburg und Berlin und wurden dort um zusätzliche Dimensionen erweitert: Man interessierte sich auch für den literarischen Geschmack und die geistigen Interessen der Teilnehmenden. Angesprochen waren vor allem Angehörige der unteren Schichten, also die Adressaten der Volksbildungsarbeit, von deren Vorstellungswelt und Bildungsinteressen man eher wenig wusste. Bereits auf dem Volkshochschultag 1912 in Frankfurt unternahm man den Versuch, vorhandene statistische Aktivitäten zu vereinheitlichen, um eine Vergleichbarkeit und Verallgemeinerbarkeit der erhobenen Daten zu gewährleisten. Der erste Weltkrieg verhinderte die Umsetzung entsprechender Pläne.

Erst in der Mitte der 1920er-Jahre wurde der Faden wieder aufgenommen, diesmal mit Schwerpunkt in Leipzig (von Walter Hofmann und Paul Hermberg). Auch hier wollte man den Ausbau der Erwachsenenbildung eher an den Interessen der Adressaten als an einem allgemeinen Bildungskanon ausrichten. Die eingesetzten statistischen Verfahren, die nicht unumstritten waren, wurden theoretisch allmählich weiter fundiert und modifiziert. Bemerkenswert ist, dass bereits zu dieser Zeit ein erster Schritt in Richtung ‚qualitative‘ Forschung gemacht wird. Während bis dahin allein mit standardisierten ‚quantitativen‘ Methoden gearbeitet wurde, stellt Gertrud Hermes (vgl. Faulstich/Zeuner 2001, S. 111ff.) das ‚Verstehen‘ in den Mittelpunkt ihrer einschlägigen Forschungsarbeit. Sie interessierte sich für die Einbettung der Vorstellungen und Motive der Arbeiterschaft in allgemeine Orientierungsmuster und näherte sich damit bereits dem, was später unter den Begriffen ‚Alltagswissen‘ und ‚Deutungsmuster‘ (vgl. Kap. 3.) verstanden wird.

Im Nationalsozialismus wurden entsprechende Bemühungen insofern ‚überflüssig‘, als den zentralen Akteuren klar war, was den Menschen vermittelt wer-

Die ‚Göttinger Studie‘

den sollte: die nationalsozialistische Ideologie. Erst in den 1950er-Jahren wurden die Forschungsbemühungen wieder aufgenommen. Zum Ende der 50er-Jahre wurde dann eine Untersuchung in Gang gesetzt, die die zeitgenössischen methodischen Standards sprengte und bis heute in Ansatz und Breite kaum wieder erreicht wurde. Es ist die so genannte ‚Göttinger Studie‘ über Bildung und gesellschaftliches Bewusstsein von Strzelewicz, Raapke und Schulenberg (1966). In ihr wurde erstmals versucht, in umfassender Weise die Bildungsvorstellungen der westdeutschen Bevölkerung zu ermitteln. Die Autoren gingen nicht – wie bis dahin üblich – von pädagogischen Verständnissen dessen, was Bildung sei oder sein solle, aus, sondern interessierten sich für die Assoziationen, die die Bevölkerung mit dem Wort ‚Bildung‘ verbindet. Gearbeitet wurde mit einem ‚mehrstufigen‘ Verfahren:

–   erste Erhebungswelle: repräsentative Umfrage;
–   zweite Welle: 34 Gruppendiskussionen, die über Anreize in Gang gesetzt und anschließend kaum mehr gesteuert wurden;
–   dritte Welle: 38 Intensiv-Interviews.

Alle drei Erhebungsphasen waren in verschiedenen Hinsichten aufeinander bezogen. Ziel war vor allem, mit der standardisierten Befragung gewonnene Befunde besser interpretieren zu können.

Wesentliche Ergebnisse waren (vgl. auch Strzelewicz 1977):

–   Traditionell ‚idealistische‘ Vorstellungen von Bildung als Auseinandersetzung mit den klassischen Bildungsgütern, Teilhabe am geistigen Leben, waren vor allen in gehobenen Schichten und bei ehemaligen Abiturienten anzutreffen. Demgegenüber assoziierte die breite Bevölkerung pragmatischer, brachte Bildung in Verbindung mit Wissen, zwischenmenschlichen Verhaltensweisen und Einstellungen. Allerdings wurde Bildung auch hier sehr hoch geschätzt, galt als Ausdruck von Lebenserfüllung, und deren Mangel konnte, insbesondere bei Menschen, die Bildungsgänge abbrechen mussten, sogar als traumatisch erlebt werden.
–   Das Bildungssystem war weniger in der Lage, zum gesellschaftlichen Ausgleich beizutragen, als vielfach – etwa in der Rede von der ‚nivellierten Mittelstandsgesellschaft‘ – angenommen wurde.
–   Zur Überwindung der Zurückhaltung gegenüber der Erwachsenenbildung bei Angehörigen bildungsbenachteiligter Schichten sah man weniger eindringliche Appelle und Werbung als vielmehr Veränderungen im Bereich schulischer Bildung als notwendig an.
–   Die Befragten wiesen schließlich den Volkshochschulen berufsbildende und planmäßige Qualifizierungs-Aufgaben zu, was deren Selbstverständnis nicht entsprach.

Letzteres hat dann dazu geführt, dass die Göttinger Studie als ein Wegbereiter der so genannten ‚realistischen Wende‘ der Erwachsenenbildung (vgl. Kap. 2.) angesehen wurde (vgl. Schlutz 1992, S. 44).

Leitstudien   Die Studie wurde inhaltlich und vom Erscheinungsdatum her ‚eingerahmt‘ von zwei weiteren: der so genannten ‚Hildesheim-Studie‘ von Wolfgang Schulenberg (1957) und der ‚Oldenburg-Studie‘ von Schulenberg und anderen (1978). Während Erstgenannte unter anderem die Hypothesenbildung für die Göttinger

68

Studie anregte, differenzierte Letztgenannte einige ihrer Ergebnisse weiter aus. Darin dokumentiert sich ein außerordentlich lang während Arbeitszusammenhang mit inhaltlicher und personeller Kontinuität, der im Feld der Erwachsenenpädagogik wohl bislang einmalig ist. Es ist daher kein Zufall, dass die Göttinger Studie in den Rang einer ‚Leitstudie‘ gehoben wurde (vgl. Schlutz 1992). Der Begriff, den Erhard Schlutz als nüchterner ansah als den des ‚Klassikers‘, ist nicht ganz unproblematisch, legt er doch nahe, dass der ‚anleitenden‘ Studie eine Reihe weiterer folgt, die an Problemstellung und Methoden ausdrücklich anschließen. Dies ist aber nicht der Fall, vielmehr kann man als Indikator für den ‚Leitcharakter‘ lediglich den Umstand heranziehen, dass diese (und auch die nachfolgend skizzierten) Leitstudie in der einschlägigen Literatur immer wieder erwähnt wird. Insofern kann man wohl davon ausgehen, dass das Etikett im Wesentlichen eine ‚adelnde‘ Funktion hat. Allerdings haben die Ergebnisse der Studie das Denken über die Voraussetzungen und Aufgaben der Erwachsenenbildung nachhaltig beeinflusst.

Als weitere Leitstudie in diesem Sinne gilt die Arbeit über das Lehr- und Lernverhalten bei Erwachsenen von Horst Siebert und Herbert Gerl (1975); sie wird analog zu den vorher skizzierten nach dem Ort ihrer Durchführung ‚Hannover-Studie‘ genannt. Auch diese Studie ist in mehreren Phasen und unter Einsatz verschiedener Instrumente durchgeführt worden. Begonnen wurde mit Unterrichtsbeobachtungen, deren Ergebnisse in standardisierten Verlaufsprotokollen festgehalten wurden. Im zweiten Schritt wurden Befragungen unter Kursteilnehmenden und -leitern durchgeführt. Den Abschluss bildeten Experimentalseminare, die Raum geben sollten zur Erprobung einer stärkeren Teilnehmerpartizipation. Darin klingt bereits an, dass die Studie über den Erkenntnisgewinn hinaus ein Interesse an Praxisveränderung hatte und dass eine normative Komponente unterlegt war. Es sollte nicht nur *geprüft* werden, inwieweit Teilnehmerpartizipation möglich ist, sondern zugleich sollte dieses Prinzip entwickelt und *durchgesetzt* werden. Mindestens in dieser Hinsicht dürfte die Arbeit, auch wenn man ‚Wirkungen‘ nicht im strengen Sinne belegen kann, folgenreich gewesen sein.

Die ‚Hannover-Studie‘

Kritische Einwände beziehen sich unter anderem auf methodische Gesichtspunkte (vgl. Schlutz 1992, S. 47f.), von denen einer herausgegriffen werden soll, da an ihm eine übergreifende Problematik deutlich wird. Es geht darum, woran sich die Mitbestimmung oder der Grad der Partizipation von Kursteilnehmenden festmachen lässt. Setzt man – wie in diesem Falle – standardisierte Verlaufsprotokolle bei der Unterrichtsbeobachtung ein, in denen jeder Redebeitrag von Teilnehmenden und Kursleitenden vermerkt wird, dann wird der Partizipationsgrad wesentlich quantitativ, anhand der bloßen Zahl bestimmt. Äußern sich befragte Kursleiter und Teilnehmerinnen dann als zufrieden über ihre jeweiligen Beteiligungsquoten bei gleichzeitig geringer im Protokoll ausgewiesener Anzahl, ist es zwar nicht zwingend, aber nahe liegend, Selbsttäuschung zu unterstellen. Andere Formen einer inneren Beteiligung oder auch die Angemessenheit und Akzeptanz eines geringeren ‚Aktivitätsgrades‘ kommen so nicht in den Blick.

Die dritte als ‚Leitstudie‘ bezeichnete Arbeit, aus dem ‚BUVEP-Projekt‘ (Bildungsurlaubs-Versuchs- und Entwicklungsprogramm) hervorgegangen, bezieht sich in anderer Weise auf das Unterrichtsgeschehen, insofern sie dezidiert einer nicht-standardisierenden, ‚qualitativen‘ Perspektive folgt. Das Projekt wurde im Auftrag der Bundesregierung parallel zu den politischen Auseinandersetzungen

Die ‚BUVEP-Studie‘

über die Einführung des so genannten Bildungsurlaubs durchgeführt. Es ging darum, die Möglichkeiten dieser neuen Form auszuloten. Die Ergebnisse sind in acht Bänden dokumentiert, die zwischen 1979 und 1981 erschienen sind (Kejcz u.a. 1979ff.). Über 47 Bildungsurlaubsveranstaltungen von je zweiwöchiger Dauer wurden vollständige Verlaufsprotokolle angefertigt.

Die Autoren sind dem Prinzip der Teilnehmerorientierung (vgl. Kap. 3.2.3.) verpflichtet und legen ihrer Arbeit ein Grundverständnis gelingender Interaktion zugrunde, das letztlich auf Verständigung und Passung hinausläuft (normative Implikationen). Kommen also Kursleitende und Teilnehmende (in diesem Fall Bildungsungewohnte) in ihren Erwartungen und Deutungen nicht ‚zueinander‘, so wird der Lehr-/Lernprozess als misslungen betrachtet. Vor diesem Hintergrund haben sie das außergewöhnlich breite Material nach verschiedenen Gesichtspunkten gesichtet und präsentiert (vgl. Kejcz u.a. 1979, Bd. IV, S. 15ff. und S. 85ff.): einmal werden vier besondere *Problemfelder* identifiziert:

– Aufgreifen von Teilnehmererfahrungen
– Kompetenzverteilung
– Verständigung über das Wissensangebot
– Behandlung von Deutungsmustern

zum andern ebenfalls vier verschiedene *Lehr-Lern-Strategien*:

– Wissensvermittlung über gesellschaftliche Tatbestände
– Aufzeigen von Handlungsmöglichkeiten
– Analyse sozialer Erfahrungen
– Veränderung von Wertmaßstäben.

Eingedenk des Grundverständnisses der Autoren ist der generelle, alle Details übergreifende Befund absehbar: Verständigung oder Passung gelingt kaum. Teilnehmende und Kursleitende agieren vor einem anderen Erfahrungshintergrund, beziehen sich in verschiedener Weise auf Wissensbestände, ziehen ganz unterschiedliche Konsequenzen aus dem, was Gegenstand des Lehr-/Lernprozesses war. Das ist angesichts unterschiedlicher Lebenslagen, in denen Erfahrung gewonnen und Wissen angewendet wird, sowie der Rollenverteilung in diesen Prozessen auch nicht überraschend. Die Frage ist, wie man mit solchen Befunden umzugehen gedenkt. In der BUVEP-Studie dominiert die Haltung der Defizitzuschreibung, auftretende Schwierigkeiten werden eher als ein Ärgernis, als Hinweise auf unangemessene Methodenwahl oder zu starke Inhalts- bzw. Lehrpersonenzentrierung angesehen. Die Befunde werden zum Anlass für Kritik an den beobachteten Formen genommen, womit unterstellt wird, man könnte es in einem technischen Sinne ‚besser machen‘, also das Prinzip der Teilnehmerorientierung ernster nehmen und sich intensiver um Verständigung bzw. Passung bemühen. Genau in dieser Hinsicht ist die Studie ein ‚typisches‘ Produkt der 1970er-Jahre (und in gewisser Hinsicht auch Opfer der eigenen normativen Voraussetzungen); heute würde man Differenzen weniger einzuebnen versuchen als vielmehr Formen erproben, mit ihnen *als Differenzen* umzugehen, und man würde Konflikte, Unstimmigkeiten, Widersprüche nicht generell als Lernhindernis ansehen. Bei aller Kritik – auch am methodischen Vorgehen – besteht das besondere Verdienst der Studie in der breiten Anwendung qualitativer, interpretativer Verfahren in der Erwachsenenbildungsforschung. Die schiere Menge der beobachteten Ereignisse und des dabei erzeugten Materials mag auch ein Hindernis dabei gewesen sein, die Geschehnisse in den Kursen detailliert zu dokumentieren und die Leistungsmöglichkeiten interpretativer Verfahren auszunutzen.

Studien dieser Größenordnung, mit vergleichbarem finanziellen und perso- Anschlüsse nellen Aufwand, aber auch mit solcher Beharrlichkeit wie bei den Autoren der Hildesheim-, Göttinger und Oldenburg-Studie hat es seitdem in der Erwachsenenbildung nicht mehr gegeben. Allerdings werden die beiden großen Fragenkomplexe ‚Voraussetzung bei den Adressaten‘ und ‚Lehren und Lernen in Veranstaltungen der Erwachsenenbildung‘ in verschiedenen einzelnen Arbeiten bescheideneren Zuschnitts weiter verfolgt, auf die im folgenden Kapitel unter den jeweils behandelten Themenstellungen verwiesen wird.

4.2. Forschungsthemen und Forschungsfelder

Die Sektion (früher: Kommission) Erwachsenenbildung der Deutschen Gesellschaft für Erziehungswissenschaft (DGfE), in der der weit überwiegende Teil der forschenden und lehrenden ErwachsenenpädagogInnen organisiert ist, hat sich mit dem Zustand und den Perspektiven der Forschung in mehr oder weniger großen Zeitabständen beschäftigt: etwa 1983 unter dem Thema ‚Zur Identität der Wissenschaft der Erwachsenenbildung‘ in Münster (vgl. Schlutz/Siebert 1984), acht Jahre später unter dem Thema ‚Empirische Forschung zur Bildung Erwachsener‘ in Kaiserslautern (vgl. Gieseke u.a. 1992). In den Diskussionen gab und gibt es stets *auch* eine gewisse Unzufriedenheit, die nicht etwa daher rührt, dass nicht oder zu wenig geforscht würde, sondern eher darauf zurückgeht, dass die vielfältigen, bunten Aktivitäten keinen Schwerpunkt, keine Linie erkennen lassen (vgl. auch Wittpoth 2005a). Vor diesem Hintergrund wurden schließlich in Dres- Forschungs- den (1998) mehrere Kollegen gebeten, ein ‚Forschungsmemorandum‘ für die Er- memorandum wachsenen- und Weiterbildung zu verfassen, welches nach einem internen Diskussionsprozess im Jahre 2000 publiziert wurde (Arnold u.a. 2000). In der Folge hat es eine intensive Arbeitstagung gegeben, deren Ergebnisse ebenfalls dokumentiert sind (vgl. Ambos 2001).

Es sollten – unter Berücksichtigung des erreichten Forschungsstandes – Schwerpunkte und dringend zu bearbeitende Fragestellungen identifiziert und geordnet werden. Die Hoffnung war, auf dieser Grundlage

– eine Verständigung über die Relevanz von Fragestellungen und über Prioritäten in Gang setzen zu können,
– Kooperationen zu stiften und
– ein deutliches Profil gegenüber Einrichtungen der Forschungsförderung zeigen zu können.

Entsprechende Prozesse sind angestoßen worden, ihr weiterer Verlauf ist bislang nicht abzusehen.

Den ursprünglich sehr weit reichenden Erwartungen genügt das Produkt nur teilweise, und es gibt nach wie vor einige Kritik an der Art, in der der Auftrag umgesetzt wurde. Eine der größten Lücken besteht darin, dass wenig Aussagen über den *erreichten* Forschungsstand gemacht werden, was allerdings auch schwierig ist, weil entsprechende Bestandsaufnahmen erheblich aufwendiger sind, als viele sich das ursprünglich vorgestellt haben mögen. Zum einen kann ich mir kaum ein Memorandum vorstellen, dem alle ohne Einwände zustimmen würden, zum anderen gibt es einen *relativ* breiten Konsens darüber, dass der Text einigermaßen zuverlässig das Terrain erwachsenenpädagogischer Forschung absteckt. Deshalb nehme ich ihn im Folgenden zur Grundlage meiner Skizze der Forschungsfelder und -themen, obwohl ich in manchem Fall andere Zuschnitte wählen würde. Die weiteren Unterscheidungen innerhalb der Felder vollziehe ich nur teilweise nach.

Unterschieden werden die Felder:

- Lernen Erwachsener
- Wissensstrukturen und Kompetenzbedarfe
- Professionelles Handeln
- Institutionalisierung
- System und Politik

Lernen Erwachsener

Erwachsenenpädagogen beschäftigen sich mit dem Lernen Erwachsener in seiner Verflochtenheit mit anderen Tätigkeiten, unter Berücksichtigung der Anlässe und Bedingungen, der lebensweltlichen und institutionellen Kontexte. Insofern ergibt eine ‚reine‘ Lernforschung, die eher in die Pädagogische Psychologie ‚abgewandert‘ ist, für uns wenig Sinn. Anlässe, Orte, Formen und Rahmungen des Lernens lassen sich z.B. in folgender Weise unterscheiden:

Situative Gebundenheit   Lernen findet nicht nur je situativ, punktuell statt, sondern ist eingebunden in eine Biographie, die man als Voraussetzung, Ressource und Projekt betrachten kann. Die Aufgeschlossenheit für lebenslanges Lernen, die Wahl von Orten und Themen ist von den biographischen Erfahrungen und deren Verarbeitung abhängig. Oft setzen Umbrüche, Krisen, Schaltstellen im Lebenslauf (erneutes) Lernen in Gang. Wie das in Lernangeboten und -ergebnissen enthaltene Potential wirksam wird, hängt von früheren Lernerfahrungen ebenso ab, wie von der Entwicklungsoffenheit oder -geschlossenheit einer Biographie. Schärfer noch: wenn retrospektiv und prospektiv keine ‚Steigerungsperspektive‘ gegeben ist, ergibt das (lebenslange) Lernen keinen Sinn. Schließlich ist uns in dem Maße, in dem Vorgaben im Sinne einer ‚Normalbiographie‘ brüchig, Altersnormen diffus werden, die Gestaltung der eigenen Biographie als Aufgabe gestellt. Insofern gibt es enge Verflechtungen zwischen Lern- und Biographieforschung, die seit den 1970er-Jahren an Bedeutung gewonnen und heute einen festen Platz unter den Forschungsrichtungen ‚erobert‘ hat.

Ein Beispiel für Forschungsarbeiten mit diesem Akzent ist die Studie ‚Lebenslanges Lernen – Mögliche Bildungswelten‘ von Jochen Kade und Wolfgang Seitter (1996).

Interaktives Lernen   Lernen findet in der Regel interaktiv – selbst bei der Lektüre eines Studienbriefes interagiere ich mit dessen Autor – und in einem institutionellen Rahmen statt. Dabei hat der Begriff ‚Institution‘ verschiedene Facetten. In der Regel wird an ‚Einrichtungen‘ der Erwachsenenbildung, an betriebliche Kontexte u.Ä. gedacht. In einem weiteren Sinne regeln Institutionen das menschliche Zusammenleben auf der Grundlage von Normen, Werten und Selbstverständlichkeiten, die sich im Zuge evolutionärer sozialer Prozesse herausgebildet haben. Es handelt sich um soziale Gebilde, in denen sich bestimmte Handlungen und Handlungsabläufe etabliert und habitualisiert haben, mit denen man ‚rechnen' kann (vgl. Berger/Luckmann 1980, S. 56ff.). In diesem Sinne ist die Ehe eine Institution, aber auch der Stammtisch und Verwandtschaftsbeziehungen. Gegenwärtig ist viel von selbst organisiertem und selbst gesteuertem Lernen, aber auch von individueller Aneignung die Rede. In Frage steht also einerseits, inwieweit sich auch diese Formen innerhalb von Institutionen (im engeren und im weiteren Sinne) vollziehen und welche Bedeutung dies hat. Denkt man etwa an eine Eingebundenheit in etablierte Routinen des Alltags, dessen ‚institutionelle' Dimension viele Protagonisten des selbst organisierten Lernens gar nicht ‚sehen', dann tritt an die Stelle der gefeierten Freiheits- und Unabhängigkeitsdimension die Einsicht in Begrenztheit und bedrückende Enge. Insofern gehören Lern-, Interaktions- und ‚Institutions'-Forschung eng zusammen.

Ein Beispiel für Forschungsarbeiten mit diesem Akzent ist die kleine Studie ‚Spuren des Selbstorganisierten Lernens im Kontext betrieblicher Modernisierung' von Peter Diesler und Dieter Nittel (2001).

Da lernende Individuen sozialen Milieus zugehören, ist mit ihnen ein weiterer Rahmen gesetzt. Relativ stark beachtet wurde und wird diese Dimension im Sinne der *Voraussetzung* für die Inanspruchnahme von Weiterbildungsangeboten. Man interessiert sich also für das Zeitbudget, für finanzielle Ressourcen, aber auch für die bevorzugte Freizeitgestaltung, für Wertorientierungen unterschiedlicher sozialer Milieus. All diese Faktoren wirken sich nachhaltig darauf aus, ob Menschen Weiterbildung für sich überhaupt als sinnvoll ansehen, welche Orte sie schätzen und welche nicht, welche Inszenierungsform von Weiterbildung ihrem Geschmack entspricht. Zu letztgenanntem Punkt ein Beispiel: Man kann nicht *generell* sagen, dass offene, teilnehmeraktivierende Kursformen den Bedürfnissen *der* Erwachsenen am ehesten entsprechen. Wir wissen vielmehr, dass in manchen Milieus klare Vorgaben und ein entschiedenes Auftreten von Kursleitern erwartet werden (vgl. Bremer 1999, S. 15ff.). Diese Aspekte der Rahmung des Lernens durch soziale Milieus werden seit einigen Jahren intensiver bearbeitet und es liegen Befunde empirischer Forschung dazu vor; z.B. in der Studie ‚Alltagsästhetik und politische Kultur' von Berthold Flaig, Thomas Meyer und Jörg Ueltzhöffer (1993) und in den beiden von Heiner Barz und Rudolf Tippelt herausgegebenen Bänden ‚Weiterbildung und soziale Milieus in Deutschland' (2004).

Denkt man nicht in erster Linie an die Inanspruchnahme organisierter Bildungsangebote, dann eröffnet sich im Zusammenhang von ‚Milieu' ein ganz anderer Horizont. Gerade vor dem Hintergrund gegenwärtiger Betonung des selbst organisierten Lernens und individueller Aneignung wird die Frage relevant, ob *Milieus selbst* als Lernzusammenhänge wirksam werden. Versteht man Milieus nicht im Sinne einer abstrakten Klassifikation, mit deren Hilfe die gesamte Bevölkerung nach materiellen und mentalen Gesichtspunkten in Gruppen aufgeteilt wird, sondern ‚feiner', im Sinne ‚sozialer Welten', dann stellen sie selbst relevante ‚Lernorte' dar. Anselm Strauss hat die Perspektive sozialer Welten begründet und versteht darunter Universen regulierter wechselseitiger Reaktionen, kulturelle Areale, die nicht über formelle Mitgliedschaften, sondern über Kommunikation begrenzt werden (vgl. Strauss 1991, S. 233). Beispiele sind etwa Oper, Ballett, Surfing, Briefmarkensammeln, Kunst, Homosexualität, Jogging u.Ä. In diesen kulturellen Arenen geht es ständig um Fragen der Authentizität von Praxen und Produkten, von Echtheit und Fälschung, Schicklichkeit und Zulässigkeit, an denen sich schließlich entscheidet, wer zur jeweiligen ‚Welt' gehört und wer nicht. Taucht man etwa als Neuling in die Welt des Jogging ein und hält eine Weile durch, dann wird eine ungeheure Lernbewegung in Gang gesetzt, die sich aus allen nur erdenklichen, diese soziale Welt mit-konstituierenden Quellen mit Anregungen und Wissen über Trainingsformen, Lauftechniken, Kleidung, Ernährung, Sportmedizin usw. versorgt, ohne jemals die ‚offizielle' Ebene organisierter Bildungsangebote zu erreichen. Die Effekte solchen Lernens sind weit reichend und nachhaltig. Diese Perspektive ist in der Weiterbildungsforschung noch nicht wirksam geworden; es gibt einzelne Arbeiten, die Elemente davon enthalten, etwa die Studie ‚Riskante Übergänge in der Moderne' von Wolfgang Seitter (1999).

Lernen in virtuellen Umgebungen Einen neuartigen ‚Rahmen' für das Lernen stellen ‚virtuelle Umgebungen' im Unterschied zu leibhaftiger sozialer Interaktion dar. Es geht um die ‚neuen Medien' und ihr Verhältnis zu tradierten Erwachsenenbildungsformen, die hier angesichts ihrer Bedeutung mit einem etwas längeren Kommentar bedacht werden.

Für eine an den Problemen und Aufgaben ihrer Adressaten in Lebenswelt und Berufstätigkeit interessierte Erwachsenenbildung gewinnen Medien in dem Maße an Bedeutung, in dem sie beide Bereiche durchdringen. Dass wir diesen Zustand mittlerweile erreicht haben, ist kaum zu bestreiten. Versteht man Kultur als ‚kommunikative Thematisierung des Wirklichkeitsmodells einer Gesellschaft', so kann man angesichts des ausdifferenzierten Mediensystems für die Bundesrepublik mit Fug und Recht von einer ‚Medienkultur' sprechen (vgl. Schmidt 1992, S. 440f.). Der Gestus, in dem Erwachsenenbildung sich darauf bezieht, ist allerdings eher einseitig: Die kurze Geschichte der neuen Medien hat – soweit sie von Pädagogen geschrieben wird – den Charakter einer Verfallsgeschichte. Davon abweichende Positionen neigen dann leicht zu Euphorie, die ‚mittleren Ränge' sind eher spärlich besetzt. Insofern ist die von Umberto Eco 1964 in die Diskussion eingeführte Unterscheidung von Apokalyptikern und Integrierten durchaus noch aktuell (vgl. Eco 1986), und auch die damit verbundene Kritik hat Bestand: Es gehen wichtige Differenzierungen verloren.

Mindestens befürchtet, oft auch unterstellt wird, dass die Nutzung neuer Medien vom ‚Eigentlichen' ablenkt, sei dies die unmittelbare Erfahrung, die leibhaftige Kommunikation o.Ä. Entgegen dieser verbreiteten Sorge führt auch intensiver Medienkonsum nicht zwangsläufig zur Vereinheitlichung oder zu Einschränkungen in der Freizeitgestaltung. Angebote und Nutzungsformen haben sich nicht angeglichen, sondern sind vielfältiger geworden, die Palette der Freizeitaktivitäten ist nicht verarmt. Insofern hat es wenig Sinn, die Nutzung von Massenmedien unter einen generellen Verdacht zu stellen; vielmehr kann man sie (auch) als eine Art der Auseinandersetzung mit der Welt und sich selbst betrachten.

Während der Bedeutungszuwachs neuer Medien in der Lebenswelt und im Beruf eher mit Sorge beobachtet wird, trifft man im Bereich der (neuen) Unterrichtsmedien eher auf Euphorie. Dies war in den 1960er-Jahren vor allem im Blick auf die Schule der Fall, wo man sich vom verstärkten Medieneinsatz in Kombination mit programmierter Unterweisung eine Individualisierung und vor allem Effektivierung des Lernens versprach. Allerdings zeigte sich bald, dass Medien nicht nennenswert in Unterricht integriert wurden und dass die hohen Aufwendungen für Entwicklung und Implementation keinesfalls automatisch eine qualitative Verbesserung zur Folge hatten. Diese Ernüchterung, die sich dann in den 1970er-Jahren noch einmal im Bereich der beruflichen Bildung einstellte, ließ das Interesse an Unterrichtsmedien vorübergehend erlahmen. Spätestens seit der Entwicklung erster ‚multimedialer‘ Lehr-/Lernprogramme – der so genannten Computer Based Trainings (CBT) – scheint nun gerade auch in der (beruflichen) Weiterbildung wieder alles möglich zu sein – die Wechselbäder der 1960er- und 1970er-Jahre sind aus dem kollektiven Gedächtnis getilgt. Vorteile werden (wiederum) vor allem unter Kostengesichtspunkten gesehen, aber auch im Blick auf die Individualisierung und Selbststeuerung des Lernens sowie die Dezentralisierung bis hin zur Möglichkeit des Einsatzes am Arbeitsplatz. *Gleichzeitig* ist die einschlägige Literatur voll von Hinweisen auf die schlechte Qualität gegenwärtig verfügbarer CBT und die Schwierigkeiten des Einsatzes. Insbesondere wenn man auf die Verheißung des hohen Selbstlern-Potentials setzt, kann sich Multimedia wegen der Geschlossenheit und Begrenztheit der Programme gar als Lernverhinderungsmedium erweisen (vgl. exempl. Brater/Maurus 1997). Hier knüpfen nun wieder diejenigen an, die gewissermaßen auf die nächste Generation, auf das netzgestützte Telelearning setzen, welches schier unbegrenzte Informationsfülle und ‚wirkliche‘ Interaktivität verheißt. Dass damit auch wieder besondere Schwierigkeiten verbunden sind, bleibt meist unerwähnt (vgl. auch Grotlüschen 2003). Zusätzliche Nahrung erhält die Multimedia- und Telelearning-Euphorie dadurch, dass sie sich reibungslos mit dem wiederentdeckten ‚natürlichen, lebensbegleitenden‘ und dem ‚selbst organisierten‘ Lernen verkoppeln lässt. Die Probleme werden dadurch aber nur noch größer, denn beide Perspektiven sind kaum hinreichend geklärt.

Ging es in den bis hierher skizzierten Überlegungen um verschiedene Formen der Nutzung von Medien in alltäglichen, beruflichen und unterrichtlichen Kontexten, so lässt sich der Blick auch dahingehend umkehren, dass nach der ‚Pädagogik der Medien‘ gefragt wird. Insbesondere Jochen Kade hat sich mit dieser Frage im Zusammenhang seiner These von der Universalisierung der Weiterbildung auseinander gesetzt (vgl. Kade 1989, 1996; zur Kritik Wittpoth 1997, S. 28ff.). Auch Fernsehprogramme sind demnach in vielfältiger Weise ‚pädagogisch strukturiert‘ (vgl. Kade/Lüders 1996). Dies betrifft nicht nur das (mittlerweile randständige) Bildungsfernsehen, sondern ein breites Spektrum von Genres: Ratgeber- und Quizsendungen, Talkshows, reality TV und selbst Spielfilme. Wenn aber das Fernsehen „ein Ort pädagogisch strukturierter Wissensvermittlung" (ebd., S. 899) ist, dann – so die zentrale These – verändern sich in der Tendenz die Voraussetzungen professioneller pädagogischer Arbeit (vgl. ebd., S. 900). Orte, Inhalte und Formen der Vermittlung sind betroffen. Im traditionellen Sinne pädagogische Institutionen müssen ihren Exklusivanspruch auf Zuständigkeit für Wissensvermittlung aufgeben, Adressaten und Teilnehmer von Erwachsenenbildung wollen weniger lernen, als vielmehr andernorts erworbenes Wissen erproben, und pädagogische Formen der Vermittlung verlieren angesichts der zunehmenden Didaktisierung verschiedenster Erfahrungsräume ihre Besonderheit. Dies ist nur ein weiterer Hinweis darauf, dass Medien nicht nur als gewissermaßen ‚externe Konkurrenten‘ anzusehen sind, die über die Bindung von Zeit und Interesse potentielle Teilnehmende vom Besuch der Weiterbildungseinrichtungen abhalten, sondern dass ihre Existenz und ihr Wandel Weiterbildung in ihrem Kern betreffen.

Pädagogik der Medien

Im Blick auf jüngere Generationen zeichnet sich schließlich ab, dass sich nicht nur Einstellungen zur Technik wandeln, sondern dass mit diesem Wandel andere Erfahrungen hinsichtlich der Lern-‚Orte‘ und -formen einhergehen. Damit ergibt sich für die institutionalisierte Erwachsenenbildung ein Dilemma: Diejenigen, die sich in ihren frühen Ausbildungsphasen die Voraussetzungen für selbst gesteuerte Lernprozesse verschafft haben und diese etwa qua Netzkommunikation vervollkommnen, dürften nur noch für Angebote erreichbar sein, die eine spezifische Art hoher Kompetenzen bereits voraussetzen *und* Formen entwickeln, die entweder nicht allzu krass gegenüber den andernorts kultivierten abfallen oder gerade wegen ihrer gezielten Andersartigkeit – gewissermaßen als Kontrastprogramm – einen ‚Sinn‘ ergeben. Menschen, denen es nicht gelingt, an den neuen Formen des Lernens und der Kommunikation teilzuhaben, sind zwar grundsätzlich Adressaten für organisierte Weiterbildungsangebote, die diese Lücke zu schließen helfen, dürften aber – da es sich um diejenigen handelt, die bereits ihre *Aus*bildung in eher schlechter Erinnerung haben – für *Weiter*bildung schwer zu motivieren sein.

,blended learning'

Wahrscheinlich wird man sich – wenn die gegenwärtigen Multimedia-Phantasien ernüchtert sind – auf möglichst kluge Formen des (Medien-) *Verbundes* besinnen (so ist mittlerweile viel von ‚blended learning‘, also einem ‚Verschnitt‘ unterschiedlicher Formen die Rede). Es geht nicht mehr darum, traditionelle Lehr- und Lernformen durch Mediennutzung (oder umgekehrt) zu ersetzen, sondern um eine wohl tatsächlich neuartige Verschmelzung verschiedener Formen der Aneignung und kollektiven Bearbeitung unterschiedlicher Arten von Wissensbeständen und Kompetenzen. Auch wenn es dazu nicht kommen sollte, wenn sich also verschiedene Formen *nebeneinander* entwickeln, bleibt die Frage virulent, wo die besonderen Leistungsmöglichkeiten und Probleme der (institutionalisierten) Erwachsenenbildung im Verhältnis zur (in diesem Falle vor allem medienengestützten) Bildung Erwachsener liegen.

Dabei könnte sich eine Perspektive als produktiv erweisen, die in der Medienforschung immer mehr an Bedeutung gewonnen hat: Statt von den Botschaften der Medien (oder der Erwachsenenbildungseinrichtungen) auszugehen und zu fragen, welche schädlichen (oder segensreichen) *Wirkungen* diese auf die Menschen haben (sollen), wird danach gefragt, wie Menschen die verschiedensten Angebote *nutzen*. Dabei zeigt sich, dass es zwischen den ‚Gebrauchsanweisungen‘, also der Nutzung, an die die Produzenten bei der Erzeugung des Produktes denken, und dem tatsächlichen Gebrauch deutliche Unterschiede gibt. Gerüstet mit dieser Einsicht lässt sich eine Position *zwischen* Apokalyptikern und Integrierten behaupten, die beide gewissermaßen ‚die Rechnung ohne den Wirt machen‘: denn sowohl beim Fernsehen oder Internet-Surfen als auch beim Besuch einer Weiterbildungsveranstaltung entscheidet sich erst im Vollzug, was am Ende herauskommt. Ein Beispiel für empirische Arbeiten mit diesem Charakter ist die Studie ‚Generationen – Medien – Bildung‘ von Burkhard Schäffer (2002).

Lernen in Lehrveranstaltungen

Schließlich gibt es den ‚klassischen‘ Rahmen für das Lernen Erwachsener, die eigens zu diesem Zweck konzipierte und durchgeführte ‚Veranstaltung‘. Im Sinne der bereits skizzierten Leitstudien gibt es hier zunächst eine ‚Binnensicht‘, also die Frage, wer was auf welche Weise in Weiterbildungsveranstaltungen lernt. Jüngeren Datums ist die Frage, welche Konsequenzen mit diesen Lernprozessen im Sinne des ‚Transfers‘ verbunden sind. Dies interessiert insbesondere in

Kontexten betrieblicher Weiterbildung, zumal hier stets das Problem der Kosten virulent ist. Allerdings stellen sich dabei erhebliche forschungsmethodische Probleme, da es einerseits schwer fällt, Verhaltens*änderungen* zu beobachten (man müsste den vorherigen Zustand ebenfalls untersucht haben), und andererseits solche Änderungen nicht sicher der Teilnahme an Bildungsveranstaltungen zuzurechnen sind; sie könnten auf Erfahrungen im privaten Umfeld, am Arbeitsplatz, auf private Lektüre, Hinweise von anderen Personen etc. zurück zu führen sein.

Für ‚Lernforschung‘ im engeren Sinne gibt es einige Beispiele; insgesamt besteht der Eindruck, dass es sich um ein eher zu wenig bearbeitetes Feld handelt. Gerade angesichts des gewachsenen Interesses an nicht-institutionalisierten Lernprozessen wird es künftig stärker als bisher darauf ankommen, beide Formen zu relationieren. Dabei steht einerseits in Frage, unter welchen besonderen Bedingungen und bei welchen Anlässen die eine oder die andere Form bevorzugt wird. Weiterhin geht es darum, welche Lern- und Bildungsinteressen sich in welcher Form am ehesten befriedigen lassen. Erst wenn wir darüber mehr wissen, lässt sich die unproduktive Praxis, in der das selbst organisierte Lernen *gegen* das institutionalisierte in Stellung gebracht wird, überwinden. Ein Beispiel für empirische Lehr-/Lernforschung ist die Studie ‚Lerntypen bei Erwachsenen‘ von Josef Schrader (1994).

Darüber hinaus verdient die Frage Aufmerksamkeit, ob denn die Teilnahme an Weiterbildung überhaupt (in erster Linie) dem Lernen dient. Das ist eine von den ‚respektlosen‘ Fragen jüngeren Datums, die bislang selbstverständliche Grundannahmen konterkariert. Es gibt allerdings Arbeiten, die darauf verweisen, dass ein Kurs auch ganz anderen Interessen dient, als offiziell angekündigt und von den Lehrpersonen erwartet wird, etwa die Studie ‚Interaktion und Wissen‘ von Sigrid Nolda (1996).

Beim Durchgang durch dieses erste Feld zeigt sich bereits, dass die (im Memorandum vorgenommene) Unterscheidung eher analytischen Charakter hat und im Blick auf konkrete Forschungsvorhaben eher problematisch ist. Blendet man etwa bei der Auseinandersetzung mit Lernen in virtuellen Umgebungen die biographische, die ‚institutionelle‘ und die Milieu-Dimension aus, produziert man eher fragwürdige Ergebnisse.

Wissensstrukturen und Kompetenzbedarfe

In der öffentlichen wie in Teilen der wissenschaftlichen Diskussion wird gegenwärtig der Eindruck erweckt, Wissen sei *die* entscheidende Ressource für die weitere Entwicklung unseres individuellen Lebens und der Gesellschaft – heißt es doch, wir leben in einer ‚Wissensgesellschaft‘ (vgl. exempl. Willke 1997, S. 9ff.). Die mit dieser Rede transportierte Gewissheit ist jedoch trügerisch; es gibt in verschiedenen Hinsichten offene Frage und Klärungs- d.h. auch Forschungsbedarf.

Zunächst ist es für Erwachsenenbildung selbstverständlich, sich in einen Verteilung des funktionalen Zusammenhang mit der (beschleunigten) Entwicklung des Wissens Wissens zu stellen. Sollen erweiterte Wissensbestände gesellschaftlich wirksam werden, bedürfen sie der individuellen Aneignung, für die unter anderem Erwachsenenbildung Möglichkeiten bereitstellt. Diese Wissensaneignung beinhaltet für die Subjekte grundsätzlich die Chance, Handlungsspielräume zu erweitern. Wir wissen allerdings ebenso, dass mit der wachsenden Wissensabhängigkeit in den ver-

77

schiedensten Lebensbereichen neue *Ungleichheiten* erzeugt und alte verschärft werden. Da es weder für alle Berufsgruppen, noch für alle alltagsweltlichen Milieus zutrifft, dass sie verstärkt mit Wissen versorgt werden (müssen), geht die Schere absehbar weiter auseinander. Insofern bleibt es eine wesentliche Forschungsaufgabe, Wissensentwicklung und -verteilung im Zusammenhang mit besonderen Lebenslagen zu beobachten – etwa wie in der Studie ‚Bildungsbeteiligung: Chancen und Risiken' von Harry Friebel und anderen (2000).

Wissen und Können   Gerade in beruflichen Zusammenhängen ist nicht mehr nur von der Notwendigkeit forcierter Wissensvermittlung, sondern von ‚*Kompetenzentwicklung*' die Rede. Damit wird auf etwas verwiesen, das ‚bloßes' Wissen oder ‚Qualifikation' übersteigt. Soziale Fähigkeiten, Kreativität, Neugier, Flexibilität u.Ä. sind mitgedacht. Man spricht auch von ‚Schlüsselkompetenzen' und schließt damit explizit an die ältere Debatte über ‚Schlüsselqualifikationen' an. Mit all diesen Begriffen werden allerdings eher Probleme als Problemlösungsmöglichkeiten bezeichnet. ‚Kompetenz' steht für etwas Angenehmes, Erwünschtes, wird aber kaum operationalisiert. Deshalb bleibt unklar, welche Zusammenhänge etwa zwischen Wissen (-serwerb) und Kompetenz (-entwicklung) bestehen. Offen ist ebenso, ob sich Kompetenz ‚vermitteln' lässt und wenn ja, wie. Der Ausweg über den ‚Entwicklungs'-Begriff hilft nicht aus dem Dilemma heraus, denn auch die Entwicklung soll ja auf ein bestimmtes Ziel hinaus laufen, braucht also förderliche Bedingungen. Interessant in diesem Zusammenhang ist immer wieder, dass die ‚Schlüsselkompetenzen' ja konkreten Personen abgeschaut wurden; d.h. man kennt Menschen, die über das, was nun verbreitet werden soll, verfügen. Allein wegen ihrer Generationszugehörigkeit sind diese Menschen nie mit expliziten Bemühungen konfrontiert gewesen, ihre ‚Kompetenz' zu entwickeln, oder ihnen ‚Schlüsselqualifikationen' angedeihen zu lassen – sie haben sie ‚irgendwie' erworben. Personen, die für sich in Anspruch nehmen kompetent im Sinne einschlägiger Debatten zu sein und dies auch meist bestätigt bekommen, neigen daher zu Ironie: Sie verständigen sich zum Beispiel kurzerhand darauf, dass es reicht, Hegels Logik verstanden zu haben. Es mag an der Funktion dieser Schlagworte liegen, die sie nur als ungeklärte übernehmen können, oder auch an der Komplexität des Problems, dass es dazu programmatische Literatur in großer Fülle gibt (vgl. exempl. Arbeitsgemeinschaft QUEM 1998), aber nur wenige Versuche einer empirischen Vergewisserung (vgl. etwa Baethe/Baethge-Kinski 2002).

Bedarfsermittlung   Ein weiteres eher ungelöstes Problem ist das der *Ermittlung des Bildungsbedarfs* – anders formuliert: Wer braucht unter welchen Bedingungen welches Wissen bzw. welche Kompetenzen? Eine ursprünglich eher ‚substantialistische' Sicht auf das Problem, die Annahme also, der Bedarf sei ‚objektiv vorhanden' und müsse nur ‚ermittelt' werden, ist überwunden. Es gibt relativ klar definierte Situationen, etwa die Einführung einer neuen Software, aus der sich der Bedarf einer Anwenderschulung ergibt. Selbst dabei ist aber mittlerweile unklar, welche Menschen mit welcher *Form* am besten bedient sind. Oft wird der Umgang mit Software explorativ und tentativ ‚erlernt', und Menschen, die diesen Weg beschreiten, empfinden es als Zumutung, sich einer eigenen, in Großbetrieben teilweise aufgrund von Betriebsvereinbarungen obligatorischen Schulung unterziehen zu müssen. Im größten Teil der Fälle stellt sich die Situation komplizierter dar; oft kann man das *Problem* nicht einmal beschreiben, geschweige denn den mit ihm verbundenen Weiterbildungsbedarf. Verschärft wird die Situation dadurch, dass nun auch noch eine prognostische Komponente als notwendig erachtet wird. Die in der Praxis verbreitete Form, Bedarf im Sinne des Ist-Soll-Abgleichs zu ermitteln, wird als defizitär angesehen. Es müsse stärker eine Qualifizierung ‚auf Vorrat‘ erfolgen, weil man ansonsten bei der Entscheidung über die Einführung neuer Technologien und Verfahren zu sehr an einen oft ‚zurückgebliebenen‘ Stand vorhandener Qualifikationen gebunden sei und somit das technologische Potenzial nicht vollständig ausnutzen könne. Diese und andere Schwierigkeiten haben auf der begrifflichen Ebene Konsequenzen insofern gefunden, als man – im Wissenschaftsbereich – weniger von ‚Bedarfs*ermittlung*‘ als vielmehr von ‚Bedarfs*erschließung*‘ oder ‚-*entwicklung*‘ spricht. Damit soll insbesondere dem Umstand Rechnung getragen werden, dass es sich um einen kommunikativen Prozess handelt, an dem alle Akteure zu beteiligen sind. Im Bereich der Entwicklung von Methoden und Verfahren sowie der Überprüfung ihrer Treffsicherheit und Wirksamkeit bleibt allerdings noch viel zu tun. Für einen speziellen Bereich, nämlich den ‚Zukünftigen Weiterbildungsbedarf im Handwerk‘, liegt eine Studie von Gudrun Steeger vor (1999).

Die *Programme* der Erwachsenenbildungseinrichtungen stellen sicherlich eine mögliche ‚Antwort‘ auf viele der angesprochenen Fragen dar. Programment- wicklung kann man als (tentatives) Instrument der Bedarfserschließung verstehen, insofern die rein zahlenmäßige Nachfrage nach einzelnen angebotenen Veranstaltungen Rückschlüsse darüber zulässt, ob man den ‚Bedarf‘ trifft. Im Folgeangebot sind dann wenig nachgefragte Kurse nicht mehr enthalten, dafür tauchen solche auf, von denen man vermutet, dass sie auf Nachfrage treffen, usw. Insofern stellen die vielen Programme von Weiterbildungseinrichtungen über Zeit einen interessanten Fundus dar, in dem Weiterbildungsinteressen und deren Wandel ihren Ausdruck finden. Diese ‚Quelle‘ hat allerdings auch spezifische Mängel. Zum einen dokumentiert sich in ihr lediglich das Interesse derer, die solche Angebote grundsätzlich in Anspruch nehmen. Menschen, die im Blick etwa auf die Volkshochschule davon ausgehen „Das ist nichts für uns“, tauchen in diesem Abstimmungsprozess gar nicht erst auf. Zum anderen können die beteiligten Akteure irren. So verstehen Weiterbildner bisweilen ‚ihre‘ Teilnehmenden nicht mehr, weil sie entweder ein für sehr relevant erachtetes Thema beharrlich meiden oder fragwürdige Angebote in großer Zahl aufsuchen. Das Grundproblem, die Qualität von Angeboten an der Masse der Nachfrage ablesen zu wollen, ist uns allen aus der Debatte um die Einschaltquoten von Fernsehprogrammen geläufig, man kann es auf McDonalds und Esskultur usw. übertragen. Schließlich wird hier ein bereits angesprochenes Problem virulent: Massenhafte Teilnahme an Bildungsangeboten muss nicht Ausdruck massenhaften Bedarfs *an Bildung* bedeuten – in den Veranstaltungen können auch ganz andere Bedürfnisse befriedigt werden. Für diesen Bereich liegt eine größere Studie vor, die sich mit der Programmentwicklung der Weiterbildungseinrichtungen in Bremen und Bremerhaven zwischen 1979 und 1992 auseinander setzt (vgl. Körber u.a. 1995).

Professionelles Handeln

Im Blick auf Schule wird zumindest der Eindruck erweckt, man wisse, was Lehrer tun und können müssen. Dies liegt sicherlich auch daran, dass die Schule ein relativ einheitliches Gebilde ist, von dem wir alle außerdem eine Vorstellung

[handschriftliche Randnotiz: Programm- entwicklung]

aufgrund eigener Erfahrung haben. Die Stoffverteilungspläne mögen sich unterscheiden, Klassenstärken und Leistungsstandards weichen regional und nach Schultypen voneinander ab. Strukturell und prinzipiell gibt es gleichwohl ein hohes Maß an Übereinstimmung. Das ist in der Erwachsenenbildung in verschiedenen Hinsichten anders. Zum einen ist das System jünger und von daher weniger fest gefügt. Zum anderen gibt es eine breite Palette von Zwecken und Zielen der Weiterbildung, die nicht zuletzt unterschiedliche Formen zur Folge haben. Insofern sich Zwecke und Ziele auch ändern, müssen Einrichtungen – und mit ihnen die dort Beschäftigten – flexibel bleiben. Schließlich gibt es ganz unterschiedliche Berufsrollen in der Erwachsenenbildung, die nur selten in einer Person zusammenfallen: vor allem disponierende, beratende, lehrende. Dabei hat sich faktisch eingebürgert, dass die disponierende und beratende Tätigkeit eher im Hauptberuf und die Lehrtätigkeit eher im Nebenberuf ausgeübt wird – eine Praxis, die seit längerem als wenig sachgerecht angesehen wird. An die disponierende Tätigkeit werden zusehends neue Anforderungen gestellt, insofern die Weiterbildungseinrichtungen immer stärker nach Gesichtspunkten von Wirtschaftlichkeit geführt werden müssen (vgl. dazu ausführlich Kap. 6.). Es ist von daher nicht überraschend, dass die Professionalisierung und das professionelle Handeln ständige Themen der Erwachsenenpädagogik sind. Gleichwohl wird – nicht zuletzt wegen der Wandlungsprozesse auf verschiedenen Ebenen und mit ihnen verbundenen Anforderungen – in der ‚Professionsforschung' stärkeres Engagement gefordert, zumal der Wandel auch in der Aus- und Fortbildung Berücksichtigung finden muss.

Anforderungen im Wandel

In der *Lehrtätigkeit* ergeben sich neue Anforderungen aufgrund der sich weiter beschleunigenden Wissensakkumulation und der mit diesem allgemeinen Befund verbundenen Frage, wie diese sich für einzelne Personengruppen und Menschen auswirkt. Kompetenzanforderungen im Beruf steigen und wechseln, die Entwicklung generell ist durch eine prinzipielle Offenheit gekennzeichnet. Erwachsenenpädagogen sind also immer mehr damit konfrontiert, dass sowohl die Ausgangssituationen als auch die Zielwerte ihres didaktischen Handelns unbestimmt bleiben. Schließlich fordert die gesamtgesellschaftliche Individualisierung einen höheren Variantenreichtum bei den eingesetzten Lehr-/Lernmethoden.

Die *Ausbreitung neuer Medien* stellt vor die Aufgabe, neue didaktische Konzepte zu entwickeln, die teilweise ganz auf computergestützte Formen (on- wie offline) umstellen, teilweise neue und alte Formen integrieren. Damit sind einerseits hohe technische Anforderungen verbunden, andererseits ist eine entwickelte Reflexionskompetenz vonnöten, die davor zu schützen vermag, jeden Trend mitmachen zu wollen.

Die *Programmplanung* vollzieht sich unter veränderten Rahmenbedingungen, insofern betriebswirtschaftliche Aspekte an Bedeutung gewinnen. Das heißt zum einen, Instrumente wie Kostenrechnung, Marketing, Öffentlichkeitsarbeit nutzen und zum andern, sie in ein reflektiertes Verhältnis zum Bildungsauftrag setzen zu können. Durchaus im Rahmen der gesamten Finanzierungsdiskussion geht es auch darum, Weiterbildungsangebote stärker kooperativ, also über die Grenzen der eigenen Institution aber auch der etablierten Träger hinaus zu realisieren. In der Beratung wird es wichtiger, Menschen bei der individuellen Bildungsplanung zu unterstützen.

Für die *Aus- und Fortbildung* wird es wichtig sein, sich über die Konsequenzen der neuen Anforderungen zu informieren. Werden die neuen Aufgaben eher zusätzlich, durch speziell dafür qualifizierte Menschen wahrgenommen oder werden sie in das pädagogische Arbeitsspektrum integriert? Dazu benötigen wir mehr ‚Verbleibstudien', die nicht allein daran interessiert sind, in welchen Institutionen die eigenen Absolventen schließlich Beschäftigung finden, sondern mindestens ebenso daran, welche Aufgaben sie dort wahrnehmen. Gerade im Zuge der gegenwärtigen Umstellung des Studiums vom alten Magister- oder Diplomstudiengang auf konsekutive Formen wird es reichlich Anlass geben, solche Informationen in ein wahrscheinlich vielgestaltigeres Spektrum von Studienangeboten umzusetzen.

Beispiele für empirische Studien zum professionellen Handeln sind die Arbeiten ‚Habitus von Erachsenenbildnern' von Wiltrud Gieseke (1989) und ‚Erwachsenenbildungs-Professionalität' von Roswitha Peters (2004).

Institutionalisierung

Über längere Zeit galt Institutionalisierung in einem *engeren Sinne* vor allem als Programm, als regulierende Idee. Weiterbildung wurde als etwas gedacht, das vorzugsweise in Institutionen geschieht, die eigens zu Zwecken der Weiterbildung eingerichtet und betrieben werden. Sollten immer mehr Menschen in den Genuss von Erwachsenenbildung kommen, musste man daher solche Institutionen auf- und ausbauen. Mittlerweile hat sich das Koordinatensystem verschoben. Es sind zum einen Institutionen auf den Plan getreten, die sich *auch* der Weiterbildung neben anderen, unter Umständen für sie weit wichtigeren Aufgaben widmen. Andererseits ist – wie an verschiedenen Stellen bereits angesprochen – das Lernen außerhalb der Institutionen (wieder-) entdeckt worden. Dabei war die ‚alte' Perspektive so stark im Milieu verankert, dass die Weiterungen auch auf Widerstand gestoßen sind. So sah mancher die an Humanität und Selbstbestimmung orientierte Erwachsenenbildung durch die Entdeckung des ‚Lernorts Betrieb' als gefährdet an. Auch die gegenwärtige Begeisterung für das selbst organisierte Lernen wird durchaus als Bedrohung für die gegebene institutionelle Struktur angesehen.

Eine übergreifende und dringliche Fragestellung für Forschung ist daher die Lernorte nach den *Relationen* zwischen unterschiedlichen Institutionstypen sowie zwischen institutionalisiertem und nicht-institutionalisiertem Lernen (vgl. auch Wittpoth 2003a). Gerade in der programmatisch akzentuierten Literatur werden die verschiedenen Lernorte und Formen noch zu oft gegeneinander in Stellung gebracht. Man ist für die Volkshochschule und gegen das privatwirtschaftliche Bildungswerk, für den Betrieb und gegen die überbetriebliche Berufsbildungsstätte, für Lernen im Vollzug der Arbeit und gegen Kurse usw. Benötigt wird demgegenüber gesichertes Wissen darüber, unter welchen je besonderen Bedingungen Menschen sich für bestimmte Orte und Formen des Lernens entscheiden und welche Lern- bzw. Bildungserfordernisse und -motive an welchen Orten am besten bedient werden (vgl. Dörner 2005).

Von ebenso grundlegender Bedeutung ist die Frage, wie viele Einrichtungen welcher Art es wo überhaupt gibt; man könnte von einer basalen Vermessung der Weiterbildungslandschaft in der Republik oder zumindest in mehreren Regionen sprechen, die noch aussteht. Selbst die Frage, was denn nun eine Weiterbildungseinrichtung ist bzw. was wir als eine solche verstehen wollen, muss dabei noch geklärt werden. Denn in dem Maße, in dem sich das Verständnis von Weiterbildung ‚entgrenzt‘, verschwimmen auch die Kriterien, nach denen man bislang Institutionen als solche der Weiterbildung verstanden hat. Eine wichtige Rolle bei der Erschließung des Feldes spielen die von Einrichtungen entwickelten und realisierten Angebote. Aktuell kommt in ihnen ein Anbieterprofil zum Ausdruck, über Zeit kann man einerseits dessen Wandel, aber auch die Entwicklung der Weiterbildungsnachfrage, die Akzeptanz des Angebotsspektrums beobachten. In diesem Zusammenhang wird die Frage zu klären sein, welche besondere Art von Dienstleistung Weiterbildungseinrichtungen (im Vergleich mit anderen) erbringen. Es macht einen Unterschied, ob man sich an andere Institutionen wendet (etwa Betriebe) oder an einzelne Personen, ob man Lehrveranstaltungen oder Lernmöglichkeiten zur Verfügung stellt. Gerade unter letztgenanntem Gesichtspunkt werden dann auch Veränderungen in der Nachfrage nach Dienstleistungen in Richtung Lernberatung erwartet.

Wirtschaftlichkeit der Weiterbildung

Die Veränderung von Rahmenbedingungen kommt nicht zuletzt darin zum Ausdruck, dass der Gesichtspunkt der Wirtschaftlichkeit in der Weiterbildung stark an Bedeutung gewonnen hat. Das gilt sowohl für öffentlich finanzierte Einrichtungen der allgemeinen, wie für privat finanzierte der beruflichen Weiterbildung. Erstgenannte geraten wie alle anderen öffentlichen Dienste unter den Druck verschärfter Finanzprobleme der Kommunen und der Länder. Es werden bereits jetzt erheblich strengere Maßstäbe angelegt, wenn es zu entscheiden gilt, welche Aufgaben *unbedingt* mit öffentlichen Geldern finanziert werden müssen. Angesichts der Schuldenproblematik auf allen staatlichen Ebenen ist davon auszugehen, dass diese Entwicklung keineswegs ihren Endpunkt erreicht hat. Auch Weiterbildungsabteilungen großer Firmen bleiben von diesem Wandel nicht unberührt, sie werden teilweise ausgelagert, in selbständige Unternehmen verwandelt (‚Outsourcing‘) und müssen mit anderen um Aufträge konkurrieren. Damit sind Pädagogen vor die ihnen fremde Aufgabe gestellt, Bildung zu ‚verkaufen‘. Denkweisen und Instrumente der Betriebswirtschaft halten Einzug in Bildungseinrichtungen. Programmatisch stößt dies auf entschiedene Ablehnung, weil man Bildung nicht wie eine Ware behandeln könne. Faktisch zeigt sich im Einzelfall, dass Menschen mehr für ihre Weiterbildung zu zahlen bereit sind, als man angenommen hat und dass z.B. der Einsatz vor Marketinginstrumentarien den Bildungsauftrag nicht zwangsläufig unterhöhlt. Allerdings gibt es Grenzen, bei deren Überschreitung sich das Produkt zum Nachteil der Menschen verändert, ganze Bevölkerungsgruppen ausgeschlossen werden usw. Solche Grenzen lassen sich präzise aber nur auf der Grundlage gesicherten Wissens bestimmen. Insofern gewinnt die empirische Untersuchung von Organisationsentwicklungsprozessen und Managementhandeln in Weiterbildungseinrichtungen stark an Bedeutung. Eine empirische Studie zur Marketingpraxis an Volkshochschulen hat Svenja Möller (2002) vorgelegt, über Innovationen speziell in Einrichtungen der Familienbildung gibt eine Arbeit von Christiane Schiersmann u.a. (1998) Auskunft.

System und Politik

Bereits bisher sind immer wieder Überschneidungen zwischen den verschiedenen Forschungsfeldern erkennbar geworden. Das spitzt sich nun gerade im Blick auf ‚Institutionen‘ noch einmal zu, insofern sie relevante Teile des Systems ausmachen und wesentliche Bezugspunkte für Politik sind.

82

Ein wesentliches Spannungsfeld, in dem sich Weiterbildungspolitik vollzieht, ist mit den beiden Eckwerten ‚Markt' und ‚öffentliche Verantwortung' zu kennzeichnen. Während in der langen Phase des Auf- und Ausbaus der Weiterbildung in Deutschland der Gedanke öffentlicher Verantwortung maßgeblich war, hat er seit den 1980er-Jahren immer mehr an Zustimmung verloren. Die Position, Weiterbildung entfalte sich am besten unter marktförmigen Bedingungen, ist heute verbreitet. Unbefriedigend ist dabei, dass es einerseits gar nicht um das eine *oder* das andere gehen kann und dass der Streit andererseits wesentlich auf der Basis von Glaubenssätzen ausgetragen wird. Es gibt zwar Bereiche der Weiterbildung, die mehr und solche, die weniger staatlich reguliert sind, es gibt Angebote, die sehr teuer und solche, die vergleichsweise preiswert sind. Es gibt aber kaum Felder, die nach der ‚reinen Lehre' im einen oder im anderen Sinne funktionieren. Wirklich marktförmig wären solche Angebote, die sich vollständig über von Teilnehmern aufgebrachte Entgelte finanzieren und bei der Rekrutierung von Teilnehmenden auf sich selbst gestellt sind. Bei den meisten Angeboten, die als marktförmig bezeichnet werden, treffen allenfalls einige dieser Voraussetzungen zu. Vieles ist auf ganz unterschiedlichen Wegen subventioniert: Die Personalkosten werden nicht (vollständig) berücksichtigt, Räume stehen kostenlos zur Verfügung, Teilnehmerzahlen werden garantiert, Gebühren vom Arbeitgeber übernommen usw. Insofern lässt sich die Frage, welches Prinzip denn das überlegene ist, mangels entsprechender Praxis empirisch gar nicht beantworten.

Im Rahmen eines faktisch gemischtwirtschaftlichen Systems kommt es dann darauf an, zu beobachten, inwieweit die Belange verschiedener Bevölkerungsgruppen adäquat berücksichtigt werden. Es geht also um Partizipations-Chancen, die vor dem Hintergrund des Sozialstaatsgebotes unserer Verfassung zu gewährleisten sind: Staatliches Handeln ist dem Interessenausgleich zwischen verschiedenen sozialen Gruppen und dabei insbesondere dem Schutz der (wirtschaftlich) Schwächeren verpflichtet. Sobald also Menschen von der Teilhabe an Weiterbildung ausgeschlossen werden, weil etwa für ihre Belange gar keine Angebote formuliert werden, weil sie die Kursgebühren nicht bezahlen können, weil in ihrer Region bestimmte Themen nicht behandelt werden usw., ist ein regulierender staatlicher Eingriff gefordert.

Auf der Ebene der Institution ist früh beobachtet worden, dass bestimmte Bevölkerungsgruppen keinen Zugang – etwa zur Volkshochschule – finden. Man hat sich daraufhin – mit bescheidenem Erfolg – konzeptionell um Abhilfe bemüht, etwa im Sinne der Zielgruppenorientierung, die bereits erläutert wurde (vgl. Kap. 3.2.3.). Auch Sonderregelungen bei der Gebührenfestsetzung, das Angebot von Beratung und andere praktische Maßnahmen gehören in diesen Kontext. Auf der Ebene des Gesamtsystems sind ebenfalls soziale Disparitäten erkennbar. Geschlecht, Schulabschluss, Art, Branche und Ort der Berufstätigkeit sowie das Alter sind relevante Merkmale, nach denen die Versorgung mit Weiterbildung differiert. Um dem abzuhelfen, werden rechtliche und infrastrukturelle Maßnahmen teilweise konzeptionell, teilweise im Zusammenhang mit empirischen Untersuchungen ersonnen. Sie können sich auf die Schließung von Angebotslücken, auf neue Finanzierungsmodelle, auf tarifvertragliche Regelungen zu ‚Lernzeiten', auf die Einrichtung von Beratungsstellen u.a. beziehen. Wir verfügen in diesem thematischen Umfeld über vergleichsweise viele empirische Arbeiten, zu nennen sind einerseits das Berichtssystem Weiterbildung (z.B. Kuwan u.a. 2003) und ‚Länderstudien', die uns Auskunft über die Situation der Weiterbildung in einzelnen Bundesländern geben (z.B. für Hessen: Faulstich u.a. 1991).

In wichtigen Punkten ist unser Wissensstand allerdings ergänzungsbedürftig. Vorliegende Untersuchungen präsentieren im Wesentlichen (soziodemographische) *Merkmale* von Personen*gruppen*, die in mehr oder weniger großen *Anteilen* Weiterbildung aufsuchen bzw. ihr fernbleiben. Wir können also *konstatieren*, dass z.B. ältere Arbeiterinnen in ländlichen Gastronomiebetrieben wesentlich weniger mit organisierter Weiterbildung versorgt sind als gut ausgebildete junge Angestellte in großstädtischen Banken. Über die Gründe können wir mehr oder weniger plausible Spekulationen anstellen, wirklich *verstehen* können wir das Weiterbildungsverhalten bislang kaum. Von daher lässt sich auch nicht entscheiden, inwieweit gängige politische Forderungen das Ausgangsproblem disparater Beteiligung zu lösen geeignet sind.

Subjektive Bedeutung von Weiterbildung

Um *verstehen* zu können, *wie* (Nicht-) Teilnahme zustande kommt, müssen wir auf die Ebene der *Bedeutungen* von Weiterbildung an sich (als Form oder soziale Institution) sowie der Partizipation für die ‚Träger' unterschiedlicher soziodemographischer Merkmale vordringen. Diese Bedeutungen sind nicht einfach da, sondern werden in unterschiedlichen sozialen Kontexten kommunikativ reproduziert und variiert. Für die allgemeine Weiterbildung sind einerseits lebensweltliche und andererseits institutionelle (Anbieter-) Kontexte relevant. Über die berufliche und betriebliche Weiterbildung wird ebenfalls in lebensweltlichen, in ‚beruflichen' sowie betrieblichen Kontexten entschieden. Die beruflichen Kontexte bilden dabei gewissermaßen eine ‚Zwischenwelt' zwischen individuellen Bedürfnissen auf der einen und betrieblichen Handlungslogiken auf der anderen Seite. Ein ausgebildeter und berufserfahrener Tischler, Koch oder Lehrer geht nicht vollständig in der Rolle auf, die er zu einem gegebenen Zeitpunkt an einem bestimmten Arbeitsplatz innehat. Der Beruf, die mit ihm verbundenen Fähigkeiten und das berufliche Ethos konstituieren eine eigene Sinnwelt, die sich gegenüber betrieblichen Anforderungen als widerständig erweisen kann.

Künftige Forschungsprojekte sollten sich zunächst der genannten Kontexte einzeln annehmen, um sie dann in einem weiteren Schritt zu relationieren. Dabei stehen einmal Menschen im Zentrum des Interesses, die Möglichkeiten bzw. einen bestehenden Rahmen für sich (nicht) *nutzen*, ein anderes Mal solche, die Möglichkeiten (nicht) eröffnen, einen Rahmen *schaffen* und gestalten. Methodisch kommt man den ‚kulturellen', symbolischen Dimensionen, die das Verhältnis der Menschen zu Weiterbildung regulieren, allein mit explorativen, offenen Verfahren näher.

Gekoppelt mit solchen Untersuchungen, die auf die regulierende Kraft von Bedeutungszuschreibungen in den genannten Kontexten zielen, sind Detail- bzw. Fallstudien sinnvoll, die sich mit der Gebührenproblematik, dem Stellenwert von Freistellungsregelungen, Effekten regionaler Vernetzung etc. auseinander setzen. Bislang wurde im Wesentlichen (eher pauschal) *unterstellt*, dass sich über die Gestaltung dieser Dimensionen die Weiterbildungsbeteiligung verbreitern ließe. Demgegenüber gibt es zumindest vereinzelte Hinweise darauf, dass die Zahlungsbereitschaft in Abhängigkeit von den Teilnahmemotiven erheblich streut (vgl. Harney u.a. 2001), vorhandene Freistellungsregelungen gar nicht genutzt werden u.Ä. Solchen Hinweisen gilt es nun systematisch nachzugehen.

Besser zu *verstehen*, auf welche Weise die (Nicht-) Teilnahme an Weiterbildung reguliert wird, hat zunächst für die Weiterbildungsinstitutionen erhebliche Bedeutung. Die Ansprache der Adressaten, der Umgang mit Teilnehmenden, aber auch die Gebührengestaltung u.Ä. lassen sich so auf eine mehr als nur intuitive Basis stellen. Von nicht minderer Relevanz sind Studien der skizzierten Art für eine Weiterbildungspolitik, die sich eine Erleichterung des Zugangs zum Ziel setzt.

4.3. Forschungsmethoden

Forschungsmethoden stehen in gewisser Weise ‚zwischen‘ Theorien und den Gegenständen, über die sie Aussagen machen. Sie sind ‚Instrumente‘, mit deren Hilfe man Erkenntnisse über bestimmte Ausschnitte der empirischen sozialen Welt gewinnen kann. Dabei sind sie nicht beliebig, haben keinen neutralen Charakter, sondern sind gewissermaßen von beiden Seiten aus ‚infiziert‘. Je nach zugrunde liegender Theorie, aus der besondere Erkenntnisinteressen entstehen, und je nach Untersuchungsbereich liegen bestimmte Methoden nahe und andere nicht. Wenn ich zum Beispiel *messen* will, wie weit eine bestimmte Einstellung in der Bevölkerung verbreitet ist, brauche ich eine relativ große, repräsentative Gruppe, die ich in dieser Hinsicht befragen kann, und brauche bei der Auswertung entsprechender Befragungen mathematisierte Methoden. Wenn ich *beschreiben* will, wie Menschen sich unter besonderen Bedingungen verhalten, brauche ich Beobachtungsinstrumente, die sich von alltäglicher Wahrnehmung unterscheiden und besondere Formen dcr Dokumentation dieser Beobachtungen. Will ich schließlich *verstehen*, was Menschen zu einer Entscheidung veranlasst – etwa an Weiterbildung teilzunehmen, dann muss ich sie selbst zu Wort kommen lassen und über Verfahren verfügen, mit deren Hilfe ich diese Äußerungen für andere nachvollziehbar auswerten kann.

Auf der allgemeinsten Ebene werden sozialwissenschaftliche Forschungsmethoden in zwei Kategorien eingeteilt: *quantitative* und *qualitative* Methoden. Die Bezeichnungen sind eingeführt, aber nicht besonders glücklich. Sie haben sich in einer Auseinandersetzung etabliert, in der Unterschiede verhandelt wurden, die in den Etiketten unzureichend zum Ausdruck kommen. Zwar hat die empirische Sozialforschung in der deutschen Erziehungswissenschaft *generell* erst während der 1970er-Jahre an Bedeutung gewonnen, aber die Ausrichtung, die heute als ‚quantitativ‘ bezeichnet wird, war gewissermaßen ‚eher da‘, hatte früher Gewicht. Diejenigen Wissenschaftler, die für ihre Arbeit eine andere Perspektive bevorzugten, mussten sich also erst allmählich gegenüber einem etablierten Verständnis durchsetzen und taten dies unter dem ‚Gegenbegriff‘ qualitativ. Die Auseinandersetzung wurde anfangs nicht ohne Schärfe geführt, ein Umstand, der bis heute, wenngleich deutlich abgemildert, bedeutsam ist. Man begegnete sich mit wechselseitigen Vorbehalten im Blick auf die Leistungsfähigkeit und Seriosität der Methoden in ihrer Grundausrichtung und im Detail. Quantitativer Forschung wurde vorgehalten, mit ihren Instrumenten die entscheidende Ebene gar nicht erreichen zu können, während qualitative Forschung unter dem Verdacht beliebiger subjektiver Interpretation von Sachverhalten stand, die zudem wegen der zufälligen Auswahl und geringen Zahl keinerlei allgemeine Bedeutung hat. Mittlerweile können auch die qualitativen Methoden als etabliert angesehen werden, die Köpfe werden damit frei für die Frage, wie man beide Richtungen im Forschungsprozess sinnvoll miteinander kombinieren kann.

Ungeachtet aller Differenzen im Detail kann man die beiden Richtungen übergreifend folgendermaßen charakterisieren:

– Einer *quantitativ* orientierten Forschung geht es vor allem darum, Hypothesen über Zusammenhänge zwischen verschiedenen Variablen an der Realität zu überprüfen. Die forschungsleitenden, aus Theorie gespeisten Hypothesen müssen ‚operationalisiert‘, das heißt in messbare Dimensionen überführt werden. Auf verschiedenen Wegen zu diesen Dimensionen erhobene Daten werden dann mit mathematischen Mitteln ausgewertet und in aller Regel in Form von Zahlen dargestellt. Das Etikett ‚quantitativ‘ bezieht sich also auf das Merkmal des ‚Messens, Zählens, Wiegens‘ und die ihm zugehörige Form der Ergebnispräsentation in Zahlenwerten. Damit ist aber zunächst nur *ein* Unterschied zu den qualitativen Verfahren benannt. Mindestens ebenso wichtig ist, dass quantitative Forschung hauptsächlich *Hypothesen prüfend* angelegt ist. Eine bestimmte Annahme steht also *am Anfang* des Forschungsprozesses, in dessen Verlauf genau diese Annahme entweder bestätigt (verifiziert) wird oder nicht (falsifiziert).

– *Qualitativ* orientierte Forschung will die besonderen Eigenschaften und Merkmale (also die ‚Qualität‘ im Sinne der Beschaffenheit) eines sozialen Feldes möglichst genau, differenziert und gegenstandsnah erfassen. Sie will nicht ‚messen‘, sondern ‚verstehen‘, was in ihrem jeweiligen Objektbereich geschieht. Zentral ist dabei die Perspektive der Handelnden, die Untersuchungsgegenstand sind. Es geht nicht um die Überprüfung des Bildes, das die *Forschenden* sich von einem Ausschnitt der Welt machen, sondern um das Weltverständnis derer, die untersucht werden. Die ‚Experten‘ für die Lebenswelt sind also die, die ihr angehören. Ein solcher Zugang verbietet es geradezu, Hypothesen prüfend zu verfahren, denn jede Hypothese nimmt Weltdeutungen vorweg. Vielmehr ist qualitative Forschung darauf angelegt, möglichst unvoreingenommen zu registrieren, wie Menschen sich selbst und ihre Umwelt sehen, wie sie sich handelnd aufeinander beziehen usw. Aus solchen Beobachtungen heraus können dann Schritt für Schritt *Theorien generiert* werden, was meist in mehr oder weniger enger und ausdrücklicher Anlehnung an die so genannte ‚Grounded Theory‘ (vgl. Glaser/Strauss 1998) geschieht. Der Unterschied ‚Hypothesen prüfend/Theorie generierend‘ ist also mindestens so wichtig wie der Aspekt der großen bzw. kleinen Fallzahlen.

Zum Beispiel Medienwirkungsforschung Diesen grundlegenden Unterschied kann man etwa am Beispiel der Wirkungsforschung verdeutlichen, die in der Medienpädagogik lange Zeit eine wichtige Rolle gespielt hat. Ausgehend von allgemeinen Vorstellungen darüber, was kindlicher Entwicklung dienlich ist und was nicht, hatte man zunächst die Sorge und dann später im Rahmen einschlägiger Forschung die ‚Hypothese‘ entwickelt, Gewaltdarstellungen im Fernsehen schadeten den Kindern, die sie (häufig) ansehen. Genauer noch ging man von einem Imitationsverhalten aus; gesehene Gewalt förderte demnach gelebte Gewalt oder Gewaltbereitschaft. Will man dies nach Standards quantitativer Forschung untersuchen, muss man zunächst die Größe ‚gelebte Gewalt bzw. -bereitschaft‘ so kleinarbeiten, dass man ihr in Befragungen oder Experimenten auf die Spur kommen kann, also klären, worin sie sich äußert oder wie sie überhaupt zur Äußerung gebracht werden kann. Man muss weiterhin eine gewisse Größenordnung an Versuchspersonen erreichen, die nach bestimmten Gesichtspunkten ‚ausgewogen' gemischt sein müssen. Es müssen Settings ausgedacht werden, die dem Vorhaben genügen (also etwa Vergleichsgruppen von Vielsehern und Abstinenten etc.). Untersuchungen dieser Art sind durchgeführt worden und haben in vielen Fällen auch zur Bestätigung der Hypothese geführt. Es mag an der Qualität der Durchführung gelegen haben, dass sich in anderen Untersuchungen auch die *gegenläufige* These einer ‚Katharsis' verifizieren ließ. Demnach ist man nach der Betrachtung von Gewalt in Filmen ‚geläutert', hat sein latentes Gewaltpotential abgebaut. Wahrscheinlich sind solche Ergebnisse aber auch darauf zurück zu führen, dass die Problemstellung überkomplex ist: Wie will man ausgeprägte oder verminderte Gewaltbereitschaft in einen eindeutigen ursächlichen Zusammenhang mit Fernsehkonsum bringen? Wie auch immer: man hat sich der Mediennutzung junger Leute später auch in einer qualitativen Perspektive genähert. Nimmt man etwa möglichst unvoreingenommen an der Medienpraxis von Menschen teil, dokumentiert das Beobachtete sorgfältig und versucht es zu interpretieren, auf den Begriff zu bringen, dann findet man sehr viel Eigensinn, viel Unerwartetes, mit dem man nicht ‚gerechnet' hat. So werden etwa um den Videokonsum herum von Jugendlichen Kontakte und Beziehungen geknüpft, aus denen eigene Spezialkulturen entstehen können und die Raum geben für die Erprobung alternativer Selbstinszenierungen (vgl. Vogelgesang 1992). Selbst Fans von Horrorfilmen entwickeln in einschlägigen Gruppen beachtliche Kreativität und Produktivität bis hin zu Formen quasi professioneller Kompetenz (vgl. Winter 1996). Solche und andere Befunde kann man Schritt für Schritt im Sinne einer Theorie generations- aber auch milieuspezifischer Medienpraxis zusammenführen. Auf diese Weise lässt sich eine Hypothese wie etwa die der Gewaltimitation nicht ‚widerlegen', aber das Bild, das von Mediennutzung entsteht, wird detailreicher und differenzierter.

Ein weiterer genereller Unterschied zwischen quantitativem und qualitativem Vorgehen schält sich damit immer deutlicher heraus: der von Linearität auf der einen und Zirkularität auf der anderen Seite. Quantitative Forschung ‚weiß' zu Beginn eines konkreten Projektes recht genau, wohin sie will und muss geradezu darauf achten, dass im Verlauf keine Modifikationen am Untersuchungsdesign durchgeführt werden, weil ansonsten die Vergleichbarkeit der gewonnenen Daten gefährdet würde. Qualitative Forschung verfährt in dieser Hinsicht völlig anders: Sie beginnt mit einem ungefähren Vorverständnis und lässt sich daher im Prozess notwendigerweise immer wieder zu neuen und anderen Schritten inspirieren (vgl. Abb. 3).

Linearität und Zirkularität

Abb. 3: Lineare und zirkuläre Forschungsstrategien

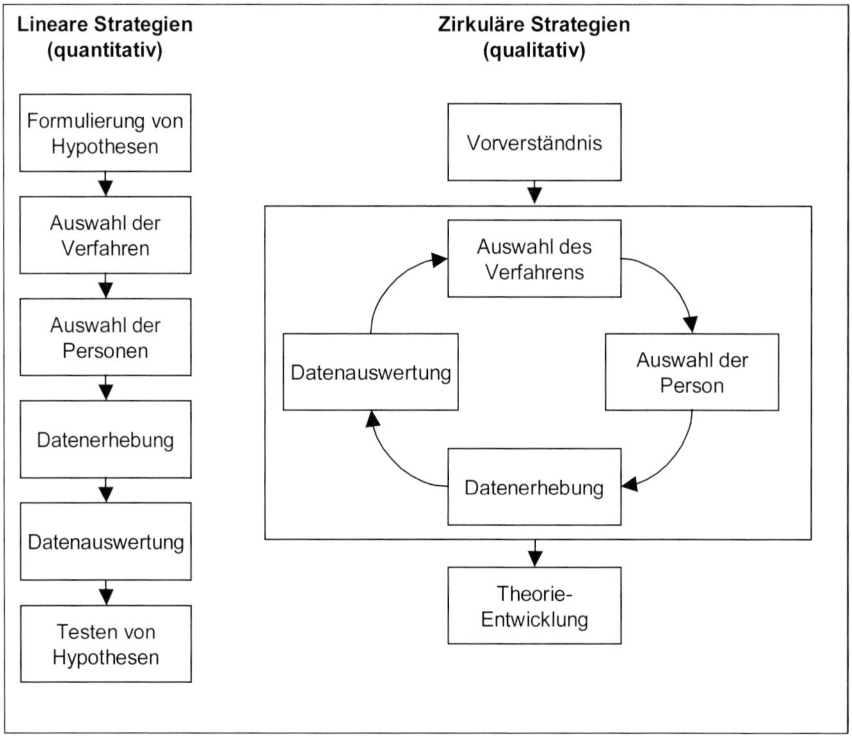

Lineare Strategien (quantitativ)

- Formulierung von Hypothesen
- Auswahl der Verfahren
- Auswahl der Personen
- Datenerhebung
- Datenauswertung
- Testen von Hypothesen

Zirkuläre Strategien (qualitativ)

- Vorverständnis
- Auswahl des Verfahrens
- Auswahl der Person
- Datenerhebung
- Datenauswertung
- Theorie-Entwicklung

Quelle: Witt 2001, Kap. 3.2

Normatives und interpretatives Paradigma

Vor dem Hintergrund des bislang Skizzierten wird eine letzte, ebenfalls verbreitete und auf Anhieb schwer zu verstehende Unterscheidung nachvollziehbar. Man spricht im Blick auf die beiden Forschungsrichtungen auch vom ‚normativen‘ und ‚interpretativen Paradigma‘. Über den Begriff des Paradigmas gibt es ganz unterschiedliche Vorstellungen (vgl. v.a. Kuhn 1973), hier reicht es, eine wissenschaftliche Grundhaltung oder Grundorientierung darunter zu verstehen. ‚Normativ‘ verfährt quantitative Forschung insofern, als sie mit einem Vorverständnis, mit einem von ihr selbst entwickelten Bild der Welt an Menschen herantritt und prüft, ob es ‚in der Wirklichkeit so ist‘, wie sie annimmt. Mit ‚Norm‘ ist hier also auf ‚Richtschnur, Maßstab, Erwartung‘ verwiesen. Was den Erwartungen nicht entspricht, kommt also nicht vor, kann nicht gesehen werden. Es kommt aber noch ein weiteres unterscheidendes Merkmal hinzu, das mit dem Begriff ‚normativ‘ nicht zu fassen ist. Quantitative Forschung, die von einem naturwissenschaftlichen Grundverständnis geprägt ist, geht davon aus, dass die Wirklichkeit, die sie untersucht, ‚objektiv gegeben‘ ist. Im Rahmen des ‚interpretativen Paradigmas‘ wird demgegenüber davon ausgegangen, dass Individuen und Kollektive die Welt, in der sie leben, nach Maßgabe eigener Erfahrungen *unterschiedlich wahrnehmen*. Sie lässt sich daher nur erschließen, wenn man um die *Bedeutungen* weiß, die Menschen bestimmten Umständen, Ereignissen

88

etc. geben. Insofern haben wir es mit einem doppelten Vorgang der Interpretation zu tun: Menschen interpretieren auf je unterschiedliche Weise ihre Lebenswelt und qualitative Forschung interpretiert die Äußerungen der Menschen *in dem Bewusstsein*, dass es sich um Interpretationen handelt. Auf diese Weise lässt sich ein Unterschied machen zwischen einem Umstand oder einer Situation und der kommunikativen Bearbeitung des- bzw. derselben. Maßgeblich für die allmähliche Durchsetzung dieses ‚interpretativen Paradigmas‘ war die verstärkte Rezeption des so genannten ‚symbolischen Interaktionismus‘, dessen Programm im Titel der für die deutsche Diskussion wichtigen Schrift von Peter Berger und Thomas Luckmann ‚Die gesellschaftliche Konstruktion der Wirklichkeit‘ (1980) bereits zum Ausdruck kommt. Andere zentrale Autoren in diesem Zusammenhang sind George Herbert Mead (vor allem 1973 [1934]; vgl. dazu auch Wittpoth 1994, S. 53ff.) und Erving Goffman (etwa 1989 [1974]).

Nach diesen grundsätzlichen Unterscheidungen der beiden Richtungen werden im Folgenden anhand zentraler Verfahrensweisen einige knappe Kennzeichnungen jeder Einzelnen vorgenommen. Dabei wird deutlich werden, dass die beiden Etiketten sehr Unterschiedliches hinter sich vereinen, das heißt, es gibt ‚die‘ quantitative Forschung so wenig wie ‚die‘ qualitative. Ziel der Darstellung ist es, eine grobe Sortierung vorzunehmen, der dann jeweils Hinweise auf einschlägige Literatur folgen, mit deren Hilfe man sich weiter informieren kann und muss, wenn man sich mit Methoden *vertraut* machen will.

Verfahren quantitativer Forschung

Im Zentrum quantitativ orientierter erwachsenenpädagogischer Forschung stehen die Befragung, die Inhaltsanalyse und die Sekundäranalyse von Statistiken.

Standardisierte *Befragungen* können in mündlichen Interviews oder mit Hilfe eines Fragebogens durchgeführt werden (vgl. Schnell u.a. 1999, S. 328ff.). Interviews dieser Art sind hochgradig strukturiert und es ist im Interesse der Standardisierung wesentlich, dass eine Gleichartigkeit der Befragungssituation annähernd gewährleistet ist; zu diesem Zweck werden Interviewer eigens für ihre Aufgabe geschult. Fragebögen sind überwiegend auf geschlossene Fragen (mit Antwortvorgaben) beschränkt, weil sich bei offenen Antworten Probleme der Kategorienbildung und (angesichts der meist großen Zahl) ein erheblich gesteigerter Auswertungsaufwand ergeben. Interviews und Fragebögen können im Sinne von Quer- oder Längsschnittuntersuchungen eingesetzt werden. Querschnittsstudien interessieren sich für Konstellationen zu einem bestimmten Zeitpunkt, Längsschnittuntersuchungen arbeiten mit wiederholten Erhebungen in mehr oder weniger langen Zeitabständen. Erstgenannte werden zum Beispiel mit Weiterbildungsteilnehmenden im Sinne einer Lehr-/Lernforschung, mit Adressaten zwecks Erkundung ihrer Weiterbildungsmotivation und mit Weiterbildnern über ihr professionelles Handeln durchgeführt. In Längsschnittuntersuchungen kann es darum gehen, das Weiterbildungsverhalten verschiedener Kohorten zu beobachten und zu vergleichen oder Bildungskarrieren einer Altersgruppe zu begleiten.

Quantitative *Inhaltsanalysen* sind am Gehalt eines einzelnen Dokumentes nur insoweit interessiert, wie er im Blick auf eine meist große Zahl anderer einen ‚Sinn‘ ergibt (vgl. Merten 1995). Da die Autoren von Dokumenten, die zur Analyse herangezogen werden, in der Regel eigensinnig schreiben, müssen also Ka-

Befragung

Inhaltsanalysen

89

tegorien gebildet werden, denen unterschiedliche Einzelaussagen sinnvoll untergeordnet werden können usw. Solche Analysen beziehen sich in der Weiterbildung vor allem auf eine Quelle, über die andere Bereiche des Bildungswesens nicht verfügen: die Programmbroschüren einzelner Träger und Einrichtungen. Auch hier kann man an je gegebenen Verhältnissen oder am Wandel im Zeitverlauf interessiert sein. So lässt sich die Entwicklung der Anteile von Progammsegmenten über einen bestimmten Zeitraum untersuchen (politische Bildung, Fragen des Nord-Süd-Verhältnisses, Umweltbildung usw.). Man kann aber auch, was wegen des Aufwandes selten geschieht, das komplette Angebot einer Region über Zeit beobachten.

Sekundäranalysen

Quantitative *Sekundäranalysen* verschiedener amtlicher und anderer Statistiken sind für die Weiterbildung sehr wichtig, weil es eine eigene Weiterbildungsstatistik – vergleichbar mit Schule und Hochschule – nicht gibt. Will man sich über Aspekte des Weiterbildungsbedarfs informieren, muss man die Statistiken der Arbeitsverwaltung im Auge behalten. Will man Entwicklungen des Weiterbildungsangebotes und die Bedeutung einzelner Einrichtungen registrieren, sind vor allem statistische Angaben der Träger zu analysieren. Schließlich lassen sich nur durch solche Sekundäranalysen Disparitäten der Weiterbildung unter regionalen, geschlechtsspezifischen, Alters- und anderen Gesichtspunkten feststellen.

Eine detaillierte Darstellung der Verfahren quantitativer Forschung in der Erziehungswissenschaft liegt etwa vor in Wellenreuther 2000.

Verfahren qualitativer Forschung

Im Zentrum qualitativer Forschung stehen das Interview, Gruppendiskussionen, Feldbeobachtungen und so genannte ‚nicht reaktive Verfahren‘.

Interviewformen

Die *Interviewformen* kann man nach verschiedenen Graden der Strukturiertheit unterscheiden. Generell gilt die ‚Sorge‘ dem genauen Gegenteil dessen, was in quantitativ orientierten Interviews wichtig ist: während jene alles ‚Besondere‘ möglichst auszuschließen versuchen, geht es in qualitativen Interviews in der Regel genau darum, dem Besonderen, Eigensinnigen zum Ausdruck zu verhelfen und so viel Raum wie nur eben möglich zu geben.

In Reinform ist das im ‚narrativen‘ Interview der Fall, das dann als besonders gelungen gilt, wenn durch einen knappen Impuls eine vollständig selbst läufige Erzählung des Interviewpartners in Gang gesetzt wird (vgl. Schütze 1983). Jedes Stocken und Schweigen kann zu einem Problem werden, weil der Interviewer dann ‚eingreifen‘ muss, dem weiteren Verlauf unter Umständen ‚seine‘ Richtung gibt. Solche Interviews beziehen sich oft auf die Biographie des Gesprächspartners, können aber auch um andere Gegenstände kreisen. Sie werden – wie die im Folgenden skizzierten – mit einem Tonbandgerät aufgezeichnet, transkribiert und nach unterschiedlichen Verfahren ausgewertet. Diese Interviewform hat in der Erwachsenenbildung einen zentralen Stellenwert im Zusammenhang von Lern- bzw. Bildungsbiographien und dem biographischen Lernen.

Einen höheren Grad an Strukturiertheit weist das ‚problemzentrierte‘ Interview auf (vgl. Witzel 1985). Auch dieses setzt auf die produktive Kraft des Erzählens. Allerdings hat der Interviewer einen Leitfaden gewissermaßen ‚in der Hinterhand‘, sollte die Erzählung über längere Zeit vom problembezogenen Interesse abweichen oder ins Stocken geraten. Schließlich ist es zum Ende eines solchen Interviews durchaus vorgesehen, Aspekte anzusprechen, auf die der Interviewte von sich aus nicht eingegangen ist. Es kann in allen nur erdenklichen Handlungsfeldern eingesetzt werden, über die man aus der Perspektive der Akteure Auskunft haben will.

Das ‚Experteninterview‘ weist schließlich den höchsten Grad an Strukturiertheit auf (vgl. Meuser/Nagel 1991). Es dient der Erhebung von Expertenwissen über einen bestimmten Gegenstand. In gewisser Weise tritt die Person bzw. ihr besonderes Verständnis hier hinter den Gegenstand, über den man Auskunft begehrt, zurück.

Gruppendiskussionen zielen nicht auf individuelle Weltdeutungen, sondern haben ihre besondere Stärke darin, *kollektive* Erfahrungen und Ansichten zum Ausdruck zu bringen. Auch sie sollten wie das narrative Interview im Anschluss an einen auf das jeweilige ‚Thema‘ bezogenen Impuls möglichst frei verlaufen. Besonders geeignet sind so genannte ‚Realgruppen‘, also solche, die auch unabhängig von der Gruppendiskussion existieren. In deren Gespräch wird eine Ebene beschritten, die diejenige je individueller Verständnisse ‚übersteigt‘. Das, was das Kollektive ausmacht, kommt erst im Kollektiven zum Ausdruck. Es gibt bestimmte Grenzen des Sagbaren, es gibt einen Jargon, es gibt besondere Weisen der Abgrenzungen von anderen, schließlich entwickeln Gruppengespräche eine Dynamik, die jeden einzelnen Beteiligten ‚mitreißt‘. Wie im narrativen Interview die *Form* des ‚Erzählens‘ Erinnerungen anstößt, Verknüpfungen herstellt, die Situation des Interviews transzendiert, so werden im Gruppengespräch die kollektiven Bestände mobilisiert. Insofern ist die noch verbreitete Praxis, milieu- oder generationsspezifische Perspektiven in Form von Einzelinterviews zu erheben, nicht unproblematisch. Das Gruppendiskussionsverfahren wird eher selten in der Weiterbildungsforschung angewandt, obwohl es bereits in der ersten großen ‚Leitstudie‘ eine wichtige Rolle gespielt hat. Von Peter Loos und Burkhard Schäffer wurde jüngst (2001) eine umfassende Darstellung des Verfahrens vorgelegt.

Feldbeobachtungen haben außerhalb der Erziehungswissenschaft eine lange Tradition. Sie beziehen sich in der Ethnologie auf die Alltagspraxis fremder Kulturen und in der Soziologie auf besondere (Rand-) Gruppen oder auch ‚soziale Welten‘. Jüngere Arbeiten beschäftigen sich etwa mit Besuchern von Bodybuildingstudios (vgl. Honer 1985) oder Saunen (vgl. Norden 1994), mit Taubenzüchtern (vgl. Soeffner 1995) und Thekengesprächen (vgl. Laermann 1978). Es gibt eine Vielzahl von Schulen und Verfahren sowie dementsprechend kontroverse Debatten, die hier nicht nachgezeichnet werden können. Generell liegt auch in diesem Bereich noch ein erhebliches Potential für Weiterbildungsforschung, gerade wenn man den Blick über die institutionalisierte Weiterbildung hinaus auf alle nur erdenklichen Bereiche richtet, in denen eine Bildung Erwachsener stattfinden kann.

Nicht reaktive Verfahren arbeiten mit vorgefundenen Materialien, müssen die Grundlage ihrer Interpretationen also nicht eigens ‚erzeugen‘ wie etwa Transkriptionen, Beobachtungsprotokolle etc. Solche Materialien können Tagebücher, Autobiographien, amtliche Dokumente, Protokolle u.Ä. sein. In der Erwachsenenbildung bieten sich auch hier – wie bereits bei der quantitativen Inhaltsanalyse – Programmbroschüren an, die nun nach anderen Verfahren bearbeitet werden (vgl. Nolda u.a. 1998). Gerade erst begonnen hat die Auseinandersetzung

Gruppen-
diskussionen

Feldbeobachtungen

Nicht reaktive
Verfahren

mit Bildmaterial. Angesichts der hohen Bedeutung visueller Information für unsere alltäglichen wie beruflichen Orientierungen stehen hier methodische Reflexionen und praktische Analysen in erheblichem Umfang an (vgl. Ehrenspeck/Schäffer 2002).

Triangulation   Zu den Fragen, wie die verschiedenen Typen von Materialien am sinnvollsten auszuwerten sind, worüber sie vor allem Auskunft geben (können), welche allgemeinen Verweise im Einzelfall enthalten sind und ob bzw. wie Einzelbefunde theoriegenerierend genutzt werden sollen, gibt es unterschiedliche Antworten. Je näher man den Zentren einzelner Schulen kommt, also denjenigen, die an der Erprobung und Ausdifferenzierung des methodischen Arsenals arbeiten, desto heftiger werden die Äußerungen. Es mag sein, dass es für die in der Regel langwierige Entwicklungsarbeit notwendig ist, ‚Kulturen‘ zu bilden, die nach innen Bindewirkungen entfalten und sich (daher) nach außen stark abgrenzen (müssen). Auch die aufwendige Form der Vermittlung entsprechender Kompetenz in Forschungswerkstätten, also eine Art Meisterlehre, spricht dafür. Für diejenigen, die qualitative Forschungsverfahren *nutzen*, dürfte eine gelassene und pragmatische Herangehensweise am ehesten sinnvoll sein. Geht man nämlich von Problemkonstellationen aus, dann gibt es nicht ‚die‘ Methode, sondern nur jeweils mehr oder weniger geeignete. Und es erweist sich als sehr sinnvoll, mit verschiedenen Methoden gleichzeitig oder in zeitlicher Folge zu arbeiten, also zu ‚triangulieren‘ (vgl. Kap. 4.4.). Insofern werden die gelegentlich vorgenommenen tabellarischen Zuordnungen von theoretischen Positionen, Methoden der Datenerhebung und -auswertung (vgl. etwa Flick u.a. 2000, S. 19) in der Forschungspraxis oft ‚unterlaufen‘. Selbst die ehedem feste Grenze zwischen ‚quantitativ‘ und ‚qualitativ‘ wird dabei allmählich porös (vgl. etwa Kelle/Erzberger 2000). Das Risiko eines solchen pragmatischen Plädoyers besteht darin, dass man die verschiedenen Verfahrensweisen nicht nach den Regeln der Kunst handhabt, also etwa alles, was ohne Zahlen auskommt, bereits deshalb für ‚qualitativ‘ hält. Nicht selten werden auch qualitative Verfahren in einem Hypothesen prüfenden Sinn eingesetzt. Das hieße allerdings, den mittlerweile hoch elaborierten Stand der Diskussion zu missachten und gleichzeitig, fragwürdige Ergebnisse zu produzieren.

4.4. Programmatik – Theorie – Empirie: ‚Vernetzung‘ zum Beispiel

Im Folgenden soll an einem Beispiel aus der eigenen Arbeit etwas plastischer verdeutlicht werden, in welchem Verhältnis Programmatik, theoriebezogene Reflexion und empirische Recherche, quantitative und qualitative Verfahren zueinander stehen. Es handelt sich um eine kleine explorative Studie, die wir 2002 in Wuppertal im Kontext eines Hauptseminars zum Thema ‚Kooperation und Vernetzung der Weiterbildung‘ mit Studierenden durchgeführt haben.[1]

---

1   An der Erhebung und Auswertung haben sich Olaf Dörner, Marina Durau, Dagmar Eickenberg, Nina Falkenhain, Berit Rau und Claudia Schröer intensiv beteiligt.

4.4.1. Ausgangsüberlegungen

In der Weiterbildungs-*Programmatik* ist Kooperation ein eher altes Thema. Bereits im Strukturplan für das Bildungswesen (1970) wird sie keineswegs beiläufig als unverzichtbar für den Aufbau des ‚quartären Sektors‘ angesehen. Besondere Aufmerksamkeit fand das Problem im Folgenden allerdings nicht. Erst im Zusammenhang der so genannten ‚Länderstudien‘ etwa Mitte der 1980er- bis Mitte der 1990er-Jahre ist Kooperation wieder verstärkt in den Blick geraten. Man kann sie als einen wesentlichen Bestandteil dessen ansehen, was als ‚mittlere Systematisierung‘ Eingang in die Debatte gefunden hat (vgl. Faulstich u.a. 1991). Zur Erinnerung: Der vergleichsweise gering formalisierte und strukturierte Weiterbildungsbereich braucht zur Bewältigung der Schwächen, die sich aus seiner eher ‚naturwüchsigen‘ Entwicklung ergeben haben, einen – gemessen am Ist-Zustand – höheren Systematisierungsgrad, der aber unter dem Regulierungsniveau der anderen Sektoren des Bildungssystems bleibt. Möglichst freiwillige Abstimmung, Koordination und Kooperation auf allen nur erdenklichen Ebenen entspricht dem in hohem Maße: es ‚entstehen‘ verdichtete Strukturen ohne staatliche Eingriffe und Vorgaben. Darüber gibt es einen sehr breiten Konsens, dokumentiert etwa in den Empfehlungen der Kultusministerkonferenz (1994), aber auch anderer Gremien. *(Marginalie: Kooperation als Programm)*

Mittlerweile haben sich die Rahmenbedingungen weiter verändert, die Kooperationsperspektive ist verknüpft mit der Idee einer (regionalen) Vernetzung, die mit ‚Lernen‘ in Verbindung gebracht wird. Am Ende dieser Assoziations-Kette steht dann die (Vision) ‚lernende Region‘, die – so hat man bei der Lektüre programmatischer Schriften gelegentlich den Eindruck – schon allein dadurch lernt, dass sie vernetzt ist. Dabei bleibt in der Regel ungeklärt, *was* gelernt werden soll. Lernen bedeutet ja zunächst nur Veränderung, kann also auch einen ungewünschten Verlauf nehmen. In den einschlägigen Debatten über ‚lernende Organisationen‘ oder ‚lernende Regionen‘ wird jedoch stets eine Veränderung zum Besseren hin unterstellt. *(Marginalie: Vernetzung als Vision)*

Die Rede von Kooperation und Vernetzung hat also – nicht nur im Blick auf Weiterbildung – Konjunktur, und man kann diese Rede wohl als ‚schillernd‘ bezeichnen. Denn:

– Netzwerke lassen sich zum einen *analytisch identifizieren*, wir finden sie also in der Gesellschaft bereits vor. Gelegentlich wird die Durchsetzung dieses Typus von ‚Organisation‘ oder Struktur als markantes Merkmal des jüngeren (‚modernen‘) Entwicklungsstandes von Ökonomie und Politik angesehen (vgl. etwa Mayntz 1992). Im Gestus der Zeitdiagnose formuliert, lebten wir demnach in einer ‚Netzwerkgesellschaft‘ (vgl. Castells 2001).

– Kooperation und/oder Vernetzung sind zugleich *Programm*, man verspricht sich von ihnen also die Lösung verschiedenster Probleme, sieht sie als anderen institutionellen Arrangements überlegen an. Das, was *faktisch* in Netzwerkstrukturen geschieht, gilt – zumindest bis auf weiteres – als das, was in der Breite geschehen *soll*.

Dabei erweist sich ein ansonsten eher unerwünschter Aspekt als produktiv: Die Begriffe sind – was ihren verbreiteten Gebrauch angeht – sehr unscharf. Solange man nicht genauer klärt, was jeweils gemeint ist, hat die Forderung nach intensivierter Kooperation eine hohe – in vielen Hinsichten alltagsweltlich verankerte – Evidenz. Wenn man es – meist wegen des Mangels spezifischer Ressourcen – allein nicht schafft, Aufgaben befriedigend zu bewältigen, dann tut man sich sinnvollerweise zusammen (das fängt bereits bei der ‚Räuberleiter‘ an). Das Netzwerk wird dann als mehr des Guten, als eine höhere Stufe verstanden, gewissermaßen die Kooperation Kooperierender. Der Begriff hat außerdem ‚warme‘ Konnotationen: er steht *für* (relative) Autonomie, Selbststeuerung, Verhandlung, Flexibilität und *gegen* Zentralismus, Dirigismus, Hierarchie, Unbeweglichkeit. Im Grunde genommen ist es in einer solchen Konstellation gar nicht mehr möglich, Kooperation oder Vernetzung abzulehnen.

Begriffs-
bestimmungen Vergewissert man sich auf der Seite von *Theorie*, versucht also, den Begriff des Netzwerkes zu *klären*, *Unterscheidungen* vorzunehmen, dann löst sich das Problem nicht dahingehend auf, dass es *den einen* präzise gefassten Begriff gäbe. Vielmehr findet man ein breites Spektrum definitorischer Zugänge vor, das man mit folgenden ‚Eckwerten‘ eingrenzen kann:

– Im Anschluss an die Institutionen- bzw. Transaktionskostenökonomie, in der Netzwerke als eine Organisationsform zwischen dem (tendenziell anarchischen) Markt und der (starren) Hierarchie geschätzt werden, versteht man unter einem sozialen Netzwerk „eine eigenständige Form der Koordination von Interaktionen [...], deren Kern die *vertrauensvolle Kooperation* autonomer, aber interdependenter [...] Akteure ist, die für einen begrenzten Zeitraum zusammenarbeiten und dabei auf die Interessen des jeweiligen Partners Rücksicht nehmen, weil sie auf diese Weise ihre partikularen Ziele besser realisieren können als durch nicht-koordiniertes Handeln" (Weyer 2000, S. 11). Dabei ist vor allem an eine zielgerichtete, den Akteuren bewusste, ‚sichtbare‘, in irgendeiner Form ‚geregelte‘ Kooperation gedacht. Am ehesten geht es um ‚Inter-Organisations-Netzwerke‘, die auf die Idee der ‚Zugewinn-Gemeinschaft‘ setzen – ein Beispiel ist die (oft nur vorübergehende) Bindung, die Automobilhersteller mit Zulieferfirmen eingehen.

– Eher in sozialpolitischen und sozialtherapeutischen Kontexten gedacht, ist ‚veralltäglichte Intimität‘ die wesentliche Voraussetzung für soziale Netzwerke, in denen Leistungen, Gefälligkeiten und Informationen ‚getauscht‘ werden (vgl. Harney 1994, S. 31). Hier haben wir es mit personengebundenen Beziehungen zu tun, die inner- und interorganisationale Trennungen überwinden. So gibt es etwa innerhalb von Firmen und Behörden Netze, die Abteilungs- und Hierarchiegrenzen überschreiten, und in der Weiterbildung gibt es wie in anderen Feldern Beziehungen zwischen Mitarbeitern unterschiedlicher Institutionen, die sich unter Umständen auf der offiziellen politischen Ebene eher bekämpfen. Solche Netzwerke stehen nicht jedermann offen, vielmehr setzen sie eine Initiation voraus. Sie sind nicht identisch mit konkreten Gruppen, in denen die einzelnen Akteure sich (alle) kennen, und sie sind nicht permanent ‚aktiv‘, können also ruhen und im Bedarfsfall mobilisiert werden. Anders als im ersten Fall geht es nach diesem Verständnis um intime, diskrete, ‚unsichtbare‘, nicht ‚geregelte‘, nicht an konkrete Projekte und Zeiträume gebundene Gebilde.

Begriffsgebrauch Wir sind zu Beginn unserer Untersuchung davon ausgegangen, dass es zwischen diesen ‚Eckwerten‘ ein breites Spektrum eher diffuser Verständnisse gibt, die im

94

politischen und alltäglichen Sprachgebrauch ineinander übergehen, zumal auch verschiedene Formen real neben- und durcheinander existieren. Gerade die Euphorie, mit der gegenwärtig auf die heilsame Wirkung von Netzwerken gesetzt wird, legt die Vermutung nahe, dass mit dem ‚networking‘ die eigentümliche Kraft der eher im Verborgenen wirksamen personengebundenen Netze ‚angezapft‘ werden soll. Das wäre durchaus vergleichbar mit den Hoffnungen, die in anderen Zusammenhängen mit dem ‚impliziten Wissen‘ verknüpft werden. Die sichtbaren, bislang mit allerlei ‚klassischen‘ Instrumenten traktierten Ressourcen scheinen (in Politik und Ökonomie) ausgeschöpft, so dass es nun an die ‚untergründigen‘, bislang verborgenen, mindestens unbeachteten ‚Reste‘ geht, von denen man den Eindruck gewinnen kann, dass sie es vor allem sind, an denen sich das Gelingen oder gar Exzellenz entscheidet. Unbedacht bleibt dabei, dass sich Intimität nicht organisieren lässt, wie das implizite Wissen durch seine Explikation zerstört wird. Schließlich geraten ganze Organisationen in das vielen aktuellen Managementkonzepten inhärente Dilemma ‚fremdorganisierter Selbstorganisation‘, sobald Vernetzung zum entschiedenen politischen Programm wird, wie wir es gegenwärtig allenthalben beobachten (vgl. Pongratz/Voß 1997).

Die Euphorie lässt es kaum zu, eine weitere Unterscheidung stark zu machen: nämlich die zwischen den gewünschten und den dysfunktionalen bzw. ‚pathologischen‘ Effekten der Netzwerkbildung. Letztere bestehen etwa darin, dass die notwendigen Kompromisse nicht unbedingt die besten Lösungen darstellen und dass Netze sich relativ gleichgültig gegenüber extern verursachten Problemen verhalten. Unter Beachtung dieser ‚Rückseite‘ hat es wenig Sinn, von Vernetzung oder Kooperation *an sich*, als fraglos heilsame Perspektive zu sprechen, vielmehr geht es um die Bedingungen der Möglichkeit, die je besonderen Anlässe und Umstände, sowie die Effekte ganz unterschiedlicher Formen. Dies wird in der Fülle programmatischer Papiere kaum berücksichtigt. Dort geht es nicht mehr darum, *ob* und *zu welchem Zweck* vernetzt werden soll (und kann), sondern nur noch darum, diesen Zustand so rasch wie möglich zu erreichen – vor dem Hintergrund eines differenzierten Begriffsverständnisses könnte man sagen: koste es, was es wolle. Ein grundlegendes Problem scheint uns dabei zu sein, dass viele Agenturen und Projekte *unter der Voraussetzung* gegründet wurden bzw. finanziert werden, dass Vernetzung *generell* wünschenswert ist – die Ergebnisse sind dann vorhersehbar.

Wir haben uns bei unserer kleinen Studie von den skizzierten Unterscheidungen und einer gewissen Skepsis gegenüber der einvernehmlichen Rede über die Wichtigkeit von Vernetzung und Kooperation leiten lassen. Das bedeutet nicht, dass wir bestimmte Hypothesen zugrunde gelegt hätten. Vielmehr haben wir mit Unklarheiten im Sprachgebrauch gerechnet (die dann auch in Diskrepanzen zwischen Fragebögen und Interviews bestätigt worden sind). Wir sind nicht als Protagonisten der Kooperation aufgetreten (und konnten gerade dadurch in Einzelfällen Zugang gewinnen) und waren besonders an solchen Befunden interessiert, die dem bisweilen ein wenig bedrückend wirkenden Common Sense zuwiderlaufen.

4.4.2. Anlage und Ablauf der Untersuchung

Die explorative Studie ist mit sehr knappen Ressourcen durchgeführt und in wesentlichen Teilen von Studierenden der Bergischen Universität im Rahmen eines begleitenden Seminars bestritten worden. Wir sind während der Untersuchung auf Probleme gestoßen, die man auch anders hätte angehen können, und auf Fragen, die der Klärung bedürfen. All dies bleibt der weiteren Arbeit überlassen.

Ermittlung und Auswahl der Weiterbildungsinstitutionen

In einem ersten Schritt mussten wir herauszufinden versuchen, welche Weiterbildungsinstitutionen es in unserem Zielgebiet, der ‚Bergischen Region‘ (Wuppertal, Solingen, Remscheid) gibt. Das klingt banal, ist es aber nicht. Wollte man Schulen untersuchen, ließen sich die Institutionen rasch und präzise ermitteln, bei Weiterbildungseinrichtungen ist dies erheblich schwieriger. Das Problem lässt sich am einfachsten am Beispiel der Stadt Wuppertal veranschaulichen. Wir konnten dort auf ein Internetportal zurückgreifen, in dem sich unter der Rubrik Weiterbildung alle Institutionen eintragen können, die sich selbst dem Bereich zuordnen. Ergänzt um Informationen aus anderen Quellen (Tageszeitungen, Broschüren u.Ä.) sind wir so zu 155 Einrichtungen allein für diese Stadt (Einwohner knapp 370.000) gekommen. Bei näherer Betrachtung sind wir auf allerlei Einträge gestoßen, die *wir* nicht den Weiterbildungs-Institutionen zurechnen. Das gilt zum Beispiel für:

–   selbständige Trainer und Supervisoren, die individuelle Dienstleistungen für Firmen erbringen,
–   Sporteinrichtungen sowie Tanz- und Musikschulen,
–   Einrichtungen der psychologischen und gesundheitsfördernden Beratung,
–   berufliche Fachschulen, die mehrjährige *Aus*bildungsgänge anbieten,
–   firmeninterne Schulungsaktivitäten.

Was ist eine Weiterbildungseinrichtung?

Dass wir diese Auswahlprozedur als unbefriedigend erfahren haben, wird hier allein deshalb berichtet, weil darin ein generelles (Unschärfe-) Problem des gesamten Weiterbildungssektors zum Ausdruck kommt, wenn man so will: ein wesentliches System-Merkmal (zu ähnlichen Problemen bei einer Studie im Freiburger Raum vgl. Eckert 1996). Weder können wir sicher sein, *alle* erfasst zu haben, noch gehen wir davon aus, allein *Weiterbildungs*einrichtungen in einem strengeren Sinne berücksichtigt zu haben. Für alle Bemühungen Transparenz zu schaffen, Entwicklungen zu beobachten etc., liegt hier ein nicht geringes Problem. Wenn man eine möglichst umfassende Vernetzung der im weiteren Sinne kulturellen Aktivitäten einer Region vor Augen hat, dann muss man Institutionen und Aktivitäten sehr ‚großzügig‘, weiträumig erfassen. Man riskiert dann, ein sehr diffuses buntes Bündel von Institutionen unter eine Kategorie zu fassen, die nicht immer ‚trifft‘. Grenzt man zu stark ein, kommt vieles gar nicht in den Blick. Um Beispiele zu nennen:

–   Was macht man mit einer ‚Evangelisten-Schule‘?
–   Wodurch unterscheidet sich die ‚Rückenschule‘ in einem Sportstudio von derselben in einer VHS – und wenn sie sich nicht unterscheiden: warum nimmt man dann das Sportstudio nicht auf?

96

– Wie gehen wir mit Berufskollegs um (die im Wesentlichen Ausbildung, in Teilbereichen aber auch Weiterbildung betreiben) usw.?

Insofern bedeutet es sehr viel subtile Recherche und Arbeit, um sich überhaupt erst einmal zu vergewissern, wie eine regionalen ‚Weiterbildungslandschaft' aussieht.

Nach allerlei Bereinigungen, die auf verschiedene Weise zustande kamen und hier nicht dargelegt werden können, umfasste unsere endgültige Liste 104 Einrichtungen, die in der Bergischen Region Weiterbildung anbieten.

Erhebung der Kooperationspraxis und -einschätzung

Um heraus zu bekommen, in welchen Formen und in welcher Intensität Bergische Weiterbildungseinrichtungen kooperieren, haben wir zunächst einen knapp gehaltenen Fragebogen entwickelt, der in drei Bereiche unterteilt ist:

Der Fragebogen

– Angaben zu Art und Größe der Institution,
– Angaben über bestehende Kooperationsverhältnisse,
– offene Fragen zu Verbesserungsmöglichkeiten und möglicher Förderung von Kooperationsbeziehungen.

Nach längerem Abwägen haben wir uns entschieden, den Befragten eine Anonymisierung der Daten zuzusichern. Zwar verlieren wir auf diese Weise die Möglichkeit, sehr plastische und konkrete Einblicke zu vermitteln. Andererseits sind im Bogen Fragen enthalten, die unter Umständen nicht oder nur sehr kursorisch beantwortet worden wären, wenn wir auf eine Anonymisierung verzichtet hätten.

Von den angeschriebene 104 Einrichtungen haben uns 29 einen ausgefüllten Bogen zurückgesandt. Wir haben damit einen nennenswerten Teil der Bergischen Weiterbildungslandschaft erfasst; allerdings haben sich auch einzelne größere Träger nicht an der Umfrage beteiligt. Repräsentativität beanspruchen wir nicht (wissen aber auch nicht, wie sie herzustellen wären – vgl. Auswahl der Institutionen). Hinsichtlich Größe der Einrichtungen ist unser Sample unauffällig, vom Weiterbildungsbereich her dominiert die berufliche Weiterbildung mit etwa 80%; dem entspricht, dass wir es überwiegend (65%) mit privat finanzierten Einrichtungen zu tun haben. Für die beteiligten Institutionen ist Kooperation Normalität: nur 3 von 29 geben an, nicht zu kooperieren; davon sind zwei bei den sehr kleinen Institutionen (1 bis 2 MitarbeiterInnen).

Bei den Kooperationspartnern haben wir unterschieden zwischen ‚Weiterbildung anbietenden', ‚Weiterbildung nachfragenden' und ‚anderen' Institutionen. Nicht alle Institutionen kooperieren in allen drei Bereichen. Die Anzahl der Kooperationspartner ist teilweise beeindruckend: sie reicht von 1 bis mehr als 10. Am intensivsten wird unter den ‚Weiterbildung anbietenden' Institutionen kooperiert, gefolgt von den ‚nachfragenden' und den ‚anderen'.

Viel Kooperation

Interessant ist der Blick auf die konkret genannten regionalen Kooperationspartner. Unsere Erwartung, dass sich in der Auswertung allmählich eine ‚Netzgestalt' zeigen würde, hat sich nicht bestätigt. Zwar werden insgesamt 43 ‚anbietende' Institutionen als Kooperationspartner genannt, darunter sind aber nur 9 der 29, die sich an der Befragung beteiligt haben. Lediglich eine Institution (die IHK) wird vier mal genannt, 4 weitere je zwei mal, der Rest (immerhin 38 Institutionen) wird lediglich einmal genannt (im Prinzip wiederholt sich dieses Bild

Wenig Vernetzung

bei den ‚nachfragenden‘ und ‚anderen‘). Auffällig ist auch, dass Nennungen meist ‚einseitig‘ erfolgen, d.h. angegebene Kooperationspartner geben ihrerseits diejenigen, von denen sie genannt werden, nicht an. Es gibt nur zwei auffällige (und in dieser Hinsicht zu erwartende) Institutionen: das Arbeitsamt und die IHK. Von diesen als ‚Knoten‘ in einem Netzwerk zu sprechen, würde die Situation verfehlen, denn ein Netz ist nicht zu erkennen, würde dies doch eine Fülle wechselseitiger ‚Kreuz-und-quer-Beziehungen‘ voraussetzen.

Nimmt man zunächst die Kooperationsdauer als einen Indikator für Stabilität, dann kann man insgesamt von recht stabilen Verhältnissen ausgehen. Eher ‚junge‘ Beziehungen, die auf die Jahre 1999/2000/2001 zurückgehen, und solche, die bis in die Mitte der 1990er-Jahre zurückreichen, halten sich etwa die Waage. Immerhin 8 mal wird auf die Zeit vor 1995, davon je einmal auf 1949 bzw. 1952 verwiesen! Auch die Kontinuität und der Regulierungsgrad der Kooperation sind – wiederum insbesondere unter den ‚anbietenden‘ Institutionen – recht hoch: Von insgesamt 19 Institutionen, die hierüber Auskunft geben, bezeichnen annähernd 70% diese Kooperation als ‚kontinuierlich‘ und annähernd 85% als ‚geregelt‘ (beide Kategorien sind im Fragebogen erläutert). Hier ist allerdings vorwegzunehmen, dass dies wahrscheinlich weniger darauf zurückzuführen ist, dass diskontinuierliche und ungeregelte Kooperation weniger *gepflegt* wird, als vielmehr darauf, dass solche Formen oft nicht als ‚Kooperation‘ *verstanden* werden (vgl. Auswertung der Interviews).

Bei der Mitgliedschaft in regionalen und überregionalen Kooperationsverbünden, die dem relativ nahe kommt, was bildungspolitisch unter ‚Vernetzung‘ verstanden wird, finden wir eine gespaltene Situation vor: 14 Mitgliedern stehen 13 Nichtmitglieder (2 machen keine Angaben) gegenüber. In der Bergischen Region bekannt ist der Verbund ‚Quallianz‘, dem 7 der Befragten angehören. Von diesen widmen sich 6 der beruflichen Weiterbildung (die Finanzierungsart öffentlich/privat ist ausgeglichen). Alle haben eine recht große Zahl von Kooperationspartnern, allerdings kaum solche aus dem Verbund.

Von hoher Zufriedenheit kann man nicht sprechen. Immerhin ein gutes Drittel ist mit der Kooperationssituation unzufrieden. Unterscheidet man nach Größenklassen, zeigt sich, dass die mittleren und großen Institutionen je zur Hälfte unzufrieden sind, bei den kleinen ist es lediglich ein Drittel, die ganz großen Einrichtungen äußern sich allesamt zufrieden. Bemerkenswert ist, dass sich die 7 Quallianz-Mitglieder etwa im Verhältnis 1 : 1 äußern (zufrieden : unzufrieden), während wir bei den 22 Nichtmitgliedern ein Verhältnis von etwa 2 : 1 vorfinden. Die Nennungen zu Vor- und Nachteilen der Kooperation waren absehbar: etwa gemeinsame Werbung, Informations- und Dozentenaustausch, größeres Programmangebot bzw. hoher Zeitaufwand, Mehrkosten, Koordinationsprobleme. Vorschläge zur Verbesserung wurden eher zurückhaltend gemacht. Im Blick auf die anderen Weiterbildungseinrichtungen der Region kreisen die Forderungen von zwei Seiten her um ein und dasselbe Problem. Insgesamt 10 mal wird in unterschiedlicher Weise ‚mehr Kooperation‘ gefordert. Es geht um mehr Offenheit, höhere Bereitschaft, stärkeres Engagement, mehr Kontakt. 5 Angaben beziehen sich auf ein offensichtlich vorhandenes oder empfundenes Konkurrenzdenken und -handeln, das abgebaut werden müsse.

Offene Fragen — Wir haben uns noch mit einer Reihe von kleineren Details beschäftigt, die den Rahmen sprengen würden. Insgesamt hat die standardisierte Befragung aber relativ undramatische Ergebnisse gebracht, die noch am ehesten programmatisch gewendet werden könnten in dem üblichen Sinne: es bewegt sich bereits einiges, aber Verbesserungen bleiben möglich! Allerdings hat es ein paar Auffälligkeiten gegeben, denen wir in einem zweiten Schritt nachgegangen sind. So hat es vereinzelt entschiedene Ablehnung jedweder Kooperation gegeben und wir hatten eine Institution, die Mitglied des regionalen Kooperationsverbundes ist, aber – nach Fragebogen – ‚nicht kooperiert'.

Vergewisserungen

Vor diesem Hintergrund haben wir *Typen* von Institutionen gebildet, die uns besonders interessierten, und mit denen wir Interviews durchführen wollten. Es waren dies:

A: dezidiert kein Interesse an Kooperation;
B: auf der offiziellen Ebene kooperativ (also Mitglied des regionalen Verbundes), aber faktisch ohne Kooperationspartner;
C: in allen Hinsichten kooperativ;
D: stark kooperierend, aber nicht Mitglied eines regionalen Kooperationsverbundes.

Da sich die Auswahl des Repräsentanten für den Typ D aufgrund einiger unklarer Angaben im Fragebogen als nicht zutreffend erwies, konnten wir kein Interview mit einer Einrichtung des Typs D durchführen. Mit Institutionen der anderen drei Typen wurden leitfadengestützte Interviews durchgeführt und mit einem Tonbandgerät aufgezeichnet. Die Aufzeichnungen wurden zum größten Teil transkribiert und ausgewertet. Einige in unserem Zusammenhang relevante Ergebnisse werden im Folgenden skizziert.

Der Geschäftsführer Typ A hatte unseren Fragebogen gar nicht ausgefüllt, statt dessen in einem kurzen Brief mitgeteilt, grundsätzlich an Kooperation kein Interesse zu haben. Die Einrichtung existiert seit 30 Jahren, finanziert sich selbst und ist hochspezialisiert, d.h. es werden ausschließlich Kurse für eine Fremdsprache in unterschiedlichen Schwierigkeitsgraden angeboten. Das Gebäude ist Eigentum des Leiters, insgesamt sind 9 Lehrkräfte angestellt. Teilnehmer werden hauptsächlich über ‚Mund-zu-Mund-Werbung' gewonnen, zweimal jährlich werden Anzeigen geschaltet. Im Interview werden Bedenken und Befürchtungen geäußert, die wesentlich mit dem Selbstverständnis des Leiters als ‚autonomer Unternehmer' zusammen hängen.

„Da werden Sie plötzlich zum Angestellten."

Kooperation gefährdet seines Erachtens unternehmerische Selbständigkeit und professionelle Unterrichtsgestaltung durch externe administrative Eingriffe. So befürchtet er die Unterminierung seiner Entscheidungsgewalt, etwa rechenschaftspflichtig gegenüber anderen zu sein oder Vorgaben umsetzen zu müssen, von denen er nicht überzeugt ist. Entsprechende Erfahrungen hat er bereits hinter sich. Zudem verbindet er mit Kooperation Rationalisierungsmaßnahmen wie Personaleinsparungen und standardisierte Lehrpläne, die die Qualität der Kurse mindern. Insofern wird Kooperation als etwas Negatives gesehen und nicht praktiziert.

Die Interviews

Kooperation als Problem

99

„Quallianz – Wer ist das denn?"

Da der Leiter Typ A Kooperation grundsätzlich ablehnt, interessiert er sich auch nicht für lokal-regionale Verbünde; die Quallianz kennt er gar nicht. Generell zielen solche Aktivitäten seines Erachtens darauf, die eigenen Chancen bei der Vergabe öffentlicher Gelder zu erhöhen.

„Sobald das lukrativ ist, stürzt sich doch jemand darauf. Wie diese Ausbildungen, diesen Nebenweg zur kaufmännischen Ausbildung, da stürzen sich dann alle darauf. Wie diese wie heißt das denn, diese Umschulungen, da wird richtig Kohle gemacht."

Auch die Einrichtung des Typs B, vorwiegend im Bereich der beruflichen Weiterbildung tätig, finanziert sich bis auf wenige Ausnahmen selbst. Weiterbildung wird als Dienstleistung und die Einrichtung als kleines und mittelständisches Unternehmen verstanden. Zum Angebotsspektrum gehören Sprachkurse, EDV-Schulungen und Übersetzungsdienstleistungen.

Der Geschäftsführer sieht Kooperation als sinnvoll und notwendig an, zeigt sich daher auch gegenüber offiziell organisierten Kooperationsbemühungen als sehr aufgeschlossen. Allerdings ergibt sich im Blick auf konkrete Kooperationspraxis und -erwartungen ein eigentümliches Bild:

– Auf der offiziellen Ebene ist die Einrichtung in einen Kooperationszusammenhang eingebunden und gibt *gleichzeitig* an, nicht zu kooperieren.
– Auf der inoffiziellen Ebene arbeitet man sehr wohl mit anderen zusammen, versteht das aber wiederum nicht als ,Kooperation' (in einem offensichtlich angenommenen engeren oder besonderen Sinne).

Der Geschäftsführer wünscht sich einen Ausbau von Kooperation, die er als Zusammenarbeit zweier oder mehrerer Weiterbildungseinrichtungen versteht, welche gemeinsam modularisierte Weiterbildungsangebote realisieren. Dabei könne es sich durchaus um konkurrierende Anbieter handeln, von denen es in der Region viele gebe und deren Ressourcen sinnvoll zu bündeln wären.

„Ja, es gibt Überschneidungen, es gibt aber auch Dinge, die einem andere abnehmen, oder auch alleine anbieten, die wir also nicht anbieten. Die haben alle viel Know-how im jeweiligen Segment. Eine Bündelung dieser Einrichtungen wäre anzustreben, um die Region zu stärken."

So etwas findet aber nicht im Kontext der Quallianz statt, sondern eher in einer Form, die der Interviewte als ,selbst inszeniert' bezeichnet. Dabei geht es um ungeregelte, privat organisierte Zusammenarbeit in der Region ansässiger Firmen, die sich sowohl auf eine gemeinsame Durchführung von Maßnahmen als auch auf den Informationsaustausch beziehen kann. Solche Aktivitäten werden als eher persönlich charakterisiert, sie kommen ohne Sympathie nicht zustande.

„Man trifft sich irgendwo und redet über das oder denkt nach: ,Oh, das ist gut, das könnte man vielleicht machen oder das haben wir schon gemacht'. Also auf einer ganz anderen Schiene, eher unorganisiert. Das ist auch sehr persönlich. Wenn sie den sich gegenüber nicht mögen, dann machen sie mit dem auch keine Kooperation aus welchen Gründen auch immer. Und das ist ja eigentlich nicht so, wie es sein sollte."

Die *offiziell organisierte* und auch als solche bezeichnete ,Kooperation', die ja nach Einschätzung des Interviewpartners nicht stattfindet, hat einen anderen Charakter. Vom regionalen Verbund werden *Dienstleistungen* für die Weiterbildungseinrichtungen erwartet. Die Quallianz soll Bedarfsanalysen durchführen und als Vermittler zwischen Weiterbildungsanbietern und Nachfragenden agieren. Da aufwendige Recherchen in der Region Personal, Zeit und Geld binden, können sie von einzelnen Weiterbildungseinrichtungen nicht geleistet werden. Würde die Quallianz in dieser Weise agieren, ließen sich Weiterbildungsangebote entwickeln, die den Bedürfnissen der Region entsprechen. Schließlich wird die Quallianz auch als eine Art Qualitätsgewährleistungsinstanz gesehen, die dazu beitragen soll, einheitliche Qualitätsregelungen und -standards zu etablieren. Diese Erwartungen wurden bislang nicht erfüllt, da die Quallianz noch nicht ‚richtig' arbeite; insofern verursache die Mitgliedschaft bisher lediglich Kosten.

Vielfältige Formen der Kooperation

Die zum Typ C ausgewählte Einrichtung zählt zu den großen und lange etablierten, die sowohl im Bereich der allgemeinen als auch der berufsbezogenen Weiterbildung engagiert sind. Im Interview mit der Leitung wird relativ präzise zwischen verschiedenen Anlässen und Formen der Kooperation unterschieden:

— *‚Immer schon-'* oder *‚Sowieso-Kooperation':* verbandsgestützter überregionaler Fachaustausch und Mitarbeiterqualifizierung (aber ohne gemeinsame Veranstaltungen).
— *‚Good-Will-Kooperation':* informeller kommunikativer und lose geregelter Austausch mit vertrauten Partnern (‚informelle Quellen'), um an ‚verlässliches Wissen' über relevante Entwicklungen und Vorhaben in der Region heran zu kommen; kann jederzeit beendet werden.
— *‚Echte Kooperation':* vertraglich und rechtsverbindlich geregelte Zusammenarbeit mit Branchenpartnern zwecks Planung, Beantragung und Durchführung von Weiterbildungsmaßnahmen.

Auch hier wird ein genereller Unterschied gemacht zwischen solchen Formen, die es ‚immer schon' gab (man könnte sagen: bevor alle darüber zu reden anfingen), und solchen, die ‚irgendwie' eine andere, stärker formalisierte Gestalt haben. Interessant sind die Beweggründe, die dazu führen, sich auf den letztgenannten Typus einzulassen. ‚Echte Kooperation' wird im Interview nur für den Bereich der Qualifizierung von Arbeitslosen thematisiert. Hier gibt es eine Konkurrenz mit anderen Weiterbildungseinrichtungen um den Zuschlag für Maßnahmen, die von der Arbeitsverwaltung finanziert werden. Ausgewiesene Kooperationsbeziehungen gelten in diesem Zusammenhang als Qualitätsmerkmal für die kompetente Durchführung von Maßnahmen.

Risiken der Kooperation

Dabei wird ‚echte Kooperation' als ein aufwendiges Unterfangen wahrgenommen, das einen großen Abstimmungsbedarf erfordert. Finanzielle und rechtliche Verbindlichkeit sind ein wesentlicher Aspekt dieser Aufwendigkeit, werden aber als unverzichtbar angesehen, um Risiken in der Partnerschaft möglichst gering halten zu können. Trotzdem gibt es Befürchtungen, vom Partner in dem Sinne übervorteilt zu werden, dass er mehr Mittel oder gar den alleinigen Zuschlag für eine Maßnahme bekommen könne.

„... da kommt's auch manchmal vor, dass man tatsächlich ein gewisses Misstrauen gegeneinander hat, hoffentlich ziehen die anderen einen nicht über den Tisch oder die kriegen dann mehr Geld wie wir etc. pp., das sind manchmal so Befürchtungen ... oder man merkt, man entwickelt was und auf einmal kriegt nur einer den Zuschlag, obwohl die Entwicklung und Arbeit von Zweien oder Dreien geleistet wurde, das kann passieren."

Die Mühen und Unwägbarkeiten nimmt man auf sich, *„um überhaupt zum Zuge zu kommen".* Angenommen wird, mit den Trümpfen ‚Kooperation' und ‚Qualität' möglichst lange im Vergabekarussell öffentlicher Zuschläge verbleiben zu können.

„Also ich will mal so sagen, es gibt zum Teil auch ganz andere Zwänge, warum Kooperationen eingegangen werden (...) das heißt, wenn ich irgendwo Mitglied bin, kann ich damit ja auch Werbung machen, das ist vielleicht eine gewisse Verlässlichkeit, die ich dann nach außen tragen kann, so imagemäßig, aber der Hauptgrund heute, glaube ich, Kooperationen zu machen, ist, in allen Einrichtungen kann man das fast sagen, fehlen ja eigentlich ... fehlt das Geld. So und um dann eben noch vernünftige Maßnahmen durchführen zu können, bleibt einem gar nichts anderes übrig, als zu kooperieren. Und dieser Zwang, vermute ich, wird auch bei anderen Bildungsträgern da sein."

Auch in diesem Interview hat die Mitgliedschaft im regionalen ‚Kooperations'-Verbund kaum noch den Charakter von Kooperation. Die Quallianz wird als Dienstleister für Einrichtungen verstanden, die unter Marktbedingungen im Bereich der beruflichen Weiterbildung agieren und das Problem zu lösen haben, wie sie an ihre Teilnehmer (an Firmen) kommen. Die Quallianz habe personelle Ressourcen, um Firmen zu kontaktieren und für diese als Ansprechpartner zu fungieren. Sie übernehme Beratungsfunktion für Firmen, stelle Transparenz in der Bildungslandschaft her, betreibe Bildungsakquise und Bedarfsanalyse. Mitunter soll sie auch Zusammenkünfte zwischen Bildungseinrichtungen und Firmen organisieren.

4.4.3. Synthese & Resümee

Vorzüge der Triangulation

An dem Beispiel kann man gut sehen, dass sich unsere Entscheidung zu ‚triangulieren', also verschiedene Verfahren neben- bzw. nacheinander einzusetzen, bewährt hat. Vor allem durch Differenzen zwischen den Fragebogenangaben und den Aussagen während der Interviews haben wir wertvolle Hinweise gewonnen. Es ist kaum übertrieben, wenn man auf der Grundlage unserer Erfahrungen davon ausgeht, dass im Blick auf Kooperationspraxis eine standardisierte Befragung *allein* nur geringe Erträge bringt. Das hängt ganz wesentlich mit den verschiedensten Begriffsunschärfen zusammen und zum Teil damit, dass im Gespräch auch Äußerungen möglich sind, die eher als ‚illegitim' gelten und daher selten ‚aufgeschrieben' werden. Schließlich kommen in den Erzählungen *Haltungen* zum Ausdruck, die sich in einem Fragebogen auch nicht in Ansätzen abbilden lassen.

Zunächst ist Kooperation in unserem Sample Normalität – und da wir einen guten Teil relevanter Einrichtungen erfasst haben, kann man behutsam auf die Verhältnisse in der Bergischen Region insgesamt schließen. Die Anzahl der Partner – insbesondere unter den Weiterbildung anbietenden Institutionen – ist teilweise beeindruckend, und man kann angesichts der ausgewiesenen Kooperationsdauer auch von recht stabilen Beziehungen ausgehen. Der Grad an Regulierung und Kontinuität erscheint uns insgesamt als relativ hoch. Von einem *Netzwerk* der Weiterbildung (auf der Ebene von Inter-Organisations-Beziehungen) kann man in der Bergischen Region allerdings kaum sprechen. Es gibt nur zwei Institutionen, die von einer größeren Zahl anderer als Kooperationspartner angegeben werden: das Arbeitsamt und die IHK. Weit überwiegend findet man Beziehungen, die man wohl als ‚bilateral' bezeichnen kann. Ein Netz würde demgegenüber eine Fülle wechselseitiger ‚Kreuz-und-quer-Beziehungen' mit markanten ‚Knoten' aufweisen.

Auch wenn allenthalben kooperiert wird, kann man nicht von hoher Zufriedenheit sprechen: Immerhin ein gutes Drittel ist mit der Kooperationssituation unzufrieden. Mindestens zwei Gründe werden häufiger genannt bzw. in den Verbesserungswünschen deutlich:

– Im Blick auf die anderen Weiterbildungseinrichtungen der Region geht es immer wieder um das mindestens latente Problem der *Konkurrenz*, die sich in verschiedenen Hinsichten hemmend auswirkt. Man kann aus der Häufung entsprechender Hinweise schließen, dass die realisierten Formen noch nicht hinreichend dazu geeignet sind, das Problem, das sich nicht aus der Welt schaffen lässt, für die Beteiligten befriedigend zu *handhaben*.
– Im Blick auf Institutionen, die Weiterbildung nachfragen, wie auf den regionalen Verbund tauchen immer wieder Hinweise auf eine ‚zentrale Informationsstelle‘ u.Ä. auf, d.h. es wird auf dieser Ebene eine Dienstleistung, eine Infrastruktur erwartet, die als lückenhaft wahrgenommen wird.

Kooperation ist also ein durchaus schwieriges Geschäft und kann nicht *an die Stelle* dessen treten, was in ‚älteren‘ Politikmodellen üblich war, nämlich *gezielt Voraussetzungen* dafür *zu schaffen*, dass je gewünschte Zustände erreichbar sind.

Ein zentrales Ergebnis aus unserer Sicht ist, dass wir selbst bei der geringen Zahl von (drei) Interviews auf ein sehr breites Spektrum von Motiven zu/ Anlässen für (Nicht-) Kooperation, auf unterschiedliche Verständnisse, Bewertungen und Erwartungen gestoßen sind. Kooperations-
motive

Zunächst ist (stärker als in der programmatischen Debatte gemeinhin üblich) zu beachten, dass es offensichtlich Konstellationen gibt (hoher Spezialisierungsgrad, hinreichende und stabile Nachfrage etc.), die Kooperation *nicht* nahe legen. In solchen Situationen kann man auf regelrechte Abwehr jeglichen Kooperationsansinnens stoßen. Das wird in einer Interview-Passage sehr schön auf den Punkt gebracht, in der der Interviewte den Rahmen für das anschließende Gespräch setzt: *„Hauptsache Ihr kooperiert mich nicht!"* Es treten dann Sorgen um den Verlust von Selbständigkeit etc. in den Vordergrund. Diese Haltung ist programmatisch unerwünscht, kann aber aus der Perspektive einer einzelnen Einrichtung durchaus rational sein. Denn sie beurteilt die Sinnhaftigkeit von Kooperation nach ureigenen Kriterien, fragt also nach dem Nutzen für sich selbst.

Bei denjenigen, die Kooperation für sich als wichtig ansehen und die auch tatsächlich (mehr oder weniger) kooperieren, sind verschiedene Differenzierungen zu beachten. Wir haben zum einen die Situation, dass unter dem Label ‚Kooperation‘ eine solche *nicht* stattfindet und stellen zum anderen fest, dass reale Zusammenarbeit nicht als Kooperation *bezeichnet* wird! Dabei wird implizit eine Unterscheidung nach dem Grad des ‚Offiziellen‘, der ‚formalen Regulierung‘ vorgenommen. Informelle Treffen in geselligem Rahmen, die wechselseitige Sympathie der Akteure voraussetzen, werden nicht als ‚Kooperation‘ verstanden, und sind gleichzeitig für die erfolgreiche Bewältigung des Alltags sehr wesentlich. Solche Praktiken werden als nicht organisierbar, aber gleichwohl förderungswürdig angesehen. Für politische Bestrebungen, Kooperation zu schaffen, zu *erzeugen*, ergeben sich hier deutliche Grenzen.

Was dann auf der Ebene des regionalen ‚*Kooperations*‘-Verbundes geschieht, bzw. nach Auffassung einiger Mitglieder geschehen sollte, hat kaum noch den Charakter von Kooperation, schon gar nicht von einem Netzwerk. Die

Quallianz wird als *Serviceeinrichtung* bzw. Dienstleister verstanden. Dem entspricht der Befund, dass die von uns befragten Quallianz-Mitglieder *untereinander* kaum kooperieren.

Am anderen Ende – auf der gegenüber liegenden Seite des ‚Informellen‘ – muss man dann noch Formen der Vernetzung mitdenken, die gar nicht genannt werden. Es sind dies die von Fall zu Fall aktivierbaren persönlichen Beziehungen (auf der Basis ‚veralltäglichter Intimität‘ s.o.), die sehr wirksam sein dürften, aber angesichts der Rahmung, die durch den Kooperationsbegriff (besser: sein spezifisches Verständnis) gesetzt ist, nicht in den Blick kommen. Anders als auf der ‚offiziellen‘ Ebene dürfte es in dieser Hinsicht, im Sinne des nicht-sichtbaren ‚Fungierens‘, durchaus Netzwerke der Weiterbildung in der Bergischen Region geben, die aber nur mit anderen, sehr zeitaufwendigen Verfahren zu ‚entdecken‘ sind, zumal sie auch den Akteuren selbst nicht in ihrer gesamten Breite bekannt sind. Wie auch immer – einem politischen Gestaltungswillen sind diese Gebilde nicht zugänglich.

Grenzen politischer Gestaltung

Es gibt also so viele verschiedene Formen und Anlässe, dass es weder im Interesse politischer Gestaltung, noch bei Versuchen, Entwicklungen zu beobachten und zu dokumentieren sinnvoll sein kann, weiterhin mit undifferenzierter Begrifflichkeit zu arbeiten. Offensichtlich entwickeln die Akteure für unterschiedliche Problemlagen mehr oder weniger passende Formen von Zusammenarbeit. Emphatisch sind die Beschreibungen solcher Formen kaum, eher erscheint – insbesondere die ‚offizielle‘ oder ‚echte‘ – Kooperation als ‚Notgemeinschaft‘ (*„manchmal bleibt einem gar nichts anderes übrig“*). Es geht weniger darum, eigene, selbst gesetzte Ziele zu verfolgen und Partner für deren Realisierung zu gewinnen, als vielmehr darum, den Mangel an Ressourcen vorübergehend und meist ‚maßnahmebezogen‘ auszugleichen. Die Kommune oder gar die Region als *konzeptionelle Bezugsgröße* tauchen dabei nicht auf. Ein zentraler Aspekt der Vernetzungs-Programmatik wird so gar nicht erreicht: Die empirisch vorfindbare Kooperation verbessert nicht die Zustände eines lokal-regionalen Weiterbildungs-*Systems*, etwa im Sinne einer verbesserten Versorgung der Bevölkerung, sondern dient vor allem den Belangen derer, die – meist bilateral – Bündnisse eingehen. Das ist keine Schande, hat aber mit all den positiven Erwartungen, die in jüngster Zeit mit intensivierter Kooperation verknüpft werden, kaum etwas zu tun. Im Gegenteil, da partielle Zusammenschlüsse auf ihrer Rückseite stets das Moment des Ausschlusses mit sich führen, ist eine stärkere Beachtung ‚pathologischer‘ Effekte, ungewollter ‚Nebenwirkungen‘ angebracht.

Programmatik, Theorie, Empirie

Anhand dieses Beispieles sollte noch einmal deutlich geworden sein, in welch unterschiedlicher Weise man sich programmatisch/theoriegeleitet/empirisch auf (die Realität von) Erwachsenenbildung beziehen kann und dass die Entscheidung für bzw. gegen eine bestimmte Weise folgenreich ist. Bleibt man auf der programmatischen Ebene, dann kann man allein gestützt auf die alltagspraktische Evidenz immer weiter für Vernetzung eintreten. Netze stärken, sie geben Halt und sind gleichzeitig flexible Gebilde, die sich Umweltänderungen anpassen. Man kann außerdem auf Zeitdiagnosen zurückgreifen, den Akteuren der Weiterbildung also empfehlen, die ‚Zeichen der Zeit‘ zu beachten und ihnen entsprechend zu handeln. Riskiert man einen Seitenblick auf Theorien, tritt zunächst eine gewisse Verunsicherung ein. Es steht plötzlich in Frage, was denn genau gemeint ist, wenn von Netzwerken geredet wird, und es zeigt sich, dass verschiedene Modelle jeweils besondere Stärken und Schwächen haben. Hinzu kommt, dass sich nicht alle Formen ‚erschaffen' lassen; manche erfüllen ihre Funktion nur so lange sie ‚einfach da' sind und von Menschen dadurch am Leben gehalten werden, dass sie sie nutzen. Man kann auf dieser Ebene bleiben und zum Beispiel in eine Auseinandersetzung mit Programmatikern eintreten. Denkbar ist es auch, ‚theoretisch belehrt' in Programmdebatten zurückzukehren und sich auf einem höheren Differenzierungsniveau für bestimmte Varianten stark zu machen. Schließlich kann man versuchen herauszubekommen, wie Vernetzung und Kooperation im Praxisfeld gehandhabt werden und wie sich die Akteure darüber verständigen.

Mit standardisierten Verfahren erfasst man Verhältnisse in ihrer Breite, mengenmäßige Verteilungen, Regelmäßigkeiten u.Ä. Über diese Bescheid zu wissen, ist wichtig – im Extremfall kann man sich eine Situation vorstellen, in der Programm- und Theoriedebatten insofern ‚gespenstisch' verlaufen, als das, wovon sie handeln, in der Realität gar nicht oder nur in feinsten Spuren anzutreffen ist. An unserem Beispiel werden aber auch die Grenzen solcher Verfahren deutlich: Sie bieten im Regelfall zu wenig Raum für die Artikulation des Eigensinns von Praxis. Offene, an individuellen Deutungen interessierte Verfahren lassen es zu, dass Erfahrungen und Sichtweisen expliziert werden, an die Wissenschaftler bei der Konstruktion von Fragebögen gar nicht denken (können), weil sie nicht Teil der Milieus oder Alltagskulturen sind, an die sie sich wenden. Wir könnten allein auf Grundlage der ‚quantitativen' Daten ein Bild von der Kooperationssituation in der Weiterbildung der Bergischen Region zeichnen. Dieses Bild wäre allerdings in Teilen so grobkörnig, dass man wesentliche Aspekte des Geschehens nicht erkennen könnte. Sie wurden uns erst zugänglich über die ‚qualitativen' Daten, die Äußerungen einzelner Menschen, von denen wir wiederum nicht wissen, welches Gewicht sie in der Breite haben. An diesem Beispiel lässt sich der Nutzen einer Kombination verschiedener Zugangsweisen und Verfahren studieren. Es wurde genau aus diesem Grunde gewählt, und nicht etwa, weil eine solche Kombination *in jedem Falle* der beste Weg wäre. Vielmehr entscheidet man sich meist für einen Zugang, was an der besonderen Problemstellung, an den knappen Ressourcen oder auch an beidem liegen kann.

5. Der ‚quartäre Sektor' des Bildungssystems: Strukturen, Institutionen, Aktivitäten

Von der ‚vierten Säule' oder dem ‚quartären Sektor' des Bildungssystems ist bislang vor allem mittelbar oder indirekt die Rede gewesen. Erörtert wurde, in welchen Weisen man sich auf sie bzw. ihn reflektierend, Daten erhebend etc. beziehen kann und bezieht. Im Folgenden geht es weniger um programmatische Begründungen und theoriegeleitete Zustandsbeschreibungen als vielmehr um eine empirisch-deskriptive Annäherung an Strukturen und Aktivitäten. Es wird der Versuch unternommen, einen Überblick über die gegenwärtigen Strukturen des ‚quartären Sektors' in der Bundesrepublik sowie über die Möglichkeiten zu geben, die er Menschen bietet, die sich weiterbilden wollen. Ansprüche auf Vollständigkeit können nicht erhoben werden, im Gegenteil, es tauchen immer wieder Lücken auf, die zu schließen wichtig wäre. Dies ist Ausdruck eines generellen Mangels an Transparenz, der seit langem beklagt wird. Versuche, einen wirklichen Überblick über die gegenwärtige Situation zu bekommen, gelten als ebenso sinnvoll oder gar notwendig wie aussichtslos. Dieses Problem stellt sich nicht nur für den Laien, also denjenigen, der ‚seinen' Ort im System zu finden sucht, sondern mindestens ebenso für all diejenigen, die sich beruflich intensiv mit Weiterbildung beschäftigen. Auch hier wird es nur bis zu einem bestimmten Punkt gelingen, Schneisen in das Dickicht zu schlagen, um ein Mindestmaß an Übersicht zu gewinnen.

Die Darstellung erfolgt in drei Schritten: Zunächst wird die *Struktur* des quartären Sektors *übergreifend* beschrieben und auf der Grundlage einiger übergreifender statistischer Befunde ‚mit Leben gefüllt' (5.1.). Anschließend werden relevante Bereiche und Träger vorgestellt, die in zwei Gruppen unterteilt sind: in die der primär beruflich (5.2.1.) und die der primär allgemein orientierten Weiterbildung (5.2.2.). Die verarbeiteten Daten sind so akuell wie möglich; ein gemeinsames Bezugsjahr kann wegen der insgesamt schwierigen Datenlage nicht zugrunde gelegt werden. Die Bereitschaft der Träger und Einrichtungen, detailliert über ihre Aktivitäten zu berichten, ist in den letzten Jahren zurückgegangen. Das führt gelegentlich zu dem Problem, dass ältere Daten erheblich aussagekräftiger sind als die aktuell vorgelegten. Insofern war in jedem Einzelfall abzuwägen, ob der Aktualität oder der Differenziertheit der Information der Vorzug gegeben wird. Auch wenn es hier nicht um *Bewertungen* geht, wäre es unergiebig, sich jeglichen *Kommentars* zu Problemen aktueller Gegebenheiten zu enthalten. Solche Kommentare kann man nicht von ‚irgendwoher' formulieren, sondern nur auf der Grundlage bestimmter Kriterien, die erst zu besonderen Aufmerksamkeiten führen. Mein allgemeines Kriterium wird im Folgenden sein, inwieweit das System Menschen aus *möglichst allen* Bevölkerungsgruppen mit Bildungsangeboten versorgt, die ihren *eigenen* Interessen entsprechen.

5.1. Strukturen der Weiterbildung in Deutschland

Typologien Je nach Grad der Zufriedenheit mit der entwickelten Gestalt von Erwachsenenbildung in Deutschland wird deren Struktur entweder als pluralistisch oder als unübersichtlich bezeichnet.[1] Um eine ‚Ordnung' zu schaffen, sind verschiedene Strukturierungsvorschläge gemacht worden, die man in der einschlägigen Literatur immer wieder antrifft. Die gängigste und zugleich allgemeinste Typologie unterscheidet in ihrer überlieferten Form berufliche Weiterbildung und allgemeine Erwachsenenbildung. In der Wortwahl sind Traditionen aufgehoben, die in den neuen Bundesländern noch stärker verankert sind als in den alten: Während man im Gebiet der ehemaligen DDR auch heute noch damit rechnen kann, dass Weiterbildung auf den beruflichen und Erwachsenenbildung auf den allgemeinen Teil verweist, werden beide Begriffe im Westen der Republik schon recht lange synonym gebraucht. Die berufliche Weiterbildung wurde und wird dann in die Bereiche Fortbildung und Umschulung unterteilt. Erstere setzt an vorhandenen Qualifikationen in einem *bestehenden* Beruf an, während Letztere grundständig für eine *andere* Berufstätigkeit qualifiziert. Die allgemeine Erwachsenenbildung wird traditionell in die Grundbildung und die politische Bildung unterteilt. Grundbildung umfasst dann heute alle Angebote von Einrichtungen der allgemeinen Erwachsenenbildung mit Ausnahme der politischen Bildung. Dass Letztere so stark betont wird, hat vor allem programmatische Gründe, entspricht ihrer Bedeutung in quantitativer Hinsicht also nicht. Diese ursprünglichen Unterscheidungen sind mittlerweile um einige Differenzierungen erweitert worden, die Abb. 4 zeigt:

---

[1] Ich greife hier einige Unterscheidungen und Überlegungen aus Wittpoth 1997, S. 69ff. auf.

Abb. 4: Weiterbildung nach Inhaltsbereichen

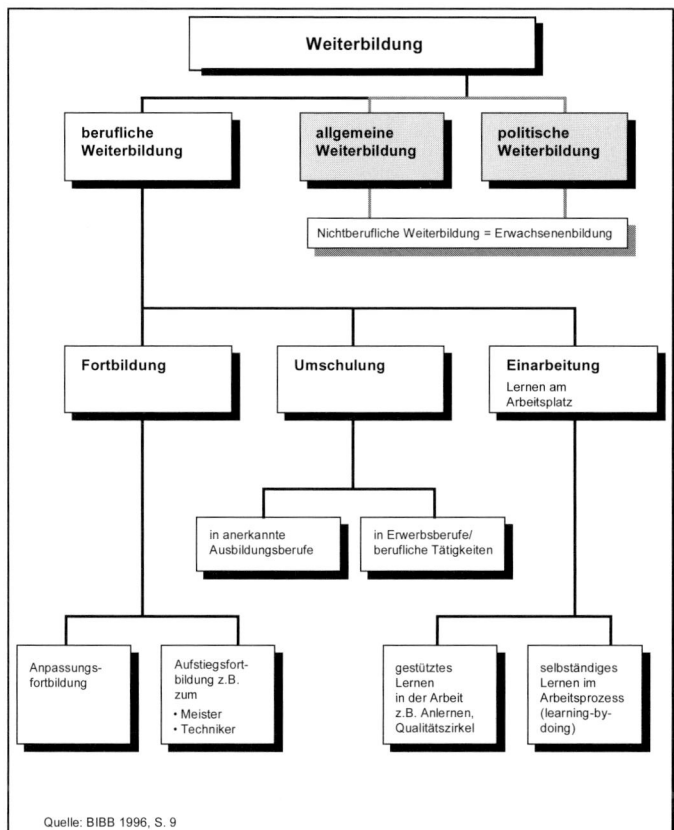

Angesichts der Tendenz, allgemeine und berufliche Weiterbildung in den verschiedensten Kontexten zumindest ansatzweise zu verknüpfen, ist es sinnvoll, diese Typologie ein wenig zu modifizieren. So unterscheidet etwa Lipsmeier *primär* beruflich *orientierte* Weiterbildung von *primär* nicht beruflich *orientierter* Erwachsenenbildung (vgl. Lipsmeier 1990, S. 363). Zur Verdeutlichung nur zwei Beispiele:

–   Durchaus im betrieblichen Interesse angebotene Kurse zu Lern- und Arbeitstechniken, zu Problemen der Kommunikation und Gesprächsführung sind inhaltlich nicht klar zuzuordnen und verweisen in ihren Effekten über die Arbeitssituation hinaus.

–   Allgemein bildende Angebote von Volkshochschulen werden bisweilen von den Teilnehmenden im beruflichen Interesse genutzt. Das ist etwa der Fall, wenn KindergärtnerInnen und GrundschullehrerInnen sich in Bastelkursen für einen Teil ihrer Tätigkeit qualifizieren, die erlernten Techniken also vor allem weiterzugeben beabsichtigen.

Nach einem anderen Gesichtspunkt gliedert eine ebenfalls mittlerweile klassische Typologie, die auf Paul Hamacher zurückgeht. Hier geht es nicht um die inhaltliche Ausrichtung des Angebotes, sondern um die *Rechtsformen der Trägerschaft,* die Auswirkungen auf die Zugangsmöglichkeiten von Interessenten haben (vgl. Abb. 5). Die so genannten ‚Träger' schaffen die rechtlichen, organisatorischen und finanziellen Voraussetzungen dafür, dass ‚Einrichtungen' Angebote entwickeln und Veranstaltungen durchführen können. So sind z.B. die Kommunen oder Kreise Träger der Volkshochschulen; aber auch Gewerkschaften, Kirchen, Verbände, Unternehmen betreiben Bildungswerke.

Abb. 5: Träger der Weiterbildung nach Rechtsformen

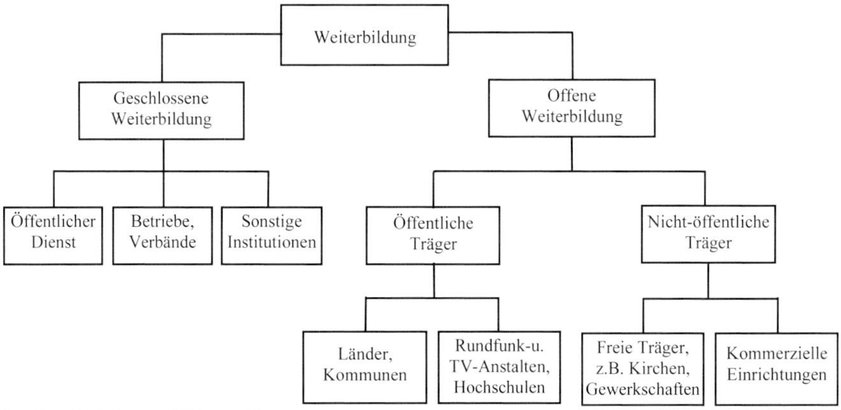

Quelle: Weinberg 1990, S. 23

Von ‚geschlossener' Weiterbildung ist hier insofern die Rede, als Angebote etwa von Unternehmen *prinzipiell* nicht jedem zugänglich sind. Auch in der Volkshochschule kann es im Einzelfall *konkrete* Ausschlussgründe geben, etwa mangelnde Vorkenntnisse, Überbelegung von Kursen u.Ä. *Grundsätzlich* kann man aber selbst an solchen Kursen (später) teilnehmen, also etwa die erforderlichen Vorkenntnisse erwerben, sich früher anmelden usw.

Wiederum anders akzentuiert ist die in der internationalen Literatur verbreitete Typologie der UNESCO; sie hebt auf den Grad der Formalisierung des Lernens ab (vgl. Abb. 6).

Abb. 6: Formen der Erwachsenenbildung laut UNESCO

formal Adult Education	non-formal Adult Education	in-formal Adult Education
Profile:		
abschlussbezogene Bildung, Weiterbildung, Fortbildung, Umschulung	nichtberufliche, abschluss-bezogene, soziokulturelle Bildung	alternative nicht-institutionalisierte Erwachsenen-bildung
Lernorte:		
betriebliche und überbetriebli-che Einrichtungen	öffentliche und nichtöffentliche Einrichtungen der Erwachsenen-bildung (z.B. VHS, konfessio-nelle Träger)	u.a. Kommunikationszentren
Inhalte:		
Berufliche Erwachsenenbildung	Allgemeine Erwachsenenbildung	Bildung durch Kommunikation

Quelle: Knoll 1990, S. 491

110

Wir haben es also bei den skizzierten ‚klassischen' Typologien im Wesentlichen mit drei Unterscheidungskriterien zu tun, die sich bisweilen auch vermischen:

1. die inhaltliche Ausrichtung von Angeboten,
2. die Trägerschaft und damit Zugänglichkeit,
3. der Grad der Formalisierung (Abschlussbezogenheit).

Insbesondere die in Deutschland üblichen Unterscheidungen bringen zugleich die formalen (Recht) und materialen Grundlagen (Finanzierung) des Systems zum Ausdruck. Zwar ist der Weiterbildungsbereich nicht im Entferntesten so weit rechtlich reguliert wie etwa Schule und Hochschule, aber die Gesetze, die eher einzelne Anlässe, Aktivitäten, Bereiche und Personengruppen als das komplette System betreffen, haben eine durchgreifende strukturierende Kraft.

Rechtliche Grundlagen

Eine erste Unterscheidung ergibt sich daraus, dass der Bund für die berufliche Weiterbildung zuständig ist, während die Regulierung der allgemeinen Weiterbildung den Ländern obliegt. Es ist unverzichtbar, dass z.B. ein in Bayern nach bestimmten Regeln gebildeter Bäcker auch in Schleswig-Holstein Brötchen backen darf – von daher bietet es sich an, Fragen der beruflichen Bildung auf Bundesebene zu regeln. Um regionalen Besonderheiten im Hinblick auf religiöse Orientierungen und Traditionen verschiedenster Art gerecht werden zu können, gibt es daneben die ‚Kulturhoheit der Länder', die es innerhalb bestimmter Rahmenvorgaben ermöglicht, eigene Wege zu gehen – so auch in der Erwachsenenbildung. Unter den *Bundesgesetzen* sind vor allem das Arbeitsförderungsgesetz (AFG), seit 1998 ‚Sozialgesetzbuch Drittes Buch – Arbeitsförderung (SGB III)' und das Berufsbildungsgesetz (BBiG) als relevant anzusehen. Auf der *Ebene der Länder* sind deren Weiterbildungsgesetze und – soweit vorhanden – Bildungsurlaubsgesetze maßgeblich.

Aus dem *Arbeitsförderungsgesetz* ergab sich ab 1969 (in der BRD) für Arbeitnehmer, die über eine abgeschlossene Berufsausbildung verfügen und/oder eine bestimmte Zeit der Berufstätigkeit nachweisen, ein individueller Rechtsanspruch auf Förderung der Teilnahme an beruflicher Fortbildung und Umschulung. Erstere dient dem Erhalt, der Erweiterung und Anpassung beruflicher Kenntnisse und Fertigkeiten sowie der Ermöglichung eines beruflichen Aufstiegs. Umschulung zielt auf berufliche Neuorientierung, die auf eigenen Wunsch oder aufgrund äußerer Umstände (Arbeitslosigkeit, spezifische Berufsunfähigkeit o.Ä.) notwendig werden kann. Faktisch hat vor dem Hintergrund anhaltender Massenarbeitslosigkeit die Bedeutung der durch ‚äußere Umstände' bedingten Qualifizierungsmaßnahmen zu Lasten der ‚Freiwilligen' stetig zugenommen. Die wichtigste individuelle Förderungsleistung war das Arbeitslosen und von Arbeitslosigkeit Bedrohten gewährte Unterhaltsgeld (etwa 60% des letzten Arbeitsentgeltes); außerdem wurden Sachkosten, die für eine Weiterbildung anfielen, übernommen. Diese Regelung war allerdings seit Anfang 1989 ins Ermessen der Bundesanstalt für Arbeit gestellt, so dass kein Anspruch auf Gewährung mehr bestand. Weitere Einschränkungen haben sich insofern ergeben, als 1993 die Ausgaben für aktive Arbeitsmarktpolitik drastisch reduziert wurden und 1994 der individuelle Rechtsanspruch auf Unterhaltsgeld entfiel. Das AFG unterlag generell seit seiner Verabschiedung konjunkturabhängigen Änderungen, 100 allein bis 1994 (vgl. Jagoda 1994, S. 165), so dass anlässlich seines 25-jährigen Bestehens vom ‚langen Sterben eines guten Gesetzes' gesprochen wurde (vgl. Karasch

Berufliche Weiterbildung

1994, S. 133). Seit 1998 ist an seine Stelle das SGB III getreten, das in allerlei Details Änderungen mit sich gebracht hat, die grundlegende Orientierung aber beibehält: Es geht weniger um Prävention im Sinne einer vorausschauenden Verbesserung von Qualifikationen als vielmehr um die Bearbeitung von Arbeitslosigkeit und ihrer Folgen.

Das *Berufsbildungsgesetz* hat lediglich ordnenden und teilweise unterstützenden Charakter. Es regelt die Berufsausbildung, die berufliche Fortbildung und Umschulung vor allem im Blick auf deren vertragliche Gestaltung, Durchführungsstandards, Prüfungen, Eignung des Bildungspersonals u.Ä. (vgl. Hurlebaus 1989). Zuständige Stellen sind in der Regel die Industrie- und Handelskammern oder Handwerkskammern. Sie erlassen Prüfungsordnungen, richten Prüfungsausschüsse ein, führen Prüfungen durch, beraten Individuen wie Institutionen und überwachen das Vorliegen einschlägiger Voraussetzungen. Fördernde Aufgaben sind dem Bundesinstitut für Berufsbildung in Bonn zugewiesen, das sich in Forschung und Entwicklung mit Grundlagen der Berufsbildung, Inhalten und Zielen sowie ihrem Verhältnis zum ökonomischen, technologischen und sozialen Wandel befasst.

Über diese beiden grundlegenden Bundesgesetze hinaus gibt es noch eine Reihe gesetzlicher Detailregelungen, die aber jeweils nur für besondere Gruppen bzw. Bereiche relevant sind:

- Das *Betriebsverfassungsgesetz* sichert den Mitgliedern von Betriebsräten die Freistellung für die Teilnahme an Schulungs- und Bildungsveranstaltungen. Es ist damit insbesondere für die gewerkschaftliche Bildungsarbeit von großer Bedeutung.
- Das *Bundesausbildungsförderungsgesetz* ist im Weiterbildungsbereich zum einen insofern von Belang, als der Besuch von Schulen des ‚Zweiten Bildungsweges' förderfähig ist. In jüngster Zeit ist das so genannte ‚Meister-BAföG' (nach dem ‚Aufstiegsfortbildungsförderungsgesetz') hinzugekommen, das qualifizierten Berufstätigen eine aufstiegsorientierte Fortbildung erleichtern soll.
- Das *Hochschulrahmengesetz* – konkretisiert durch die Hochschulgesetze der Länder – verpflichtet die Hochschulen seit 1976, sich an der Weiterbildung zu beteiligen.
- Das *Fernunterrichtsschutzgesetz* regelt die Rechte und Pflichten der Teilnehmer und Veranstalter von Fernunterricht und sieht die staatliche Zulassung von Lehrgängen vor.
- Die *Beamtengesetze* des Bundes und der Länder eröffnen Beamten die Möglichkeit umfangreicher Fort- und Weiterbildung.
- Schließlich gibt es eine ganze Reihe weiterer Gesetze, in denen die Weiterbildung betreffende Bestimmungen für besondere Gruppen, besondere Anlässen usw. enthalten sind.

Allgemeine Weiterbildung   Zur Regelung der *allgemeinen Weiterbildung* wurden vom größten Teil der alten Bundesländer in den Jahren 1969 bis 1975 *Weiterbildungsgesetze* verabschiedet (vgl. dazu ausführlich Faulstich/Vespermann 2002). Sie enthalten zunächst Aussagen über Aufgaben und Ziele sowie über Bedingungen einer staatlichen Anerkennung von Weiterbildungsinstitutionen. Außerdem regeln sie die Art und Wei-

112

se der finanziellen Förderung durch das Land, enthalten Bestimmungen über Kooperation und Koordination auf unterschiedlichen Ebenen, über die Personalstruktur der Einrichtungen und teilweise auch über die Errichtung und Zuständigkeiten eigener Landesinstitute. Die entsprechende Gesetzgebung in den neuen Bundesländern hat keine grundsätzlich neuen Aspekte hervorgebracht. Man hat sich im Wesentlichen an den Gesetzen der alten Länder orientiert. Brandenburg hat Nordrhein-Westfalen und Schleswig-Holstein zur Vorlage genommen, Sachsen-Anhalt folgt dem niedersächsischen Erwachsenenbildungsgesetz und Thüringen bezieht sich vor allem auf Bayern.

Detlef Kuhlenkamp hat eine Typologie der Weiterbildungsgesetze (der alten Länder) vorgelegt, in der es vor allem um die Einwirkungsmöglichkeit des Landes, um die Wahrnehmung ‚Öffentlicher Verantwortung' geht (vgl. Kuhlenkamp 1983). Er unterscheidet zwei Typen, deren interne Differenzierung hier nicht nachvollzogen wird.

Typen von Erwachsenen-bildungsgesetzen

– Der erste Typus ist mit dem Stichwort *‚subsidiär'* zu charakterisieren, weil staatliche Förderung nachrangig und unterstützend ist. Es geht nicht um ein Weiterbildungsangebot in Verantwortung der Länder, sondern um die Schaffung (d.h. vor allem Finanzierung) günstiger Bedingungen für ein ganzes Spektrum unterschiedlicher Veranstalter. Am deutlichsten ist dies – bei allen Unterschieden im Detail – in den Ländergesetzen von Bayern, Baden-Württemberg, Saarland und Rheinland-Pfalz der Fall. Es wird weitgehend darauf vertraut, dass sich die Weiterbildung im relativ ‚freien Spiel der Kräfte', unterstützt von der öffentlichen Hand, in Form eines kooperativen Systems etabliert. Die Mittelzuweisung orientiert sich am jeweils durchgeführten Veranstaltungsvolumen.

– Der zweite Typus wird mit dem Etikett *‚gewährleistend'* versehen. Er umfasst die gesetzlichen Regelungen in Hessen und in Nordrhein-Westfalen. Entscheidend ist für Hessen, dass die Einrichtung von Volkshochschulen eine *Pflichtaufgabe* der Kommunen und Landkreise darstellt und dass die Personalkostenzuschüsse an die Einwohnerzahl des Einzugsbereiches geknüpft sind. In Nordrhein-Westfalen wird eine flächendeckende ‚Grundversorgung' mit einem geförderten ‚Mindestangebot' gesichert, das ebenfalls an die Einwohnerzahl des Einzugsbereiches einer Volkshochschule gebunden ist. Für dieses Mindestangebot sieht das Gesetz eine finanzielle Ausstattung in Höhe von 100% der anzuerkennenden Aufwendungen vor.

Außerdem wurde in Nordrhein-Westfalen der Weiterbildungsauftrag durch die Vorgabe von sieben ‚Sachbereichen' konkretisiert. Gerade unter dem Gesichtspunkt der Sachbereiche wurde das Gesetz 1999 novelliert. An der Neufassung lässt sich gut ablesen, in welche Richtung die aktuelle Diskussion über öffentliche Verantwortung für die allgemeine Weiterbildung geht (vgl. Abb. 7).

Neubestimmung ‚öffentlicher Verantwortung'

Abb. 7: Förderfähige Sachbereiche der Weiterbildung in NRW

zu fördernde Sachbereiche in NRW bis 1999	neuer Zuschnitt
– nicht-berufliche, abschlussbezogene Bildung	– politische Bildung
– berufliche Bildung	– arbeitswelt- und berufsbezogene WB
– wissenschaftliche Bildung	– kompensatorische Grundbildung
– politische Bildung	– (schul-) abschlussbezogene Bildung
– Freizeit orientierte und Kreativität fördernde Bildung	– Förderung von Schlüsselqualifikationen (Sprache, Medienkompetenz u.Ä.)
– Eltern- und Familienberatung	– Familienbildung
– Personenbezogene Bildung	

An die Stelle des früheren Gestus, Weiterbildungsaktivitäten möglichst *breit* zu fördern, tritt die Frage, was *unbedingt* gefördert werden muss. Diffuse Bezugsgrößen sind dabei Beruf bzw. Arbeitsmarkt und ,gesellschaftliche Relevanz'. Dem stehen gegenüber: individuelle Interessen, Freizeit, Spaß etc. Alles, was in diesen Bereich fällt, wird nicht länger als Teil des Pflichtangebotes verstanden und soll daher auch nicht mehr finanziell gefördert werden (die Sachbereiche ,Freizeit orientierte und Kreativität fördernde' sowie ,personenbezogene Bildung' entfallen). Auf den ersten Blick ist das sehr plausibel, denn auch im Kino und in der Sauna muss man den Eintritt vollständig selbst bezahlen. Brisant ist diese Neuorientierung insofern, als es in vielen Fällen schwer zu entscheiden ist, was eher im gesellschaftlichen und eher im privaten Interesse liegt. Auch in Hessen ist die öffentlich geförderte Weiterbildung (v.a. finanziell) unter Druck geraten. Insofern geht die Neuorientierung über alle parteipolitischen Grenzen hinweg (in Hessen regierte zur Zeit der Gesetzesnovellierung eine CDU-FDP- und in Nordrhein-Westfalen eine rot-grüne Koalition).

Bildungsurlaub

Bleiben als letztes die *Bildungsurlaubs-* bzw. *Bildungsfreistellungsgesetze*, die es mittlerweile mit Ausnahme von Baden-Württemberg, Bayern, Sachsen und Thüringen in allen Bundesländern gibt. In ihnen ist ein arbeitsrechtlicher Anspruch grundsätzlich aller Arbeitnehmer gegenüber ihrem Arbeitgeber fixiert. Er bezieht sich auf die Freistellung von der Arbeit bei Fortzahlung des Arbeitsentgeltes in einem Umfang zwischen 5 und 10 Tagen pro Jahr. Freigestellt wird für politische und berufliche (in Bremen auch allgemeine) Weiterbildung, soweit die Veranstaltungen – nach unterschiedlichen Verfahren in den einzelnen Ländern – anerkannt sind. Diese Gesetze sichern dem einzelnen Menschen die weitestgehenden Ansprüche. Sie waren und sind (daher) politisch höchst umstritten und regelrecht umkämpft. So hat der Start des Bildungsurlaubs in Nordrhein-Westfalen eine Prozesslawine ausgelöst, in der um die faktische Gewährung des Rechtes gerungen wurde. Viele Arbeitnehmer sind nachhaltig eingeschüchtert worden. Dies ist sicherlich *ein* Grund (und ebenso sicher nicht der alleinige) dafür, dass die Menschen von ihrem Recht kaum Gebrauch machen: Lediglich etwa 2% der Anspruchsberechtigten nutzen die Möglichkeiten des Bildungsurlaubs.

Neben diesen Gesetzen gibt es noch *Tarifverträge* und *Betriebsvereinbarungen*, in denen für die Weiterbildung wichtige Regelungen getroffen sind. So wird etwa festgelegt, welche Personengruppen unter welchen Bedingungen an Weiterbildung teilnehmen können; es gibt besondere Arbeits- und ,Lernzeit'-Regelungen usw. (vgl. etwa Faulstich 2002).

All diese Bestimmungen sind für die Entwicklung und den Zustand des Weiterbildungssystems in verschiedenen Hinsichten wichtig:

114

– Sie sind Grundlage dafür, dass öffentliche und private Mittel für die Weiterbildung bereitgestellt werden.
– Sie greifen ‚gestaltend' ein, insofern die Verteilung dieser Mittel nach besonderen Richtlinien erfolgt; Institutionen und Angebote entstehen also um Finanzströme herum.
– Sie machen Institutionen und Berufstätigen Weiterbildung unter bestimmten Voraussetzungen zur Pflicht.
– Sie liefern Bezugspunkte für die inhaltliche Gestaltung und zwingen zur Einhaltung bestimmter Standards.
– Sie schaffen auf Seiten der Individuen Voraussetzungen für eine Teilnahme (Freistellung, finanzielle Unterstützung).

Will man sich nun über diese Verhältnisse im Einzelnen orientieren, hat man mit recht beständigen Schwierigkeiten zu tun. Bereits im Strukturplan des Deutschen Bildungsrats von 1970 findet sich folgende Einschätzung:

„Ein vollständiger Überblick über die Weiterbildung läßt sich nach dem derzeitigen Informationsstand nicht gewinnen. Über die gesamte Weiterbildung geben die vorhandenen Statistiken nur unzureichend Aufschluß. <...> Insgesamt fehlen Informationen über Anzahl, Vorbildung, soziale Zusammensetzung und Motivation der Weiterbildungsteilnehmer, über Kapazität, Kosten und Ausstattung der Einrichtungen, über Organisation und Finanzierung der Träger, Zahl und Qualifikation der Lehrkräfte, sowie über Lernziele, Schwerpunkte, Durchführung der Programme und Veranstaltungen" (Deutscher Bildungsrat 1973, S. 198).

Man kann an diese Klage heute relativ ungebrochen anschließen, würde sich allerdings mit zuverlässigen Angaben über weit weniger Faktoren zufrieden geben. Der Zustand der Weiterbildungsstatistik ist nach wie vor unbefriedigend.

Weiterbildungsstatistik

Zu den wichtigsten Informationsquellen über die Situation der *beruflichen* Weiterbildung gehören:

– die Statistiken einzelner Bildungsträger/-einrichtungen bzw. ihrer Dachverbände,
– die Prüfungsstatistiken der Kammern,
– die Förderungsstatistiken der Bundesanstalt für Arbeit,
– die verschiedenen Datenbanken (weitere vgl. Kuwan u.a. 1996, S. 2f.).

Für die *allgemeine* Weiterbildung ist vor allem die jährliche Statistik des Deutschen Instituts für Erwachsenenbildung (vormals ‚Pädagogische Arbeitsstelle des Deutschen Volkshochschulverbandes') zu nennen, die in ihrer Differenziertheit vorbildlich ist. Hinzu kommen auch hier einzelne Statistiken anderer Bildungsträger/-einrichtungen bzw. ihrer Dachverbände.

Das ‚Berichtssystem Weiterbildungsverhalten', in dem seit 1979 im Auftrage des Bundesministeriums für Bildung und Wissenschaft in regelmäßigen Abständen aktuelle Daten über die Situation der Weiterbildung erfasst und dargelegt werden, arbeitet mit repräsentativen Umfragen und stellt damit gewissermaßen ‚Ersatzstatistiken' zur Verfügung (vgl. Sauter 1990, S. 263).

Mittels dieser Quellen lassen sich verschiedenste *Ein*blicke gewinnen, für *Über*blicke taugen sie jedoch nur bedingt, da sie sich überschneiden, unterschiedlich strukturiert sind und jeweils nur Teile des gesamten Feldes abdecken. Wollte man sich etwa einen Überblick über alle Angebote primär beruflich orientierter Weiterbildung verschaffen, so müssten die Informationen vollständig quer zur Träger- und Institutionenlandschaft erfasst werden. Sie können mehr oder weniger offen sowie mehr oder weniger formalisiert sein. Sie können in Betrieben, bei Kammern, in kommerziellen Einrichtungen, aber auch bei den Kirchen und in Volkshochschulen stattfinden. Da die verschiedenen Träger – wenn überhaupt – ihre Statistiken, Geschäftsberichte u.Ä. immer nur für ihren institutionellen Bereich führen und dabei unterschiedliche Parameter zugrunde legen, stößt jeder Versuch einer übergreifenden Bestandsaufnahme sehr rasch an entschiedene Grenzen.

Finanzierung der Weiterbildung

Zu den gleichermaßen wichtigen wie besonders schwer zu beantwortenden Fragen gehört die nach den finanziellen Grundlagen des Systems. Es fließen ohne Zweifel Mittel in erheblichen Größenordnungen. Bei deren Bestimmung ist man zumindest in Teilen auf Schätzungen angewiesen, die alle mehr oder weniger umstritten sind. Zur Orientierung wähle ich zwei allein die berufliche Weiterbildung betreffende aus, die eher hoch bzw. eher niedrig greifen (ohne damit für einen ‚Mittelwert' plädieren zu wollen und zu können):

Abb. 8: Aufwendungen für berufliche Weiterbildung 1992 und 1995 (in Mrd. DM)

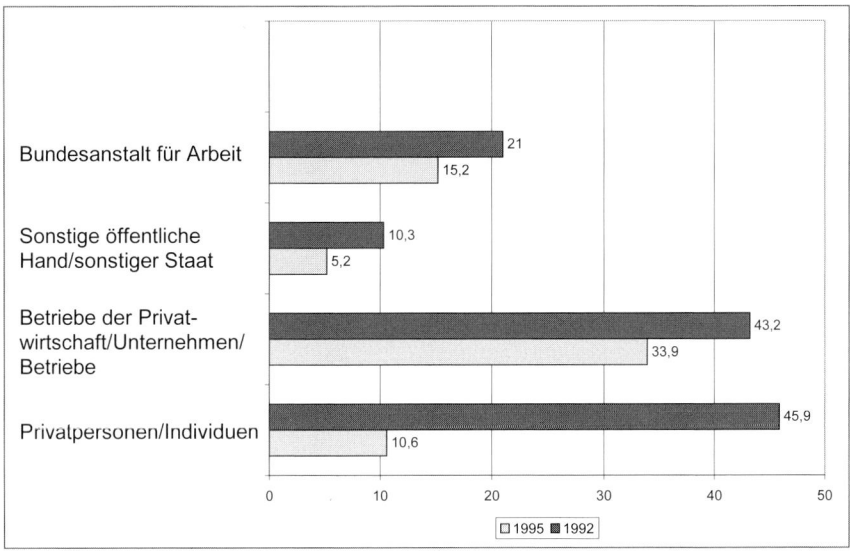

Quelle: von Bardeleben/Sauter 1995, S. 37 (für 1992); Krekel/Kath 1999, S. 16 (für 1995)

Einer Gesamtsumme von 120,4 Mrd. für 1992 stehen damit 64,9 Mrd. für 1995 gegenüber, einem Jahr also, von dem wir auf der Grundlage anderer Quellen annehmen können, dass sich das Weiterbildungsengagement noch erhöht hatte. Andere Autoren kommen für 1992 auf eine Gesamtsumme von 78,5 Mrd. für die Weiterbildung insgesamt (vgl. Nuissl/Pehl 2000, S. 26). In allen Angaben sind Schätzungen und registrierte Ungenauigkeiten enthalten; die größte Differenz ergibt sich bei den reinen Schätzwerten ‚Aufwendungen der privaten Haushalte' bzw. ‚Individuen'. Eine zuverlässige Entscheidung gegen den einen und für einen anderen Wert lässt sich nicht treffen. Um eine Vorstellung von *Größenordnun-*

116

gen zu bekommen, kann man allerdings auf Angaben zu Schule und Hochschule verweisen: (1992) Schulen: 74,3/Hochschulen 26,6 und (1995) Schulen 85,2/Hochschulen 30,0 Mrd. DM (bmbf 2001, S. 47). Solche Relationierungen sind aber ebenfalls problematisch, weil die angegebenen Ausgaben allein die der öffentlichen Hand sind; Aufwendungen der Nutzer (‚Privatpersonen‘) schulischer Ausbildung und des Studiums sind nirgends erfasst.

Spätestens seit 2003 gehen die finanziellen Aufwendungen zunächst im Bereich der beruflichen, nun auch in der allgemeinen Weiterbildung zurück. Insbesondere bei den ‚arbeitsmarktpolitischen Maßnahmen‘ der Bundesagentur für Arbeit sind drastische Einbrüche zu verzeichnen: so ist der Teilnehmerbestand in ‚Maßnahmen zur Förderung beruflicher Weiterbildung‘ zwischen Januar 2003 und Januar 2005 mehr als halbiert worden (von 299.397 zu 136.178; vgl. Bundesverband der Träger beruflicher Bildung 2005, S. 2). Dies sind im wesentlichen Effekte der so genannten ‚Hartz-Reform‘. Aber auch für die Volkshochschulen sind für das Jahr 2004 erstmals deutliche Rückgänge beim Finanzvolumen, Personal und Veranstaltungsvolumen dokumentiert (vgl. Pehl 2005).

Unser Wissensstand über andere Kennzeichen des Weiterbildungssystems ist zuverlässiger. Allerdings beruht er auf repräsentativen Umfragen unter Erwachsenen im Alter von 19 bis 64 Jahren, die in regelmäßigen Abständen seit 1979 im Auftrag des Bundes-Bildungsministeriums durchgeführt werden. Damit wird in gewisser Weise ein Umweg beschritten, der auch nur relative allgemeine Angaben ermöglicht, weil man so zu den Orten des konkreten Geschehens nicht vordringen kann. Nach diesen Umfragen stellt sich die Entwicklung der Teilnahme an Lehrgängen, Kursen oder Seminaren der beruflichen und allgemeinen Weiterbildung folgendermaßen dar (vgl. Abb. 9).

Teilnahme an Weiterbildung

Abb. 9: Weiterbildungsteilnahme 1979-2003

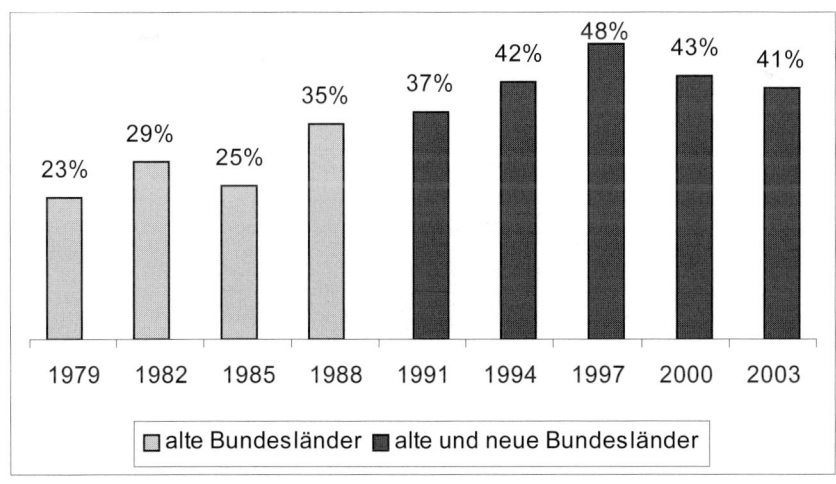

Quelle: Kuwan/Thebis 2004, S. 13

Hochgerechnet entsprechen der Quote von 41% rund 25,7 Mio. Teilnehmende. Wir haben damit nach 1985 zum zweiten Mal einen Rückgang der Teilnahmequote zu verzeichnen, der nun vor allem auf Veränderungen in der beruflichen

117

Weiterbildung zurückgeht: Während die Quote in der allgemeinen Weiterbildung im Vergleich zu 2000 mit 26% konstant geblieben ist, geht sie in der beruflichen Weiterbildung von 29% auf 26% zurück. Dieser Rückgang passt nicht ins Bild, entspricht nicht der verbreiteten Annahme eines permanenten Bedeutungszuwachses lebenslangen Lernens. Er ist aber auch – insbesondere im Blick auf den Wandel von 1997 nach 2000 – noch nicht präzise zu erklären. Nicht auszuschließen ist, dass wir es teilweise mit einem statistischen Artefakt zu tun haben, also mit einem Befund, der durch die Art der Umfrage erzeugt worden ist. Denn seit der Erhebung 2000 wird erstmals auch dem so genannten ‚selbst gesteuerten Lernen' nachgegangen (vgl. Kuwan/Thebis 2001, S. 5f.); die Befragten hatten damit eine neue Zuordnungsmöglichkeit und -notwendigkeit. Insofern kann es sein, dass die Veränderungen in Teilen auf interne Verschiebungen zwischen den verschiedenen Formen (kursförmige, informelle, selbst gesteuerte Weiterbildung) zurückgehen, zumal für mittelmäßig aufmerksame Beobachter des Zeitgeschehens der Eindruck entstehen konnte, dass die ‚weichen', weniger institutionalisierten Formen die ‚modernen' sind. Die jüngsten Veränderungen im Bereich der beruflichen Weiterbildung sind sicherlich in relevanten Teilen auf den bereits erwähnten Rückgang des Finanzierungsvolumens bei den ‚arbeitsmarktpolitischen Maßnahmen' zurück zu führen.

Träger und Institutionen der Weiterbildung

Im Blick auf die Frage, welche Institutionen von den Teilnehmenden aufgesucht worden sind, müssen wir auf die Befragungswelle 2000 zurückgreifen, weil die neuen Zahlen dazu noch nicht vorliegen. Das Gewicht einzelner Träger der beruflichen und der allgemeinen Weiterbildung zeigen – ausgehend von den Teilnahmefällen – Abb. 10 und Abb. 11.

Abb. 10: Trägergruppen beruflicher Weiterbildung 2000

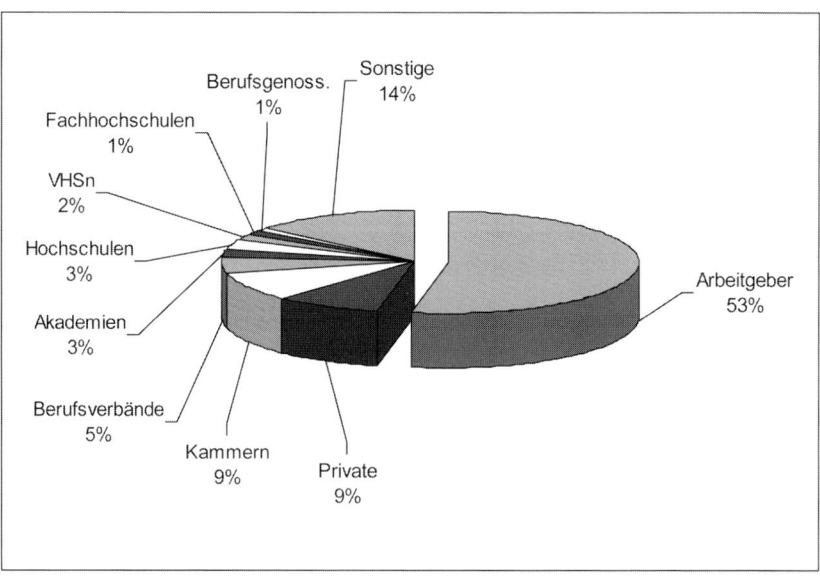

Quelle: Kuwan/Thebis 2003, S. 241

118

Abb. 11: Trägergruppen allgemeiner Weiterbildung 2000

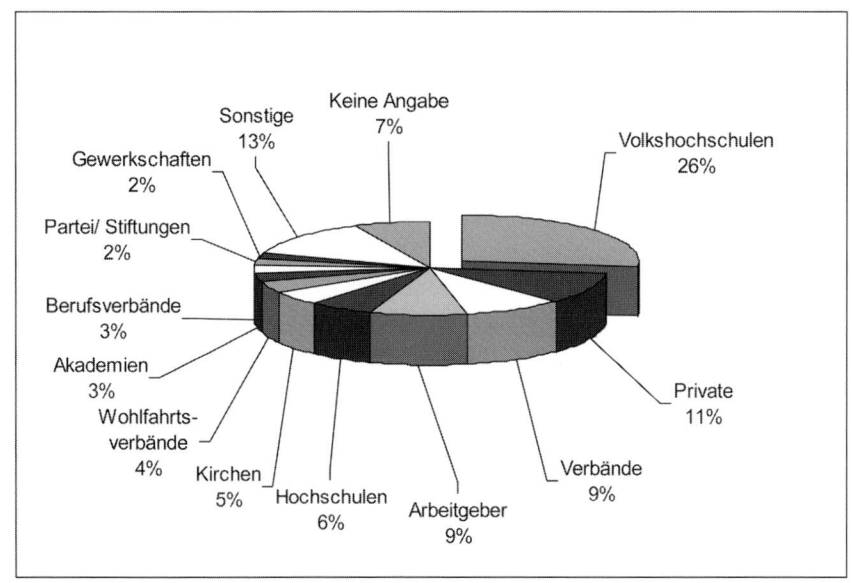

Quelle: Kuwan u.a. 2003, S. 231

Wir haben es also bei den Trägern mit einer *bipolaren Struktur* zu tun, in der die Arbeitgeber/Betriebe die berufliche und die Volkshochschulen die allgemeine Weiterbildung dominieren. Private Träger nehmen in beiden Feldern eine relativ starke und stabile Position ein.

Auch zu den *Anlässen* und inhaltlichen Feldern der Angebote lassen sich allgemeine Angaben machen. Fragt man nach der Teilnahme an *beruflicher Weiterbildung* unter dem Gesichtspunkt des jeweiligen Zweckes einzelner Maßnahmen, so ergibt sich für 2003 (vgl. Kuwan/Thebis 2004, S. 21):

Umschulung	1%
beruflicher Aufstieg	2%
betriebliche Einarbeitung	5%
berufliche Anpassung	10%
Sonstiges	9%

An einer Fortbildung zum Zwecke des beruflichen Aufstiegs haben also 2003 lediglich 2% (1994 waren es noch 4%) der erwachsenen Bevölkerung teilgenommen (wobei selbstverständlich offen bleibt, ob die Weiterbildung den gewünschten Effekt hatte). Demgegenüber wächst die Quote bei der Anpassungsbildung stark (1994: 7%).

Das *inhaltliche Spektrum* der Angebote beruflicher Weiterbildung streut sehr breit. Im Rahmen des Berichtssystems Weiterbildung wurde versucht, das Feld mit insgesamt 18 Kategorien zu erfassen. Sieben Themenfelder erreichen Anteilswerte über 5% (bis max. 10%), der Rest liegt bei 5% oder darunter (vgl. Abb. 12, nach Kuwan u.a. 2003, S. 262f.): Inhalte der Weiterbildung

119

Abb. 12: Themenfelder beruflicher Weiterbildung

EDV-Anwendungen im kaufmännischen Bereich	10%
Erziehung, Pädagogik, Psychologie, Sozialpädagogik	9%
Kaufmännische Weiterbildung	9%
Medizin, Gesundheitsfragen	7%
Führungstraining, Managementtraining, Selbstmanagement	7%
Gewerblich-technische Weiterbildung	6%
EDV-Anwendungen im gewerblich-technischen Bereich	6%
Büroorganisation und Kommunikation	alle < 5%
EDV-Programmierung	
Fremdsprachen	
Rechts- und Steuerfragen	
Elektrotechnik, Elektronik, Energietechnik	
Maschinen- und Anlagebedienung	
Arbeitsschutz, Sicherheitstechnik	
Altenpflege, Krankenpflege	
Qualitätssicherung	
Umweltschutz/Ökologie	
Sonstiges	

Sieht man sich den Bereich der *allgemeinen Weiterbildung* an, so ergeben sich für die einzelnen Themengebiete 2000 folgende Teilnahmequoten:

Abb. 13: Themenfelder allgemeiner Weiterbildung

Gesundheit	4
Rechtsfragen	2
Kindererziehung/Hilfe für die Schule	2
Persönliche/familiäre Probleme	1
Sprachkenntnisse	5
Praktische Kenntnisse	2
Naturwissenschaft und Technik	1
Freizeitgestaltung	2
Kunst, Literatur, Geschichte oder Länderkunde	2
Umweltschutz/Ökologie	1
Sport	2
Staatsbürgerkunde (polit. WB i.e.S.)	2
Astrologie/Esoterik	1
Computer, EDV, Internet	5
Sonstiges	1

(Teilnahmequote in %, vgl. Kuwan/Thebis 2004, S. 19)

Die Ergebnisse dieser ersten groben Sichtung kann man unter dem eingangs genannten Gesichtspunkt möglichst gleichmäßiger Versorgung der Menschen mit Weiterbildungsangeboten, die ihren eigenen Interessen dienen, knapp folgendermaßen kommentieren.

Kommentar   Im Bereich der *beruflichen Weiterbildung* gibt es zunächst ein breites Spektrum an Möglichkeiten. Die Frage ist allerdings, für wen diese Möglichkeiten unter welchen Voraussetzungen tatsächlich bestehen. Insofern 53% der Teilnahmefälle auf die Arbeitgeber/Betriebe und 9% auf private Institute entfallen, gibt es bereits bei mehr als der Hälfte der Angebote klare Zugangsbarrieren. Im einen Fall (Arbeitgeber) entscheiden nicht die Weiterbildungsinteressierten, sondern deren Vorgesetzte über die Teilnahme. Im anderen Fall (private Institute) haben die Preise oft eher prohibitiven Charakter, das heißt sie verhindern eine Teilnahme, solange die Kosten nicht vom Arbeitgeber getragen werden. Dies wird auch

120

für viele Veranstaltungen der Berufsverbände (weitere 5%) behauptet, müsste aber über den Einzelfall hinaus im Zuge einer generellen Erhebung der Teilnahmekosten empirisch überprüft werden. Die Angebote der (vornehmlich Verwaltungs- und Wirtschafts-) Akademien wenden sich zum weitaus größten Teil an (mittlere) Führungskräfte und haben insofern als Lernort unter dem Gesichtspunkt der Qualifikationsvoraussetzungen einen eher exklusiven Charakter (weitere 3%).

Für Angebote der Gewerkschaften (1%) ist es zwar nicht zwingend, aber nahe liegend, dass eine gewisse Bindung an das Milieu gegeben sein muss. Grundsätzlich offen sind Veranstaltungen der Kammern (9%), der Volkshochschulen (2%) – deren Angebote der berufsbezogenen Bildung allerdings auf wenige Bereiche beschränkt sind – und der Fachschulen (1%). Bei sehr großzügiger Schätzung kommt man damit maximal 15% offener Angebote beruflicher Weiterbildung. Selbst für diese bedarf es allerdings noch einer wichtigen Voraussetzung: Die Angebotsformen müssen es zulassen, dass man auch ohne eine partielle Freistellung von der Berufstätigkeit teilnehmen kann. Es sei denn, man lebt in einem Bundesland, in dem es ein Bildungsurlaubsgesetz gibt, und man ist zudem bereit, den damit verbrieften Anspruch auch gegen Widerstände durchzusetzen. Ein tatsächlich unter Berücksichtigung aller relevanten Gesichtspunkte zugangsoffenes Segment beruflicher Weiterbildung dürfte es daher nur in einer eher unbedeutenden Größenordnung geben.

Wie bedeutsam die Faktoren Freistellung und Kostenerstattung sind, wird deutlich, wenn man betriebliche Weiterbildung nicht nur im engen Sinne als Maßnahme definiert, die innerhalb des betrieblichen Einflussbereiches stattfindet – also praktisch ‚in der Firma‘. Berücksichtigt man gleichzeitig alle Maßnahmen, die während der Arbeitszeit stattfinden (mittlere Definition) sowie solche, für die der Arbeitgeber zumindest eine finanzielle Unterstützung gewährt (weite Definition), wird die Dominanz der Betriebe weit über den genannten Anteil von 53% an allen Teilnahmefällen noch augenfälliger. Demnach fanden 46% der beruflichen Weiterbildung Erwerbstätiger nach der engen, 71% nach der mittleren und 84% nach der weiten Definition im betrieblichen Einflussbereich statt (vgl. Kuwan u.a. 1990, S. 131f.). Betrachtet man die Situation also unter dem Gesichtspunkt von ‚Bedingungen der Möglichkeit‘, so bleiben ganze 16%, die nicht in irgendeiner Weise von Betrieben getragen bzw. abhängig sind.

Bei den *Zwecken* der beruflichen Weiterbildung wird der Aufstieg von den Dimensionen ‚Einarbeitung‘ und ‚Anpassung‘ (zusammen 17%) bei weitem dominiert. Eine spätere Korrektur von früh erfolgten Festlegungen auf bestimmte Berufspositionen findet also lediglich in Einzelfällen statt; 3% fallen angesichts der programmatisch weitreichenden Erwartungen praktisch kaum ins Gewicht.

Bei der *allgemeinen Weiterbildung* fällt auf, dass der klassische Bereich der politischen Bildung, der in der Weiterbildungsprogrammatik einen hohen Stellenwert hat, mit 1% Teilnahmequote kaum noch eine Rolle spielt. Weitere Anmerkungen sind bei der Darstellung einzelner Träger sinnvoller als an diesem Ort (vgl. dazu Kap. 5.2.2.).

Neben der Weiterbildung in Form von Kursen und Seminaren erhebt das Berichtssystem Weiterbildungsverhalten seit 1994 auch Daten über die so genannte ‚informelle‘ und seit 2000 auch die ‚selbst gesteuerte‘ Weiterbildung (das ‚Selbstlernen‘). Was mit informeller Weiterbildung gemeint ist, welche Bedeutung ver-

Informelle
Weiterbildung

schiedene Formen haben und wie diese sich zwischen 1997 und 2000 entwickelt haben, zeigt Abb. 14 (vgl. Kuwan/Thebis 2001, S. 52):

Abb. 14: Informelle Weiterbildung 1997/2000

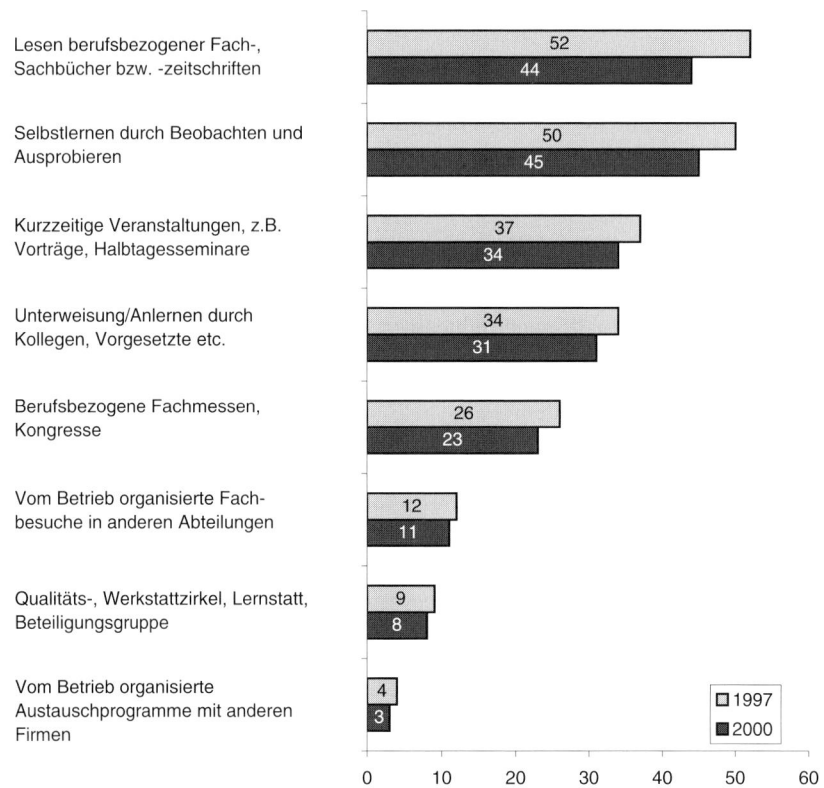

Quelle: Kuwan/Thebis 2001, S. 52

Bemerkenswert ist vor dem Hintergrund der programmatischen Diskussion, dass diese Form nicht – wie man erwarten könnte – an Bedeutung gewonnen, sondern vielmehr deutlich verloren hat. Bemerkenswert ist außerdem, dass die Autoren hervorheben, die Reichweite der informellen beruflichen Weiterbildung sei sehr viel höher als die Teilnahmequote (29%) an berufsbezogenen Lehrgängen und Kursen (vgl. ebd., S. 53). Das trifft insbesondere für die beiden ersten Kategorien zu; bei der dritten handelt es sich bereits wieder um ausdrücklich veranstaltete Weiterbildung, die sich lediglich durch ihre Dauer unterscheidet. Bei den anderen Formen machen die betroffenen Menschen einen sehr wichtigen Unterschied. Sie weisen diese nämlich in großer – und gegenüber 1997 wachsender – Zahl der Arbeit und nicht dem Lernen zu (vgl. Abb. 15):

Abb. 15: Informelle Weiterbildung: Arbeiten oder Lernen?

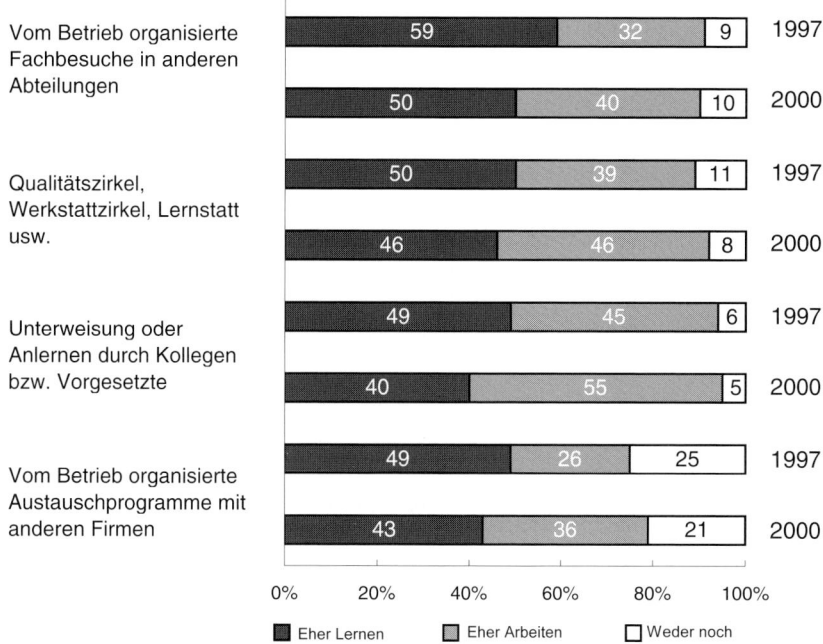

Quelle: Kuwan/Thebis 2001, S. 58

Vor diesem Hintergrund kann man zugespitzt fragen, ob nicht bei den anderen Formen auch die Unterscheidung zwischen Lernen und Leben getroffen werden muss. Nennungen bei der Kategorie ‚Lesen berufsbezogener Fach-, Sachbücher bzw. -zeitschriften' gehen im Extremfall darauf zurück, dass jemand während der Pause im Raucherraum eine Fachzeitschrift durchgeblättert hat. Das ‚Selbstlernen durch Beobachten und Ausprobieren' stellt eine Form menschlicher Aktivität dar, die sich kaum vermeiden lässt. Insofern besteht weiterer Klärungsbedarf darüber, zu welchem Zweck alle nur erdenklichen Aktivitätsformen unter dem Begriff Weiterbildung verhandelt werden.

Das Problem setzt sich beim ‚Selbstlernen' fort. Gefragt wurde: „Haben Sie ‚Selbstlernen' sich im letzten Jahr einmal selbst etwas beigebracht, außerhalb von Lehrgängen/ Kursen oder Seminaren?" (Kuwan/Thebis 2001, S. 59). Erstaunlicherweise beantworten diese Frage lediglich 39% mit ja. Wahrscheinlich wird durch den expliziten Bezug auf Seminare etc. eine Größenordnung und eine Art des Selbstlernens assoziiert, die der kursförmiger Weiterbildung entspricht. Denn es ist schwer vorstellbar, dass 60% der Erwachsenen sich in den Bereichen Computer, EDV, Internet; Reparaturen, Heimwerken; Sprachen; Gesundheit und gesundheitsgerechte Lebensführung; Haushaltsführung *nichts* selbst beigebracht haben. Von der Anlage der gesamten Befragung her reichte z.B. bei der Kategorie ‚gesundheitsgerechte Lebensführung' ja bereits ein Blick in die Apotheken-Umschau.

Mit einem Überblick über soziodemografische Faktoren der Teilnahme an verschiedenen Formen der beruflichen Weiterbildung soll die Darstellung allgemeiner Strukturmerkmale des Weiterbildungsbereiches beschlossen werden (Abb. 16; vgl. Kuwan/Thebis 2004, S. 29, S. 34, S. 55, S. 60):

Abb. 16: Teilnahmequote an verschiedenen Formen beruflicher Weiterbildung 2003 in %

	berufliche WB	Informelle WB	Selbstlernen
Berufliche Qualifikation			
keine Berufsausbildung	11	44	23
Lehre/Berufsfachschule	24	56	k.A.
Meister-, andere Fachschule	38	73	k.A.
Hochschulabschluss	44	78	53
Berufsstatusgruppe			
Arbeiter	19	51	26
Angestellte	39	64	k.A.
Beamte	59	71	58
Selbständige	34	68	k.A.

Damit ist sehr deutlich, dass bei allen Formen die Beteiligungsquote mit der Qualität des Schulabschlusses und der beruflichen Position wächst. Insofern wäre es fatal, die offenen, selbst organisierten Formen als ‚Alternative' zur Weiterbildung im engeren Sinne zu verstehen. Offensichtlich müssen für die Nutzung *aller* Formen besondere Voraussetzungen gegeben sein.

Von einer einigermaßen gleichmäßigen Versorgung aller Bevölkerungsgruppen kann daher nicht die Rede sein. Wie es um die Berücksichtigung individueller Interessen steht, ist in verschiedenen Hinsichten eine andere Frage: Nicht-Teilnahme kann nicht umstandslos als Ausschluss gedeutet werden. Es kann unter bestimmten Voraussetzungen den Interessen von Menschen entsprechen, *nicht* an Weiterbildung teilzunehmen.

✳ 5.2. Träger- und Institutionenprofile

Will man die Strukturen des Weiterbildungsfeldes in Deutschland auf der *Ebene der Träger und Institutionen*, der handelnden ‚Akteure' einigermaßen verstehen, reichen die Unterscheidungen beruflich/allgemein, offen/geschlossen und formal/non-formal nicht aus. Vielmehr lassen sich unterschiedliche Grundorientierungen, Handlungslogiken (vgl. Harney 1998) unterscheiden, die nicht zuletzt davon abhängen, wer eine konkrete Weiterbildung veranlasst und letztlich auch finanziert. Dabei geht es nicht um einen eher ‚strategischen' Opportunismus nach dem Motto ‚Wer die Kapelle bezahlt, bestimmt die Musik', sondern um handlungsleitende Selbstverständlichkeiten. Die vier wesentlichen finanziellen Quellen für das Weiterbildungsgeschehen sind bereits vorgestellt worden:

– Privatwirtschaft
– Bundesanstalt für Arbeit
– öffentliche Hand
– Privatpersonen

Jede dieser Quellen ist von einem anderen Interesse bestimmt, das die Weiterbildungseinrichtungen ‚kennen' und in je entsprechende Angebote umzusetzen versuchen. Im Einzelnen ist die Situation deshalb kompliziert, weil konkrete Einrichtungen sich nur in Ausnahmefällen auf eine einzige Quelle beziehen; es gibt Schwerpunkte in der Arbeit, aber selten Ausschließlichkeiten. Auch dies soll an einigen Beispielen erläutert werden, die gelegentlich zugespitzten oder auch idealtypischen Charakter haben.

Probleme, auf die *Unternehmen* mit Weiterbildung reagieren, können ganz unterschiedlicher Art sein.   Privatwirtschaft

– In einem Großkaufhaus kann es eine Abteilung geben, die sich durch eine auffällige Fluktuation und/oder einen besonders hohen Krankenstand auszeichnet. Das Unternehmen kann – soweit vorhanden – auf die eigene Weiterbildungsabteilung zurückgreifen, eine Unternehmensberatungsfirma beauftragen oder einen selbständigen Trainer einkaufen, um dieses Problem bearbeiten zu lassen (dabei können alle drei wiederum externe Beratung und Hilfe hinzuziehen). Wer auch immer den Auftrag übernimmt, es geht letztlich darum, die Fluktuation und/oder den Krankenstand einzudämmen. Dazu werden oft Kommunikations- und Verhaltenstrainings durchgeführt, die einmal dazu geeignet sind, Probleme ‚sichtbar' zu machen und zum anderen dabei helfen können, alternative Formen des Umgangs zu etablieren. Erfolgreich ist eine solche Intervention, wenn die Abteilung (wieder) reibungslos funktioniert, und die verpflichteten Unternehmen/Trainer richten ihr Konzept und ihr Handeln ausschließlich darauf aus. Sollte zum Beispiel eine der beteiligten Personen im Anschluss an ein solches Training die Wahl zum Vereinsvorsitzenden für sich entscheiden oder plötzlich in einer verfahrenen Beziehung wieder gesprächsfähig werden, ist das für die Person ein Erfolg, für die Maßnahme aber ohne Belang.
– In einem produzierenden Unternehmen werden neue Maschinen angeschafft, deren Bedienung die Beschäftigten erlernen müssen. Auch hier kann man auf eigene Ressourcen zurückgreifen, private Weiterbildungsunternehmen, Trainer, aber auch die Firma beauftragen, die die Maschinen herstellt. Der Erfolg solcher Einarbeitung wird letztlich nicht daran gemessen, ob die Beschäftigten bei weiteren Umstellungen in der Lage sind, sich selbst einzufinden, sondern daran, dass die angeschafften Maschinen möglichst schnell möglichst fehlerlos bedient werden.
– Unternehmen können schließlich vor dem Problem stehen, die Auswahl von Personen für Leitungsaufgaben vor der Belegschaft rechtfertigen zu müssen. Sie können dazu ausgewählte Personen zu langfristigen (etwa Meister-) Schulungen schicken, nach deren Abschluss sie ein anerkanntes Zertifikat erwerben, durch das sie sich vor anderen auszeichnen. Dies ist ein sehr langwieriger Vorgang. Alternativ kann man solche Personen auch zu Trainings oder Fortbildungen spezialisierter Anbieter (die auch wiederum mit Trainern und anderen Unternehmen zusammenarbeiten) schicken, die einen bestimmten Nimbus haben und nicht jedermann offen stehen. In beiden Fällen kann es völlig gleichgültig sein, was die Menschen jeweils konkret lernen. Der Meisterbrief als solcher ist entscheidend (vgl. Harney 1990, S. 32ff.), aber auch das Zertifikat eines exklusiven Trainings auf dem Monte Verita ober-

halb des Lago Maggiore, in dessen Verlauf es sich die Teilnehmenden vor allem haben gut gehen lassen.

Man sieht: Unternehmen mobilisieren ganz unterschiedliche Aktivitäten verschiedenster Institutionen und Einzelakteure im Feld, die ihrerseits oft miteinander verbunden sind. Man sieht weiterhin: Bezugspunkt für die verschiedenen Weiterbildungsaktivitäten ist *in erster Linie* die (Wieder-)Herstellung von Funktionsfähigkeit Einzelner oder von Gruppen (womit selbstverständlich nicht ausgeschlossen ist, dass auch etwas gelernt wird!).

Bundesanstalt für Arbeit

Die *Bundesanstalt für Arbeit* hat ganz andere Probleme. Ihre Aufgabe ist es, unter möglichst effektiver Verwendung vorhandener Mittel möglichst viele Menschen wieder in den Arbeitsmarkt einzugliedern. Angesichts der beträchtlichen Mittel, die hier fließen (teilweise noch ergänzt um Mittel aus dem Europäischen Sozialfonds), gibt es viele Institutionen, die ihre Arbeit wesentlich, in den neuen Bundesländern zum Teil ausschließlich, auf diese Anforderung ausrichten. Auch hier ist die konkrete Inhaltlichkeit von ‚Maßnahmen‘, wie Kurse und Lehrgänge im Jargon dieses Feldes genannt werden, im Grunde gleichgültig (vorsichtiger formuliert: nachrangig). Sind die Kurse günstig kalkuliert und werden am Ende gute Vermittlungsquoten erreicht, ist man erfolgreich. Entscheidend sind also das örtliche Arbeitsamt und der regionale Arbeitsmarkt – die beteiligten Subjekte und einzelne Unternehmen spielen eine untergeordnete Rolle (es sei denn für ein Unternehmen, das sich auf dem Arbeitsmarkt nicht ‚versorgen‘ kann, werden neue Arbeitskräfte ‚im Auftrag‘ geschult).

Privatpersonen

Soweit *Individuen* die Kosten für Weiterbildungsangebote, an denen sie teilnehmen, wesentlich selbst tragen (und nicht ihr Arbeitgeber, von dem sie ‚geschickt‘ werden), haben sie wiederum andere Interessen. Berufsbezogen suchen sie Angebote, die ihre vorhandenen Kenntnisse berücksichtigen und Qualifikationen vermitteln, die das eigene Arbeitsvermögen gegenüber dem aktuellen Arbeitgeber, aber auch auf dem allgemeinen Arbeitsmarkt stärken. Wenn außerdem die Arbeitsatmosphäre angenehm ist und am Ende ein glanzvolles Zertifikat vergeben wird – um so besser. Diese Bedürfnisse können die Menschen bei einer Vielzahl von Weiterbildungseinrichtungen befriedigen, die sich zum Teil auch über die beiden anderen Quellen finanzieren. Allerdings sind die Angebote im jeweiligen Segment von ganz unterschiedlicher Art. Auch bei allgemein bildenden Angeboten, die sich meist nur partiell über Teilnehmer finanzieren, ist das individuelle Interesse ausschlaggebend.

Öffentliche Hand

Die – im Blick auf die Bundesanstalt für Arbeit ‚sonstige‘ – *öffentliche Hand* tritt vor allem dort ein, wo ein gesellschaftlicher Bedarf an Weiterbildung besteht, der durch die vorhandenen Anbieter nicht (ohne Unterstützung) gedeckt wird/werden kann. Das ist insbesondere im Bereich der allgemeinen und politischen Weiterbildung der Fall. Auch hier sind unterschiedliche Interessen im Spiel. So versucht öffentlich geförderte Weiterbildung gegenüber Individuen (die vielleicht eher Unterhaltung suchen) den Bildungsanspruch durchzusetzen, bemüht man sich darum, Aufmerksamkeit für Probleme zu schaffen, an denen ein (zu) geringes Interesse besteht usw. Die institutionelle Situation ist hier vergleichsweise übersichtlich, sieht man einmal davon ab, dass manche Volkshochschule sich auf den Markt der AFG- bzw. SGB III-geförderten Maßnahmen der beruflichen Weiterbildung begeben hat.

Für die unübersichtliche berufliche Weiterbildung kann man also von einem Kraftfeld ausgehen, das sich zwischen drei verschiedenen Polen aufspannt: Arbeitgeber/Betriebe, Bundesanstalt für Arbeit, Privatpersonen. Wüsste man genug über die einzelnen Einrichtungen, dann könnte man sie in diesem Feld ziemlich klar positionieren. Es gibt solche, die ihre Aktivitäten überwiegend an den Interessen von Betrieben orientieren, solche, die vor allem im Auftrag der Bundesanstalt für Arbeit weiterbilden und schließlich solche, die Privatpersonen als ihre bevorzugten Adressaten ansehen (sowie verschiedene Mischformen).

Die folgenden Profile relevanter Träger der Weiterbildung beruhen in weiten Teilen auf Selbstdarstellungen. Sie geben – soweit möglich – Auskunft über:

– allgemeine Ziele
– Umfang des Engagements
– Arten bzw. Formen der Weiterbildung
– Themenfelder
– Teilnehmer/innen

Die Gliederung ergibt sich aus pragmatischen Gründen. Die Aktivitätsspektren der verschiedenen Träger sind unterschiedlich breit gefächert und werden in Geschäftsberichten u.Ä. in einer Weise dargestellt, die eine Zuordnung einzelner Teile zu den bislang vorgestellten Kriterien allenfalls gelegentlich zulässt.

5.2.1. Der Bereich primär beruflich orientierter Weiterbildung

Eine Sonderstellung in diesem Feld nimmt die *betriebliche Weiterbildung* ein, insofern deren Maßnahmen meist nach einem weiten Verständnis erfasst werden. Es geht also nicht allein um Angebote betrieblicher Weiterbildungsabteilungen im eigenen Hause, sondern gleichzeitig um all die Aktivitäten, die auf Veranlassung von Betrieben in Einrichtungen verschiedenster Art erfolgen.

In der überbetrieblichen beruflichen Weiterbildung spielen zunächst die *öffentlich-rechtlichen* Einrichtungen, also v.a. die Kammern, aber auch die Verwaltungs- und Wirtschaftsakademien eine besondere Rolle. Ihr Engagement hat zahlenmäßig Gewicht und bietet eine der wenigen Möglichkeiten, in prinzipiell jedermann zugänglicher Aufstiegsbildung anerkannte Abschlüsse zu erwerben. Als *öffentliche* Einrichtungen sind anschließend die Fachhochschulen und Universitäten sowie Fachschulen zu nennen.

Eher *partikular orientiert* (und gleichwohl überwiegend ‚gemeinnützig‘) sind die beruflichen Weiterbildungsaktivitäten der Gewerkschaften, für die hier das Berufsförderungswerk des DGB und die Deutsche Angestellten Akademie vorgestellt werden, der Berufs- und Wirtschaftsverbände sowie ‚wirtschaftsnaher‘ Bildungswerke, wie sie etwa im ‚Wuppertaler Kreis‘ zusammengeschlossen sind.

Somit bleibt als letzte Gruppe die *privat/kommerziell/gewerblich* betriebene Weiterbildung, über die allerdings nach wie vor wenig Informationen vorliegen.

Damit ergibt sich für die Darstellung folgende Gliederung: Gliederung

– betriebliche Weiterbildung (im weiten Sinne)
– öffentlich-rechtliche Träger: Industrie- und Handels-, Handwerkskammern; Verwaltungs- und Wirtschaftsakademien
– öffentliche Träger: (Fach-) Hochschulen, Fachschulen

127

- partikular orientierte Träger:
  - gewerkschaftsnah: Berufsförderungswerk des DGB, Deutsche Angestellten Akademie der DAG;
  - wirtschaftsnah: Berufs- und Wirtschaftsverbände, Wuppertaler Kreis
- private/kommerzielle/gewerbliche Träger;
- Einrichtungen des Fernunterrichts als Orte einer besonderen Lern*form* (die gleichzeitig im Bereich der allgemeinen Weiterbildung engagiert sind).

5.2.1.1. Betriebliche Weiterbildung

Ziele Betriebliche Weiterbildung zielt ganz allgemein darauf, das einzelne Unternehmen wettbewerbsfähig zu halten. Dazu ist es zunächst erforderlich, dass die Beschäftigten auf der Höhe der jeweiligen technologischen Entwicklung einsatzfähig sind. Da relevante Produktivitäts- und Rationalisierungsreserven heute vor allem im Bereich der so genannten Human-Ressourcen gesehen werden, sind die Mitarbeiterinnen und Mitarbeiter außerdem zu befähigen, in neuen Formen der Arbeitsorganisation eigenverantwortlicher und damit effektiver als bisher zu handeln. Gleichzeitig gilt es, Bindungen an das Unternehmen, die angesichts des Wertewandels prekär geworden sind, neu herzustellen oder zumindest zu festigen. Hinzu kommt, dass im Zuge der Internationalisierung der Märkte und dem damit verbundenen schärferen Konkurrenzdruck permanente Produktinnovationen und für einzelne Kunden maßgeschneiderte Lösungen immer mehr an Bedeutung gewinnen. Solchen – gegenüber der standardisierten Massenproduktion erhöhten – Anforderungen können nur noch diejenigen Unternehmen gerecht werden, die für eine motivierte, flexible und qualifizierte Belegschaft Sorge tragen. Schließlich wird es schwieriger, das erforderliche Fachpersonal auf dem externen Arbeitsmarkt zu rekrutieren; auch dies verweist auf die Notwendigkeit verstärkter betrieblicher Weiterbildungsbemühungen.

Über die Vermittlung je aktuellen Wissens hinaus soll Weiterbildung also „auch Neugier wecken, Altes weiterzuentwickeln und Neues zu entdecken. Sie muß den Menschen aktiv, initiativ und kreativ werden lassen" (BMBW 1990, S. 6). Gleichzeitig soll Weiterbildung Handlungsnormen und Werthaltungen vermitteln: „Handlungswille, Lebensoptimismus, Zukunftsbejahung und Fortschrittshoffnung müssen – allen Risiken und Problemen zum Trotz – wiedergefunden werden" (ebd.). Schließlich muss sie über die Förderung von Kritikfähigkeit, Verantwortungs- und Selbstbewusstsein „den einzelnen befähigen, seinen Standort in der Gesellschaft zu finden und sich zu behaupten, aber auch der Gesellschaft zu dienen" (ebd.).

Die konkrete Umsetzung solcher Ziele in Weiterbildungsangebote soll jüngeren Erwägungen zufolge nicht mehr ‚von oben' oder aus Weiterbildungsabteilungen verordnet, sondern am Bedarf einzelner Unternehmensbereiche ausgerichtet werden. Es gilt, Weiterbildung mit Personal- und Organisationsentwicklung zu verknüpfen und auf diesem Wege eine ‚lernende Organisation' zu schaffen (vgl. Kap. 3.2.2.). Entsprechende Lösungsansätze sind „gekennzeichnet durch:

- eine verstärkte Dezentralisierung der Weiterbildungsorganisation
- die Entwicklung kundenspezifischer Qualifizierungskonzepte
- die Einbeziehung der Mitarbeiter in die Bedarfsermittlung
- den Ausbau von Beratungsleistungen

- die Verbindung von Arbeits- und Lernprozessen
- die Selbststeuerung von Lernprozessen durch Mitarbeiter sowie
- die Verstetigung von Weiterbildung" (Reuther u.a. 1996, S. 16).

Realisiert ist davon wenig. Eine systematische Bedarfsermittlung findet vor allem in Großbetrieben statt und erfolgt auch dort nach – an den Ansprüchen gemessen – eher schlichten Mustern (vgl. Kuwan/Waschbüsch 1994, S. 22ff.; Statistisches Bundesamt/Bundesinstitut für Berufsbildung, S. 9f.). Konzeptionell weithin ungelöst ist das Problem, dass in der Praxis der Bedarfsermittlung auf eingetretene Veränderungen lediglich ‚reagiert' wird (vgl. etwa Staudt 1990, Pawlowsky 1992). Will man aber all die eingangs skizzierten Ziele erreichen, dann muss so etwas wie eine antizipative Personal- und Qualifikationsentwicklung ins Werk gesetzt werden. Ansonsten liegt es nahe, dass man immer schon zu spät kommt, weil zum Beispiel das *gegebene* Qualifikationsniveau die *volle* Ausschöpfung technologischer Innovationen behindert.

Im Blick auf *Formen und Anlässe* hat sich – zumindest im Praxisfeld – eingebürgert, betriebliche Weiterbildungsaktivitäten nach sechs ‚Aktionsfeldern' (vgl. Lange 1989) zu unterscheiden. Maßgeblich ist jeweils die Frage, in welchem Verhältnis die einzelne Aktivität zum Arbeitsplatz steht. Es gibt demnach Weiterbildung im Sinne des:[2]

Formen und Anlässe

‚Select-to-the-job'. Hierunter fallen alle Aktivitäten der Personalauswahl, von denen in unserem Zusammenhang das ‚Assessment Center' am stärksten beachtet wird. In ihm wird eine Gruppe von Kandidaten bei der Bewältigung definierter Aufgaben in Form der Einzel- und Gruppenarbeit, des Rollenspiels, der Fallstudie, Präsentation etc. von mehreren Vertretern des Unternehmens beobachtet. Dies wird dem Weiterbildungsbereich zumindest dann zu Recht zugeordnet, wenn es um die Auswahl interner Bewerber für (in der Regel) Aufstiegspositionen geht. Erkannte Stärken und Schwächen werden dabei zum Anlass genommen, mit den Betroffenen Maßnahmen zu verabreden, die die Stärken weiter zu fördern und die Schwächen auszugleichen in der Lage sind. Das Assessment Center wird so zu einem wichtigen Instrument der Personalentwicklung (zur Kritik vgl. exempl. Kompa 1990).

‚Into-the-job'. Gemeint sind hier alle Formen der Integration neuer Mitarbeiter in ein Unternehmen. Dies können Einführungsseminare ebenso sein wie Trainee-Programme. Letztere werden vor allem Hochschulabsolventen angeboten, die in relativ aufwendigen Maßnahmen verschiedene Arbeitsplätze des Unternehmens kennen lernen, bevor sie – so man Interesse an ihnen hat – eine bestimmte Position auf Dauer übernehmen können.

‚On-the-job'. Damit wird die älteste Form betrieblicher Weiterbildung bezeichnet, bei der es um das Lernen am Arbeitsplatz geht. Sie hat in jüngerer Zeit große Bedeutung erlangt. Neben der traditionellen Unterweisung gibt es anspruchsvollere Formen wie etwa die Übertragung einer Stellvertreterfunktion, die Erweiterung des angestammten Aufgabenbereiches (job-enlargement) oder die Zuweisung größerer Verantwortung (job-enrichment). Schließlich gehören Programme der job-rotation hierher, in denen Mitarbeiter gezielt ihre Arbeitsplätze wechseln, um so einen erweiterten Ein- bzw. Überblick in oder über einzelne

---

2   Auf die Modernität und Dynamik verheißenden Anglizismen könnte man ohne Probleme verzichten. Sie wurden übernommen, um ein Stück des Jargons abzubilden.

Unternehmensbereiche gewinnen. Solche Programme werden in der Regel zur Vorbereitung auf anspruchsvollere Aufgaben durchgeführt.

,Off-the-job'. Hier geht es um betriebliche Weiterbildung im engeren Sinne, also um Kurse, Seminare und Workshops, die losgelöst vom Arbeitsplatz und unter Umständen auch außerhalb des Betriebes stattfinden.

,Near-the-job'. Diese Form der Weiterbildung vollzieht sich in enger Anbindung an den Arbeitsplatz etwa in Form der Projektarbeit oder der so genannten Lernstatt. In Letzterer kommen Mitglieder einer Arbeitsgruppe regelmäßig zusammen, um unter der Leitung von Moderatoren Probleme zu beraten, die an ihren Arbeitsplätzen bestehen, und Lösungsansätze zu entwickeln. Über den Aspekt der Identifizierung und Lösung einzelner Probleme hinaus wird auf einen Lerneffekt gesetzt, der sich daraus ergeben soll, dass die Problemanalyse, das Abwägen von Zusammenhängen und die Berücksichtigung von Entscheidungsfolgen eingeübt werden.

,Out-off-the-job'. Damit werden schließlich all die Weiterbildungsaktivitäten verstanden, die einer gezielten Vorbereitung auf den Ruhestand gelten.

Gewicht einzelner Formen Versucht man einen Überblick darüber zu bekommen, wie viele Betriebe sich in welchen Bereichen der Weiterbildung engagieren, so ergibt sich ein wenig einheitliches Bild. Die skizzierte Unterscheidung verschiedener Aktionsfelder taucht dabei lediglich partiell wieder auf; erfasst werden in einschlägigen Untersuchungen meist:

– Lehrveranstaltungen/Kurse (gelegentlich unterschieden nach: intern/extern)
– Informationsveranstaltungen
– selbst gesteuertes Lernen
– Lernen in der Arbeitssituation bzw. arbeitsplatznahes Lernen, das noch einmal unterschieden wird in:
  – Unterweisung durch Vorgesetzte
  – Einarbeitungen
  – Austauschprogramme/Job-Rotation
  – Lern-/Qualitätszirkel

Mit *Gewissheit* können wir sagen, *dass* all diese Formen praktiziert werden, *dass* es dabei Unterschiede nach der Größe von Unternehmen und nach der Branche gibt, der sie zugehören, *dass* schließlich die offenen, ,weichen', arbeitsplatznahen Formen verbreiteter sind als die formalisierten geregelten (Kurse etc.).

Erhebungsprobleme *Wie* sich dies jeweils *genauer* darstellt, ist bis heute bestenfalls annäherungsweise zu sagen. Es gibt einige Untersuchungen, die allerdings in relevanten Punkten zu erheblich abweichenden Ergebnissen kommen. Das geht in erster Linie auf die Anlage solcher Untersuchungen zurück, d.h. vor allem auf

– die Zusammensetzung des Samples nach Branchen und Betriebsgrößen,
– die Definition zentraler Kategorien,
– die Rücklaufquote.

Sind etwa in einer Befragung sehr große Unternehmen aus Branchen, die unter permanentem Innovationsdruck stehen, besonders stark vertreten und sind die Verständnisse von Lernen und Weiterbildung sehr offen bzw. diffus, dann kommt am Ende – vor allem bei geringen Rücklaufquoten – mit hoher Wahrscheinlichkeit heraus, dass sich im Grunde alle Unternehmen in Deutschland auf vielfältige

Weise in der Weiterbildung engagieren. Für diese Absehbarkeit lassen sich konkrete Gründe nennen:

- *Großunternehmen* haben eine eigene Personalabteilung, in der es meist auch spezielle Zuständigkeiten für Weiterbildungsfragen gibt, nicht selten auch eigene Weiterbildungsabteilungen. Dazu braucht es zunächst gar keine besonders ausgeprägten ‚Absichten‘ bei der Unternehmensleitung, vielmehr ergeben sich Arbeitsteilungen dieser Art quasi ‚naturwüchsig‘ schlicht deshalb, weil eine bestimmte Art von zu bearbeitenden Problemen immer wieder oder besonders häufig auftaucht. Ist eine solche Spezialzuständigkeit erst einmal etabliert, ergeben sich bei den Akteuren besondere Interessen, entwickeln sich Kompetenzen usw. – eine Keimzelle für Weiterbildung im Unternehmen entfaltet sich. Hinzu kommt bei Großunternehmen, dass es dort in der Regel starke Interessenvertretungen der Belegschaften (Betriebs- oder Personalräte) gibt, die sich nicht zuletzt in Weiterbildungsfragen engagieren.
- *Branchen*, die unter starkem Innovations- und (internationalen) Wettbewerbsdruck stehen, zudem noch große Anteile hoch qualifizierten Personals beschäftigen, *müssen* allein aus diesen Gründen permanent dafür Sorge tragen, dass die Mitarbeitenden möglichst optimale Weiterbildungsbedingungen antreffen.
- *Definiert* man etwa das selbst organisierte Lernen sehr weit (oder noch ‚besser‘: gar nicht), dann kann man davon ausgehen, dass diese Form allgegenwärtig ist. Da man es nicht verhindern kann, es sich gelegentlich schlicht ereignet, kann man seine Existenz in einer Befragungssituation auch nicht ausschließen. Man käme auch in Zeiten, in denen diese Form des Lernens als besonders wichtig gilt, gar nicht in die Versuchung, dies zu tun, im Gegenteil.
- Die *Rücklaufquote* ist schließlich nicht nur unter abstrakt-formalen Gesichtspunkten der Repräsentativität relevant, sondern im Zusammenhang mit den genannten Aspekten. Man stelle sich ein kleines Unternehmen vor, das mit Weiterbildung wenig im Sinn hat, weil etwa die Modernisierung der standardisierten Massenproduktion über kurze Einarbeitungen an gegebenenfalls neu eingesetzten Maschinen zu gewährleisten ist. Oder man denke an einen Familienbetrieb, in dem Personalfragen, Buchhaltung etc. am Wochenende daheim erledigt werden. In solchen Fällen gibt es niemanden, der sich speziell um Weiterbildung kümmert, gibt es oft auch gar nichts mitzuteilen, hat man anderes zu tun usw. Die Wahrscheinlichkeit, dass man sich unter solchen Bedingungen, die in der Republik keineswegs randständige Bedeutung haben, an allfälligen Befragungen *nicht* beteiligt, ist also relativ hoch. Ganz anders sieht das beim Abteilungsleiter Weiterbildung einer großen Versicherung aus, der Mitarbeiter anweisen kann, einen Fragebogen sorgfältig auszufüllen und der generell der Auffassung ist, mit den eigenen Aktivitäten an der Spitze der Bewegung zu stehen.

Seit Mitte der 1990er-Jahre liegen zwei größere Untersuchungen vor, an denen die skizzierte Problematik sehr deutlich wird. Die eine ist vom Institut der Deutschen Wirtschaft (IW) in 1.450 Unternehmen,[3] die andere vom Statistischen Bundesamt und dem Bundesinstitut für Berufsbildung im Rahmen des EU-Aktions-

Divergierende Befunde

---

3   Vgl. Dokumentation Betriebliche Weiterbildung 1994. Die Gesamtergebnisse der Studie sind veröffentlicht in Weiß 1994.

programms FORCE[4] bei 9.572 Unternehmen durchgeführt worden. Die abgefragten Dimensionen stimmen nicht exakt überein, lassen sich aber dennoch gegenüberstellen (vgl. Abb. 17).

Abb. 17: Verbreitung verschiedener Formen von Weiterbildung in Unternehmen (x% der Unternehmen praktizieren die jeweils genannte Form)

IW-Studie			FORCE-Studie
Formen *	Anteile (%)	Anteile (%)	Formen
Lernen in der Arbeitssituation	97	56	arbeitsplatznahe Formen
selbst gesteuertes Lernen	96	17	selbst gesteuertes Lernen
interne Lehrveranstaltungen	81	5	nur interne Lehrveranstaltungen
externe Lehrveranstaltungen	89	34	nur externe Lehrveranstaltungen
–	–	20	interne und externe Lehrveranst.
Informationsveranstaltungen	94	72	Informationsveranstaltungen
betriebl. WB für Mitarbeiter	99	82	Weiterbildung im weiteren Sinne

* Die IW-Studie unterscheidet bei der Praktizierung der unterschiedlichen Formen zwischen ‚ständig/häufig' und ‚selten'; hier ist aus beiden Werten die Summe gebildet.
Quelle: Dokumentation Betriebliche Weiterbildung 1994, S. 5; Statistisches Bundesamt/Bundesinstitut für Berufsbildung o.J.; eigene Berechnungen.

Fasst man berufliche Weiterbildung betont weit, wie das IW dies tut, dann kann man offensichtlich zu dem Ergebnis eines beinahe flächendeckenden Weiterbildungsengagements der Unternehmen kommen. Abgesehen davon, dass die Befunde bereits auf dieser allgemeinsten Ebene nennenswert differieren, zeigen sich wichtige Unterschiede, sobald man auf einem strengeren Begriff von Weiterbildung insistiert, d.h. nicht jedes erdenkliche Lernen dazu zählt.

Lernen in der Arbeitssituation

So werden unter ‚Lernen in der Arbeitssituation' in der IW-Studie Einarbeitungs- und Unterweisungsmaßnahmen, Trainee-Programme, job-rotation und Workshops verstanden. Die FORCE-Studie setzt bei den ‚arbeitsplatznahen Formen' voraus, dass diese Lernprozesse *geplant* sein müssen und berücksichtigt nur die Aktionen, bei denen der *Wissenstransfer im Zentrum* steht, also nicht lediglich beiläufig erfolgt. Interessant ist darüber hinaus, die Bedeutung unterschiedlicher Formen der arbeitsplatznahen Fortbildung zu betrachten:

Unterweisung durch Vorgesetzte	41,4%
Einarbeitung neuer Mitarbeiter	34,9%
Einarbeitung bei techn.-org. Umstellungen	29,9%
Qualitätszirkel	4,8%
Austauschprogramme mit anderen Unternehmen	3,8%
Job-Rotation	3,7%
Lernstatt	2,2%

Quelle: Schmidt/Hogreve 1994, S. 255; Mehrfachnennungen

---

4 Um die Bemühungen von Unternehmen um mehr und bessere Weiterbildungsmaßnahmen zu unterstützen, finden im Rahmen des EU-Aktionsprogrammes FORCE (Formation Continue en Europe) in allen zwölf EU-Mitgliedsstaaten Befragungen von Unternehmen statt. In der Bundesrepublik führt das Statistische Bundesamt gemeinsam mit dem Bundesinstitut für Berufsbildung die Erhebung durch. Berichtet wird hier über Ergebnisse einer schriftlichen Vorerhebung von 1993 (vgl. Statistisches Bundesamt/Bundesinstitut für Berufsbildung o.J. und Schmidt/Hogreve 1994). Zur Gesamtdarstellung vgl. Grünewald/Moraal 1996.

Zunächst sind selbst die Formen, die für kollektive Arbeitsvollzüge seit je her konstitutiv sind, nicht allgegenwärtig, sobald man gezielte Planung und einen wirklichen Wissenstransfer, also nicht nur den beiläufigen Hinweis o.Ä. voraussetzt. Im Weiteren spielen all die *anspruchsvollen* Formen, die die Debatte über betriebliche Weiterbildung prägen, eine untergeordnete Rolle.

Eine andere Untersuchung im Rahmen des europäischen ‚Continuing Vocational Training Survey (CVTS)' kommt (für deutsche Unternehmen) in den Größenordnungen zu ganz anderen, in den Relationen zu ähnlichen Ergebnissen; erhoben wurden Daten zu 1995 (1. Wert) und 2000 (2. Wert):

Unterweisung durch Vorgesetzte	89% /	92%
Einarbeitungen	74% /	93%
Austauschprogramme/Job-Rotation	15% /	31%
Lern- und Qualitätszirkel	20% /	38%
Selbst gesteuertes Lernen	49% /	46%

Quelle: Grünewald/Moraal 2001, S. 34

Alle Formen sind demnach weiter verbreitet als nach der FORCE-Studie; die anspruchsvolleren, der Weiterbildung im engeren Sinne zuzurechnenden, bleiben auch hier weit hinter den unvermeidbaren zurück, erreichen allerdings nach dieser Befragung immerhin etwa einen Anteil von einem Drittel. ‚Erklären' lassen sich diese Differenzen nicht, einen Hinweis geben die Autoren selbst: Die verfügbare Begrifflichkeit reicht nicht aus, arbeitsplatznahe Lernformen hinreichend zu beschreiben (vgl. Grünewald/Moraal 2001, S. 34). Noch krasser werden die Differenzen in den Werten, wenn man eine jüngere Untersuchung des Instituts der deutschen Wirtschaft hinzuzieht (vgl. Weiß 2000, S. 11): Hier werden wieder in allen Formen höhere Werte erreicht. Abgesehen davon, dass es wenig sinnvoll ist, die Reihe differierender Befunde fortzusetzen, stellt sich das Problem der Rücklaufquote in letztgenannter Untersuchung besonders krass: obwohl sie bei lediglich 18% liegt, werden die erhobenen Daten für allerlei (man darf wohl sagen: kühne) Hochrechnungen herangezogen (vgl. ebd., S. 7).

Die geradezu exorbitanten Unterschiede zwischen IW und FORCE im Bereich des selbst gesteuerten Lernens (96% zu 17%) gehen mindestens *auch* auf das erwähnte Definitionsproblem zurück. ‚Selbst gesteuertes Lernen' umfasst bei IW: Weiterbildung unter Nutzung von Medien (gedrucktes Wort, Kassetten und Filme); bei FORCE: Fernunterricht, Bücher, Videos, Computerprogramme o.Ä. als Mittler in einem gezielten arbeitsplatznahen Lernprozess. Im einen Fall ergibt also bereits der gelegentliche Blick in eine Fachzeitschrift einen Treffer, während im anderen gezielte Weiterbildungs-Arrangements vorausgesetzt sind. Eher vorsichtige Einschätzungen der Bedeutung des gegenwärtig so hoch bewerteten selbst gesteuerten Lernens werden unterstützt durch eine jüngere Befragung des BIBB zur Situation des ‚E-Learning' in Unternehmen. Anders als die große öffentliche Aufmerksamkeit, die gerade diese Form genießt, erwarten lässt, wird E-Learning insgesamt eher selten genutzt (vgl. BIBB 2002, S. 2). Insbesondere in Unternehmen mit einer Beschäftigtenzahl unter 500 kommt es kaum zum Einsatz, und darüber hinaus *beabsichtigen* 82% der Unternehmen zwischen 100 und 500 Mitarbeitern *auch künftig nicht* dessen Nutzung. Wo es genutzt wird, geht es meist um Zugriffsmöglichkeiten auf Inter- bzw. Intranet u.Ä. „Qualifiziertes E-

Selbst gesteuertes Lernen

Learning findet in weniger als 5% der befragten Unternehmen statt. Arrangements, die die Anbindung an eine Lernplattform, Kommunikation in Chatrooms und Foren oder Teletutoring einbeziehen, werden nur von zwei der befragten Unternehmen genutzt" (ebd.). Angesichts der auch in diesem Fall geringen Rücklaufquote (21%) ist zu vermuten, dass der Verbreitungsgrad dieser Lernform insgesamt eher noch geringer ist.

Lehrveranstaltungen Die Unterschiede zwischen IW und FORCE bei der beruflichen Weiterbildung im engeren Sinne, also bei den internen und externen Lehrveranstaltungen sind ebenfalls erheblich. Stützt man sich auf die IW-Ergebnisse, so kann man behaupten, dass sich tendenziell alle (90%) Unternehmen an beruflicher Weiterbildung auch im engeren Sinne beteiligen, geht man von der FORCE-Studie aus, so sind es nur gut die Hälfte. In diesem Fall dürften die Differenzen auf die jeweilige Mischung der befragten Unternehmen im Hinblick auf ihre Größe und Branchenzugehörigkeit zurückgehen. In der FORCE-Studie haben die Kleinbetriebe ein stärkeres und der Struktur der Gesamtwirtschaft entsprechenderes Gewicht (vgl. Weiß 1994, S. 48f.; 1996). Über den Anteil der weiterbildungsaktiven Betriebe nach deren Größe und Branchenzugehörigkeit informiert das so genannte ,Betriebspanel' des Instituts für Arbeitsmarkt- und Berufsforschung (IAB) (vgl. Abb. 18). Auch hier gibt es andere Zahlen, die aber eher *noch größere* Unterschiede zwischen den am stärksten und wenigsten Aktiven zeigen (vgl. etwa Grünewald/Moraal 1996, S. 24).

Abb. 18: Weiterbildungsaktive Betriebe nach Größe (a) und Branche (b)

a)

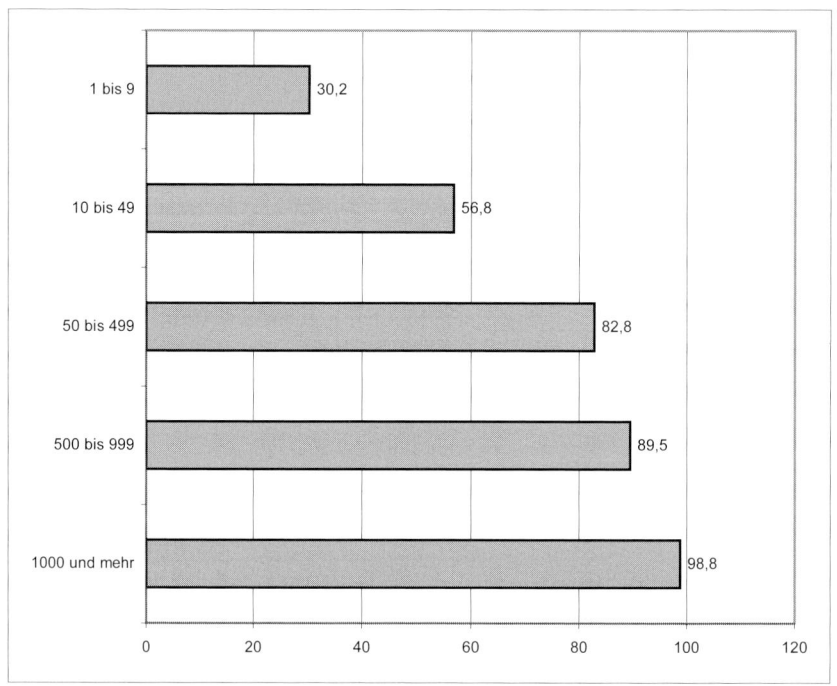

b)

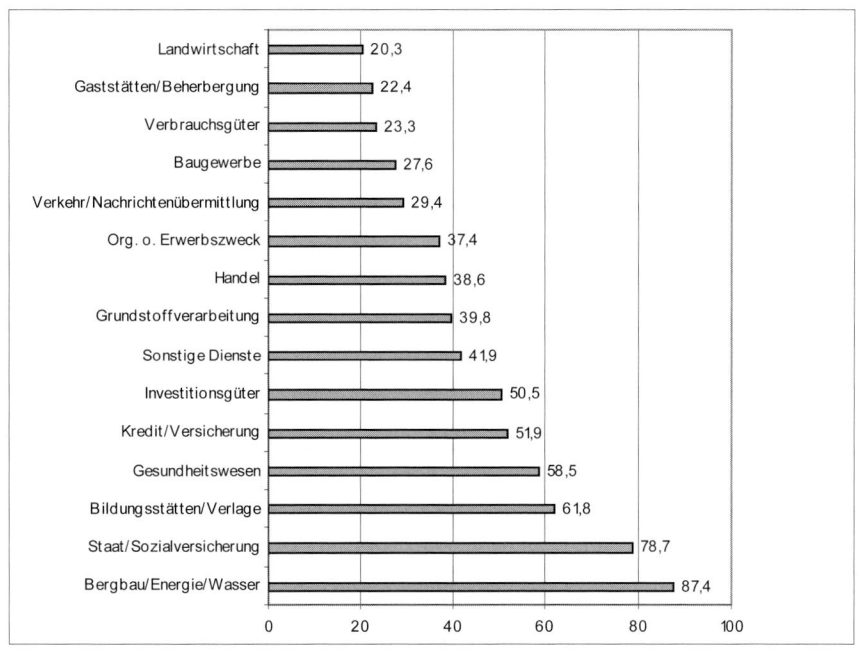

Quelle: IAB-Betriebspanel 1999 nach Billmann/Leber (2000); eigene Berechnungen

Vor diesem Hintergrund wäre es wichtig zu wissen, wie sich die unterschiedliche Angebots- und Förderpraxis auf *Teilnahme*quoten auswirkt. Zu erwarten wäre, dass einer starken Angebotspraxis auch eine mindestens stärkere Teilnahme folgt. Das trifft im Blick auf die Branchen zu: so weist etwa die FORCE-Studie eine Teilnahmequote an Lehrveranstaltungen von 50% (Kreditinstitute und Versicherungswesen) bzw. 14% (Hotel- und Gastgewerbe) aus (vgl. Grünewald/ Moraal 1996, S. 34); die Werte des IAB-Betriebspanels sind von der Tendenz her vergleichbar. Die Unternehmensgröße schlägt deutlich weniger durch: Auch dort, wo das betriebliche Angebot gering ist, lassen sich etwa 20% der Beschäftigen nicht von aktiver Weiterbildung abhalten.

Der nun immer wieder vorgeführte Befund uneinheitlicher Daten zu relevanten Fragen betrieblicher Weiterbildung ist sicherlich generell problematisch. Gäbe es nicht eine begleitende (bildungs-) politische Auseinandersetzung über die angemessensten Formen und kompetentesten Träger beruflicher Weiterbildung, so könnte man das verschwommene statistische Bild als Ausdruck vorläufiger und unvollkommener Erhebungsbemühungen ansehen und gelassen an allmählicher Verbesserung der Datenlage arbeiten. Da aber Zahlenwerke im Streit um die öffentliche Verantwortung für Weiterbildung in Anspruch genommen werden, sind die verschiedenen Untersuchungen jeweils mit Sorgfalt zu studieren. Die meist sehr hohen Werte des Instituts der deutschen Wirtschaft bekommen in diesem Zusammenhang einen ganz speziellen Sinn. Sie stützen das Argument, dass die Betriebe außerordentlich flexibel und verantwortlich im Blick auf

*Politische Instru-
mentalisierung*

135

Weiterbildungserfordernisse agieren und dass sie die Hauptlast der Aktivitäten tragen; jedwede Einflussnahme von außen würde all das Erreichte nur gefährden. Genau in dieser politischen Auseinandersetzung hat es dann erhebliche Bedeutung, ob beinahe alle oder nur gut die Hälfte der Betriebe ihren Mitarbeitern Weiterbildung ermöglichen, ob es eher um beiläufiges kaum vermeidbares Lernen oder um qualifizierte organisierte Bemühungen geht. Im einen Fall gäbe es nichts mehr zu tun, im anderen gäbe es gute Gründe dafür, sich um die zweite Hälfte zu kümmern bzw. Angebote vorzuhalten, die im engeren Sinne der Weiterbildung dienen. Dieser politische Hintergrund prägt im Übrigen auch die kontroverse Debatte über die finanziellen Aufwendungen ‚der Wirtschaft' für Weiterbildung. Die für das Jahr 1992 ausgewiesenen ‚Rekord-Investitionen' von 36,5 Milliarden DM sind so umstritten, wie all die anderen vorher und bis heute (1998: 34,3) genannten Summen (vgl. Weiß 1994, S. 177; 2000, S. 41; Sausen 1983).

Themenfelder Blickt man auf die *Themenfelder* betrieblicher Weiterbildung, so findet man eine breite Variation vor, was angesichts unterschiedlicher Arbeitsschwerpunkte und Probleme von Unternehmen verschiedener Branchen und Größenordnungen nahe liegt. Auch in dieser Hinsicht lassen die wenigen vorliegenden Untersuchungen allenfalls allgemeine Aussagen zu. Laut IW-Studie dominieren in der *betrieblichen* Weiterbildung gewerbliche und naturwissenschaftlich-technische Themen (36%), gefolgt von kaufmännischen (30%), EDV- (19%) und fachübergreifenden Themen (15%), solange man nach dem *Volumen*, d.h. den Teilnehmerstunden fragt (vgl. Weiß 1994, S. 96). Für die *berufliche* Weiterbildung insgesamt kommt das Berichtssystem Weiterbildungsverhalten zu abweichenden Ergebnissen: hier dominiert der kaufmännische Bereich. Ein ganz anderes Bild ergibt sich (ebenfalls für die *berufliche* Weiterbildung), wenn man auf Teilnahmefälle abhebt. Dann stehen pädagogische und psychologische Themen (gleichauf mit EDV-Anwendungen im kaufmännischen Bereich) im Vordergrund, die also offensichtlich in weniger zeitintensiven Formen bearbeitet werden (vgl. Kuwan u.a. 1996, S. 280ff.). Ein ähnlicher Befund ergibt sich beim Blick auf die thematischen Schwerpunkte von Weiterbildungsanbietern, die sich auf Firmenseminare spezialisiert haben. Diese bieten *häufig* an:

EDV	32,3%
Mitarbeiterführung	30,7%
Persönlichkeitsbildung	30,2%
kaufmännische Themen	25,9%
gewerbl.-techn. Themen	18,0%
Verkaufstraining	16,9%
Fremdsprachen	9,5%

Quelle: Reuther u.a. 1996, S. 82

Zu der Frage, *wer* sich im Einzelnen an betrieblicher Weiterbildung beteiligt, fasst Abbildung 19 Befunde einer Befragung von Erwerbstätigen zusammen (vgl. Kuwan/Waschbüsch 1994, S. 38ff.)

136

Abb. 19: Teilnahme an betrieblicher Weiterbildung nach verschiedenen Sozialdaten

Teilnahme an betrieblicher Weiterbildung nach:		Quote in %
Alter	19-24-Jährige	37
	25-34-Jährige	27
	35-44-Jährige	27
	45-54-Jährige	25
	über 55-Jährige	25
Schulbildung	niedrig	16
	mittel	30
	hoch	42
Berufsbildung	kein Abschluss	12
	Lehre	22
	Meister-, andere Fachschule	31
	(Fach-)Hochschule	45
Berufsstatus	Arbeiter	16
	Angestellte	31
	Beamte	42
	ohne Leitungsfunktion	22
	mit Leitungsfunktion	35
Geschlecht	männlich	30
	weiblich	23

Daneben spielen berufsbiographische und motivationale Faktoren eine Rolle. So wirken sich – wie zu erwarten – Berufs-, Betriebs- und Arbeitsplatzwechsel dahingehend aus, dass von den Betroffenen Weiterbildungsangebote in höherem Maße in Anspruch genommen werden. Dies gilt ebenso, wenn Erwerbstätige Chancen für eine Verbesserung ihrer beruflichen Situation sehen und wenn sie ihre Arbeit gern verrichten (vgl. ebd., S. 48, S. 53).

Insgesamt sind die Weiterbildungsmöglichkeiten im Betrieb wie in dessen Umfeld trotz glanzvoller Zahlen durchaus beschränkt. Konzentriert man sich auf Weiterbildung im engeren Sinne und dabei dann noch einmal auf all die anspruchsvollen Aktivitäten, die in der Diskussion eine herausragende Rolle spielen, so ist der Alltag betrieblicher Weiterbildung weitaus grauer, als es einschlägige Verkündigungen vermuten lassen. Die immer wieder behauptete enorme Expansion betrieblicher Weiterbildungsaktivitäten geht in relevanten Teilen auf einen Benennungseffekt zurück: Für das Arbeitshandeln seit je her konstitutive Kommunikations- und Interaktionsformen werden neuerlich der Weiterbildung *zugerechnet*. Gerade wenn man etwa die schlichte Unterweisung durch Vorgesetzte, die es ja nicht erst gibt, seit wir über berufliche Weiterbildung reden, ausklammert, zeigen sich auch wieder massive soziale Barrieren. Die gut vierzigjährige an- oder ungelernte Arbeiterin des Hotel- und Gastgewerbes und den relativ gut ausgebildeten Mitarbeiter eines Kreditinstituts trennen (auch) im Blick auf Weiterbildung Welten. Zwischen beiden entfaltet sich ein breites Spektrum sehr unterschiedlicher betrieblicher Weiterbildungs(un)möglichkeiten. Das vordringliche Ziel, Lebenswege offen zu halten, verpasste Chancen zu einem späteren Zeitpunkt nachholen zu können, ist damit kaum erreicht. Vielmehr treffen wir auf regelrechte ‚Demarkationslinien' zwischen verschiedenen Arbeitsmarktsegmenten. Das Ungelernten- und das (berufs-) fachliche Segment sind förmlich gegeneinander abgeschottet (vgl. BMBW 1990, S. 239 ff.). Diese Segmentation wird durch die quantitative Ausdehnung betrieblicher Weiterbildung nicht abgeschwächt.

Kommentar

Vielmehr droht Weiterbildung zu einem Instrument weiterer Segmentation zu werden, weil die Qualifikationsschere sich angesichts ungleicher Zugangsmöglichkeiten im Laufe eines Lebens immer weiter öffnet.

Bevor nun andere Träger primär beruflich orientierter Weiterbildung vorgestellt werden, ist nochmals auf einige Überschneidungen hinzuweisen. Denn betriebliche Weiterbildung ist hier im weiten Sinne (s.o.) verstanden worden. Geht es also um Angebote der Kammern, der Verwaltungs- und Wirtschaftsakademien oder kommerzieller Träger, dann ist ein großer Teil deren Aktivitäten quantitativ bereits unter dem Stichwort betriebliche Weiterbildung erfasst. Interessiert man sich für die Frage, *welche* Kooperationspartner von den Unternehmen bei der externen Weiterbildung besonders in Anspruch genommen werden, so trifft man auf das mittlerweile bekannte Problem: Es gibt wenig Informationen und die stimmen kaum überein. Sehr allgemein lässt sich jedoch festhalten, dass Wirtschafts- und Berufsverbände, Kammern und kommerzielle Träger sowie selbständige Trainer deutlich im Vordergrund stehen. Gewerkschaftliche Bildungsträger, Volkshochschulen, Hochschulen und kirchliche Einrichtungen spielen demgegenüber nur eine untergeordnete Rolle (vgl. Winter/Tholen 1983, S. 7; Bardeleben u.a. 1986, S. 74; Reuther u.a. 1996, S. 40).

5.2.1.2. Öffentlich-rechtliche Träger beruflicher Weiterbildung

Industrie- und Handelskammern

Aufgaben Die Industrie- und Handelskammern (IHKn) sind öffentlich-rechtliche Körperschaften mit Pflichtmitgliedschaft aller im Kammerbezirk tätigen Gewerbetreibenden – ausgenommen Handwerksbetriebe, freiberuflich Tätige und landwirtschaftliche Betriebe. Die Mitglieder wählen eine Vollversammlung, die wiederum den Präsidenten und das Präsidium wählt, sowie den Hauptgeschäftsführer bestellt. Auf Bundesebene sind die gegenwärtig 81 IHKn, die etwa 3,6 Mio. Mitgliedsunternehmen repräsentieren, zusammengeschlossen im Deutschen Industrie- und Handelskammertag (DIHK; vgl. www.dihk.de). Sie sollen das Gesamtinteresse der Gewerbetreibenden ihres Bezirks wahrnehmen und die wirtschaftliche Entwicklung fördern. In diesem Sinne unterstützen und beraten sie auch einschlägige Behörden. Schließlich gehört es zu ihren Aufgaben, die Berufsausbildung und die berufliche Weiterbildung zu fördern. Gerade wegen ihrer übergreifenden Funktion sind sie im Weiterbildungsbereich nicht bloße Anbieter von Veranstaltungen, sondern zugleich entschiedene bildungspolitische Lobby.

Dabei wenden sie sich gegen jede staatliche Reglementierung und setzen auf Flexibilität, Freiräume und Transparenz auf marktwirtschaftlicher Basis (vgl. DIHT 1994, S. 5f.). Gerade sie sind es, die mit dem Hinweis auf die große Zahl Politik machen: Angesichts der Expansion betrieblicher Weiterbildungsbemühungen und des hohen finanziellen Engagements habe ‚die Wirtschaft‘ gezeigt, dass sie ihre Verantwortung auch in schwierigen Zeiten ernst nimmt. Dies wird als Indiz dafür reklamiert, dass es ‚ohne Staat besser läuft‘ (vgl. ebd., S. 48). Gleichzeitig nehmen die Kammern für sich eine führende Rolle in Anspruch, wenn es um Fragen der Koordinierung vor Ort geht. So formulieren die nordrhein-westfälischen IHKn 1989 in einem Thesenpapier selbstbewusst: „Das Weiterbildungsangebot muß in der Region koordiniert werden. Die Industrie- und Handelskammern werden diese Aufgabe übernehmen" (Thesenpapier 1990, S. 8).

138

Daneben engagieren sie sich im Bereich der Qualitätssicherung und der Weiterbildungsberatung. So haben die Spitzenorganisationen der deutschen Wirtschaft eine Servicegesellschaft zur Förderung und Zertifizierung von Qualitätssicherungssystemen in der beruflichen Bildung mit dem Namen CERTQUA gegründet. Diese Organisation bietet Unternehmen und Einrichtungen der beruflichen Bildung die Prüfung und Zertifizierung ihrer Qualitätssicherungssysteme gemäß den europäischen Normen ISO 9000 ff. an. Es wird erwartet, dass entsprechende Nachweise zunehmend zur Voraussetzung für die Inanspruchnahme eines Bildungsträgers durch Unternehmen werden, zumal sie selbst sich als Produzenten und Konsumenten an dieser Norm messen lassen (müssen). Auf dem Feld der Weiterbildungsberatung sind die IHKn in jüngerer Zeit vor allem mit ihrem ‚Weiterbildungs-Informations-System WIS' öffentlich in Erscheinung getreten. Es handelt sich dabei um eine Datenbank, in der einerseits berufsbezogene Seminar- und Lehrgangsangebote, andererseits Dienstleistungsangebote selbständiger Trainer und Dozenten erfasst sind. Der Datenbestand – 1996 ca. 60.000 Seminare und Lehrgänge, 600 Träger sowie 280 Trainer bzw. Dozenten – sollte ‚konsequent für den Informationsbedarf der gewerblichen Wirtschaft ausgebaut werden' (vgl. DIHT 1994, S. 54; 1996, S. 55) – im Dezember 2005 gibt das System aber lediglich 14.838 Veranstaltungen an (vgl. www.wis.ihk.de; 27.12.2005).

Als Anbieter von Veranstaltungen beruflicher Weiterbildung agieren die IHKn in zwei Bereichen: der kaufmännischen und industriell-technischen Aufstiegsbildung, deren längerfristige Kurse mit Prüfungen abgeschlossen werden, sowie der demgegenüber kurzfristigeren Anpassungsbildung (vgl. Abb. 20). Legt man die Zahl der Veranstaltungen zugrunde, dann erreicht die Aufstiegsbildung gut 13% des Gesamtengagements.

Angebot

Abb. 20: Weiterbildungsaktivitäten der IHKn 2001

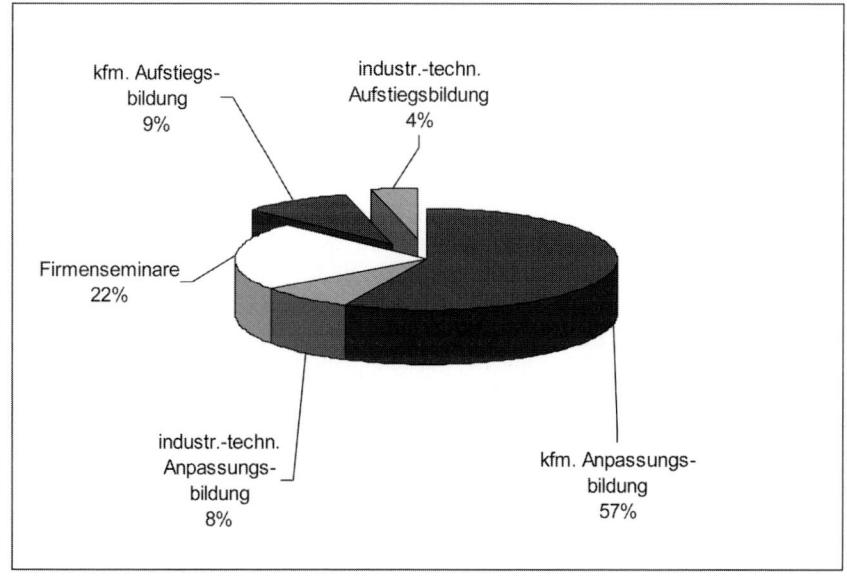

Quelle: BMBF 2004, S. 324ff.; eigene Berechnungen

Die *Aufstiegsbildung* im kaufmännischen und industriell-technischen Bereich umfasst Lehrgänge für:

–   Fachkaufleute (z.B. Bilanzbuchhalter, Marketing, Personal),
–   Fachwirte (für unterschiedliche Branchen),
–   Fachkräfte für Datenverarbeitung (z.B. Wirtschaftsinformatiker),
–   Fremdsprachliche Fachkräfte (z.B. Dolmetscher, Fremdsprachenkorrespondent),
–   Fachkräfte für Schreibtechnik (z.B. Sekretärin),
–   sonstige kaufmännische Bereiche (z.B. Pharmareferent, Handelsassistent),
–   Industriemeister (für unterschiedliche Branchen),
–   Fachmeister (z.B. Florist-, Hotel-, Küchenmeister)
–   sonstige industriell-technische Bereiche.

Im kaufmännischen Bereich haben ca. 19.000 Menschen an Prüfungen teilgenommen, im industriell-technischen Bereich waren es ca. 15.000.

Im Zentrum der IHK-Angebote steht damit sowohl von der Zahl der Veranstaltungen wie der der Teilnehmer her die kaufmännische Anpassungsbildung, die etwa die Hälfte des Gesamtengagements ausmacht. Im Zeitvergleich fällt auf, dass die industriell-technische Aufstiegsbildung stark an Bedeutung verloren hat: 1993 gab es noch 1.271 Veranstaltungen mit 30.371 Teilnehmern, 1995 nur noch 923 Angebote, die von 19.493 Menschen besucht wurden und 2001 720 mit 14.933 Teilnehmenden (vgl. Wittpoth 1997, S. 89; BMBF 2004, S. 325).

Auch bei den Anpassungsmaßnahmen im industriell-technischen Bereich geht das Volumen zurück. Deutlich gestiegen ist demgegenüber das Engagement im Bereich der Firmenseminare (von 1.024 mit 13.744 Teilnehmern in 1993 auf 3.871 mit 117.666 Teilnehmenden; vgl. BMBF 2004, S. 327). Denkt man noch einmal an die drei Pole des ‚Kraftfeldes‘, in dem Angebote beruflicher Weiterbildung sich positionieren (vgl. Kap. 5.2.), so überwiegen bei der IHK nach wie vor solche, die sich an Individuen adressieren. Serviceangebote für Unternehmen gewinnen allerdings deutlich an Gewicht.

Das ‚Oberhaus‘   Bemerkenswert ist, dass von den IHKn neue Lehrgänge entwickelt worden sind bzw. werden, mit denen eine höhere Ebene – das ‚Oberhaus‘ (vgl. DIHT 1996, S. 47) – in der Struktur beruflicher Weiterbildung erreicht wird. Es sind dies Kurse, die mit der Prüfung zum ‚Technischen Betriebswirt IHK‘ bzw. zum ‚Betriebswirt IHK‘ abgeschlossen werden. Dies ist ein Angebot an all diejenigen, die sich über die Ebene des Fachkaufmannes bzw. -wirtes sowie Industrie- und Fachmeisters hinaus qualifizieren wollen. Sie bilden als betriebliche Führungskräfte in vielen Fällen das Rückgrat der Belegschaften. Gerade deshalb erscheint es als wichtig, sie mit neuen Qualifikationen auszustatten und ihre Kenntnisbereiche zu erweitern. Bislang war für diese Gruppe zumindest innerhalb der IHK das ‚Ende der Fahnenstange‘ erreicht, ihr konnte nichts Weiteres mehr angeboten werden (vgl. Abb. 21).

Abb. 21: Struktur der IHK-Weiterbildungsprüfungen

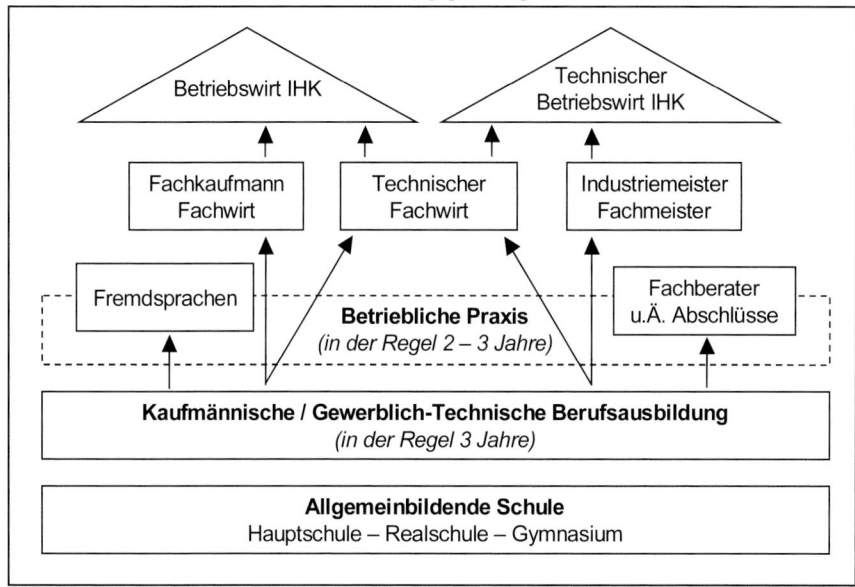

Quelle: DIHT 1998, S. 6

Adressaten der Weiterbildung zum Technischen Betriebswirt sind Industriemeister und Interessenten mit vergleichbarer technischer Qualifikation sowie betrieblicher Erfahrung. Sie werden schwerpunktmäßig in Volks- und Betriebswirtschaft sowie Management- und Führungstechniken weitergebildet. In Verbindung mit der vorausgesetzten technischen Qualifikation wird so ein qualitativ neues Profil auf hohem Niveau erreicht. Absolventen können Betriebseinheiten oder Abteilungen größerer Unternehmen leiten bzw. in Klein- und Mittelbetrieben die Geschäfte eigenständig führen. Sie erreichen damit Positionen, die bislang diplomierten Hochschulabsolventen vorbehalten waren. Eine vergleichbare Aufstiegsweiterbildung für Fachkaufleute und Fachwirte ist nun eingerichtet, nämlich die zum Betriebswirt IHK. Interessant ist die Abgrenzung von anderen Ausbildungsgängen: Der IHK-Betriebswirt „muß sich als Fachkaufmann bzw. Fachwirt im Unternehmen bewährt haben oder ist im technischen Bereich ‚Meister seines Faches‘. Kurz: den ‚IHK-Betriebswirt‘ kann man nicht erlernen (nicht an Hochschulen, Fachschulen oder Akademien), sondern nur werden: durch betriebliche Praxis und gezielte Weiterbildung“ (DIHT 1994, S. 59).

Damit wird gewissermaßen ein zweites Gleis neben traditionellen Aus- und Weiterbildungsgängen angelegt, nicht zuletzt um so das immer stärker beklagte Problem der Sackgasse beruflicher Ausbildungsgänge anzugehen. Sobald es gelingt, auch jenseits des ‚Königsweges‘ (also Abitur, Hochschulstudium, Diplom) in Spitzenpositionen zu gelangen, verliert die Entscheidung für eine berufliche Ausbildung ihren endgültigen Charakter, verstellt sie nicht wie bisher Karrieren ab einem bestimmten Punkt. Mit dieser konkreten Initiative folgen die IHKn ihrer bildungspolitischen Linie, vermehrt Übergangsmöglichkeiten zwischen den Bildungssektoren zu schaffen und in diese Richtung das gesamte Bildungssystem zu verändern. Dem Öffnungseffekt steht allerdings gegenüber, dass Bildung „wieder

Ein zweites Gleis der Ausbildung

141

mit den Erfordernissen der wirtschaftlichen Entwicklung und des Beschäftigungssystems verbunden werden" soll (DIHT 1994, S. 23). Die beiden neu geschaffenen Weiterbildungsgänge genügen diesen Anforderungen deshalb, weil ihre Adressaten sich zunächst bewährt haben und dann wahrscheinlich auch noch zur Teilnahme zumindest partiell von ihrer Berufstätigkeit freigestellt werden müssen. Selektion und gezielte Qualifikation greifen in diesen Fällen weitaus früher als bei Absolventen von (Fach-) Hochschulstudiengängen.

Kommentar Auch wenn über die Teilnehmer an den und Teilnahmebedingungen für die verschiedenen Qualifizierungsmaßnahmen keine weiteren Angaben gemacht werden, kann aus der Art der Angebote geschlossen werden, dass hier wiederum vorzugsweise die mittlere bis gehobene Hierarchieebene bedient wird. Die IHKn bieten also zweifellos interessante Weiterbildungswege an, die aber keinesfalls allen offen stehen.

Handwerkskammern

Angebot Analog zu den IHKn obliegt den Handwerkskammern – ebenfalls Körperschaften des öffentlichen Rechts – die Durchführung und Überwachung der beruflichen Ausbildung sowie die Förderung der beruflichen Weiterbildung im Bereich des Handwerks. Ein Herzstück ihrer Aktivitäten liegt im Bereich der *Meisterkurse*, die 2002 von annähernd 23.000 Personen erfolgreich absolviert wurden (vgl. BMBF 2004, S. 322). Darüber hinaus werden andere *Fortbildungsprüfungen* auf verschiedenen Ebenen und in unterschiedlichen Fachgebieten durchgeführt:

– im Bereich der neuen Techniken (z.B. CAD-Fachkraft, PC-Sachbearbeiter, Hydraulik-Fachkraft);
– im betriebswirtschaftlich-kaufmännischen Bereich (z.B. Betriebswirt des Handwerks, Technisch-kaufmännische Fachkraft);
– im Umweltschutz (Umweltberater);
– in den Bereichen Restaurierung und Denkmalpflege (auf Meisterebene z.B. im Buchbinder-, Parkettleger-, Steinmetz-, Stukkateur- und Zimmerhandwerk; auf Gesellenebene in entsprechenden Sparten);
– im Bereich Formgebung und Gestaltung der verschiedenen Handwerke;
– in sonstigen Bereichen (z.B. Baumaschinenführer, Bestatter, Polier, Speiseeishersteller u.Ä.).

Für diese breite Palette von Fortbildungsangeboten stehen ca. 520 Berufsbildungs- und Technologiezentren des Handwerks in der Bundesrepublik zur Verfügung (vgl. www.zdh.de; 27.12.2005).

Beim Blick auf die *Ziele* der einzelnen Aktivitäten wird zwischen ,Führungswissen' und ,Anwenderwissen' unterschieden. Ersteres soll Führungskräfte – wie zum Beispiel Meister – in die „Lage versetzen:

– Marktpositionen zu festigen und neue Märkte zu erschließen,
– Mitarbeiter zu führen und zu motivieren,
– Produktivität und Rentabilität im Betrieb zu steigern,
– Schwachstellen im Betrieb zu erkennen und zu beheben,
– Einsatz, Nutzen und Folgen neuer Techniken zu erkennen und
– eine systematische Personal- und Unternehmensplanung <...> zu entwickeln" (Urbach 1996, S. 8).

Anwenderwissen soll demgegenüber die Mitarbeiter dazu befähigen, mit neuen Techniken, Verfahren und Materialien verantwortungsbewusst umzugehen und sie zugleich dazu motivieren, sich arbeitsplatzbezogen fortzubilden.

Neben den Angeboten, die auf Prüfungen vorbereiten und damit der *aufstiegs-orientierten* Weiterbildung zugerechnet werden, steht die so genannte fachliche *Anpassungsbildung*, die sich sowohl auf technische Spezialfragen als auch auf betriebswirtschaftliche Probleme bezieht. Schließlich wird auf *überfachliche Qualifikationen* verwiesen, denen verschiedene Lehrgangstypen dienen:

– Existenzgründerlehrgänge
– Seminare zum ‚zeitgemäßen Führungswissen‘
– Lehrgänge zum Betriebswirt des Handwerks
– Lehrgänge zum Umweltschutz
– diverse Kurzseminare zu aktuellen Problemen der Unternehmensführung.

Schließlich bieten die Handwerkskammern Verbandstage, Messen, Versammlungen und Fachtagungen an, geben über das Weiterbildungs-Informations-System (WIS), das sie mit den IHKn gemeinsam tragen, einen aktuellen Überblick über Angebote beruflicher Weiterbildung.

Abb. 22: Weiterbildungsaktivitäten der Handwerkskammern 2001

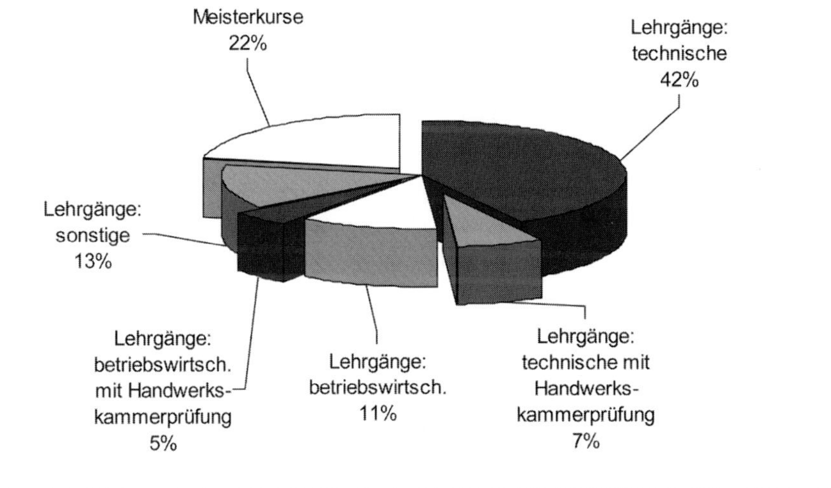

Quelle: BMBF 2004, S. 326; eigene Berechnungen; erfasst sind insgesamt gut 17.000 Veranstaltungen mit etwa 244.000 Teilnehmern

Im Vergleich mit den IHK-Angeboten haben die Aktivitäten der Handwerkskammern eine deutlich andere Struktur, insofern die Aufstiegsbildung einen Anteil von gut 34% (gegenüber 13%) erreicht. Allerdings ist dieser Wert auch bei den Handwerkskammern zurück gegangen (1995 lag er noch bei 40%; vgl. Wittpoth 1997, S. 92).

Kommentar

Verwaltungs- und Wirtschaftsakademien

Verwaltungs- und Wirtschaftsakademien gibt es in mehr als 100 deutschen Städten (vgl. www.vwa.de; 27.12.2005). Sie blicken auf eine vergleichsweise lange Tradition zurück; bereits im Jahre 1907 wurden von der Stadt sowie IHK Essen ‚Akademische Kurse für Handelswissenschaften und Allgemeine Fortbildung‘ eingeführt (vgl. Eichhorn 1993, S. 4). Der größte Teil der Akademien entstand ein wenig später, wobei der Eröffnung der Verwaltungsakademie Berlin im Oktober 1919 in der Berliner Universität Signalwirkung zugeschrieben wird.

Struktur Träger der Verwaltungs- und Wirtschaftsakademien (VWA) sind in der Regel IHKn und Gemeinden bzw. Gemeindeverbände, gelegentlich auch Länder oder private Institutionen. Auf jeden Fall ist die Trägerschaft öffentlich-rechtlicher oder gemeinnütziger Natur. Die ‚VWA Industriebezirk‘ mit Sitz in Bochum zeigt die Struktur beispielhaft. Ihrem Kuratorium sitzt der Oberstadtdirektor der Stadt Bochum vor, dessen Stellvertreter sind seine Kollegen aus den beteiligten Städten Dortmund, Duisburg, Hagen und Recklinghausen, in denen so genannte ‚Teilanstalten‘ betrieben werden. Weitere Mitglieder des Kuratoriums sind ‚Vertreter der Träger der Akademie‘ und das heißt in diesem konkreten Falle Repräsentanten der IHKn in den genannten Städten. Die Studienleitung obliegt einem Hochschullehrer der Ruhr-Universität Bochum (geschäftsführend) sowie dem Hauptgeschäftsführer der Bochumer IHK. Als ‚Staatskommissar für die Diplomprüfung‘ fungiert schließlich ein vom Innenminister des Landes Nordrhein-Westfalen bestimmter Staatssekretär.

Angebot *Ziel* der Weiterbildungstätigkeit der VWAn ist es, für Führungsaufgaben im öffentlichen Dienst oder in der Wirtschaft zu qualifizieren. Dazu wird Angehörigen des gehobenen Dienstes der Verwaltung wie des mittleren Managements der Wirtschaft eine ‚hochschulmäßige‘ Fortbildung angeboten. Deren Lehrpersonen werden in umliegenden Hochschulen sowie unter besonders versierten Praktikern rekrutiert. Eingeführt sind zunächst Studiengänge, die nach mindestens sechs bzw. sieben Semestern zu drei unterschiedlichen Diplomen führen: dem Wirtschafts-, Verwaltungs- oder Kommunal-Diplom.

Zugangsvoraussetzungen sind für das wirtschaftswissenschaftliche Studium eine abgeschlossene Berufsausbildung (Lehre, Meisterprüfung, staatlich anerkannte Fachprüfung) sowie einjährige Berufstätigkeit. Bei öffentlich Bediensteten (des gehobenen Dienstes) wird das Vorliegen entsprechender Voraussetzungen durch die Akademien geprüft. Um zum verwaltungswissenschaftlichen Studiengang zugelassen zu werden, müssen bestimmte Laufbahnprüfungen des öffentlichen Dienstes absolviert sein.

Folgende Abschlüsse können erworben werden:

- Betriebswirt (VWA)
- Informatik-Betriebswirt (VWA)
- Betriebswirt (VWA) mit dem Schwerpunkt Informationsmanagement
- Betriebswirt (VWA) mit dem Schwerpunkt Gesundheitsmanagement
- Betriebswirt (VWA) mit dem Schwerpunkt Immobilienwirtschaft
- Verwaltungs-Betriebswirt (VWA)
- Verwaltungs-Diplom-Inhaber (VWA) sowie jüngst an einzelnen Standorten
- Bachelor of Business Administration

Der Studienumfang beträgt zwischen zwei und sechs Semestern; es werden – an den Standorten unterschiedliche – Studiengebühren erhoben.

Das Hauptgewicht der Weiterbildungsaktivitäten der VWAn liegt im Bereich der skizzierten Studiengänge. Daneben werden Sonderveranstaltungen zu juristischen und ökonomischen Fragen angeboten, die sich wiederum hauptsächlich an Führungskräfte wenden. Jährlich nutzen etwa 23.000 Studierende die Angebote; bis heute wurden mehr als 140.000 VWA-Diplome vergeben, davon 2/3 in den wirtschaftswissenschaftlichen Studiengängen (vgl. www.vwa.de; 27.12.2005).

Auch hier ist lediglich knapp zu resümieren: Das Angebot konzentriert sich Kommentar erneut auf das mittlere Feld sozialer Positionen und von den Nutzungsmöglichkeiten her gesehen ist jeder Interessent auf das Wohlwollen des Arbeitgebers angewiesen.

5.2.1.3. Öffentliche Träger beruflicher Weiterbildung

Hochschulen

Seit Verabschiedung des Hochschulrahmengesetzes (HRG) 1976 gehört Weiter- Das weiterbildende Studium bildung auch zu den Pflichtaufgaben der Hochschulen. Dort wird erstmals verfügt: „Die Hochschulen dienen dem weiterbildenden Studium und beteiligen sich an Veranstaltungen der Weiterbildung" (HRG §2(3)). Damit gibt es zwei Typen von Aktivitäten, deren letztere – Beteiligung an Veranstaltungen – nicht neu und auch kaum einzugrenzen sind. Hervorgehoben wird demgegenüber eine Weiterbildungsform, die dem Profil der Hochschulen besonders entspricht, nämlich das so genannte ‚weiterbildende Studium'. Da bis 1976 keine entsprechenden Modelle entwickelt, geschweige denn praktisch erprobt waren, beschränkte sich der Gesetzgeber auf allgemeine Charakterisierungen des neuen Studientyps: „Das weiterbildende Studium steht Bewerbern mit abgeschlossenem Hochschulstudium und solchen Bewerbern offen, die die für eine Teilnahme erforderliche Eignung im Beruf oder auf andere Weise erworben haben. Die Veranstaltungen sollen nach Möglichkeit mit dem übrigen Lehrangebot abgestimmt werden und berufspraktische Erfahrungen für die Lehre nutzbar machen. Das Lehrangebot für das weiterbildende Studium soll aus in sich geschlossenen Abschnitten bestehen und die aus der beruflichen Praxis entstandenen Bedürfnisse der Teilnehmer berücksichtigen" (HRG § 21).

Erwähnt wird diese Offenheit der Ausgangssituation, weil bis heute kaum geklärt ist, was ein Weiterbildungsstudium präzise auszeichnet (vgl. dazu ausf. Wittpoth 1987). Vielmehr haben wir eine Situation, in der Aktivitäten unterschiedlichster Art mit diesem Etikett versehen werden, ohne dadurch von Zielsetzung, Umfang und inhaltlicher Gestaltung auch nur annähernd vergleichbar zu sein. Allerdings lässt es sich zunächst *negativ* von anderen universitären Angeboten *abgrenzen*. Es entspricht nicht

- der Öffnung der Hochschule für (zwischenzeitlich berufstätige) Erwachsene zum Zwecke des nachträglichen Erwerbs eines Hochschulabschlusses;
- den unterschiedlichen Formen von Zusatz-, Aufbau- und Ergänzungsstudien, die im unmittelbaren Anschluss an ein Erststudium auf den Erwerb einer weiteren formalen Qualifikation abzielen;
- kurzfristigen und punktuellen Einzelveranstaltungen, mit denen versucht wird, unmittelbar auf einen angemeldeten praktischen Bedarf zu reagieren;

- den verschiedenen Formen von Weiterbildungsaktivitäten, die in Kooperation zwischen Hochschule und außeruniversitären Einrichtungen der Erwachsenenbildung durchgeführt werden;
- dem Angebot an die Bevölkerung des Einzugsbereichs einer Hochschule, als ‚Gasthörer' an regulären Lehrveranstaltungen teilzunehmen.

Angesichts der diffusen Zielvorstellungen über die neue Aufgabe ist es glücklichen Umständen zu verdanken, dass es zumindest Ansätze der Koordinierung gab, die in der ‚Gründerphase' eine Verständigung über grundlegende Charakteristika des weiterbildenden Studiums ermöglichte. Unterstützt durch den ‚Arbeitskreis Universitäre Erwachsenenbildung (AUE)', der sich bis heute als Anwalt der Weiterbildung an den Hochschulen versteht, fand ein relativ reger Erfahrungsaustausch zwischen den wenigen Aktivisten statt, die über die gesamte Bundesrepublik verstreut erste modellhafte Ansätze entwickelten. Im Verlauf einschlägiger Tagungen konnten Empfehlungen und Grundsätze erarbeitet werden, denen eine gewisse Orientierungsfunktion zukam, auch wenn der neue Studientyp in den verschiedenen Hochschulen unterschiedliche Ausprägungen erfahren hat. Nun ist die aktuelle Situation zwar durch eine beinahe unüberschaubare Zahl von Aktivitäten gekennzeichnet, die Vorbehalte gegenüber Weiterbildung in Trägerschaft der Hochschule sind dennoch längst nicht abgebaut. Die Gründe für anhaltende Skepsis sind diffus, dominant dürfte jedoch nach wie vor die Sorge sein, die Öffnung für die Weiterbildung sei mit einem Niveauverlust für die Hochschule verbunden. Unter pragmatischen Gesichtspunkten kommt die anhaltende Überlast-Situation in der Erstausbildung hinzu, die seit einiger Zeit von Stellenkürzungen im Hochschulbereich begleitet wird.

Zur Zusammenfassung relevanter Grundzüge des Weiterbildungsstudiums – nach den Vorstellungen derer, die es entwickelten – lässt sich auf die ‚Empfehlungen zum Weiterbildenden Studium' des AUE von 1979 zurückgreifen. Dort wird das weiterbildende Studium als ein wissenschaftliches Weiterbildungsangebot charakterisiert, das

- von den Hochschulen als *Studium* curricular geplant und langfristig gesichert ist;
- berufsbegleitend absolviert werden kann und dabei den Teilnehmenden Beleg- und Dispositionsfreiheiten einräumt;
- auf bestimmte Berufs- und Tätigkeitsfelder orientiert ist;
- auch Interessenten ohne Hochschulzugangsberechtigung offen steht, soweit sie sich über ihre berufliche Tätigkeit qualifiziert haben;
- die berufliche Erfahrung der Studierenden in den Lehr-/Lernprozess einbezieht (vgl. AUE 1979, S. 16).

Obwohl diese grundsätzlichen Überlegungen die praktische Entwicklungsarbeit anleiteten, hat das Weiterbildungsstudium gerade im Zuge des Ausbaus der Aktivitäten während der ersten Hälfte der 1980er-Jahre deutlich unterschiedliche Ausprägungen erfahren. Heute ist die Situation von einer so großen Diffusität gekennzeichnet, dass es außerordentliche Schwierigkeiten bereitet, einen Überblick über die verschiedenen Ansätze in der BRD zu gewinnen. Entsprechende Umfragen haben stets mit dem Problem umzugehen, dass die Befragten angesichts des Mangels allgemein gültiger Kriterien ihre Aktivitäten recht unbekümmert dem weiterbildenden Studium subsumieren. Die ermittelten Studienangebote entsprechen also nicht durchgängig den skizzierten Grundsätzen. Sie sind teilweise kürzer angelegt, eher an einer Wissenschaftsdisziplin als an Berufsproblemen orientiert und von der Struktur her geschlossener als ein Weiterbildungsstudium im umrissenen engeren Sinne.

Weiterbildungs-angebote

Die letzte Erhebung in diesem Feld beansprucht eingedenk dieser Probleme nicht, ein genaues Abbild der Verhältnisse zu liefern, sondern versteht die folgenden Daten als ‚Trendangaben' (vgl. Abb. 23). Dabei sind eine Reihe von Aktivitäten erhoben worden, die dem weiterbildenden Studium im engeren Sinne nicht, aber gleichwohl der Weiterbildung zuzuordnen sind. Bei den Zusatz-, Ergänzungs- und Aufbaustudien gilt selbst dies nur für einen geringeren (offensichtlich schwer zu identifizierenden) Teil, da sie weit überwiegend im Sinne der Komplettierung eines Erststudiums genutzt werden.

Abb. 23: Weiterbildungsengagement der Hochschulen 1993/94

	Anzahl der Maßnahmen		Teilnehmer
Formen	Hochschulen	externe Träger*	
berufsbegleitendes/weiterbildendes Studium	600	233	16.651
Lehrgänge (mindestens 1 Woche)	192	33	3.119
Kurzlehrgänge (weniger als 1 Woche)	568	241	17.360
Gasthörerschaften	227	302	29.131
Zusatz-/Ergänzungs-/Aufbaustudien	301	11	22.935

* Gemeint sind eigens für die Realisierung der Weiterbildung geschaffene Vereine, An-Institute u.Ä.

Vgl. Graeßner/Lischka 1996, S. 62ff.

Das inhaltliche Spektrum entspricht in seiner Breite der der verschiedenen Fächer und Spezialisierungsrichtungen, wie sie an Hochschulen angesiedelt sind.

Keine übergreifenden Angaben liegen über die zu entrichtenden Gebühren vor. Letztere werden nach Maßgabe der jeweiligen Landeshochschulgesetze erhoben; sie schwanken zwischen der von Kritikern als ‚Nulltarif' diskriminierten Gebührenfreiheit und kostendeckenden Preisen. Schreibt man die Tendenzen der letzten Jahre fort, so ist zu erwarten, dass sich die zweite Variante allmählich durchsetzt. Damit ergibt sich jedoch das Problem, dass die Zugangsbarrieren, die es angesichts der vorausgesetzten Qualifikationen bereits seit Bestehen dieses besonderen Weiterbildungsangebotes gibt, weiter erhöhen.

Kommentar

Zweifellos hat auch dieses Weiterbildungsangebot eher exklusiven Charakter. Selbst wenn auf Abitur oder Hochschulabschluss als Zugangsvoraussetzung verzichtet wird, wendet es sich in seinem Kern an eingegrenzte Gruppen hoch qualifizierter Berufstätiger. Interessant ist es unter dem Gesichtspunkt der ‚Einheit des Bildungswesens'. Es kann zumindest als ein Versuch verstanden werden, ‚Studium' als eine berufsbegleitende Normalität zu etablieren. Die Erstausbildung an der Hochschule wird dabei gezielt um diejenigen Themen ergänzt, die sich in späterer Berufstätigkeit als besonders relevant erweisen. Wie wichtig dies ist, zeigt sich daran, dass viele Hochschulabsolventen sich im Laufe ihrer Berufstätigkeit in Felder hineinbewegen, die inhaltlich kaum noch etwas mit ihrem Studium zu tun haben. Allerdings sind diese Bemühungen auf halbem Wege stecken geblieben. Denn die in Weiterbildungsstudien zu erwerbenden Zertifikate haben einen unverbindlichen Charakter. Sie sind nicht geeignet, Erstausbildungsergebnisse zu kompensieren. Wie souverän man ein solches Studium auch immer absolviert, man wird dadurch nicht zum diplomierten Hochschulabsolventen, sondern bleibt auf dem formalen

Niveau, das man in seiner beruflichen Erstausbildung erreicht hat. Dieses Problem könnte sich nun durch die Einführung gestufter Studiengänge allmählich lösen (vgl. Wittpoth 2005b). Sobald Master-Studiengänge von den Teilnehmenden im Sinne der Weiterbildung genutzt – also nach einer Phase der Berufstätigkeit aufgenommen und unter Umständen auch berufsbegleitend realisiert – werden, gibt es mit der Anerkennung des Abschlusses keine Probleme mehr.

Fachschulen

Angebot Über die Bedeutung der Berufs-/Fachschulen für die berufliche Weiterbildung wird seit geraumer Zeit diskutiert. Ähnlich wie den Hochschulen Ende der 1970er-Jahre empfiehlt man ihnen, absehbar rückläufige Schülerzahlen durch ein Engagement in der Weiterbildung auszugleichen. Verstreuten Hinweisen zufolge tun sie dies auch. Bundesweite Angaben über den erreichten Stand liegen in zwei Ziffern des Berichtssystems Weiterbildung vor, demzufolge die Fachschulen 2000 1% der Teilnahmefälle und 3% des Volumens beruflicher Weiterbildung realisieren – 1997 lagen die Werte bei 1 bzw. 2% (vgl. Kuwan u.a. 2003, S. 241). Der ‚Mikrozensus‘, eine ebenfalls repräsentative Erhebung weist demgegenüber deutlich höhere Werte aus (vgl. ebd., S. 223). Mangels anderer Grundlagen lässt sich dem ‚Zweiten Hamburger Weiterbildungsbericht‘ exemplarisch entnehmen, um welche Art von Maßnahmen und Schulen es sich handelt. Die Angebote wenden sich an Personen mit abgeschlossener Berufsausbildung in einem anerkannten Ausbildungs- oder Assistenzberuf und anschließender mindestens zweijähriger Berufserfahrung, um diese zu einem höher qualifizierten Berufsabschluss zu führen. Die Ausbildung dauert in der Regel zwei Jahre und wird meist in Vollzeitform durchgeführt. Die Abschlüsse sind dem Realschulabschluss gleichwertig und können über Zusatzangebote bis zur Fachhochschulreife aufgestockt werden. Es gibt Fachschulen für verschiedene Technik- und Wirtschaftsbereiche, für Sozialpädagogik sowie für einzelne Branchen und Handwerke (Hotel, Uhrmacher etc.) (vgl. Weiterbildung in Hamburg 1995, S. 93f.).

5.2.1.4. Partikular orientierte Träger beruflicher Weiterbildung

In diesem und dem anschließend skizzierten privat/kommerziellen Bereich wird der größte Teil der SGB-III-finanzierten Qualifizierungsangebote für Arbeitslose realisiert. Manche Einrichtung – wie die beiden erstgenannten – sind von entsprechenden Maßnahmen weitgehend abhängig, andere setzen nur einen kleineren Teil ihrer Ressourcen in diesem Bereich ein. Das Segment der SGB-III-finanzierten Weiterbildung ist am stärksten von finanziellen Restriktionen betroffen. Die Ausgaben der Bundesanstalt bzw. -agentur für Arbeit für berufliche Weiterbildung sind vom Höchststand im Jahre 1992 (gut 19 Mrd. DM) über 6,8 Mio. Euro im Jahre 2000 auf 3,8 Mio. Euro (2004) zurückgegangen (vgl. Faulstich 2005, S. 19). Das hat zu erheblichen Verwerfungen in den Einrichtungen geführt, die – ein Novum in der Nachkriegsgeschichte der deutschen Erwachsenenbildung – auch Personal entlassen mussten. Diese Probleme, verbunden mit begleitenden politischen Auseinandersetzungen, haben dazu geführt, dass die Auskunftsbereitschaft der Träger über Finanzen, Personal, Angebotsvolumen u.ä. deutlich zurückgegangen ist. Daher trifft für die folgenden Skizzen in besonderem Maße die bereits erwähnte Problematik zu, dass die Bezugsjahre der Darstellungen variieren.

148

Gewerkschaftsnahe Einrichtungen

Bildungseinrichtungen der Deutschen Angestellten Gewerkschaft (DAG)
Erste Weiterbildungsaktivitäten hat die DAG bereits unmittelbar nach dem Krieg
1946 in Hamburg entwickelt. Ein eigenes Bildungswerk wurde 1952, die ‚Deut-
sche Angestellten-Akademie e.V. (DAA)' 1959 gegründet. Heute unterhält das
DAG-Bildungswerk 50 Zweigstellen und Institute, die an 270 Orten in der Bundesrepublik mit Bildungsangeboten präsent sind. Im Jahre 2000 waren 2.350
MitarbeiterInnen fest angestellt; darüber hinaus waren 6.500 Mitarbeiter auf Ho-
norarbasis beschäftigt (vgl. DAA 2001), womit es sich hier ebenfalls um ein
Weiterbildungs-'Großunternehmen' handelt. Ging es anfangs vor allem um die
Anpassungsqualifizierung kaufmännischer Angestellter, so sieht auch die DAG
seit Anfang der siebziger Jahre die Wiedereingliederung von Arbeitslosen als ers-
tes Ziel ihrer Bildungsaktivitäten an.

Lehrgangsangebote gibt es: Angebote

– speziell für kaufmännische Angestellte zum Zwecke des Aufstiegs, der Umschulung, der Vorbereitung auf Externen-Prüfungen (vielfach bei den Kammern), des Erwerbs von Spezialkenntnissen (im Jahre 2000: 50% des Ge-
   samtangebotes);
– im Bereich der Informations- und Kommunikationstechniken (26%);
– für Gesundheits- und Pflegeberufe (10%);
– im Bereich von Fremdsprachen (4%);
– für den gewerblich-technischen Bereich (3%);
– für Hotel- und Gastronomieberufe (2% – und 5% sonstige).

Für 2000 werden insgesamt 6.400 Seminare und Lehrgänge angegeben, an denen
125.000 Personen teilgenommen haben.

Berufsfortbildungswerk (bfw) des Deutschen Gewerkschaftsbundes
Auch das bfw kann auf eine lange Tradition zurückblicken: Seit seiner Gründung
im Jahre 1953 sind die Bildungsstätten von 2,5 Millionen Teilnehmenden besucht
worden (vgl. bfw 2000, S. 20f.). Heute betreibt es 30 Geschäftsstellen und 200 Bildungsstätten in allen Bundesländern. Im Jahre 2004 hatte das bfw 1.800 Beschäftigte; an gut 3.000 Lehrgängen haben im Jahr 2004 etwa 42.000 Menschen teilgenommen (vgl. bfw 2005), S. 20; außerdem www.bfw.de., 27.12.05; den ‚Einbruch'
in der beruflichen Weiterbildung, von dem bereits die Rede war, dokumentiert der
Vergleich mit dem Jahr 2000: in diesem Jahr hatten an 4.044 Lehrgängen knapp
75.000 Menschen teilgenommen). Kurse mit unterschiedlicher Dauer werden angeboten für ein breites Spektrum von Themen und Berufen:

• Informations- und Kommunikationstechnologien
• Kaufmännisch verwaltende Berufsbilder
• Gewerblich-technische Berufsbilder
• Dienstleistung
• Erziehung, Soziales und Gesundheit
• Sonstige (zielgruppenspezifische Angebote wie z.B. Resozialisierung von
   Strafgefangenen oder spezielle Angebote für Behinderte)

Berufs- und Wirtschaftsverbände

Zu den über- und außerbetrieblichen Weiterbildungsträgern ‚der Wirtschaft‘ – wie sie sich selbst zuordnen – zählen die Berufs- und Wirtschaftsverbände. In der freiwilligen Statistik des ‚Kuratoriums der deutschen Wirtschaft für Berufsbildung‘ werden explizit genannt:

– Bundesvereinigung der Deutschen Arbeitgeberverbände (BDA), Bundesverband der Deutschen Industrie (BDI), Bildungswerk der Wirtschaft, Institut der deutschen Wirtschaft;
– Einzelhandel/Groß- und Außenhandel;
– Bundesverband der Deutschen Volksbanken und Raiffeisenbanken;
– Deutsche Sparkassenorganisation;
– Bundesverband des Deutschen Güterfernverkehrs und
– das Kuratorium selbst (vgl. Kuratorium 1996).

Angebote Da die letzte vorliegende Aufstellung (1997 betreffend) einige Lücken aufweist, greife ich auf die 1995er Werte zurück. Das ist nicht zuletzt deshalb unproblematisch, weil es gerade bei dieser Statistik nur um allgemeine Orientierungen über Größenordnungen gehen kann. Gemeinsam geben die Verbände für 1995 gut 33.000 Veranstaltungen an, die von mehr als 600.000 Teilnehmern besucht wurden. Angesichts der Freiwilligkeit der Statistik ist man allerdings im Kuratorium nicht einmal zu *Vermutungen* darüber bereit, wie weitgehend die Aktivitäten aller Berufs- und Wirtschaftsverbände damit erfasst sind. Weit überwiegend handelt es sich um Anpassungsweiterbildung im kaufmännisch-verwaltenden Bereich; Aufstiegsweiterbildung und gewerblich-technische Themen spielen auch hier nur eine untergeordnete Rolle. Bemerkenswert ist, dass BDA, BDI u.a. gut 3.000 Veranstaltungen der ‚gesellschaftspolitischen Weiterbildung‘ mit mehr als 50.000 Teilnehmern nennen (vgl. ebd.).

Der ‚Wuppertaler Kreis‘

Der 1955 gegründete ‚Wuppertaler Kreis – Deutsche Vereinigung zur Förderung der Weiterbildung von Führungskräften‘ hat über 50 Mitglieder, größtenteils Bildungswerke bzw. -institute und ist wohl die bedeutendste Vereinigung dieser Art in Deutschland (vgl. www.wkr-ev.de; 27.12.2005).

Profil Als Dachorganisation nimmt er Koordinierungs- und Dienstleistungsaufgaben mit Blick auf die Qualität und Transparenz der Weiterbildung wahr, was als ein Grund für die anerkannte Gemeinnützigkeit gesehen wird. Bereits dem Namen der Organisation ist zu entnehmen, dass ihre Mitglieder sich an besondere Zielgruppen wenden, nämlich an Unternehmer und Führungskräfte unterschiedlicher Ebenen. Um eine Mitgliedschaft, die als Gütesiegel verstanden wird, zu erlangen, müssen bestimmte Voraussetzungen erfüllt sein:

1. Wirtschaftsnähe. Sie kommt in Marktoffenheit und -konformität zum Ausdruck, d.h. die Maßnahmen müssen zumindest zur Hälfte auf dem ‚freien Markt‘ angeboten werden und dürfen nicht überwiegend institutionell aus öffentlichen Mitteln oder Zwangsbeiträgen finanziert werden. Gleichwohl verfolgen die Mitglieder nicht in erster Linie eigenwirtschaftliche Zwecke (und sind daher nicht der Rubrik ‚privat/kommerziell/gewerblich‘ zuzuordnen).
2. Kooperation mit der Wirtschaft. In den Aufsichts- bzw. Beratungsgremien der Einrichtungen ist ‚die Wirtschaft‘ vertreten.

3. Qualität der Weiterbildung. Die Einrichtungen verpflichten sich auf Qualitätsgrundsätze des Wuppertaler Kreises und erfahren durch die Veranstaltungsteilnehmer überdurchschnittliche Bewertungen.
4. Renommee, das durch ‚Bedeutung' der Einrichtung in mindestens einem für sie relevanten Teilmarkt und mindestens fünfjährigem Bestehen zum Ausdruck kommt.
5. Unabhängigkeit, Neutralität und Offenheit gegenüber Politik, Konfessionen und Weltanschauungen.
6. Durchführung von Veranstaltungen, die der Vermittlung von Führungs- und Sozialkompetenz sowie Fachwissen für Führungskräfte dienen.

Die Mitgliedseinrichtungen führen jährlich etwa 80.000 Veranstaltungen an 860 Standorten durch und erreichten 2004 einen Jahresumsatz von gut 1 Mrd. Euro (vgl. www.wkr-ev.de; 27.12.2005). *Angebot*

5.2.1.5. Private/kommerzielle/gewerbliche Träger beruflicher Weiterbildung

Für diesen Bereich gilt das Transparenzproblem in noch einmal zugespitzter *Profil* Weise: Genaues weiß man nicht. Gerade über das private bzw. kommerzielle Segment der Weiterbildungsanbieter wären genauere Informationen besonders wichtig, weil sich hier – nach Auffassung vieler – ein Wandel des gesamten Feldes in seinen ersten Ansätzen abzeichnen könnte. Zumindest taucht diese Vermutung in der bildungspolitischen Debatte immer wieder auf – verbunden mit Hoffnungen bei den einen und Sorgen bei den anderen. Der Bereich umfasst zunächst ‚Unternehmen' bzw. ‚Institute' oder ‚Schulen', die weder mit öffentlichen Mitteln, noch von Großorganisationen bzw. Verbänden unterstützt werden, die infolgedessen also am ehesten unter ‚Marktbedingungen' agieren. Inwieweit das für konkrete Einrichtungen, die im Folgenden angesprochen werden, tatsächlich zutrifft, ist schwer zu ermitteln. Hinzu kommt eine wachsende Zahl von so genannten ‚Trainern', die sich – meist als Ein-Mann/Frau-Betrieb – bei unterschiedlichen Nachfragern verdingen.

Interessant ist die Position der Lobbyisten privater/kommerzieller Weiterbildungsträger im Streit um den ‚freien Wettbewerb'. Während sich z.B. die IHKn gemeinhin als Hüter desselben zu profilieren versuchen, geraten sie aus der Perspektive der Kommerziellen kaum weniger unter Druck als die öffentlichen Einrichtungen. *Beiden* wirft man vor, als Subventionsempfänger diejenigen zu gefährden, die ‚tatsächlich' kostendeckend arbeiten (vgl. Böttcher 1988, Lucas 1992, Bunke 1992).

Dabei berufen sich die Privaten auf eine lange *Tradition* und wichtige *Ini-* *Tradition* *tiativfunktionen* für den gesamten Weiterbildungsbereich. „Eine erste Blütezeit erlebten die freien Träger der Erwachsenenbildung nach dem 1. Weltkrieg – in den zwanziger Jahren; waren sie doch zu jener Zeit vielerorts die führenden oder gar einzigen Institute, die überhaupt Erwachsenenbildungsangebote zur Verfügung stellten" (Böttcher 1988, S. 1). Trainingsspezialisten haben sich bereits in den fünfziger Jahren in den USA und der Schweiz erfolgreich etabliert. Die Bundesrepublik entdeckte ihre Dienstleistungen während der sechziger Jahre, wobei es zunächst um Verkaufstrainings und später um Arbeits- sowie Kommunikationstechniken ging. Angesichts dieser Tradition liegt die Bedeutung der Kommerziellen vor allem „in den Impulsen, die von den privaten Trägern ausgegangen sind und ausgehen, in den Ideen, die eine unternehmerisch-freiberuflich tätige Trägergemeinschaft entwickeln und verwirklichen kann" (ebd., S. 2). Als Beispiele werden die Ausbildungen zum/r ‚Geprüften Sekretär/Sekretärin‘, Initiativen im Bereich der Datenverarbeitung, der Chef- und Management-Assistenten-Ausbildung und der Fremdsprachen-Abschlüsse hervorgehoben. Diese seien dann nach und nach von Kammern und anderen Einrichtungen übernommen worden, mit dem Effekt, dass die Privaten ihre Angebote nur noch unter Beeinträchtigungen realisieren konnten.

Angebot Ihre Angebote umfassen, soweit es sich um ‚*Schulen*‘ handelt:

– Lehrgänge in den Bereichen Betriebs- und Volkswirtschaft, Buchführung, Kostenrechnung und Korrespondenz;
– Angebote zur Datenverarbeitung, von Bedienerlehrgängen über Programmiererausbildungen bis zum CAD-Fachmann;
– nach wie vor die Schreibtechniken Kurzschrift und Maschineschreiben;
– technische Ausbildungsgänge etwa in der Chemie und Elektrotechnik;
– Sprachangebote auf verschiedenen Leistungsstufen bis zur Ausbildung zum Fremdsprachenkorrespondenten;
– den nachträglichen Erwerb von Schulabschlüssen.

Im Auftrag der Arbeitsämter führen sie außerdem Umschulungen, Anpassungs- und Aufstiegsfortbildungen sowie Angebote zur Berufsfindung und Berufsorientierung durch.

Rein quantitativ dominieren die Trainer den so genannten Weiterbildungsmarkt. Einer jüngeren Studie zu Folge beschäftigen knapp 46% der Bildungsanbieter lediglich 1 bis 2 MitarbeiterInnen (vgl. Muskatewitz/Schulte 2001, S. 34f.) – das sind ‚klassische‘ selbständige Trainer, die sich unter Umständen noch mit jemandem zusammen tun. Die nächstgrößeren Kategorien (3 bis 4 bzw. 6 bis 10 MitarbeiterInnen) machen knapp 24% bzw. knapp 10% aus. Mehr als 11 Mitarbeiter beschäftigen lediglich knapp 16% der Einrichtungen. Zugleich geben die meisten Weiterbildungsinstitute an, mit externen Trainern zusammen zu arbeiten (vgl. ebd., S. 40). Die kleineren ‚Einrichtungen‘ konzentrieren sich vor allem auf firmeninterne Maßnahmen, ‚offene‘ Seminare bestimmen das Einrichtungsprofil erst oberhalb der Grenze von 25 Beschäftigten (vgl. ebd., S. 99).

Verbände Die privaten Weiterbildungsanbieter sind zumindest teilweise organisiert:

– Der 1964 gegründete ‚Bund Deutscher Verkaufsförderer und Trainer (BDVT)‘ versteht sich als berufsständische Organisation für alle Trainerberufe (vgl. www.bdvt.de; 4.1.2006).
– Auch in der ‚Deutschen Gesellschaft zur Förderung und Entwicklung des Seminar- und Tagungswesens (DeGefest)‘ sind Trainer organisiert (vgl. www.degefest.de).
– Der ‚Bundesverband Deutscher Unternehmensberater (BDU)‘ verfügt über Fachgruppen für Personalberatung und Personalmangement (vgl. www.bdu. de; 4.1.2006).
– Schließlich ist im ‚Bundesverband Deutscher Privatschulen (VDP)‘ eine große Zahl von Weiterbildungseinrichtungen organisiert; allein für die Fachgruppe ‚Wirtschaftsschulen‘ werden mehr als 400 Mitglieder angegeben, hinzu kommen die ‚Sprachschulen‘ usw. (vgl. www.privatschulen.de).

Quantitative Angaben über die Angebote in den genannten Bereichen gibt es nur in sehr pauschaler und lückenhafter Form (vgl. Abb. 24).

Abb. 24: Lehrgänge und Teilnehmer im VDP organisierter privater Träger 2000

	Lehrgänge	Teilnehmer
kaufmännischer Bereich	5.650	84.339
Sprachen	6.440	50.819
gewerblich-technischer Bereich	2.090	37.271
Gesundheit	1.650	26.694
sonstige	1.210	17.660
Summe (gerundet)	17.040	216.783

Quelle: (Presse-) Mitteilung des VDP Nr. 29/01 vom 2.8.2001

Die Perspektiven dieses Bereiches werden unterschiedlich eingeschätzt. Die privaten Schulen klagen über den Druck, unter dem sie von Seiten der subventionierten Einrichtungen stehen, und versuchen, die gesamte Weiterbildung vehement auf das Subsidiaritätsprinzip einzuschwören. Die Trainer sehen sich demgegenüber angesichts des ‚In-house-Trends' (also der Tendenz zu betriebsinterner Weiterbildung) auch künftig als gefragt an. Besondere Möglichkeiten sehen sie für sich in den Klein- und Mittelbetrieben, wie in allen Aktivitäten, die einen stärkeren Beratungscharakter haben.

Auf neuen Wegen und unter Gesichtspunkten, die im Weiterbildungsmilieu bislang eher unbedeutend waren, kommen weitere privatwirtschaftlich agierende Institutionen/Organisationen in den Blick. Die Unternehmensberatungsfirma Lünendonk hat eine Liste der ‚führenden Anbieter beruflicher Weiterbildung in Deutschland 2004' unter dem Gesichtspunkt des *Umsatzes* zusammengestellt (vgl. Abb. 25). **Führende Anbieter**

In der Spitzengruppe liegen die beiden gemeinnützigen – insofern nicht ins Segment ‚passenden' – Bildungswerke, die bereits kurz vorgestellt worden sind. Es folgen Einrichtungen, die in unterschiedlichen Hinsichten für den Weiterbildungsbereich und seine jüngere Entwicklung charakteristische Merkmale aufweisen.

So bietet z.B. ‚Volkswagen Coaching' (vgl. www.vw-coaching.de, 27.12.05) Qualifizierung(-skonzepte) und Beratung für VW selbst und für andere Unternehmen an, kann also als Beispiel für die ‚Outsourcing'-Praxis gerade großer Konzerne angesehen werden. Das Unternehmen bietet auch Arbeitssuchenden an, ihre Chancen auf Reintegration in den ersten Arbeitsmarkt ‚signifikant' zu erhöhen (es dürfte sich hier um Fortbildung und Umschulung auf der Grundlage des SGB III handeln). Im Jahre 2004 beschäftigte VW-Coaching 894 Mitarbeiter, führte etwa 4.100 Veranstaltungen mit ca. 46.000 Teilnehmenden durch; es zählt damit zu den expandierenden Unternehmen: für 2001 waren 2.500 Veranstaltungen mit ca. 30.000 Teilnehmern angegeben worden.

Abb. 25: Führende Anbieter der beruflichen Weiterbildung in Deutschland 2004
(Weiterbildungsumsatz 2004 in Mio. Euro)

Rang	Unternehmen	Mio. Euro
1	DAA Akademie GmbH, Hamburg *)	150,00
2	Volkswagen Coaching GmbH, Wolfsburg	145,00
3	Berufsfortbildungswerk Bildungseinrichtung DGB GmbH, Düsseldorf *)	110,00
4	Dekra Akademie GmbH, Stuttgart	110,00
5	SRH Learnlife AG, Heidelberg	97,00
6	Deutsche Bahn AG Dienstleistungszentrum Bildung, Frankfurt a.M.	86,20
7	Telekom Training, Bonn	83,50
8	TÜV Bildung + Consulting GmbH, Berlin	83,00
9	SAP Deutschland AG & Co. KG, Walldorf *)	75,00
10	LS training and services GmbH & Co. KG, München *) 1)	70,00
11	Stiftung Grone-Schule, Hamburg	67,00
12	IBM GmbH Learning Services, Stuttgart *)	65,00
13	Cognos AG, Hamburg *)	58,90
14	IIR Deutschland GmbH, Sulzbach *)	50,00
15	FAA Bildungsgesellschaft mbH, Hamburg *)	47,00
16	Euroforum Deutschland GmbH, Düsseldorf *)	44,00
17	Bankakademie e.V., Frankfurt am Main	27,00
18	Unilog Integrata Training AG, Tübingen	26,30
19	Bildungszentrum für informationsverarbeitende Berufe e.V., Paderborn)*	26,20
20	Siemens AG – Automation and Drives, Nürnberg	22,00

*) Daten geschätzt

1) bis April 2004 Siemens Business Services GmbH & Co. OHG; seit 01.10.2004 von der bit Gruppe, Graz übernommen

Quelle: http://www.luenendonk.de/weiterbildung.php; 23.11.2005

Der Geschäftsbereich ‚Akademie‘ der DEKRA (im Kernbereich in der Fahrzeugprüfung und -begutachtung tätig) gibt für das Jahr 2000 (aktuelle Zahlen liegen nicht vor) eine Mitarbeiterzahl von 1.457 an (vgl. www.dekra-akademie. de). Auch dieses Unternehmen bietet (seit 25 Jahren) ein breites Spektrum von Weiterbildungsaktivitäten an. In 120 Zentren werden ca. 6.000 Maßnahmen mit ca. 100.000 Teilnehmenden pro Jahr durchgeführt. Die Akademie des TÜV (Technischer Überwachungsverein), auch im Kerngeschäft ein Konkurrent, engagiert sich seit 1970 in der Weiterbildung (vgl. www.tuev-akademie.de). Sie ist im übrigen Mitglied des ‚Wuppertaler Kreises‘ und von daher nicht ohne weiteres ‚privat-kommerziellen‘ Einrichtungen zuzurechnen. 800 fest angestellte und über 3.000 freie Mitarbeiter bieten (in 2000) an 60 Standorten national und international Beratung und Qualifizierung an. Das Unternehmen unterscheidet bei den Teilnehmenden:

- ‚Job suchende Kunden‘   36.000
- Anwärter auf Führungspositionen   3.000
- Fach- und Führungskräfte   16.000

Es ist also stärker als VW-Coaching auf dem durch SGB III regulierten Markt engagiert (das dürfte ähnlich für die DEKRA-Akademie gelten, deren Geschäftsbericht darüber aber keine Auskunft gibt).

Bei den anderen von Lünendonk aufgeführten Unternehmen wird es (noch) schwieriger, die Angaben, die im Blick auf die Struktur des Weiterbildungsbereiches interessant sind, ausfindig zu machen. Insofern beschränke ich mich hier auf zwei Hinweise zu besonderen Aspekten.

- Das Unternehmen SAP – weltweit erfolgreich mit seiner Software – verfügt über eine eigene Akademie mit mehreren Standorten für Kundenschulungen und unterscheidet davon die öffentlich geförderte Fort- und Weiterbildung (vgl. www.sap.com, 27.12.05). In diesem Bereich präsentiert SAP sich über seine Partner. Dabei ist bemerkenswert, dass eine Reihe der anderen – auf der Lünendonk-Liste oder in der hier vorliegenden Darstellung – wieder auftauchen: bfw, DEKRA, IHK, TÜV-Akademie. Man sieht an diesem Beispiel, dass es vielfältige Verflechtungen zwischen Firmen und unterschiedlichen Typen von Weiterbildungseinrichtungen gibt – was dann wieder Konsequenzen für das stets gegenwärtige Transparenzproblem hat.
- In anderer Hinsicht bemerkenswert ist die Selbstdarstellung der international tätigen, börsennotierten Firma ‚Unilog Integrata Training AG' (vgl. www. unilog-integrata.de/training, 27.12.05). Der Geschäftsbericht 2004 enthält einige allgemeine Aussagen über die Wichtigkeit des Lernens und der Weiterbildung. Im Wesentlichen ist es gespickt mit tabellarischen und graphischen Angaben über Umsätze, Vermögen, Sachwerte, Rücklagen etc. Was das Unternehmen im Weiterbildungsbereich mit wem wie macht, ist schwer nachzuvollziehen. Von seiner ganzen Anmutung her verweist dieser Geschäftsbericht eher auf ein Börsenpublikum. Weiterbildung ist hier zu einem Geschäftszweck beliebiger Art geworden, mit dem sich – allem Anschein nach – auch tatsächlich Geld verdienen lässt.

Betrachtet man das Segment der privaten bzw. kommerziellen Träger und selbständigen Trainer unter dem Prüfgesichtspunkt der gleichmäßigen und sozial ausgewogenen Versorgung der Bevölkerung mit Weiterbildungsangeboten, so sind in diesen Hinsichten kaum ‚Lösungen' zu erwarten. Bei betriebsexternen Aktivitäten dürften die Kosten für viele Interessenten zu hoch sein, betriebsinterne Veranstaltungen sind nicht frei zugänglich. Mit den Trainern kommen die Endabnehmer schließlich immer nur in Arrangements in Berührung, die vor allem von Firmen getroffen werden. Soweit Trainer sich bei ihren Kurskonzepten mehr oder weniger vorbehaltlos an schnell wechselnden Moden orientieren, sind ihre Angebote eher fragwürdig.

Kommentar

5.2.1.6. Fernunterricht

Fernunterricht als eine besondere Form der beruflichen Weiterbildung hat eine mittlerweile etwa 150-jährige Tradition, die eng mit der Entwicklung der kaufmännischen Berufe und der Ausdifferenzierung technisch-gewerblicher Tätigkeiten zusammenhängt (vgl. Ehmann 1991). Er ist durch zwei Merkmale bestimmt: Lehrende und Lernende sind räumlich voneinander getrennt, und dennoch wird der Lernprozess vom Lehrenden oder einem Beauftragten überwacht. In jüngerer Zeit ist es vor allem in der ersten Hälfte der sechziger Jahre zu einem starken Anstieg der Teilnehmerzahlen gekommen. So waren 1965 etwa 150.000 Personen bei Fernlehrinstituten eingeschrieben. Da diese Expansion teilweise auf aggressive Marketingmethoden zurückzuführen ist, hat sie dem Fernlehrwesen mehr geschadet als genutzt. Viele Teilnehmer wurden durch Vertreterbesuche, Haustürgeschäfte und zu ihren Ungunsten gestaltete Verträge hinters Licht geführt. Daraus ergab sich eine Diskussion über Möglichkeiten des Teilnehmerschutzes, die 1971 zur Gründung einer Zentralstelle für Fernunterricht und 1976 schließlich zur Verabschiedung des Fernunterrichtsschutzgesetzes (FernUSG) führte.

Qualitätssicherung
Da auf dieses Gesetz im Zusammenhang der generellen Qualitätssicherungsproblematik immer wieder verwiesen wird, skizziere ich knapp seine wesentlichen Bestimmungen. Wichtig ist, dass es frühere Regelungen ablöst, die auf einer *freiwilligen* Überprüfung beruhten. Demgegenüber *müssen* seit 1976 alle Fernlehrgänge, die der eingangs vorgenommenen Bestimmung entsprechen, staatlich (d.h. von der Zentralstelle für Fernunterricht, ZFU) zugelassen sein. Sobald es sich um berufsbildende Lehrgänge handelt, die auf Prüfungen zum Nachholen eines Berufsbildungsabschlusses oder zum Abschluss einer nach Berufsbildungsgesetz geregelten Fortbildung vorbereiten, wird das Bundesinstitut für Berufsbildung als gutachtende Stelle eingeschaltet. Ausgenommen von der Zulassungspflicht sind Angebote von Einrichtungen auf Hochschulebene, von Rundfunkanstalten sowie solche, die der Freizeit und Unterhaltung dienen. Den Anbietern können in zwei Hinsichten Vorgaben gemacht werden: bei der Werbung und der Gestaltung von Verträgen sowie bei der inhaltlichen Gestaltung der Lehrgänge. In beiden Bereichen sind Verbraucherschutzbestimmungen mittlerweile durchgesetzt; Schwierigkeiten bereitet noch das gesamte Feld der didaktischen Grundsätze, über deren generelle Bedeutung und deren Ausführung der Expertenstreit anhält.

Angebote
Die freiwillige Fernunterrichtsstatistik weist für 2003 etwa 178.350 Teilnehmende aus (vgl. Berufsbildungsbericht 2005). Die Verteilung der Teilnehmer auf die verschiedenen Themenbereiche zeigt Abb. 26.

Abb. 26: Teilnehmende an Fernlehrgängen nach Themenbereichen 2003

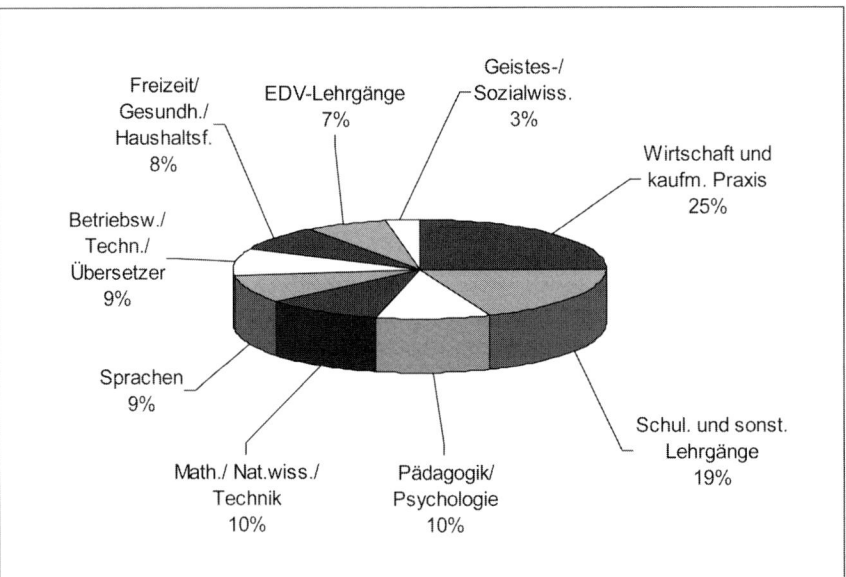

Quelle: Berufsbildungsbericht 2005, S. 261

Im Jahr 2003 wurden von 270 Veranstaltern insgesamt 1.861 zugelassene Fernlehrgänge angeboten. Von diesen entfallen etwa 74% auf den berufsbildenden und etwa 26% auf den allgemein bildenden Bereich. Rund ein Drittel aller Teilnehmenden bereitet sich über Fernunterricht auf eine öffentlich-rechtliche oder staatliche Prüfung vor. Hinzuzurechnen sind die gut 200 Fernstudienangebote der Fernuniversität Hagen sowie verschiedener anderer Hochschulen mit insgesamt etwa 13.000 Teilnehmern (vgl. Graeßner/Lischka 1996, S. 63f.).

Genauere Sozialdaten der Teilnehmenden liegen nicht vor, allerdings lässt sich vor dem Hintergrund der besonderen Merkmale des Fernunterrichtes eine Vermutung anstellen. Da er Geld kostet und in der Regel individuell finanziert wird, müssen die Teilnehmer entweder über die entsprechenden Mittel problemlos verfügen können oder die realistische Aussicht haben, dass sich die Investitionen auszahlen werden. Die Tatsache, dass Geselligkeits- und ähnliche Teilnahmemotive ausfallen, verstärkt den nutzenorientierten Charakter dieser Lernform. Es ist daher unwahrscheinlich, dass die gesellschaftlichen Gruppen, die von den bislang geschilderten Angeboten eher nicht erreicht werden, im Fernunterricht die ihnen gemäße Form der Weiterbildung finden. Zu Beginn der 1990er-Jahre wurde eine Firmenbefragung durchgeführt, die in dieser Hinsicht ein interessantes Ergebnis aufweist: Fernunterricht wird in den Unternehmen meist nur einem speziellen Teil der Mitarbeiter angeboten: den Führungskräften, dem Führungsnachwuchs sowie besonders qualifizierten Personen (vgl. Berufsbildungsbericht 1991, S. 135). Der allgemeine Befund wiederholt sich also: Auch im Fernlehrwesen gibt es zweifellos ‚Möglichkeiten' der Weiterbildung, allerdings vorzugsweise für die Teile der Bevölkerung, die auch mit Präsenzangeboten insgesamt recht gut versorgt sind. Regionale Disparitäten und besondere Lebensumstände, die die Teilnahme an orts- und zeitgebundenen Kursen erschweren, können dabei allerdings kompensiert werden.

5.2.2. Der Bereich primär allgemein orientierter Weiterbildung

Die im Folgenden vorgestellten Träger arbeiten weit überwiegend im Bereich der allgemeinen Weiterbildung, auch wenn einzelne Programmbestandteile durchaus beruflich orientiert sein können. Allein die zuerst beschriebenen Volkshochschulen sind öffentliche Einrichtungen im engeren Sinne. Allerdings wäre auch das Engagement der anderen Träger (der politischen Bildung, Gewerkschaften, Kirchen und private) ohne öffentliche Bezuschussung kaum denkbar. Vollständig ist die Präsentation auch in diesem Bereich sicherlich nicht, aber die hier beschriebenen Träger decken das Feld der allgemeinen Weiterbildung zum größten Teil ab.

5.2.2.1 Volkshochschule als ‚Öffentliches Weiterbildungszentrum'

Versucht man das allgemeine Grundverständnis von Volkshochschularbeit zusammenzufassen, so kann man immer noch auf die kleine Schrift ‚Stellung und Aufgabe der Volkshochschule' von 1978 zurückgreifen; sie wurde vom Deutschen Volkshochschulverband (DVV), in dem die Volkshochschulen auf Bundesebene organisiert sind (vgl. www.dvv-vhs.de), herausgegeben. Es gibt lediglich ein jüngeres Dokument, in dem die Volkshochschulen ihr Selbstverständnis darlegen: die so genannte ‚Schweriner Erklärung', beschlossen von der Mitgliederversammlung des DVV am 30.5.1994. Die zentralen Aspekte: öffentliches Weiterbildungszentrum, umfassender Bildungsauftrag, Offenheit, Angebotsvielfalt,

Margin note: "Grundsätze"

Ausgleich sozialer Chancen und Verringerung von Benachteiligung werden dort durchaus im Sinne der Schrift von 1978 noch einmal (in sehr knappen Formulierungen) bestätigt. Weiterbildung wird weder als eine zufällige noch als ausschließlich private Angelegenheit verstanden. „Erwachsenenbildung ist eine fundamentale Gemeinschaftsaufgabe, die von öffentlichen Weiterbildungszentren wahrgenommen werden muß. Nach dem Umfang ihrer Bildungsaktivitäten, nach der Bedeutung ihrer Erfahrungen und nach ihren bildungspolitischen Zielen können die Volkshochschulen die Aufgaben und Funktionen der öffentlichen Weiterbildungszentren übernehmen" (DVV 1978, S. 7).

Zentral ist dabei der Grundsatz der Offenheit. Er bezieht sich einerseits auf den weiterlernenden Menschen, dem Bereitschaft für die Aufnahme von Neuem und selbstkritische Überprüfung des Bestehenden abverlangt werden. Zugleich wird darauf abgehoben, dass die Bildungsbeteiligung weder an irgendeine Art von Mitgliedschaft, noch an bestimmte Gesinnungen oder formale Schulabschlüsse gebunden ist. Vielmehr ist die Volkshochschule offen für unterschiedliche Teilnehmerbedürfnisse sowie verschiedene Ziele und Methoden des Lernens. Dabei richtet sie ihre Aufmerksamkeit nicht allein auf diejenigen, die bereits zur Teilnahme motiviert sind, sondern bemüht sich ebenso darum, Bildungsbedürfnisse zu wecken.

Trägerschaft   Sie versteht ihre Arbeit als einen unverzichtbaren Beitrag zur Gemeindeentwicklung, indem sie durch die Vielfalt ihrer Aktivitäten die soziale, kulturelle und geistige Entfaltung der Bürgerinnen und Bürger ermöglicht. Diese enge Verbindung mit der Gemeinde kommt auch in ihrer institutionellen Verfasstheit zum Ausdruck: Volkshochschulen werden von Gemeinden bzw. Gemeindeverbänden in unterschiedlichen Rechtsformen getragen (vgl. Abb. 27).

Abb. 27: Träger der Volkshochschulen 2004

Gemeinde	390	(39,9%)
Kreise	158	(16,2%)
Zweckverband	72	(7,4%)
e.V.	322	(33%)
VHS im Stadtstaat	14	(1,4%)
GmbH/sonst.private Träger	21	(2,1%)

Quelle: Pehl/Reitz 2005, S. 15

Auch bei der finanziellen Förderung spielen die Gemeinden bzw. Kreise eine herausragende Rolle. Das Budget der Volkshochschulen setzt sich zusammen aus *Zuschüssen* von Gemeinde, Kreis, Land, der Bundesebene und anderen sowie *Eigeneinnahmen*. Über ihre Zuschüsse sind die Gemeinden bzw. Kreise bundesweit mit etwa 28,5% am Budget beteiligt. Die Bürger der Gemeinden erbringen in Form ihrer Teilnehmergebühren knapp 39% (vgl. ebd., S. 19).

Ziele   Bei ihren Angeboten ist die Volkshochschule um ein inhaltlich breit angelegtes und methodisch vielfältiges Angebot bemüht. Dessen Planung „orientiert sich an:

– spontan bemerkbar werdenden individuellen Bedürfnissen
– wissenschaftlich erkennbaren gesellschaftlichen Erfordernissen
– anthropologisch begründeten humanitären Ansprüchen" (DVV 1978, S. 9).

Diese Einrichtung begnügt sich also nicht mit der bloßen Reaktion auf einen individuell angemeldeten Bedarf, sondern versucht außerdem, Inhalte zu verbreiten, die nach übergeordneten Gesichtspunkten als relevant erachtet werden. Sie kann dies nur, weil (und solange) sie öffentlich gefördert wird; andernfalls wäre das Risiko, für Veranstaltungen zu wenig nachgefragten Themen zumindest eine Weile nicht hinreichend große Teilnehmerzahlen zu erreichen, zu hoch.

Mit der angestrebten inhaltlichen und methodischen Vielfalt verpflichtet sich die Volkshochschule dem Prinzip der Teilnehmerorientierung. Gemeint ist damit hier, dass auf unterschiedliche Lernvoraussetzungen, biographische Situationen und soziale Merkmale Rücksicht zu nehmen ist. Dies schließt ein, dass Bevölkerungsgruppen, die allenfalls durch besondere Formen der Ansprache für Weiterbildung gewonnen werden können (so genannte ‚Zielgruppen‘), ausdrücklich gefördert werden. In der Statistik als ‚besondere Adressaten‘ ausgewiesen sind: ältere Menschen, Analphabeten, Arbeitslose, Ausländer, Behinderte und Frauen. Insgesamt zählen 15% aller Kurse zu diesem besonderen Typ von Veranstaltungen. Besonders herausragende Schwerpunkte liegen in der Gesundheitsbildung (ältere Menschen und Frauen) sowie bei den Sprachkursen (Ausländer, Analphabeten; vgl. Pehl/Reitz 2005, S. 38).

Dem Gesamtangebot werden drei wichtige Funktionen zugewiesen: „Hilfen zu leisten für das Lernen, Hilfen zu leisten für die Orientierung und Urteilsbildung, Hilfen zu leisten für die Eigentätigkeit" (DVV 1978, S. 11). Dem entsprechen verschiedene grundlegende Ausrichtungen von Programmbestandteilen:

–   Es soll Angebote enthalten, die *systematisch und langfristig* angelegt sind, um einen anerkannten Qualifikationserwerb zu ermöglichen.
–   Daneben soll kurzfristig auf *aktuelle Fragen* Bezug genommen werden, gerade wenn sie in der Öffentlichkeit kontrovers diskutiert werden.
–   Schließlich ist dem Bedürfnis nach Kreativität und Spontaneität Raum zu geben, um so *Selbsterfahrungen* und Gestaltungsprozesse in Gruppen möglich zu machen.

Diese Bestandteile dürfen nicht gegeneinander ausgespielt werden, denn die Volkshochschule ist als öffentliches Weiterbildungszentrum zur Ausgewogenheit verpflichtet. Diese „wird erkennbar an der Vielfalt des Angebots, an dem breiten Spektrum der Lernziele, an der Unterschiedlichkeit der Veranstaltungsformen und Arbeitsweisen, an der Offenheit der Fragestellungen, an der Berücksichtigung des Alltäglichen und des Ungewohnten, an der Gegensteuerung gegenüber dem Selbstverständlichen" (DVV 1978, S. 12).

Um eine solche Angebotsbreite sicherzustellen, sind im Gesamtprogramm jeweils verschiedene Stoffgebiete vertreten, die bereits im Gutachten ‚Volkshochschule‘ der Kommunalen Gemeinschaftsstelle für Verwaltungsvereinfachung (KGSt) unterschieden werden (vgl. BMBW 1973, S. 8f.). Ein wenig anders formuliert, bilden sie das Raster, nach dem der DVV alljährlich über die Angebotspalette der Volkshochschulen Auskunft gibt. Um zu prüfen, inwieweit Ausgewogenheit gewährleistet ist, werden im Folgenden nicht die absoluten Zahlen, sondern lediglich die *prozentualen Anteile* am Gesamtangebot ausgewiesen (vgl. Abb. 28).

Abb. 28: Anteil der VHS-Kurse nach Programmbereichen 2004

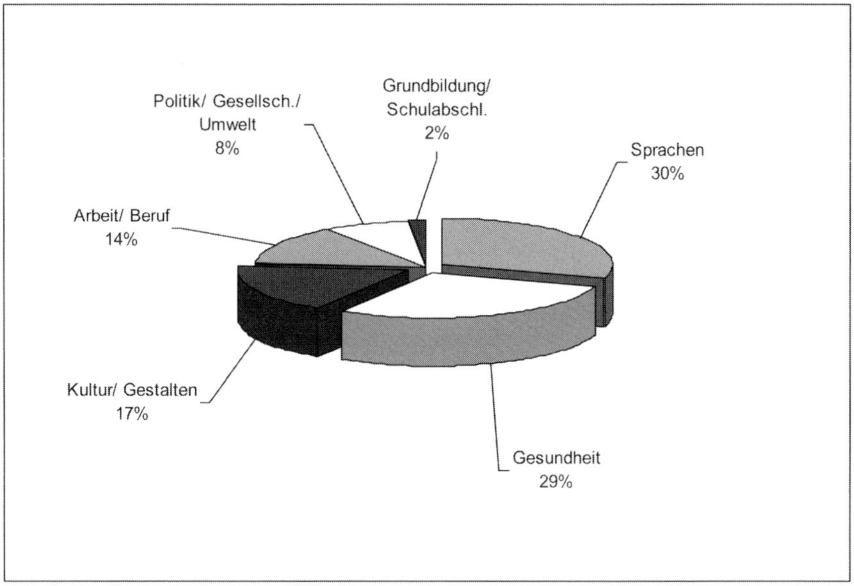

Politik/ Gesellsch./
Umwelt
8%

Grundbildung/
Schulabschl.
2%

Sprachen
30%

Arbeit/ Beruf
14%

Kultur/ Gestalten
17%

Gesundheit
29%

Quelle: Pehl/Reitz 2005, S. 25f.

Von den absoluten Zahlen her gesehen, haben im Jahr 2004 die 984 deutschen Volkshochschulen gut 560.000 Kurse mit über 6,7 Mio. Belegungen angeboten.

Vielfältig ist das Angebot also tatsächlich, ausgewogen in dem Sinne, in dem es einmal gedacht war, ist es demgegenüber nicht. Offensichtlich sind die Bedürfnisse der Menschen, die von den Volkshochschulen erreicht werden, nicht so breit und vor allem nicht in der Weise gestreut, wie man sich dies vorgestellt hat. Denn werbende Bemühungen, etwa im Bereich der politischen Bildung, gibt es in großer Zahl, sie haben – bei 2% Anteil an den Kursen – aber nicht den gewünschten Erfolg. Dies sollte zum Anlass genommen werden, über das Profil der Institution vorbehaltlos zu diskutieren, um auf diese Weise den Blick frei zu machen auf all das, was *nicht* geschieht (vielleicht auch gar nicht geschehen kann). Denn die *Argumente*, mit denen man sich für Ausgewogenheit stark gemacht hat, sind ja nicht hinfällig.

Vielfalt und Ausgewogenheit sollen allerdings nicht allein unter dem Gesichtspunkt der Stoffgebiete, sondern auch unter denen der bereits angesprochenen Ziele (Qualifikationserwerb, Orientierung, Selbsterfahrung und Gestaltung) sowie unterschiedlicher Anspruchsebenen gewährleistet sein. Unter Berücksichtigung des Prinzips der Teilnehmerorientierung sind also Angebote vorzusehen, die von der Vermittlung elementarer Kenntnisse bis hin zur wissenschaftsbezogenen Auseinandersetzung mit speziellen Problemen reichen. Auch hinsichtlich der Veranstaltungsformen, Arbeitsweisen und Verbindlichkeitsgrade sind unterschiedliche Voraussetzungen und Interessen zu bedenken. Dem wird dadurch Rechnung getragen, dass es neben dem ‚Kurs' auch Einzelveranstaltungen, Ausstellungen u.Ä. gibt und dass auch längerfristige Angebote gemacht werden, die mit Prüfungen und Zertifikaten abschließen.

Abschlüsse So können einerseits eine Reihe von Schulabschlüssen an der Volkshochschule nachgeholt werden: der Haupt- und Realschulabschluss, die Fachhoch-

schulreife und das Abitur. Auch einzelne Prüfungen der Industrie- und Handels-
bzw. Handwerkskammern sowie verschiedener Berufsverbände können abgelegt
werden. Außerdem sind von den Volkshochschulen spezielle bundeseinheitliche
Zertifikate geschaffen bzw. von anderen Institutionen übernommen worden – in
den Bereichen:

–   Deutsch als Fremdsprache
–   Englisch
–   Englisch Wirtschaft/Hotel- und Gaststättengewerbe/Technisches Englisch
–   Französisch
–   Französisch für den Beruf
–   Italienisch/Russisch/Spanisch/Katalanisch/Niederländisch
–   Informatik
–   PC-Anwendungsberatung
–   Elektronik sowie ganz aktuell, abgestimmt mit anderen europäischen Staaten:
–   XPERT-Zertifikate bislang in den Bereichen ‚european computer passport‘
    und ‚personal business skills‘

Angesichts der umfassenden Zielsetzungen und der breiten Angebotspalette mit
unterschiedlichen Anspruchsebenen ist es nahe liegend, dass auf Beratung Wert
gelegt wird. Sie dient einerseits dem einzelnen Teilnehmer und Interessenten, der
das seinen Erwartungen und Leistungsmöglichkeiten entsprechende Angebot finden muss. Andererseits hilft sie der Institution dabei, sachgerecht und situations-
bezogen zu planen, Informationen über Weiterbildungsbedarf zu gewinnen und
etwas über die Motivationen zu erfahren, die Teilnehmer zum Besuch eines
Volkshochschulkurses veranlassen.

Von der Programmatik her entspricht die Institution Volkshochschule den Prin- Kommentar
zipien einer sozial und inhaltlich ausgewogenen, auf die Interessen der Subjekte bezogenen Bildungsarbeit in hohem Maße. In ihrer Praxis bemüht sie sich nach Kräf-
ten, diese Prinzipien auch umzusetzen. Die faktische Teilnehmernachfrage führt jedoch zur Herausbildung eines Profils, das den Erwartungen und Zielen allenfalls
bedingt genügt. Insofern mehr als 70% der Kurse wie der Belegungen auf die drei
Bereiche der Sprachen-, kreativitätsorientierten und Gesundheitsbildung entfallen,
wird deutlich, dass die Volkshochschule nur für spezifische Bedürfnisse einen angemessenen Weiterbildungsort darstellt. Auch sie ist – trotz entsprechender Bemühungen – nicht in der Lage, soziale Segmentation zu überwinden.

5.2.2.2. Partikular orientierte Träger der allgemeinen Weiterbildung

Träger der politischen Bildung
Politische Bildung ist grundsätzlich nicht auf bestimmte Orte oder Einrichtungen
beschränkt. Vielmehr wird gerade in jüngerer Zeit von einem zunehmenden Teil der
Weiterbildungsträger der Anspruch erhoben, zumindest *auch* politische Bildung zu
betreiben. So findet man beispielsweise in der Diskussion über betriebliche Weiterbildung immer wieder den Hinweis, dass berufliche Qualifizierung mit politischer
Bildung verknüpft werden müsse und wird. Allerdings hat dieser Bereich bei den
meisten Trägern eine eher randständige Bedeutung, taucht unter Umständen *gelegentlich* als *ein* Bestandteil ansonsten deutlich anders akzentuierter Kurse auf.
Selbst bei den Volkshochschulen, die zweifellos wichtige Träger politischer Bil-

dung sind, macht sie lediglich einen Anteil von etwa 2% der Angebote aus. Um solche Träger geht es im Folgenden nicht, sondern um diejenigen, bei denen politische Bildung im Zentrum des Interesses und der Aktivitäten steht.

Ziele Im Sinne allgemeiner und in gewisser Weise 'zeitloser' Ziele, um deren *konkrete* Ausgestaltung es einen anhaltenden Streit gibt, hat politische Bildung

- über Zusammenhänge zwischen politischen, gesellschaftlichen und ökonomischen Prozessen zu informieren;
- das Engagement der Menschen für die Demokratie zu fördern;
- politische Urteilsfähigkeit zu vertiefen und politisches Handeln anzuregen;
- die Fähigkeit zu entwickeln, eigene Positionen und Interessen unter Berücksichtigung der Interessen anderer zu behaupten;
- die Verständigungsbereitschaft zwischen Menschen unterschiedlicher (kultureller) Herkunft zu fördern.

Zurück geht dies alles auf die Grundüberzeugung, die bereits im Zusammenhang eines postulierten 'Rechts auf Weiterbildung' angesprochen wurde: Freiheitliche Verfassungen können nur in dem Maße mit Leben gefüllt werden, in dem die Menschen dazu fähig und bereit sind.

Als besondere Herausforderungen gelten gegenwärtig (vgl. exempl. Sander 2002, Wessely 2004):

- Pluralisierungstendenzen in einer 'posttraditionalen' Gesellschaft, die neue Orientierungs- und Verständigungsprobleme bei Subjekten und Gruppen zur Folge haben.
- Europäisierung und Globalisierung, die es erforderlich machen, Politik über die nationalstaatlichen Grenzen hinaus zu denken und zu beobachten.
- Kulturelle Wirkungen von Migrationsprozessen, die auch mit Migranten selbst zu bearbeiten sind.

Daran wird deutlich, dass politische Bildung auch als ein Ort, eine Form angeboten wird, irritierende, Sorge bereitende Ereignisse kommunikativ zu bearbeiten. Problematisch wird es immer dann, wenn der Eindruck entsteht, sie könne solche Probleme 'lösen'.

Institutionelle Struktur Blickt man auf die *institutionelle Struktur* dieses Feldes, so ist zunächst festzuhalten, dass der weitaus größte Teil politischer Bildung öffentlich gefördert wird. Für diese Förderung sind verschiedene staatliche Stellen zuständig:

- Das Bundesministerium für Familie, Senioren, Frauen und Jugend fördert vor allem die politische *Jugend*bildung in unterschiedlichen Bereichen. Unterstützt werden Jugendgruppen und -verbände sowie außerverbandliche Einzelmaßnahmen (Kurse, Arbeitstagungen, Publikationen etc.). Internationaler jugendpolitischer Zusammenarbeit und Jugendaustauschprogrammen kommt dabei ein hoher Stellenwert zu.
- Das Bundesministerium der Verteidigung erreicht eine große Zahl von Adressaten politischer Bildung, weil diese für Soldaten gesetzlich vorgeschrieben ist. Analog dazu bietet das Bundesamt für den Zivildienst Seminare für Zivildienst Leistende an.
- Das Bundesministerium für Bildung und Forschung kann nicht institutionell, sondern lediglich projektbezogen fördern und tut dies etwa in Form der Unterstützung von Medienverbund-Modellen des Adolf-Grimme-Instituts.

– Das Bundesministerium für wirtschaftliche Zusammenarbeit und Entwicklung bemüht sich darum, über Bildungsmaßnahmen das Verständnis der Nord-Süd-Problematik in der deutschen Bevölkerung zu vertiefen. Die Förderprogramme werden in Kooperation mit unterschiedlichen gesellschaftlichen Gruppen und Bildungsinstitutionen durchgeführt.
– Zum Geschäftsbereich des Bundesministeriums des Innern gehört schließlich die Bundeszentrale für politische Bildung, über die die bundespolitische Verantwortung in diesem Feld vor allem wahrgenommen wird (vgl. www. bpb.de).[5] Abgesehen von eigenen konzeptionellen Aktivitäten und der Bereitstellung einschlägiger Schriften fördert die Bundeszentrale Veranstaltungen der so genannten freien Träger, deren Bildungsangebot zu einem guten Teil von diesen Zuwendungen abhängig ist.

Damit sind wir nun gewissermaßen bei einem Herzstück der politischen Bildung in der Bundesrepublik angekommen, bei den so genannten ‚freien Trägern‘. Diese haben sich zu einem guten Teil im ‚Arbeitskreis deutscher Bildungsstätten‘ (AdB) zusammengeschlossen (vgl. www.adbildungsstaetten.de). Er vereint ca. 200 Mitglieder; in der Mehrzahl handelt es sich um Einrichtungen mit Internatsbetrieb, also etwa Jugendbildungsstätten, politische Akademien, internationale Begegnungsstätten, Europahäuser und Heimvolkshochschulen. Und genau in diesem Merkmal liegt bereits ein Stück Programm begründet. Die Bildungsstätten werden als *besondere Lernorte*, als Orte gemeinsamen Lebens und Lernens, der Begegnung und des Austauschs von Meinungen und Erfahrungen verstanden. Sie sehen ihre Aufgaben darin,

– übergreifende und vernetzte Bildungserlebnisse zu ermöglichen, bei denen Theorie und Praxis, politische und kulturelle Bildung mit persönlichen Erfahrungen verbunden werden;

Lernort Bildungsstätte

– Kommunikation anzustiften und Raum für neugierige Begegnungen zu schaffen, bei denen Menschen außerhalb ihrer alltäglichen Lebens-, Arbeits- und Lernbereiche zusammenfinden, um gemeinsam unterschiedlichste Probleme zu diskutieren;
– einen ‚Schutzraum‘ zu bieten, in dem die Teilnehmerinnen und Teilnehmer die Chance haben, sich für eine begrenzte Zeit aus den Zwängen des Alltags zu lösen, sich ohne Konkurrenzdruck auszutauschen und sich aus angestammten Rollenmustern herauszuwagen, um neue Verhaltensweisen erproben zu können (vgl. Argumente für den Lern- und Begegnungsort Bildungsstätte 1992).

Mit diesem Profil sehen sie sich als besonders geeignet an, auf die ‚Herausforderungen der Moderne‘ zu antworten und Beiträge zur Bewältigung politischer Umbrüche sowie der Folgen tief greifenden sozialen und kulturellen Wandels zu leisten. Politische Bildung in diesem Sinne vermittelt zwischen alltäglichen Lebenswelten und systemischen Strukturen, die immer unübersichtlicher werden. Sie soll einen öffentlichen Raum der Kommunikation bieten, der angesichts von Individualisierungs- und Segmentierungsprozessen unverzichtbar wird. „Indem sie Menschen aus verschiedenen sozialen Klassen, Schichten und Milieus, sowie

---

5 Analog dazu unterhalten die einzelnen Bundesländer ‚Landeszentralen für politische Bildung‘.

mit unterschiedlichen Lebensstilen und Lebensführungen an festen Lernorten zusammenführt und politische Diskurse ermöglicht, die zwischen den abgeschotteten Lebenswelten kaum noch stattfinden" (AdB 1996, S. 67), wendet sie sich gegen Schließungstendenzen im sozialen Raum.

Milieuspezifische
Interessen Gerade diese Perspektive umzusetzen, bereitet allerdings erhebliche Schwierigkeiten. Denn einzelne Milieus favorisieren *spezifische* Inszenierungsformen politischer Bildung, die miteinander unverträglich sein können. Eine im Auftrag der Friedrich-Ebert-Stiftung erstellte Studie zeigt sehr deutlich die Probleme, die entstehen, wenn man verschiedenen ‚Zielsegmenten‘ im sozialen Raum auf dieselbe Weise gerecht zu werden versucht (vgl. Flaig u.a. 1993, S. 135 ff.). Mögen die einen den ‚sozialdemokratisch biederen Gemeinsinn emanzipativer Volkshochschulpädagogik‘ schätzen und die anderen die ‚lustfeindliche Diskursivität alternativ gestimmter Spätachtundsechziger‘, so gibt es dritte, die mit beidem wenig im Sinn haben (vgl. ebd., S. 199). Aus solchen Befunden lassen sich dann wohl „Vorgaben ableiten für eine zielgruppengerechte Gestaltung politischer Bildung – von der Angebotspolitik (Welche Zielgruppen wollen welche Produkte?) über das Design der Lernorte (Welche Zielgruppen haben welche Bedürfnisse?) bis zur Ästhetik der Kommunikation (Welcher Kommunikationsauftritt wird von den Zielgruppen angenommen?)" (ebd., S. 182). Wie (und ob) man die verschiedenen Geschmacksrichtungen zusammenführen kann, bleibt dabei allerdings offen.

Gleichzeitig sehen sich die Bildungsstätten unter wachsendem ökonomischen Druck. Zum einen sind sie mit einer immer stärkeren Betonung der beruflichen Verwertbarkeit von Weiterbildungsinhalten konfrontiert. Am Beispiel des Bildungsurlaubs lässt sich dies auch zahlenmäßig gut illustrieren. Ursprünglich mit einem starken Akzent politischer Bildung versehen, hat er sich – auf niedrigem Niveau der Inanspruchnahmen (1 bis 2%) – entschieden zu einer Veranstaltung allgemeiner und vor allem beruflicher Weiterbildung entwickelt (vgl. Wagner 1995). In NRW zum Beispiel hatte 1985 die ‚politische Weiterbildung unter Einschluss von berufsbezogener Weiterbildung‘ noch einen Anteil von 87,5% (‚berufliche Weiterbildung‘ 7,5%; ‚Verbindung beruflicher und politischer Weiterbildung‘ 5%). 1995 ist ein Anteil von knapp 28% gegenüber 55% beruflicher Weiterbildung geblieben (laut Statistik des Ministeriums für Schule und Weiterbildung von NRW). Zum anderen hat sich wegen des Auftretens kommerzieller Veranstalter auf dem so genannten ‚Weiterbildungsmarkt‘ die Wettbewerbssituation verschärft. Hinzu kommt, dass die Teilnehmerbeiträge wegen stagnierender oder auch reduzierter Förderung steigen. Bildner beklagen vor diesem Hintergrund, dass ökonomische Gesichtspunkte die pädagogischen Überlegungen bei der Angebotsplanung bedrängen und ziehen dabei teilweise im Interesse der Institution nahe liegende, unter dem Gesichtspunkt der Offenheit allerdings fatale Konsequenzen: „Wir können uns dann behaupten, wenn wir auch künftig Programme nach Maß entwickeln und anbieten. Dies bedeutet aber auch, daß wir Angebote mit völlig freier Ausschreibung sehr stark einschränken und in der Regel mit festen Gruppen oder fest umrissenen Zielgruppen, zu denen wir einen besonderen Zugang haben, arbeiten" (‚Argumente‘ 1992, S. 46). Solcher Klientеlismus mag die Häuser füllen, den selbst erhobenen Ansprüchen, Segmentationstendenzen zu begegnen, genügt er allerdings nicht. Solange man davon ausgeht, dass einige der skizzierten Probleme über Weiterbildung wenn schon nicht zu lösen, dann zumindest zu beeinflussen sind, dann kann eine Tendenz zu ,exklusi-ven' Angeboten kaum eine angemessene Perspektive darstellen.

Es wiederholt sich das, was bereits bei den Volkshochschulen festzustellen Kommentar war. Programmatisch wird die Notwendigkeit politischer Bildung plausibel be-schrieben, intentional versuchen die Akteure, ihre Zielvorstellungen entsprechend umzusetzen, faktisch scheitert diese Umsetzung an einer Reihe von Faktoren, unter denen die finanziellen Rahmenbedingungen eine gewisse Rolle spielen. Sie allein verantwortlich zu machen, führt aber am Problem vorbei. Angesichts von etwa 1% der erwachsenen Bevölkerung, die an politischer Weiterbildung teil-nehmen (vgl. Kuwan u.a. 2000, S. 29), klingen die immer wieder mit Verve – auch von Seiten der Bundesregierung – vorgetragenen stereotypen Begründungen für ihre Notwendigkeit eigentümlich hohl. Nähme man die Begründungen ernst, dann müsste die demokratische Ordnung längst massiv gefährdet sein. Durch ei-nen solchen Umstand zwangsläufig ausgelöste Sicherungsbestrebungen sind im Feld der politischen Bildung nirgends zu erkennen.

Gewerkschaftliche Bildungsarbeit

Eine Besonderheit gewerkschaftlicher Bildungsarbeit besteht in ihrer expliziten Interessen-orientierung ,Interessenorientierung'. Als Organisation, die die abhängig Beschäftigten und ihre Familien vertritt, sieht sich die Gewerkschaft den Belangen der arbeitenden Bevölkerung verpflichtet. „Interessenorientiertes Lernen in den Gewerkschaften heißt, daß die politische Bildungsarbeit <...> nicht ,neutral' oder ,wertfrei' in dem Sinne sein kann, daß sie ungeachtet der sozialen und ökonomischen Situati-on und Interessen ihrer Teilnehmer zu arbeiten versucht" (DGB-Bildungswerk 1994, S. 8). Vielmehr sollen sich die Teilnehmenden über ihre Lage als Arbeit-nehmer klar werden und „die Notwendigkeit erfahren, sich zur Formulierung und Durchsetzung ihrer Interessen politisch und gesellschaftlich zu engagieren" (ebd., S. 9). Aus diesem Grundverständnis ergibt sich ein (idealtypischer) dreistufiger Aufbau von Bildungsveranstaltungen:

– Ausgehend von den „individuellen und kollektiven Erfahrungen der Teilnehmer
– werden die gesellschaftlichen und ökonomischen Bedingungen und Hinter-gründe für die aktuelle Lage der abhängig Beschäftigten <...> aufgezeigt und daraus
– Konsequenzen für ein solidarisches Handeln in Betrieb, Gewerkschaft und Politik gezogen" (ebd.).

In den Veranstaltungen vermitteltes Wissen hat damit drei unterschiedliche Ak-zente, es ist Allgemeinwissen, Orientierungswissen und Aktionswissen.

Was konkrete Details, Größenordnungen usw. angeht, lassen sich auch in diesem Bereich eher exemplarische *Ein*sichten als umfassende *Über*sichten ge-winnen. Zwei Gliederungsprinzipien führen zu einer Vielfalt, die auch gewerk-schaftsintern wenig zur Transparenz beiträgt: die Teilung in den DGB als ,Dach-organisation' und die (acht) Einzelgewerkschaften sowie die regionalen Unter-gliederungen bei beiden.

Das DGB-Bildungswerk unterhält auf der Bundesebene vier Bildungszentren Angebote des DGB in Düsseldorf, Hamburg-Sasel, Hattingen und Niederpöcking/Starnberg (vgl. www.dgb-bildungswerk.de; 07.12.2005). In diesen Einrichtungen werden Semi-nare zu folgenden Themengruppen durchgeführt:

Seminare für Betriebsratsmitglieder und -vorsitzende:

zu Themen der Betriebsratspraxis
Arbeitsrecht, Sozialrecht und Betriebsverfassung
Personalwirtschaft und Beschäftigungssicherung
Wirtschaftliche Angelegenheiten
Organisation von Arbeit, Technik, Datennetzen
Sicherheit, Gesundheit und Umweltschutz im Betrieb

zum Betriebsratsmanagement
Grundlagen und Rahmenbedingungen der Gremienarbeit
Arbeitstechniken und -methoden für die Gremienarbeit
Kommunikation und Konfliktbewältigung
Computer, Intra- und Internetnutzung in der Betriebsratsarbeit

Seminare für Trägerinnen und Träger betrieblicher Mandate und Funktionen:

Mitglieder im Wirtschaftsausschuss
Arbeitnehmervertretung im Aufsichtsrat
Jugend- und Auszubildendenvertretung
Schwerbehindertenvertretung
Mitglieder im EDV Ausschuss und Datenschutzbeauftragte
Arbeitsschutzakteure (Mitglieder im Arbeitsschutzausschuss, Sicherheitsfachkräfte,
Arbeitsmedizinerinnen und Arbeitsmediziner, Betriebsärztinnen und Betriebsärzte)
Umweltschutzakteure (Mitglieder im Umweltausschuss, Umweltschutzbeauftragte)
Mitglieder im Verwaltungsrat der gesetzlichen Krankenversicherung (GKV)
Arbeitsrichterinnen und -richter

*Politische Bildung für Interessierte und ArbeitnehmerInnen mit Anspruch auf
Bildungsurlaub*

Gesellschaft – Wirtschaft – Zeitgeschehen
Europa und Internationales
Migration
Arbeit, Gesundheit, Umwelt
Computer und multimediale Kommunikation
Quelle: http://www.dgb.de/service/bildungsangebote/bildungsangebote.htm; 07.12.2005

In den Formulierungen klingt eine wichtige Unterscheidung an: Seminare sind zum Teil für ‚Funktionsträger', also Betriebs- und Personalräte, und zum anderen Teil für Gewerkschaftsmitglieder und sonstige Interessenten gedacht. Dabei hat die Funktionsträgerschulung im Grunde den Charakter ‚beruflicher Bildung', insofern es darum geht, eine quasi-professionelle Kompetenz für die Interessenvertretung im Zusammenhang der Erwerbsarbeit zu vermitteln. Im Blick auf Nicht-Mitglieder wird gewerkschaftliche Bildungsarbeit auch als Werbung für die Organisation verstanden.

Der DGB unterhält weiterhin Bildungswerke auf der Ebene der Länder, die ein breites Angebot in eigener Regie, teilweise in Kooperation mit ihnen nahe stehenden anderen Bildungswerken durchführen. Zu den Größenordnungen nur ein Beispiel: Das DGB-Bildungswerk NRW gibt an, jährlich etwa 2.500 Veranstaltungen mit insgesamt etwa 50.000 Teilnehmenden durchzuführen und sieht sich selbst damit als größten Anbieter politischer Weiterbildung in NRW an (vgl. www.dgb-bildungswerk-nrw.de; 27.12.2005). Thematisch dürften sich die Seminare in ähnlichen Bereichen bewegen wie auf der Bundesebene. Im Blick auf Formen und Rahmenbedingungen setzt sich der DGB sehr stark für die Inanspruchnahme von Bildungsurlaub ein.

Hinzu denken muss man nun noch die Aktivitäten der acht Einzelgewerkschaften auf Bundes- und Länderebene. Auch sie unterhalten eigene Bildungszentren und bieten wiederum teilweise in Kooperation mit anderen Veranstaltungen an. Es ist nicht zu ermitteln, wie viele Menschen auf diese Weise in gewerkschaftliche Bildungsarbeit einbezogen werden. Angesichts der Tatsache, dass die deutschen Gewerkschaften etwa 7 Mio. Mitglieder haben und vor dem Hintergrund immer komplexerer Aufgaben für Betriebsräte und Vertrauensleute, die einschlägige Qualifizierung unabdingbar macht, dürfte es sich aber um eine bemerkenswerte Größenordnung handeln. Einzel-
gewerkschaften

Zum Teil den Gewerkschaften und zum anderen Teil den Volkshochschulen zuzurechnen sind die Aktivitäten von ‚Arbeit und Leben‘, einer Organisation, die 1948 auf Landes- und lokaler Ebene gegründet wurde und seit 1956 über einen Bundesarbeitskreis verfügt. Volkshochschulen und DGB arbeiten in ca. 400 Kreis- und örtlichen Arbeitsgemeinschaften zusammen. Gemeinsame Weiterbildungsangebote sollen dazu beitragen, die Stellung der ArbeitnehmerInnen, insbesondere der bildungsungewohnten und bildungsbenachteiligten, in Gesellschaft und Beruf zu stärken. Sowohl die methodisch-didaktische als auch die inhaltliche Ausrichtung ist der gewerkschaftlichen Bildungsarbeit sehr nahe. Allerdings wendet Arbeit und Leben sich nicht an Funktionsträger, vielmehr sind die Veranstaltungen grundsätzlich offen für alle. (vgl. www.arbeitundleben.de) ‚Arbeit und Leben‘

Die Reihe der Träger, die ihre Arbeit ganz explizit auf gegenwärtige gesellschaftspolitische Probleme, auf soziale Benachteiligung und demokratische Grundprinzipien beziehen, wird hier fortgesetzt. Es liegt nahe, dass die Themen stärker um die Arbeitssituation herum angesiedelt sind, als dies bei den Volkshochschulen und Bildungsstätten der Fall ist. Auch wenn die Gewerkschaften sich bemühen, ihre Angebote an solche Personen zu adressieren, die (noch) keine Mitglieder sind, haben wir es hier erneut mit einer Form des Klientelismus zu tun. Dies wird sich kaum vermeiden lassen, da man eine gewisse Affinität zu einem Träger haben muss, der ausdrücklich ‚interessenorientiert‘ agiert. Es wird hier auch nicht im Sinne der Kritik vermerkt, sondern mit Rücksicht auf die grundlegende Frage, wo wir in der Weiterbildungslandschaft ‚offene‘ Angebote finden, und welchen Charakter diese haben. Gewerkschaftliche Bildungsarbeit kann diesem Typus allenfalls bedingt zugerechnet werden. Kommentar

Kirchliche Erwachsenenbildung
Als weltanschaulich ‚gebundene Träger‘ setzen die Kirchen insofern nochmals besondere Akzente, als sie von einem bestimmten Menschenbild ausgehen. Dies bleibt auch für bildungspolitische Positionen nicht folgenlos, was sich besonders deutlich an programmatischen Verlautbarungen der Deutschen Evangelischen Arbeitsgemeinschaft für Erwachsenenbildung (DEAE; vgl. www.deae.de; Seiverth 2002) zeigen lässt. Dem eingetragenen Verein gehören sechzehn Landesorganisationen *evangelischer Erwachsenenbildung* sowie fünfzehn weitere Werke Menschenbild

167

und Verbände an, die sich ausschließlich oder zumindest einem Arbeitsschwerpunkt der Erwachsenenbildung widmen. Er nimmt konzeptionelle, beratende sowie informierende Aufgaben wahr und vertritt die Belange evangelischer Erwachsenenbildung im politischen Raum.

Unter dem Motto ‚Recht auf Bildung für alle‘ setzt die DEAE vor allem an Problemen an, die den einzelnen Menschen aus objektiven Krisensituationen erwachsen (vgl. DEAE 1991). Als ‚zugespitzte Krisen der industriellen Zivilisation‘ werden beispielhaft genannt:

– die „Dauerkrise in der Welternährung und Güterversorgung, die nach wie vor vom Interesse an der Erhaltung des Lebensstandards der nördlichen Industriegesellschaften bestimmt wird – mit allen Folgen der Verarmung und Ausbeutung der natürlichen Ressourcen" (ebd., S. 1);
– regionale und nationale Konflikte sowie innerhalb unserer Gesellschaft sich ausbreitende fremdenfeindliche Ressentiments und nationale Vorurteile.

„Diese Herausforderungen verlangen von uns allen eine Fülle von intellektuellen, seelischen und sozialen Integrationsleistungen und viele praktische Verhaltensänderungen. Deshalb sind organisierte Lernprozesse quer durch die Gesellschaft notwendig. EntscheidungsträgerInnen und ExpertInnen allein können die Herausforderungen nicht bewältigen" (ebd.).

Hier wird ein christliches Menschenbild maßgeblich, das es verbietet, den (gottesebenbildlichen) Menschen als ‚eine durch Bildung zu optimierende Humanressource‘ zu funktionalisieren (vgl. DEAE 1994, S. 2). Dass Weiterbildung als eine abhängige Variable konjunktureller Schwankungen betrachtet wird, kann vor diesem Hintergrund nicht akzeptiert werden, zumal es um die Bewältigung anhaltender globaler Probleme geht. Die besondere Betonung von ‚Überlebensfragen‘ gründet in dem Bewusstsein der ‚einen Welt‘, das dem ‚bewohnten Erdkreis‘ und dem ‚Schöpfungsparadigma‘ verpflichtet ist (vgl. ebd., S. 4). Evangelische Erwachsenenbildung orientiert sich also im Zusammenhang ihrer Einbindung in die weltweite Ökumene an den Leitbegriffen Gerechtigkeit, Frieden und Bewahrung der Schöpfung (vgl. DEAE 1991, S. 4).

Programm

Aus dieser Haltung heraus wird auch in aktuellen Auseinandersetzungen über die Ziele und Realisierungsformen von Bildung und Weiterbildung Stellung bezogen. Gegen die Orientierung an einer ‚Ökonomie der Humankapitalentwicklung‘ setzt die DEAE auf sozial gerecht verteilte Persönlichkeitsbildung, die die Würde und Gottesebenbildlichkeit des Menschen achtet (vgl. Stellungnahme der DEAE 2004). Sie tritt für eine öffentlich geförderte flächendeckende Grundversorgung mit Angeboten allgemeiner, politischer und kultureller Weiterbildung ein. Denn gerade solche Angebote vermitteln „als die zentralen Medien der Selbstdeutung und des Selbstverständnisses der Bürgerinnen und Bürger die entscheidenden moralischen, religiösen und politischen Orientierungen und Motivationen, die für eine ‚autonome Lebensführung‘ unabdingbar sind" (ebd.). Die der weit verbreiteten Betonung beruflicher Kompetenzentwicklung innewohnende Marginalisierung nicht verrechenbarer Seiten menschlichen Lebens wird als unverantwortlich bezeichnet (vgl. EKD 2003).

Weiterbildung und Seelsorge

Die *katholische Erwachsenenbildung* ist in ähnlicher Form wie die evangelische auf der Bundesebene organisiert in der ‚Katholischen Arbeitsgemeinschaft für Erwachsenenbildung‘ (KBE; vgl. www.kath.de/kbe). Die Diskussionen über ihr Selbstverständnis sind anscheinend ein wenig stärker auf innerkirchliche Be-

168

lange bezogen. Dabei wird zugleich das allgemeine Problem des Verhältnisses zwischen ‚Pastoral' (also Seelsorge) und Erwachsenenbildung erkennbar. Debattiert wird dies meist unter der Frage nach dem so genannten ‚Proprium' (dem ‚Eigentlichen') kirchlicher Erwachsenenbildung (vgl. Schmitt 1987, S. 187). Ist sie eher ‚verlängerter Arm der Seelsorge' oder stellt sie ein Medium der Information, Aufklärung und offenen Auseinandersetzung dar?

Festzuhalten ist dabei zunächst, dass sich das Weiterbildungsengagement der meisten Diözesen in der Bundesrepublik nicht in erster Linie aus seelsorgerischen Erwägungen entwickelt hat, sondern vielmehr durch die Möglichkeiten, die sich mit den Weiterbildungsgesetzen der Länder ergaben. Der Aufbau einer eigenständigen Erwachsenenbildung wurde also notwendig, um bereitgestellte öffentliche Gelder beanspruchen zu können. Vor diesem Hintergrund stellt sich „zumindest in den Pfarreien das Problem der Unterscheidung von theologischer Erwachsenenbildung und Erwachsenenkatechese (Vermittlung der christlichen Botschaft, J.W.) vorrangig als eine Frage nach den Möglichkeiten der Bezuschussung <...>. Gehört die entsprechende Veranstaltung zum Bereich der Erwachsenenbildung, dann gibt es öffentliche Zuschüsse, gehört sie zur Katechese, muß man für die Kosten selber aufkommen" (ebd.).

Die Spannung zwischen beiden Anliegen der Kirche wird auch in jüngeren Selbstverständniserklärungen sichtbar. In ihrem Leitbild erklärt etwa die Katholische Erwachsenenbildung Niedersachsen:

- „Wir wollen Menschen bei ihrer persönlichen Sinn- und Orientierungssuche begleiten und ihnen Impulse der christlichen Botschaft erschließen. […]
- Wir wollen die religiöse Grundbildung für Erwachsene als ein Herzstück unserer Arbeit an den heutigen Fragen der Menschen und an ihrem Vorwissen ausrichten.
- Unsere Bildungsarbeit endet nicht mit Wissensvermittlung und Verstehen, sondern führt zu Urteil und Handeln" (Leitbild 2000, S. 6)

Bildung und Katechese gehen auf verschiedene Weise ineinander über.

Unabhängig von diesem besonderen Profil katholischer Erwachsenenbildung orientiert sich auch die KBE an den Belangen sozial, beruflich und wirtschaftlich Benachteiligter, Behinderter, von Aussiedlern und Migranten sowie Lernungewohnter. An den Grundwerten des Christentums ausgerichtet setzt sie sich für soziale Gerechtigkeit, Frieden und die Bewahrung der Schöpfung ein. Zur Realisierung eines solchen Verständnisses von Erwachsenenbildung sieht sie eine öffentliche Förderung als unverzichtbar an (vgl. ebd. S. 4).

Um die Größenordnung des Engagements evangelischer und katholischer Erwachsenenbildung in Deutschland zu ermessen, setzt man sie am besten ins Verhältnis zum Angebot der Volkshochschulen (vgl. Abb. 29).

Abb. 29: Umfang kirchlicher Weiterbildungsaktivitäten 2001 (in Tausend)

	ev. EB	kath. EB	Kirchen insges.	(VHS)
Veranstaltungen	131	197	328	(648)
Unterrichtsstunden	1.319	5.889	7.208	(15.444)
Teilnehmerfälle	3.070	5.355	8.425	(9.463)

Quelle: BMBF 2004, S. 318

Das Erwachsenenbildungsengagement der katholischen Kirche ist also deutlich größer als das der evangelischen. Beide zusammen – und das ist der bemerkenswertere Befund – bleiben im Blick auf die versorgte Teilnehmerzahl nicht weit hinter den Volkshochschulen zurück. Die erhebliche Differenz bei den Unterrichtsstunden verweist allerdings darauf, dass diese Versorgung zum Teil mittels kurzfristiger Veranstaltungen erfolgt.

Die Verteilung der Teilnehmerfälle auf einzelne Themenbereiche zeigt sich am Beispiel der evangelischen Erwachsenenbildung (vgl. Abb. 30).

Abb. 30: Themenbereiche evangelische Erwachsenenbildung 2002

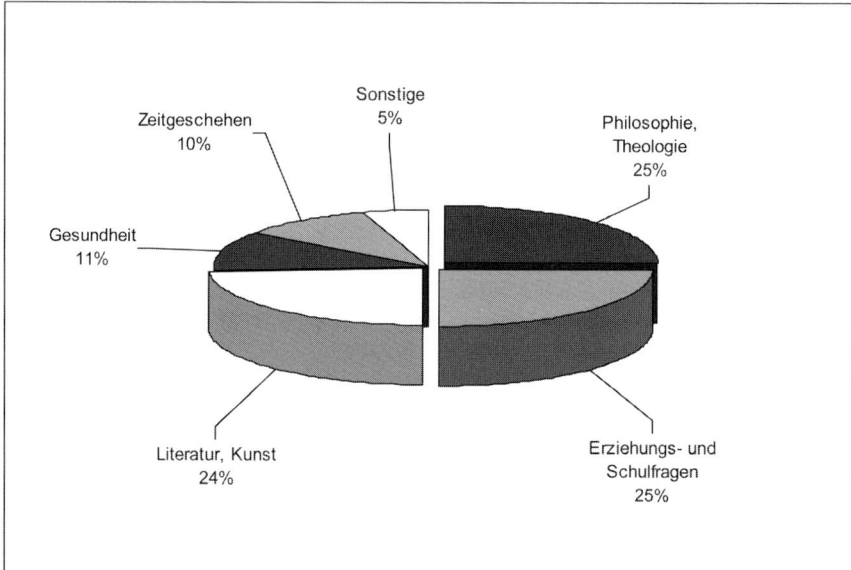

Von den Größenordnungen her gilt Entsprechendes für die katholische Erwachsenenbildung. Quelle: BMBF 2004, S. 318, Werte gerundet, eigene Berechnungen.

Zunächst kann man sagen, dass das Spektrum ähnlich breit ist wie bei den Volkshochschulen. Allerdings sind die Akzente anders gesetzt. Die größten Auffälligkeiten in den Profilen ergeben sich

– bei der politischen Bildung (‚Zeitgeschehen‘), deren Anteil überraschend hoch ist;
– bei der außerordentlichen Bedeutung der Erziehungs- und Schulfragen – diese ist auf die Familienbildungsstätten in kirchlicher Trägerschaft zurückzuführen;
– bei der Philosophie und – wie zu erwarten – Theologie;
– bei der großen Bedeutung von Literatur und Kunst.

In allen Fällen kann davon ausgegangen werden, dass es sich überwiegend um spezifische Akzentuierungen handelt, bei der politischen Bildung etwa im Sinne der ‚christlichen Soziallehre‘.

Kommentar   Beide Kirchen reihen sich bei den Trägern ein, die sich als Anwälte der Benachteiligten verstehen. Sobald man diese Perspektive einnimmt, hat dies offenkundig Konsequenzen für die Position, die man im bildungspolitischen Streit vertritt. Marktmechanismen werden als regulativ für die Weiterbildung zurückgewiesen, öffentliche Verantwortung wird gefordert, diesmal im Horizont eines religiösen Weltverständnisses. Gerade dieses dürfte für die auffällige Skepsis gegenüber allen staatlichen ‚Steuerungsmodellen' maßgeblich sein; der besondere Auftrag der Kirche soll sich ungehindert entfalten können. Bemerkenswert ist weiterhin, dass die evangelische Erwachsenenbildung besonders großen Wert auf die ‚eine Welt', also auf ein entwicklungsbezogenes Engagement in ihrer Arbeit legt. Folgt man den Selbstverständnisdiskussionen, so ist in der katholischen Kirche der ‚Klientelismus' stärker ausgeprägt: Sie wendet sich in erster Linie an ihre Mitglieder bzw. an Menschen, die sie für eine Mitgliedschaft gewinnen will.

... und viele andere mehr

In den quantitativen Angaben zur kirchlichen Erwachsenenbildung sind die Familienbildungsstätten in kirchlicher Trägerschaft enthalten. Darüber hinaus gibt es in vielen Städten der Republik Familienbildungsstätten anderer Träger. Deren Dachverband ist die seit dreißig Jahren tätige ‚Bundesarbeitsgemeinschaft Familienbildung & Beratung e.V. (AGEF)'. In ihr sind 295 Familienbildungseinrichtungen der Arbeiterwohlfahrt (AWO), des Deutschen Roten Kreuzes (DRK), des Deutschen Paritätischen Wohlfahrtsverband (DPWV) und kommunaler sowie freier Träger zusammengeschlossen (vgl. www.familienbildung.de; 27.12.2005).

Meist eher kleine Einrichtungen ohne Träger im bisher erörterten Sinne haben sich in ‚Landesarbeitsgemeinschaften für eine andere Weiterbildung' (LAAW) zusammengeschlossen. ‚Anders' sind sie – eigenen Ansprüchen zufolge – wegen ihrer Trägerunabhängigkeit, aber auch von den Gründungskonstellationen her. Viele dieser Einrichtungen sind im Zusammenhang sozialer Bewegungen (Ökologie, Frieden, Gesundheit etc.) entstanden und daher von einem ambitionierten ‚alternativen' Selbstverständnis geprägt. Demgemäß spielen Aspekte der ‚ganzheitlichen' Bildung, der Kreativität, der künstlerischen Betätigung, des ökologischen bis naturverbundenen Ambiente eine stärkere Rolle als bei den meisten anderen. Allein der nordrhein-westfälische Verband (vgl. www.laaw-nrw.de; 27.12.2005) hat 50 Mitglieder, in einigen anderen Bundesländern gibt es ähnliche Organisationen.

Auch für sportliche und Bewegungsbelange gibt es eigene Weiterbildungseinrichtungen. Viele davon arbeiten in Trägerschaft des Deutschen Sportbundes, der auf der Ebene der Länder Bildungswerke betreibt, die im Rahmen der Erwachsenen- bzw. Weiterbildungsgesetze gefördert werden. Das nordrhein-westfälische Bildungswerk bezeichnet sich selbst als eine der größten Einrichtungen der Erwachsenenbildung in freier Trägerschaft im Lande (vgl. www.wir-im-sport.de; 27.12.2005). Es ist an Freizeit- und Breitensport orientiert und flächendeckend präsent durch Außenstellen bei Stadt- und Kreissportbünden sowie Fachverbänden. Ziel ist es, Spaß an Bewegung zu vermitteln, möglichst viele Menschen zu befähigen, ein Leben lang Sport zu treiben, Interesse am Sport zu wecken und das Gesundheitsbewusstsein zu fördern. Allein das nordrhein-westfälische Bildungswerk bietet jährlich etwa 10.000 Kurse in 48 Außenstellen an, die von gut 130.000 Menschen besucht werden. Achtzig hauptberufliche MitarbeiterInnen und ca. 2.500 KursleiterInnen planen und realisieren dieses Programm.

Zunächst in Niedersachsen, dann im Zuge der deutschen Einigung auch in Sachsen-Anhalt, Sachsen, Thüringen und Mecklenburg-Vorpommern ist die

‚Ländliche Erwachsenenbildung' aktiv. Die Einrichtungen versorgen vor allem die Landbevölkerung zum Teil mit Angeboten allgemeiner, politischer und kultureller Weiterbildung, engagieren sich aber auch im Rahmen der SGB-III-geförderten Fortbildung und Umschulung (vgl. www.leb.de).

5.2.2.3. Private/kommerzielle/gewerbliche Träger der allgemeinen Weiterbildung

Das Problem, das sich bereits bei den privaten bzw. kommerziellen Trägern der beruflichen Weiterbildung gezeigt hat, spitzt sich im Bereich der allgemeinen Weiterbildung noch einmal zu: Wir wissen wenig über die Verhältnisse in diesem Feld. Ob es einen ‚Markt' gibt, nach welchen Mechanismen er funktioniert und wie er die Programmgestaltung beeinflusst, ist zumindest übergreifend unklar. Ende der 1980er-Jahre haben wir in Bochum eine explorative Studie im Bereich der kulturellen Weiterbildung durchgeführt (vgl. Rustemeyer/Wittpoth 1991). Ausgehend von deren Ergebnissen und mangels anderer, aktuellerer Befunde lassen sich einige allgemeine Erwägungen anstellen, die in der Tendenz bis heute zutreffend sein mögen.

Konkurrenz öffentlich/privat? Ausgangspunkt war die verbreitete Sorge, öffentliche Weiterbildung könne unter massiven Druck seitens privater Konkurrenten geraten. Zumindest zum damaligen Zeitpunkt bestätigte sich diese Vermutung nicht. Ein privatwirtschaftliches gewinnorientiertes Engagement war lediglich schwach ausgeprägt und konzentrierte sich auf die Bereiche Körperkultur/Psychologie/Freizeit sowie die Präsentation von Kunst, also nicht auf den engeren Bereich kultureller *Bildung*. Für die Mitte der 1990er-Jahre wird diese besondere inhaltlich Ausrichtung kommerzieller Anbieter noch einmal in Bremen/Bremerhaven und der Region Freiburg bestätigt (vgl. Körber u.a. 1995, S. 39; Eckert 1996, S. 72, S. 82). Selbsterfahrung und Esoterik (fernöstliche Meditation, Körpererfahrung, Yoga u.Ä.) treten dabei besonders hervor. Die in diesem Feld besonders breite Palette von institutionellen Formen koexistierte (in Bochum) ohne nennenswerten Wettbewerbsdruck.

Der größte Teil der Anbieter, insbesondere im Bereich ‚alternativer' und/oder politisch ambitionierter Träger, hatte mit ständigen Reproduktionsunsicherheiten zu kämpfen und bemühte sich um eine Teilhabe an öffentlichen Mitteln. Insofern beschreibt das Wort von der ‚ABM-Kultur' recht zutreffend die finanzielle Basis sowohl der ‚alternativen' als auch der erweiterten etablierten Kulturszene. In Zeiten eingefrorener oder gekürzter Kulturbudgets lässt sich eine breiten- wie zielgruppenorientierte Kulturpolitik in privater oder öffentlicher Trägerschaft am ehesten projektbezogen – z.B. aus Mitteln der Bundesanstalt für Arbeit – mehr schlecht als recht finanzieren.

Öffentliche Träger waren zum Zeitpunkt der Untersuchung kaum unter den Druck privatwirtschaftlich organisierter Konkurrenten geraten. Allerdings sehen sie sich (auch heute) einer Entwicklung der Nachfrage gegenüber, die nicht selten ihren inhaltlichen Ambitionen zuwiderläuft, auf die sie aber im Interesse der Bestandssicherung reagieren müssen. Angebote in den Bereichen Körperkultur und Psychologie haben, verklammert über das Thema ‚Gesundheit', stark an Bedeutung gewonnen. Dies gilt ebenso für freizeit- und kreativitätsorientierte Programmteile (vgl. auch Körber u.a. 1995). Eine solchen Klientenbedürfnissen folgende Angebotsgestaltung führt faktisch zu einer Zurückschneidung gesellschafts-politischer, theoretisch ambitionierter und analytisch ausgerichteter Veranstaltungen zugunsten eher privatistischer, subjektzentrierter oder expressiver Aktivitäten.

Eine zentrale Position im Praxisfeld kultureller Weiterbildung nahm und nimmt (in Bochum) die Volkshochschule ein. Sie stellt den größten Anbieter dar, der in allen Themenfeldern präsent ist und besitzt einen sehr hohen Bekanntheitsgrad. Gleichzeitig fungiert sie als Knotenpunkt in einem Netz informeller Austauschbeziehungen, über das gerade kleinere Träger indirekt unterstützt werden können. Auf diese Weise entsteht ein System von Unterstützungsformen, das einen Austausch von Leistungen und Ressourcen ermöglicht, der anders nur schwerfällig und kostspielig oder gar nicht zustande käme.

Zumindest in der kulturellen Weiterbildung hat die Existenz privater und kommerzieller Träger bislang noch nicht dazu geführt, dass öffentliche Einrichtungen als Institutionen unter Druck geraten. Allerdings bewirkt der ‚Markt‘ Veränderungen im Angebotsprofil und dieser weniger spektakuläre Wandel verdient Beachtung. Mittlerweile bereits als ‚klassisch‘ zu bezeichnende Formen des Lernens und die Auseinandersetzung mit der gesellschaftskritischen Dimension von Kultur, mit ihrem kontrafaktischen Moment verlieren an Bedeutung. Die Kultivierung der Person, bislang eher ein verborgener Effekt allgemeiner Weiterbildung, ist zum expliziten Bezugspunkt avanciert. Auch das zeigt sich erneut in der Bremer Untersuchung, in der das Phänomen als ‚Kurssturz der Wissensvermittlung‘ bezeichnet wird (vgl. Körber u.a. 1995, S. 121).

Auch vor diesem Hintergrund dürfte eine andere Entwicklungslinie in der nächsten Zeit interessant sein: die Vermischung kultureller Betätigungen ganz unterschiedlicher Art. Kunst gekoppelt mit Gastronomie, Malkurse am Plattensee, Laufschulen im Engadin, Sprachkurse auf Malta, Rückenschule im Bodybuildingstudio, das nun unter ‚Körperwerkstatt‘ firmiert usw. Hier kommt es weniger zur Konkurrenz als vielmehr zu einer Symbiose von Kultur/Bildung/ Wirtschaftlichkeit, die weder für die Art und Weise der Betätigung noch für die Institutionen folgenlos bleiben dürfte, die ‚nichts anderes‘ als Sprachkurse etc. anzubieten haben.

6. Erwachsenenbildung als Beruf

Vergegenwärtigt man sich das in seinen Grundzügen dargestellte institutionelle Feld der Weiterbildung, dann überrascht es nicht, dass Arten und Verhältnisse der Tätigkeit und Beschäftigung sehr vielfältig sind. Das kommt auch in den verschiedenen ‚Berufsbezeichnungen' zum Ausdruck: Es ist von Bildungsreferenten, Weiterbildungslehrern, Dozenten, Trainern, Fachbereichsleitern, Andragogen, Teamern, Erwachsenenpädagogen, Kursleitern u.v.a.m. die Rede. Dabei zeichnet sich ein markanter Unterschied zu allen anderen Stufen des Bildungssystems ab: die Gruppe der hauptberuflichen ‚Lehrer' ist eine unter anderen und sie ist quantitativ von eher geringer Bedeutung. *Hauptberuflich* werden im Weiterbildungsbereich vor allem die Leitung der Einrichtungen sowie die Programmplanung und -betreuung wahrgenommen. Das liegt daran, dass die Lerninhalte und Lernziele weniger vorgegeben, sondern immer wieder aufs neue zu ermitteln und zu bestimmen sind, und dass die Angebote in der Regel einen eher kurzen zeitlichen Umfang haben. Nur in seltenen Fällen, etwa in der abschlussbezogenen beruflichen Weiterbildung (Fachschulen, Umschulung), kann auf einen ‚Kanon', ein Curriculum, vergleichbar mit schulischen Lehr- und Stoffverteilungsplänen zurückgegriffen werden. Davon abgesehen sind die Bildungsinteressen Erwachsener ebenso einem ständigen Wandel unterworfen wie Anforderungen in der Arbeitswelt. Außerdem gibt es keine formelle ‚Schulpflicht', sondern Erwachsenenbildung vollzieht sich weithin nach dem Prinzip der Freiwilligkeit. Sowohl thematisch als auch von den Teilnehmenden her ist Weiterbildung also immer wieder neu zu arrangieren. Ohne entsprechende Vorkehrungen findet sie nicht statt, weil keine aktuellen Themen angeboten werden, niemand interessiert ist, so dass sich keine Teilnehmer einfinden. Genau für die Herstellung und permanente Weiterentwicklung solcher Arrangements ist darauf spezialisiertes Personal unverzichtbar.

Es gibt *auch* hauptberufliche Lehrpersonen, weit überwiegend wird die Lehrtätigkeit aber von Menschen ausgeübt, die dies neben ihrem Hauptberuf tun. Umstritten ist dabei lediglich das Größenordnungs-Verhältnis zwischen beiden Gruppen: Bisweilen wird die Zahl der hauptberuflichen Lehrkräfte als zu gering angesehen, um ein gewisses Maß an Kontinuität zu gewährleisten. Grundsätzlich ist und bleibt es erwünscht, dass Menschen aus allen nur erdenklichen Zusammenhängen in der Weiterbildung lehrend tätig werden. Die Überzeugung ist dabei, dass sich nur auf diese Weise die notwendige Aktualität und Flexibilität der Lehre aufrecht erhalten lässt.

175

Bei allen vom Institutionenprofil abhängigen Unterschieden lassen sich damit relativ klar vier ausgeübte Berufsrollen voneinander unterscheiden:

– Die *hauptberuflich Leitenden* einer Weiterbildungseinrichtung, denen schwerpunktmäßig das so genannte ‚Weiterbildungsmanagement‘ obliegt. Das bedeutet Repräsentation der Einrichtung, Personalführung und -entwicklung, Marketing und Öffentlichkeitsarbeit, Controlling u.Ä.

– Die *hauptberuflichen pädagogischen Mitarbeiter mit disponierenden Aufgaben*, denen schwerpunktmäßig die Programmplanung und -organisation obliegt. Das bedeutet Bedarfserhebung, Dozentengewinnung und eventuell -fortbildung, Sicherstellung der Programmdurchführung, Evaluierung, Beratung u.Ä.

– Die *hauptberuflich tätigen Lehrenden*, denen die Durchführung von Kursen, Trainings, Veranstaltungen obliegt. Sie können fest angestellt oder auch freiberuflich/selbständig tätig sein, d.h. sich für präzise begrenzte Aufgaben verdingen.

– Die *nebenberuflich oder ehrenamtlich tätigen Lehrenden*, deren konkrete Tätigkeit, der der vorher genannten Gruppe entspricht, die allerdings (im Prinzip) nicht von den Einkünften aus dieser Tätigkeit leben (müssen oder können).

Was die Zahl der Beschäftigten angeht, wiederholt sich das mittlerweile vertraute Problem: Da wir nur in Teilbereichen über präzise Angaben verfügen, müssen wir uns mit mehr oder weniger waghalsigen Schätzungen behelfen. Ausgehend von der VHS-Statistik und unter Berücksichtigung verfügbarer Bereichs- und Länderangaben schätzt Nuissl die Gesamtzahl der hauptberuflich in der Weiterbildung (ohne betriebliche) tätigen Personen (incl. Verwaltung) auf etwa 80.000, hinzu kommen etwa 800.000 nebenberuflich bzw. ehrenamtlich Beschäftigte (vgl. Nuissl 2000, S. 68). Vier Jahre zuvor war er noch etwas bescheidener und ging von 50.000 bis 60.000 hauptberuflich sowie 300.000 bis 600.000 nebenberuflich Tätigen aus (vgl. ders. 1996, S. 24). Eine andere Art der ‚Berechnung‘ führt für 1997 zu gut 500.000 Personen, die in der allgemeinen (einschließlich der außerbetrieblich beruflichen) Weiterbildung haupt-, frei- und nebenberuflich tätig waren (vgl. Nittel 2000a, S. 191). Hier wurde die Relation zwischen Personal und Teilnehmenden im gut dokumentierten VHS-Bereich auf die Gesamtteilnahmequote gemäß Berichtssystem Weiterbildung ‚hochgerechnet‘.

Die Vorstellungen über Tätigkeiten in der Erwachsenenbildung und diese Tätigkeiten selbst verändern sich nach Maßgabe der Wandlungsprozesse in den verschiedenen Feldern. Auch hier begegnet uns also wieder das bereits mehrfach angesprochene Problem der ‚Entgrenzung‘ bzw. ‚Enttraditionalisierung‘ der Weiterbildung. Wie in den anderen Fällen gilt auch hier, dass das (ehemals) Begrenzte im (heute) Entgrenzten in verschiedenen Hinsichten gegenwärtig bleibt. Zum einen bestimmen die ‚Berufsbilder‘, die in der Institutionalisierungsphase der Weiterbildung entwickelt worden sind, bis heute die Diskussion – und sei es im Sinne der Abgrenzung. Zum anderen sind wesentliche Teile der ‚traditionellen‘ Tätigkeit bei bestimmten Institutionen bis heute relevant, sind also nicht durch andere Formen ersetzt, sondern eher von den Rändern her modifiziert worden. Insofern lehne ich mich bei der Darstellung von Berufsbildern und Tätigkeitsprofilen an die Entwicklungsphasen an, die heute mit dem Schlagwort der

Entgrenzung bezeichnet werden. Dabei erweiterten sich das Interesse an und die Bedeutung von:

⇩

- Institutionen mit Weiterbildung als ausdrücklichem und alleinigem Organisationszweck
- Institutionen mit Weiterbildung als einem Organisationszweck neben anderen
- Weiterbildung als beiläufigem Ereignis, als nicht explizit beabsichtigtem Zweck von Aktionen und als Anreicherung anderer personenbezogener Dienstleistungen

---

6.1. Tätigkeitsprofile klassisch: Die Konstituierungsphase institutionalisierter Erwachsenenbildung

Zur Erinnerung: Es ging ab Beginn der 1970er-Jahre darum, so etwas wie ein ‚Weiterbildungssystem‘ allererst zu schaffen. Entsprechende Visionen wurden von Menschen entwickelt, die dem Bildungssystem als Politiker, (Erziehungs-) Wissenschaftler oder Praktiker nahe standen bzw. zugehörten. Von daher lag es nahe, dass der öffentlich verantwortete, nach staatlichen Vorstellungen gestaltbare Bereich im Zentrum des Interesses stand (vgl. die Erwachsenen- bzw. Weiterbildungsgesetze der Länder). In diesem Bereich hatten die Volkshochschule – eine Art ‚Prototyp‘ – und die anderen Bildungswerke in ‚freier‘ Trägerschaft besondere Bedeutung, so dass dieser spezielle Institutionentypus (allgemeine Weiterbildung als ausdrücklicher und einziger Organisationszweck) den wesentlichen Bezugspunkt für Konzeptentwicklungen verschiedenster Art darstellte. Das galt auch für die Entwicklung eines Berufsbildes, also für die Frage, welche Aufgaben (pädagogische) Mitarbeiter von Weiterbildungseinrichtungen wahrzunehmen haben. Entsprechende Vorstellungen waren sowohl für die angemessene Ausbildung (der Diplom-Pädagogik Studiengang wurde 1969 eingerichtet) als auch für die Rekrutierung künftigen Personals, für dessen Berufseinführung und Fortbildung wichtig geworden. Mit einem solchen Berufsbild ist noch nichts über den *tatsächlichen* beruflichen Alltag von Weiterbildnern gesagt, vielmehr geht es darum, wie dieser aussehen *sollte*. Bezugspunkte lieferten die Programmatiken, in denen Ansatzpunkte, Ziele und Formen von Weiterbildung festgehalten waren.

VHS als Prototyp

Dementsprechend wurden zu dieser Zeit von einschlägig engagierten Personen, Verbänden und staatlichen Stellen Tätigkeitsprofile entwickelt, die die wesentlichen Aufgaben von Hauptberuflichen Pädagogischen Mitarbeitern (HPM) enthalten (vgl. Abb. 31; nach Wittpoth 1987, S. 88).

Tätigkeitsprofile

Im Zentrum steht übereinstimmend die Planung und Organisation von Weiterbildungsangeboten, das also, was als ‚disponierende Tätigkeit‘ bezeichnet wurde und wird. Die Durchführung und Begleitung/Auswertung von Lehrveranstaltungen spielt demgegenüber eine nachgeordnete Rolle. Programmplanung kann allerdings nicht – wie im überwiegenden Teil der Profile suggeriert – voraussetzungslos, gewissermaßen ‚aus dem Stand‘ erfolgen. Vergegenwärtigt man sich noch einmal, dass das Angebot der Volkshochschulen an „spontan

- bemerkbar werdenden individuellen Bedürfnissen
- wissenschaftlich erkennbaren gesellschaftlichen Erfordernissen (und)
- anthropologisch begründeten humanitären Ansprüchen" (DVV 1978, S. 9)

orientiert sein soll, dann muss der Konzeptbildung und Angebotsentwicklung etwas vorausgehen. Insbesondere Hans Tietgens betont daher die Tätigkeiten:

- Analyse der gesellschaftlichen Rahmenbedingungen,
- Reflexion der Zielsetzung,
- Reflexion der institutionellen Zusammenhänge,
- Erkundung des Bedarfs.

Abb. 31: Tätigkeitsschwerpunkt von HPM laut Berufsbild

Tietgens 1983	KMK/Städtetag 1981	KGSt/LV-VHS-NW	Jung 1972
– Reflexion der Zielsetzung			
– Erkundung des Bedarfs – Planung des Angebots – Vorbereitung des Programms – Organisation und Durchführung – Beratung der Mitarbeiter und Teilnehmer – Kontrolle der Wirkung – unmittelbare pädagogische Tätigkeit	– päd. u. fachwiss. Planung – Lernorganisation – Lernkontrolle – Lehrtätigkeit – Bildungsberatung – bildungspolitische Aufgaben und Leitungsfunktion	– päd. Planung – päd. Organisation – Arbeiten für Lehrveranstaltungen – päd. Beratung – Werbung und Öffentlichkeitsarbeit – Verwaltungsarbeiten	– konzeptionelle Arbeit: Planung d. Bildungsarbeit – Zielgruppenkontaktierung: Verbindung zu Teilnehmern – Personalplan: Verbindung zu den HPM – Unterricht und -sbeobachtung
Tietgens 1981	LV-VHS-Hessen		LV-VHS-Nds.
– Analyse der gesellsch. Rahmenbedingungen			
– Reflexion der institutionellen Zusammenhänge – Ausloten der Planungsspielräume – Vorbereitung der Veranstaltungen – Realisierung von Lehr-/Lernvorgängen	– Erarbeitung der did. u. meth. Konzeption d. Fachbereiche – Erstellung von Lernzielkatalogen und Stoffplänen – Auswahl von Unterrichtsmaterial, -verfahren, Medien – Planung der Veranstalt. in einem Arbeitsabschnitt – Planung und Redigieren des VHS-Arbeitsplanes – Gewinnen nebenberuflicher VHS-Mitarbeiter – Einführen und Weiterbilden von HPM/NPM – Auswerten des Unterrichts – Beraten der Teilnehmer – Lehrtätigkeit		– päd. u. fachwiss. Planung – Leitung und Organisation in den Fächern/ Fachbereichen – Arbeitsorganisation und -kontrolle i.d. Fächern und Fachbereichen – Lehrtätigkeit – Bildungsberatung und Kooperation

Ohne eine solche reflexiv-analytische Fundierung würde das Planungshandeln die übergreifende Zielsetzung beinahe zwangsläufig verfehlen.

Persönlichkeitsmerkmale

Allerdings liegt genau an diesem Punkt wohl eines der größeren Probleme des Berufsalltags von HPM. Während frühe Untersuchungen der Berufssituation im Wesentlichen das Berufsbild reproduzierten (vgl. Wittpoth 1987, S. 85ff.), gaben erste Analysen von Stellenanzeigen Anlass zu Skepsis. Die gesuchten HPM zeichneten sich nämlich in erster Linie durch ein spezifisches Bündel von Persönlichkeitsmerkmalen aus, die auf anders gelagerte Berufsanforderungen schließen lassen. Erwartet wurde (und man kann sagen: wird, weil sich in dieser Hinsicht kaum etwas geändert hat):

178

Organisationstalent/-geschick	27%
Kontaktfähigkeit/-freudigkeit	21%
Fähigkeit zur Teamarbeit	16%
Kooperationsbereitschaft	16%
Dynamik, Initiative, Kreativität	16%
Aufgeschlossenheit, Engagement	14%

demgegenüber fallen die pädagogischen Fähigkeiten mit 9% deutlich ab (Quelle: Peters-Tatusch 1981, S. 114f.; %-Angaben gerundet).

Gesucht sind demnach MitarbeiterInnen, die über eher unspezifische Fähigkeiten zur Anregung, Organisation und Betreuung von Aktivitäten verfügen, auf die Mitmenschen sich einlassen (sollen). Zweifellos ist dies eine wesentliche Komponente der Fähigkeiten, die im Weiterbildungsbereich gefragt sind. Losgelöst von den Kernaufgaben gilt das aber für beinahe alle personenbezogenen Dienstleistungen vom Verkauf einer Reise bis zur Bedienung bei McDonalds (spätestens, wenn man an die dort inszenierten Kindergeburtstage denkt). Anscheinend wird der Frage, aus welchen Gründen welche Art von Aktivitäten für welche Mitmenschen mit welchem Ziel und welcher Legitimation initiiert werden, von den Trägern der Weiterbildungseinrichtungen wenig Bedeutung beigemessen.

Es besteht damit eine Diskrepanz zwischen dezidiert pädagogischen Ansprüchen, die viele Weiterbildner – gerade wenn sie über eine einschlägige Ausbildung verfügen – auch an sich selbst stellen, und eher pragmatischen Erwartungen auf Seiten derer, die für den Betrieb von Einrichtungen geradestehen. Weitere Pole kommen hinzu: die Interessen der Adressaten bzw. Teilnehmenden und die bürokratische Rationalität des Verwaltungshandelns. Zwischen diesen vier Eckpunkten spannt sich das Feld auf, in dem immer wieder neu auszuhandeln und zu testen ist, was geht und was nicht.

Von den *Selbstansprüchen* her konnten sich viele HPM zunächst relativ problemlos darauf verständigen, Erwachsenenbildung in einer ‚emanzipatorischen‘, das Subjekt gegen die es umgebenden Strukturen stärkenden Perspektive betreiben zu wollen. Für die eigene Arbeitssituation bedeutet das konsequent, einen Anspruch auf weitgehende Autonomie zu vertreten. Bereits frühe Arbeiten zeigen, dass die berufliche Tätigkeit vor allem dann als der Ausbildung entsprechend angesehen wird, wenn die Arbeitsorganisation offen und unbürokratisch, der Entscheidungsspielraum hoch und die Kontrolle gering ist (vgl. Busch/Hommerich 1980, S. 135f.).

Begrenzte Handlungsspielräume

Erste Grenzen setzen die *Teilnehmenden bzw. Adressaten*. Angenommen, man hat sich der Mühe einer Bedarfsanalyse tatsächlich unterzogen, dann ist man sehr wahrscheinlich auch mit Erwartungen konfrontiert, die dem eigenen Interesse, dem, was man selbst ‚für richtig hält‘, widersprechen. Auch diese Bedürfnisse müssen – soweit sie nicht völlig abwegig sind – durch entsprechende Angebote befriedigt werden. Weiterbildner versuchen darüber hinaus, Bedürfnisse zu wecken, Angebote vorzuhalten, denen sie besondere Bedeutung für die Gesellschaft, für bestimmte Personengruppen, aber auch für die Orientierung jedes einzelnen Menschen beimessen. Dabei stoßen sie nicht selten auf das Problem mangelnder Resonanz. Aus heutiger Sicht kann man die bereits erörterte komplette Struktur z.B. des Volkshochschulangebotes in dieser Perspektive betrachten: die Größenordnungen der politischen Bildung auf der einen und der Freizeit und Kreativität fördernden auf der anderen stellen – gemessen an den (ursprünglichen) Erwartungen der

Pädagogen – eine völlige Schieflage da. Man bietet den Menschen ,Orientierung in der Postmoderne' und sie wählen ,Wir arbeiten mit Ton'.

Von Seiten der *Träger und ihrer Repräsentanten* gesetzte Grenzen schränken die Handlungsspielräume unmittelbar ein. Man kann intentionale/politische und materielle Dimensionen unterscheiden. Erstgenannte verweisen auf das latente Spannungsverhältnis zwischen dem (politischen) Profil sowie daraus abgeleiteten Zielsetzungen des Trägers und den Autonomiebestrebungen von HPM. Städtische Kulturausschüsse reagieren empfindlich, wenn in einem Volkshochschulprogramm deutliche Kontrapunkte zu aktuellen Leitlinien der Kommunalpolitik gesetzt werden, in einer katholischen Bildungsstätte sind Veranstaltungen zu Abtreibung und Homo-Ehe problematisch und das grüne Bildungswerk wird den ADAC nicht als Kooperationspartner schätzen. Da die Erwartungen der Träger eher diffus bleiben, beruht das Handeln der HPM zu einem beträchtlichen Teil auf Interpretationen des Handlungsspielraumes. Unterbleibt der Versuch, diesen tatsächlich auszuloten, verfestigen sich Arbeitsplatzstrukturen, die inhaltliches Engagement einschränken, zur Stagnation führen und einen Verfall des Qualifikationspotentials von HPM bewirken.

Materielle Aspekte setzen Grenzen in verschiedenen Hinsichten. Generell ist der Bereich öffentlich verantworteter Weiterbildung nicht mit den finanziellen Mitteln ausgestattet worden, von denen man ursprünglich ausgegangen war. Bereits während der 1980er-Jahre gab es drastische Mittelkürzungen, die zu personellen Engpässen und Arbeitsüberlastungen geführt haben. Weniger spektakulär sind solche Regelungen wie die ,Mindestteilnehmerzahl' förderfähiger Kurse, die das Ergebnis inhaltlich ambitionierter Arbeit allein dadurch zunichte machen kann, dass sich nur acht statt der erforderlichen zehn Teilnehmende einfinden. Schließlich schränkt der wachsende Druck, marktgängige Angebote zu entwickeln, die konzeptionell-inhaltliche Arbeit deutlich ein. Bereits während der 1980er-Jahre kursierte unter HPM die Sorge, allmählich zum kaufmännischen Angestellten zu werden. Dieser Gesichtspunkt hat immer stärker an Bedeutung gewonnen, er wird später noch einmal aufgegriffen.

Pädagogisches und bürokratisches Handeln

Eine der am meisten beachteten Begrenzungen ergibt sich aus dem Aufeinandertreffen von pädagogischem und *bürokratischem Handeln*, das in Weiterbildungseinrichtungen insofern allgegenwärtig ist, als Teilnehmer geworben, Kurse finanziert und abgerechnet, Dozenten honoriert, vorhandene Räume nach Plan belegt werden müssen etc. „Die fast in der ganzen Welt übliche Skepsis der Kulturträger gegenüber der Verwaltung bestimmte auch das Erwachsenenbildungsmilieu" (Becker 1982, S. 11). Diese Skepsis kommt nicht von ungefähr, sie geht darauf zurück, dass sich hier ganz unterschiedliche Rationalitäten oder Handlungslogiken treffen, die nur selten miteinander harmonieren. In bürokratischen und Spezialisten- bzw. professionellen Systemen ist Arbeit in unterschiedlicher Weise organisiert (vgl. Scott 1971). Im Spezialistensystem verfügen (idealtypisch) alle Beteiligten über die erforderlichen Grundfertigkeiten, jeder hat die wesentlichen Standards internalisiert, es gibt auch eine gegenseitige, vor allem aber die Selbstkontrolle. Im bürokratischen System ist die Arbeit zerlegt und sind die Standards nicht von allen verinnerlicht, man braucht also ein Regelsystem, dessen Auslegung und Durchsetzung Vorgesetzten übertragen ist. Sobald beide Systeme (partiell) integriert werden, ergeben sich verschiedene Konfliktfelder. Der Spezialist muss einen Teil seiner Autonomie opfern, da er nicht alle zur Erledigung der Gesamtarbeit einer Organisation erfor-

180

derlichen Grundfertigkeiten besitzt. Er wird dabei mit Standards konfrontiert, die seinen eigenen – meist in einer längeren Hochschulausbildung vermittelten – häufig widersprechen. Versucht die Bürokratie, ihn zu kontrollieren, kollidieren verschiedene Autoritätskriterien miteinander. In bürokratischen Systemen wird Autorität eher aus der Position innerhalb der Hierarchie, unter Spezialisten eher aus anerkanntem Sachverstand abgeleitet. Demgemäß verhalten sich Letztere gegenüber der Bürokratie nur bedingt loyal.

Es gibt also eine ganze Reihe von Spannungs- und Konfliktanlässen, die auf die Arbeitszufriedenheit durchschlagen. HPM agieren vielfach unter materiellen Bedingungen, die den proklamierten Zielsetzungen nicht gerecht werden, sie sind dabei diffusen Anforderungen von verschiedenen Seiten ausgesetzt, sie werden schließlich mit einem Normensystem konfrontiert, das dem ihres Berufsstandes allenfalls partiell entspricht. Daraus entstehende Probleme werden in einer frühen Untersuchung von den Betroffenen noch plastischer formuliert. Als Gründe für Berufsunzufriedenheit geben sie an: „die

Spannungen im Berufsalltag

– Punktualität der täglichen Arbeit,
– die mangelnde Zeit, sich intensiv um inhaltliche Perspektiven zu bemühen,
– die mangelnden Informationsflüsse in den Institutionen mit der Folge von Isolierung und Konkurrenz,
– das Spannungsfeld zwischen Verwaltung und Pädagogik, bedingt durch die mangelnden Kenntnisse der jeweils anderen Bereiche,
– das Zerfließen der Tätigkeit in Routine, die sich nicht im konkret sichtbaren Arbeitsergebnis niederschlägt,
– die Schwierigkeit, Neuerungen, Innovationen nur im Ansatz institutionell realisieren zu können,
– die geringe Anerkennung und Wirksamkeit von pädagogischen Argumenten im Verwaltungszusammenhang" (Gieseke 1980, S. 329).

Wie diese Eindrücke über die eigene Tätigkeit zustande kommen, wird noch deutlicher, wenn man die konkreten Handlungsformen betrachtet, die mit Programmplanung etc. verbunden sind. Eine Arbeitsplatzanalyse in Einrichtungen der evangelischen Erwachsenenbildung (vgl. Gieseke/Gorecki 2000, S. 64) verzeichnet außerordentlich hohe Zeitanteile für das Telefonieren (bis zu einem Drittel der Arbeitszeit), Kursleitergespräche und außerinstitutionelle Gremienarbeit (hinzu kommt die eigene Seminarleitung, die allerdings in diesen Einrichtungen im Vergleich etwa mit Volkshochschulen generell einen relativ höheren Anteil hat). ,Vorbereitungstätigkeiten (Lesen, etwas heraussuchen etc.)' spielen demgegenüber kaum eine Rolle.

Nun sollte aber nicht der Eindruck entstehen, man sei diesen Bedingungen, die es ähnlich auch in anderen Handlungsfeldern gibt, hilflos ausgeliefert. Es gibt – auch empirisch identifizierbar – verschiedene Weisen, sich darauf produktiv einzustellen. So unterscheidet Wiltrud Gieseke in ihrer qualitativen Studie über den Habitus von Erwachsenenbildnern (Gieseke 1989, S. 151ff.) vier unterschiedliche ,Aneignungsmodi beruflicher Bedingungen und Anforderungen':

Formen der Bewältigung

– Dominant ist ein Modus, den sie als ,*Differenzierung mit Stabilisierung*' bezeichnet. Gemeint ist damit eine Praxis, in der einerseits auf Grundintentionen beharrt wird, andererseits Wege gesucht und gefunden werden, eigene Vorstellungen unter den gegebenen Bedingungen – eventuell auch mit Abstrichen – realisieren zu können. Man richtet sich ein, arrangiert sich, gibt aber eigene Ziele keineswegs auf.

–   Eine andere Variante, in der Eigensinn ebenfalls zum Zuge kommt, wird als *Spezifizierungsmodus'* bezeichnet. Hier suchen die Akteure spezielle für ihre Anliegen offene Felder, auf die sie all ihre Energien lenken (Kursleiterfortbildung, Zielgruppenarbeit u.Ä.). Den Rest erledigen sie dann klaglos 'routinisiert'.

–   Lediglich im *'Reduktions-'* und im *'Reflexionsmodus'* finden die Akteure keinen eigenen Weg aus dem Spannungsverhältnis zwischen eigenen Ansprüchen und widrigen Umständen heraus. Im einen Fall werden die Zielvorstellungen so überhöht, dass sie absehbar nicht zu realisieren sind, im anderen Fall verwenden die Akteure ihre reflexive Energie erfolgreich auf die Beobachtung und Analyse der Schwierigkeiten des beruflichen Alltags, bleiben ihm aber ausgeliefert.

Professionalisierung Die allmähliche Herausbildung der Vorstellungen von erwachsenenpädagogischer Tätigkeit sowie die faktische Verberuflichung, d.h. die Einstellung hauptberuflichen Personals in großer Zahl, wurde von einer Debatte über die 'Professionalisierung der Weiterbildung' begleitet. Man orientierte sich dabei ursprünglich an der angelsächsischen Berufssoziologie, in der die Bedingungen der Tätigkeit von 'professionals' – das sind hier Freiberufler, wie Ärzte, Architekten, Anwälte – beschrieben wurden. Die Frage war dann, ob Erwachsenenbildner Professionelle *in diesem Sinne* sein oder werden können, ob man die Etablierung des neuen Berufes nach ihrem Vorbild gestalten konnte bzw. sollte. Um es abzukürzen, teile ich lediglich das Ergebnis der Debatte mit: Die Arbeits- und Anstellungsbedingungen sind von so deutlich anderer Art, dass diese Perspektive nicht mehr verfolgt wird (vgl. dazu ausführlich Nittel 2000a). Allerdings halten wir am Begriff der 'Professionalität' fest. Damit wird nicht mehr eine bestimmte Stellung im Gefüge der Berufe beschrieben, sondern die Anforderungen an die Art der Berufsausübung.

Professionalität Überall dort, wo mit 'professionell' mehr gemeint ist als 'technisch versiert', hat sich ein relativ breiter Konsens darüber herausgebildet, was unter (erwachsenen-) pädagogischer Professionalität verstanden werden soll:

–   Die Akteure verfügen über erziehungs- und sozialwissenschaftliches Wissen in Form technischen Problemlösungs- sowie analytischen bzw. Deutungswissens. Zumindest auf der Ebene allgemeiner Etikettierungen werden die wesentlichen Bereiche dieses Wissens in der Erwachsenenpädagogik mittlerweile relativ einheitlich gefasst, was sich etwa an den Themenfeldern einschlägiger Studienangebote ablesen lässt.

–   Gepaart ist dieses Wissen mit einer (situativen) Handlungskompetenz, die es Pädagogen ermöglicht, theoretisches und allgemeines Wissen auf den einzelnen praktischen Fall zu beziehen. Diese Kompetenz wird überwiegend im Zuge beruflicher Sozialisationsprozesse erworben und im Sinne eines spezifischen Erfahrungszuwachses verfeinert.

–   Zur Anwendung kommt die professionelle Kompetenz stets in Bezug auf Personen, die ihre eher komplexen Probleme nicht allein und nicht im Alltag lösen können. Was in dieser Beziehung jeweils 'der Fall' ist, wird unter den Beteiligten auf der Grundlage eines Vertrauenskontraktes ausgehandelt, der auf das Wohl des Klienten ausgerichtet ist. Um die Struktur der Interaktion zwischen Professionellen und Klienten zu fassen, hat sich weithin der Begriff der ‚stellvertretenden Deutung‘ durchgesetzt, der allerdings im Einzelnen unterschiedlich gefüllt wird (vgl. Schmitz 1983, Koring 1987).

– Die Dienstleistung hat nicht rein privatwirtschaftlichen Charakter, sondern ist ‚gesellschaftlich lizensiert‘ und wird gegenüber Klienten erbracht, deren Betreuung der Professionelle im Sinne eines ‚gesellschaftlichen Mandats‘ übernimmt (vgl. Schütze 1992, S. 135). Er reagiert auf einen ‚objektiven Bedarf‘ (vgl. Stichweh 1987, S. 222) und erbringt damit eine ‚Zentralwert bezogene Leistung‘ für die Gesellschaft.

Professionelle Tätigkeit in diesem Sinne vermittelt also zwischen individuellen und allgemeinen Interessen, worin der wesentliche Grund dafür liegt, dass sie autonom erfolgen soll. Gleichzeitig sind Vorkehrungen zum Schutz der Klienten getroffen wie etwa hohe Selektivität des Zugangs und der Ausbildung, kontrollierte professionelle Sozialisation sowie kollegiale Beratung und Kontrolle.

Man wird bei der Beobachtung konkreter Tätigkeit in Erwachsenenbildungseinrichtungen ‚klassischer‘ Provenienz an dem einen oder anderen Punkt immer wieder Abstriche machen müssen. Gleichwohl hat es einen guten Sinn, an diesem Verständnis von Professionalität im Sinne einer Orientierung, eines normativen Fluchtpunktes festzuhalten. Erwachsenenpädagogen üben eine verantwortungsvolle Tätigkeit aus, in der es um die Lern- und Lebenszeit vieler Menschen geht. Die Frage ist, inwieweit sich solche Vorstellungen aufrecht erhalten lassen, wenn man sich institutionellen Kontexten zuwendet, in denen Weiterbildung lediglich einen nachgeordneten Organisationszweck darstellt. Dies ist in der betrieblichen Weiterbildung der Fall, die spätestens ab Beginn der 1990er-Jahre immer mehr an Aufmerksamkeit und Bedeutung gewonnen hat. Bereits die Tatsache, dass das Interesse am Betrieb als ‚Lernort‘ mit einiger Irritation und Abwehr aufgenommen wurde, verweist auf mögliche Probleme.

6.2. Weiterbildung und Erziehung in betrieblichen Kontexten

Bilder betriebspädagogischer Professionalität schließen meist an Unternehmens-‚Philosophien‘ an, die in der Ausschöpfung so genannter Human-Ressourcen eine Möglichkeit sehen, dem verschärften Wettbewerbsdruck zu begegnen. Um die Qualifikation und Motivation der Belegschaft zu mobilisieren, soll die ‚Kultur‘ des Unternehmens verändert, gesteigert, so umgestellt werden, dass es neuen Anforderungen gerecht werden kann. Der jeweils vorgefundenen Kultur attestiert man in der Regel, sie sei bürokratisch erstarrt, pflege ein reduziertes Menschenbild oder praktiziere ‚top-down-Strategien‘, um dann (im weitesten Sinne pädagogische) Maßnahmen zu ersinnen, mit denen Flexibilität, ein erweitertes Menschenbild oder ‚bottom-up-Strategien‘ (also eine angemessene Kultur) ins Werk gesetzt werden können. Die Perspektive ist also weniger analytisch im Sinne einer theoriegeleiteten Zustandsbeschreibung, als vielmehr programmatisch im Sinne normativer Zukunftsentwürfe, die am Ende meist die ‚lernende Organisation‘ vor Augen haben. Dies möchte ich an drei Beispielen kurz veranschaulichen, die bei aller Unterschiedlichkeit des argumentativen Rahmens in *einer* hier relevanten Hinsicht Konvergenzen aufweisen.

Unternehmenskultur

Einmal geht es darum, die Unternehmen von starren Pyramiden zu flexiblen Mobiles zu entwickeln, deren einzelne Teile lediglich über ‚dünne Kontrolldrähte' miteinander verbunden sind (vgl. Sarges 1992, S. 164). Geschehen soll dies durch die Erweiterung bisheriger Personal- zu künftiger Persönlichkeitsentwicklung. Der Mensch darf demnach in Unternehmenskonzepten nicht länger nur als austauschbarer Funktionsträger und damit oberflächlich gesehen, sondern muss ‚ganzheitlich' als Einzelperson verstanden werden (vgl. ebd., S. 165). Dabei soll der verdrängte Bereich der Gefühle nicht geleugnet, sondern in ein besseres Gleichgewicht mit der Ratio gebracht werden. So wird persönliches Wachstum ermöglicht, effektive Kommunikation, Motivation und Überzeugung erleichtert. Als ein ‚Grundstein zukünftiger Unternehmenskulturen' wird das *Vertrauen* angesehen, das als ‚Katalysator für Humanität und Effizienz' gilt (vgl. ebd., S. 167). Je stärker emotionale und motivationale Antriebe kommuniziert, desto weniger müssen sie durch äußere Kontrolle gebändigt werden. Fremdbestimmung wird zugunsten der Selbstbestimmung reduziert, innovative Potentiale des menschlichen Umgangs werden freigesetzt.

Ein anderer Autor setzt gegen ein veraltetes ‚Maschinen-Modell', nach dem die Steuerungskräfte von außen auf die Organisation einwirken, ein Verständnis des Unternehmens als ‚lebendiges Kunstwerk' (vgl. Geißler 1992). Die entscheidenden Entwicklungskräfte müssen heute innerhalb der Organisation, nämlich in den Zukunftsvorstellungen und Gestaltungswünschen ihrer Mitglieder gesehen werden. Sie haben das Unternehmen als ‚Künstler' in einem ‚permanenten Schöpfungsprozess' erschaffen und entwickeln es jeden Tag weiter (vgl. ebd., S. 84). Der wichtigste Faktor, um dieses Potential möglichst optimal auszuschöpfen, ist die *Motivation* des Einzelnen. Um diese zu fördern, ist eine Zielfindungs- und Zielvereinbarungs-Kommunikation zwischen Vorgesetzten und Mitarbeitern auf allen Ebenen des Unternehmens in Gang zu setzen. Dabei werden Leistungs- und Qualifizierungsziele, berufliche und private Entwicklungsziele in der Erwartung verhandelt, eine Passung der individuellen und der Organisationsziele zu erreichen. Wird dieses Instrument konsequent entfaltet, führt es ‚automatisch' zur lernenden Organisation: „arbeiten und lernen, sich selbst zu entwickeln und andere zu entwickeln verschmelzen zu einer Einheit." (ebd., S. 85). Eine Schlüsselstellung nehmen dabei die Führungskräfte ein, die auf der Grundlage einer entsprechenden betriebspädagogischen Qualifizierung die Weiterbildung ihrer Mitarbeiter ‚on-the-job' sicherstellen. Damit wird das alte ‚Grundübel' überwunden, das Geißler in der Trennung zwischen Lehrenden und Lernenden sowie zwischen Seminar und Arbeitsplatz sieht.

Eine dritte Perspektive schließlich unterscheidet zwar ausdrücklich zwischen einer deskriptiven und einer normativen Komponente des Unternehmenskultur-Konzeptes, interessiert sich aber vor allem für die ‚Soll-Kultur' (vgl. Arnold 1991). Angestrebt wird dabei letztlich, dass Güter und Dienstleistungen nach Gesichtspunkten ‚humaner und ökologischer Gerechtigkeit' gestaltet werden (vgl. ebd., S. 41). Möglich erscheint dies auf der Basis einer *Kultur der Selbstorganisation*, in der Organisation als ein evolutionäres System verstanden wird. Es kommt darauf an, „der Selbstreferenz und Selbstorganisation sowie der Eigendynamik betrieblicher Ordnungsprozesse gerecht zu werden und eine professionelle Haltung bei den Führungskräften und ‚change agents' zu fördern, damit diese Prozesse der Selbstorganisation zu initiieren und zu ermöglichen vermögen" (ebd., S. 46). Dabei kann es in der Bildungsarbeit nicht länger um Gestaltung und Machen gehen, im Vordergrund stehen vielmehr das Wachsenlassen und Hegen (vgl. ebd., S. 47). Infolgedessen muss bisherige ‚Erzeugungsdidaktik‘, die auf geplante und gesteuerte Belehrung aus war, hinter eine ‚Ermöglichungsdidaktik‘ zurücktreten (vgl. ebd., S. 51ff.), die das Selbstbildungspotential autonomer Subjekte nicht beschränkt. Auf diesem Wege wird betriebliche Weiterbildung Teil von Organisationsentwicklung.

Auffällig ist zunächst die entschiedene Abkehr von traditionellen Formen der ‚Belehrung‘, an deren Stelle psychologisch akzentuierte Konzepte von Persönlichkeitsentwicklung, motivationsfördernde Kommunikationsformen oder Didaktikmodelle treten, die auf Selbstorganisation abheben. Im Sinne der zitierten Autoren – und gleichzeitig in der Perspektive eines human-resource-management – formuliert, geht es darum, bislang ungenutzte Potentiale eines jeden Einzelnen möglichst weitgehend zur Geltung kommen zu lassen. Auffällig ist außerdem, dass ganz unterschiedliche Aktivitäten ineinander übergehen. Bildung, Führung, Arbeitsorganisation, Kommunikation, Emotionalität lassen sich nicht mehr unterscheiden. Insofern überrascht es nicht, dass aus solchen Konzepten organisationalen Lernens für erwachsenenpädagogische Professionalität spezifische Konsequenzen gezogen werden.

Sarges leitet aus seiner Vision des Unternehmens ganz explizit ‚Eignungskriterien für Weiterbildner‘ ab. Dabei unterscheidet er zwischen den drei Funktionsbereichen der Leitung betrieblicher Weiterbildung, der Durchführung und der Beratung. Die Leiter sollten ein nicht nur technisches Interesse am und Kompetenzen im Umgang mit Menschen haben, über eigene Erfahrungen als Lehrende verfügen und die personalwirtschaftlichen Instrumente insgesamt kennen. Im zweiten Bereich gibt es zunächst die fachlichen Weiterbildner, die neben einer guten fachlichen Ausbildung über pädagogische Neigung und Eignung verfügen sollten. Letztere beruht bislang überwiegend auf ‚Begabung‘ und autodidaktischen Bemühungen, sollte aber künftig der ‚institutionalisierten pädagogischen Weiterbildung‘ anheim gestellt werden. Im Zentrum stehen allerdings die überfachlichen Weiterbildner oder ‚Trainer‘. Sie sollten operative Erfahrung haben sowie über Sach-, Methoden- und Sozialkompetenz verfügen. Über diese klassischen Voraussetzungen hinaus hat die ‚Selbstkompetenz‘ besonderes Gewicht. Diese „bezieht sich auf die Infrastruktur der Persönlichkeit und meint global eine zwischen Intellekt und Gefühl gut balancierte, neugierige, nach Weiterentwicklung (Selbstentfaltung) drängende, ständig an sich selbst arbeitende Persönlichkeit, die authentisch, auch in ethischen Fragen reflexionsfähig und verantwortungsbewußt, erfolgsorientiert, hoch initiativ und (kalkuliert) risikofreudig ist“ (Sarges 1992, S. 175). Selbstkompetenz ist nicht zuletzt deshalb wesentlich, weil sie die anderen Kompetenzen bis hin zum ‚Charisma‘ zu steigern vermag. Die Berater schließlich sollen sich durch ‚naturwüchsiges‘ Interesse an der Unterschiedlichkeit von Menschen, durch detailliertere (Laien-) Kenntnisse über verschiedene Persönlichkeits- und Begabungsstrukturen auszeichnen und über Feingefühl und Kunstfertigkeit bei der Problemdiagnose sowie ein umfangreiches Wissen über bildungsmäßige Interventionsmöglichkeiten verfügen (vgl. ebd., S. 176).

Bei Harald Geißler kommt es gewissermaßen zu einer Generalisierung betriebspädagogischer Kompetenz. Denn die Schlüsselstellung in der ‚lernenden Or-

Kompetenzen betrieblicher Weiterbildner

ganisation' haben die Führungskräfte inne, die die Motivation fördern und das Lernen am Arbeitsplatz anleiten. Sie benötigen ein gewisses Maß an Handlungskompetenz, bei dem es jedoch nicht mehr auf eine Verknüpfung mit wissenschaftlichem Wissen ankommt. Es geht hier eher darum, ‚die pädagogischen Ärmel aufzukrempeln' (vgl. Geißler 1992, S. 9) und die anstehenden Aufgaben in Angriff zu nehmen. Dieser pragmatische Gestus ist zumindest in der betriebspädagogischen Praxis gern gesehen; man geht davon aus, die erforderlichen Kompetenzen in Trainings u.Ä. im Sinne einer Kunstlehre vermitteln zu können. Weitergehende Ansprüche – etwa wissenschaftliche Aus- und Weiterbildung, staatlich regulierte Zertifizierung – werden nicht nur mit Skepsis betrachtet, sondern als flexibilitätsfeindlich abgelehnt (vgl. exempl. Weiss 1992, S. 154).

Beratung statt Belehrung

Arnold, der weniger psychologisch argumentiert als Sarges und Geißler, leitet aus den Erfordernissen des Organisationslernens die Notwendigkeit eines ‚erweiterten pädagogischen Blicks' ab. Denn ein „lehr-lernbezogenes Selbstverständnis betrieblicher Weiterbildung, wie es in den ‚klassischen' Berufsrollen des ‚Seminarleiters' und ‚Trainers' zum Ausdruck kommt, kann den gewandelten Anforderungen der betrieblichen Organisations- und Personalentwicklung immer weniger gerecht werden" (Arnold 1991, S. 181). Der professionelle betriebliche Weiterbildner ist eher Problemlösungsberater als Lehrer, er begleitet Organisationsentwicklungsprozesse. Folglich muss er über eine Diagnosekompetenz verfügen, um Problemlagen in enger Auseinandersetzung mit den Betroffenen zu ergründen, er braucht eine Ermöglichungskompetenz, um selbst organisierte Lernprozesse ‚subjektsensibel und situationsoffen' begleiten zu können, und er benötigt schließlich eine Einbindungskompetenz, um den Transfer des Gelernten unterstützen und eine weitergehende Beratung durchführen zu können. Vermittelt werden sollen diese Kompetenzen in entsprechenden Weiterbildungsmaßnahmen. Wesentlich ist dabei die Entwicklung der instrumentellen bzw. ‚handwerklichen' Dimension, ergänzt um ‚Selbstreflexion', die sich vor allem auf die subjektiven Anteile des Weiterbildners an den von ihm zu betreuenden Prozessen bezieht. Die Auseinandersetzung mit ‚gesellschaftlichen Funktionen' und dem ‚organisatorischen Bedingungsrahmen professionellen Handelns' wird zwar kurz erwähnt, spielt für die Überlegungen aber keine besondere Rolle (vgl. ebd., S. 186ff.).

Für die Zentren des betriebspädagogischen Geschehens sind also Akteure mit einer beachtlichen (z.T. geradezu heroischen) Persönlichkeitsstruktur und einem gerüttelt Maß an Kompetenzen verschiedenster Art gefordert, die zu einem guten Teil auf Lebenserfahrung und Begabung zurückzuführen sind. Viele der verlangten Fähigkeiten werden in der Ausübung verschiedener Tätigkeiten erworben, ergänzt um Trainings- und Qualifizierungsmaßnahmen anderer Art. Das ‚Pädagogische' ist sehr stark auf einen eher unspezifischen ‚Umgang mit Menschen' reduziert, was insofern konsistent ist, als die Unternehmensvisionen sehr stark auf Persönlichkeitsentwicklung abheben. Sicherlich sind die skizzierten Überlegungen nicht mit einem völligen Abschied von wissenschaftlichem Wissen (und in dieser Hinsicht vom klassischen Professionalitätsverständnis) verbunden. Der Akzent liegt jedoch deutlich auf system*immanenten* Veränderungen der Unternehmenskultur, die über eine Beeinflussung der Motivationen und Persönlichkeiten der Beschäftigten, der internen Kommunikationsformen und der Selbstorganisation erreicht werden soll. Während also klassisch bei Problemlagen auf externe Wissensbestände zurückgegriffen wird, werden die Akteure in dieser Perspektive permanent auf sich selbst und ihr Verhältnis zum anderen bzw. zur Organisation verwiesen. Die Person hat kein Problem mehr, sie ist selbst zu einem geworden; Problemlösungen ergeben sich über die Mobilisierung ihres endogenen Potentials.

Es geht im betrieblichen Kontext also weniger darum, Menschen nach Maßgabe individueller Problemlagen an die weite Welt des Wissens heran zu führen, als vielmehr um die Bearbeitung von Organisationsproblemen. Insofern haben wir es hier weniger mit Bildungs- als mit Erziehungsabsichten zu tun (vgl. Wittpoth 2003b), die dem Ideal des managementfreundlichen Mitarbeiters folgen, sich der Konstruktion eines neuen Betriebsmenschen verschreiben (vgl. Harney 1998, S. 252). Nicht fachliche Expertise oder Wissen und auf die konkreten Arbeitsaufgaben bezogenes Können stehen im Vordergrund, sondern die Person, ihr Verhalten, für die *Organisation* der Arbeit wichtige Orientierungen. In dieser Hinsicht gibt es strukturelle Ähnlichkeiten zwischen betrieblicher und kirchlicher Bildungsarbeit: Sobald letztere stärker zur Seelsorge tendiert, geht es ebenfalls nicht um den Erwerb von Wissen, um Bildung im Sinne reflexiver Distanzierung, sondern darum, sich als Teil einer Gemeinschaft zu erleben, die eine besondere Sicht der Welt teilt und sich dadurch in ihrem Glauben gegenseitig zu stärken. Ganz anders angelegt ist die (überbetriebliche) *berufliche* Weiterbildung, die sich vor allem an der Fachlichkeit orientiert und von Betrieben auch in diesem Sinne in Anspruch genommen wird.

Dieses besondere Profil betrieblicher Weiterbildung hat eine andere Akzentuierung der Aufgaben des (,pädagogischen') Personals und andere Erwartungen an die Qualifikation der Mitarbeiter zur Folge. Wirtschaftswissenschaftler/Betriebswirtschaftler mit Schwerpunkten im Bereich der Organisations- und Personalentwicklung sind gefragt, Juristen und schließlich *auch* Pädagogen und Psychologen (vgl. Kailer/Mayrhofer 1995). Neben dieser aus einem Studium hervorgehenden fachlichen Komponente erwartet man vom ,Fachpersonal in Personalentwicklung und Weiterbildung' in den 1990er-Jahren (in Stellenanzeigen) Ähnliches wie von den Erwachsenenbildnern in den späten 1970er-Jahren:

Kontaktfreudigkeit, überzeugendes Auftreten	27
Organisationstalent	18
Kommunikationsfähigkeit	21
Kooperations- und Teamfähigkeit	12
Kreativität	10
Einfühlungsvermögen	12
Motivations- und Führungsfähigkeit	11
Verhandlungsgeschick, Überzeugungskraft	10
Flexibilität	13
Einsatzbereitschaft	11

Quelle: Kailer/Mayrhofer 1995, S. 11; N = 124; Mehrfachnennungen

All dies korrespondiert in manchen Hinsichten mit den (disparaten) Angaben über Formen und Inhalte betrieblicher Weiterbildung (vgl. Kap. 5.2.1.1.). Die fachliche Seite wird zu einem großen Teil ,im Vollzug der Arbeit' oder ,arbeitsplatznah' im Sinne der Anweisung oder Einarbeitung, in Teilen auch ,mediengestützt' erledigt. Bei den Lehrveranstaltungen haben die Themen ,Mitarbeiterführung', ,Persönlichkeitsbildung' und ,Verkaufstraining' sehr hohes Gewicht; kaufmännische und gewerblich-technische Themen fallen demgegenüber deutlich ab. Schließlich gibt es arbeitsorganisatorische Vorkehrungen – job-rotation, Qualitätszirkel, Lernstatt –, bei denen Lernen und soziale Integration kaum auseinander zu halten sind.

Die Unterscheidung von Fach- und Organisationbezug oder Qualifizierung und Erziehung schlägt sich auch in den verschiedenen Berufsrollen der betrieblichen Weiterbildung nieder. So nennen etwa Arnold und Müller für den ‚Kernbereich' – gemeint sind die hauptberuflich in der Weiterbildungsabteilung eines Unternehmens Beschäftigten – zunächst die Rollen des ‚Bildungsmanagers' und des ‚Trainers'. Erstgenannter leitet die Abteilung, repräsentiert sie nach innen und außen, ist für das Budget und für organisatorisch-konzeptionelle Arbeiten zuständig. Trainern obliegt die Gestaltung und Durchführung von Weiterbildungsmaßnahmen (vgl. Arnold/Müller 1992; ähnlich Wittwer 1995). So weit ist uns die Unterscheidung vertraut: Im Blick auf die allgemeine Weiterbildung entspricht dies der (überwiegend) leitenden/disponierenden bzw. lehrenden Tätigkeit. Allerdings wird zwischen zwei Typen von Trainern unterschieden: den *Fach*- und den *Verhaltens*trainern. Offensichtlich hat sich der auf ‚Erziehung' orientierte Tätigkeitsbereich so weit entwickelt, dass sich eine ihm gewidmete spezielle Zuständigkeit herauskristallisiert.

Zwischen den beiden Rollen des Bildungsmanagers und des Trainers angesiedelt sind – nach Arnold und Müller – die so genannten ‚Seminarleiter', die im Zuge des Bedeutungszuwachses externer Weiterbildungsanbieter eine Vermittlungsfunktion wahrnehmen. Sie passen die von außen eingekauften Bildungsangebote in den innerbetrieblichen Prozess ein, sind also das Bindeglied zwischen Unternehmen und externen Weiterbildungsanbietern. Insofern es sich dabei eher um grundsätzlich planende und begleitende sowie eher an Veranstaltungen teilnehmende Aktivitäten handeln kann, ist deren Tätigkeitsprofil eher zur Seite des Managers oder eher zur Seite des Trainers ausgeprägt.

Das eigentliche *Fach*wissen wird im Wesentlichen von ‚außen', also nicht in erster Linie aus dem so genannten ‚Kernbereich' betrieblicher Weiterbildung bezogen, und zwar von:

– nebenberuflichen internen Weiterbildnern,
– nebenberuflichen externen Weiterbildnern,
– hauptberuflichen externen Trainern.

Erstgenannte repräsentieren und vermitteln das hausinterne know-how, ihre externen Kollegen schließen spezifische inhaltliche Lücken. Die hauptberuflichen externen Trainer können – in verschiedensten Varianten der Kooperation mit betriebsinternen haupt- oder nebenberuflichen Weiterbildnern – das komplette Spektrum bedienen, das erwachsenenpädagogische Berufstätigkeit ausmacht:

– Bedarfsanalyse,
– didaktische Planung,
– methodische Gestaltung,
– Medienerstellung,
– Seminardurchführung,
– Erfolgskontrolle,
– Transferförderung,
– Evaluation.

Insofern wird man wohl sagen können: Je mehr sich die Aufgaben der *fachlichen*, auf konkrete Fähigkeiten und Berufsrollen bezogenen *Qualifizierung* nähern, desto ähnlicher sind die Tätigkeiten in der betrieblichen Weiterbildung denen in anderen Weiterbildungsbereichen. Je stärker es um *Erziehungs*-Praktiken, die man gegenwärtig vorzugsweise ‚Organisationsentwicklung‘ nennt, geht, desto größer werden die Differenzen.

6.3. Diffundierungstendenzen

Was unter Stichworten wie Entgrenzung oder Enttraditionalisierung der Weiterbildung diskutiert wird, geht weit über den ‚Auftritt‘ und die Durchsetzung betrieblicher Weiterbildung hinaus. Es betrifft einerseits das gesamte Feld, aber auch jeden einzelnen Bereich. Es gibt mehr und andere Orte und Formen der Bildung Erwachsener als in ihrer Institutionalisierungsphase während der 1970er-Jahre, auch wenn man in Rechnung stellt, dass wir manches, was es bereits faktisch gab, erst heute verstärkt *wahrnehmen*. Diese Veränderung lässt auch die (ehemaligen) institutionellen Kerne oder Zentren nicht unberührt. Das betrifft sowohl die ‚klassischen‘ Einrichtungen allgemeiner Weiterbildung (Volkshochschulen, Bildungswerke in ‚freier‘ Trägerschaft) als auch die überbetrieblichen Einrichtungen beruflicher Weiterbildung und schließlich selbst die Betriebe. Volkshochschulen müssen in einer vielgestaltigen Einrichtungslandschaft auf sich aufmerksam machen, beziehen neue Aktivitäten in ihr Spektrum ein, müssen veränderten Wünschen ihrer Adressaten gerecht zu werden versuchen. Überbetriebliche Einrichtungen bieten Betrieben ihre Dienstleistungen an und betriebliche Weiterbildungsabteilungen werden aus den Unternehmen rechtlich und organisatorisch ausgegliedert (so genanntes ‚Outsourcing‘), müssen sich also ebenfalls um Nachfrage unter (für sie) völlig neuen Bedingungen bemühen. Damit verändern sich allenthalben die ‚klassischen‘ Tätigkeitsprofile, wahrscheinlich nähern sie sich auch allmählich einander an. Denn indem ehemals ‚exklusive‘ Arenen und Zuständigkeiten ‚verallgemeinert‘ werden, in der Tendenz also alle alles tun, sind zumindest ähnliche Aufgaben zu erfüllen.

Für den Bereich öffentlich geförderter Einrichtungen gibt es wichtige Veränderungen in folgenden Hinsichten:

Neue Aufgaben öffentlicher Erwachsenenbildung

– Sie werden immer stärker dahin gedrängt, ‚wirtschaftlich‘ zu arbeiten. Neben (vertrauten) pädagogischen Zielen bekommen materielle Ziele stärkeres Gewicht bis hin zu Konstellationen, in denen sie dominant werden (vgl. Nuissl 1996, S. 28). Die Beschäftigten müssen sich also einerseits in für sie fremden Bereichen instrumentell qualifizieren und andererseits diese neue Perspektive in ihren bisherigen Orientierungsrahmen integrieren. Damit geht eine wichtige identitätsstiftende Unterscheidung verloren, nämlich die zwischen Einrichtungen, in denen sich Kurse ‚rechnen müssen‘ und solchen, in denen das nicht der Fall ist.

– Der Zwang zu (mehr) Wirtschaftlichkeit und die Erweiterung des Aktivitäten-Spektrums führen zu einer stärkeren Konkurrenzsituation. Es wird einerseits immer mehr Energie darauf zu verwenden sein, an begrenzten Finanzquellen zu partizipieren, das heißt, sich gegen andere durchzusetzen. Andererseits sind Kooperations- und Koordinationsformen zu entwickeln, um

Marktanteile zu sichern, Kosten zu senken, größere Projekte überhaupt in Angriff nehmen zu können usw.

– Die neuen Informations- und Kommunikationstechnologien durchdringen zum einen die geschäftsmäßigen Abläufe der Institutionen, führen also ebenfalls zu neuen Aufgaben und setzen weitere Kompetenzen voraus. Zugleich betreffen sie in Form der ‚neuen Medien‘ die Einrichtungen im Blick auf ihre Lehrangebote und die Lehr-/Lernformen. Auch wenn dieser Wandel heute wahrscheinlich eher überschätzt wird (vgl. Wittpoth 1998), werden Lernberatung, -begleitung und die Kombination mediengestützter und personaler Formen an Bedeutung gewinnen.

– Weiterbildungsbedürfnisse verändern sich in verschiedenen Hinsichten. Menschen können sich unter Verwertungs- und Qualitätsgesichtspunkten in einem zunehmend breiteren Anbieterspektrum orientieren. Sie stellen höhere Ansprüche an den Lernort und die Lernformen (es soll auch schön sein und Spaß machen). Lehrkräfte können sich nicht (mehr) allein unter Gesichtspunkten von Fachlichkeit ‚bewähren‘, sondern sind immer mehr auch als ‚Personen‘ gefragt.

Erweiterung des Kompetenzspektrums

Damit verbundene Veränderungen im Blick auf notwendige Kompetenzen und Tätigkeiten werden von den Akteuren selbst registriert. Gaben zum Beispiel VHS-LeiterInnen in den 1980er-Jahren noch an, die fachwissenschaftliche Qualifikation, Verwaltungs- und Weiterbildungserfahrungen seien zentral für die Bewältigung ihrer Aufgaben, heben sie etwa Mitte der 1990er-Jahre betriebswirtschaftliche Aspekte wie die Finanzplanung, Personalführung, politische Vertretung, das Marketing und die Betriebsführung hervor (vgl. Nuissl 1996, S. 29f.). Auch HPM verwiesen früher eher auf ihre fachwissenschaftliche Qualifikation und Lehrerfahrungen als Grundlage ihrer programmplanenden Tätigkeit; heute haben für sie Verwaltung, Personalführung und Beratung ein hohes Gewicht bekommen. Selbst wenn man in Rechnung stellt, dass erst seit den 1990er-Jahren auf ein *Vokabular* zurückgegriffen wird, das man vorher nicht genutzt hat, d.h. dass auf die Organisation bezogene Tätigkeiten, die früher ‚einfach gemacht‘ wurden, heute mit Begriffen des betriebswirtschaftlichen Jargons benannt werden (unter Umständen ohne sich nennenswert geändert zu haben!), sind Veränderungen dieser Art angesichts gewandelter objektiver Rahmenbedingungen anzunehmen.

Neue Aufgaben beruflicher Weiterbildung

Die Träger überbetrieblicher beruflicher Weiterbildung sind von der Veränderung der Rahmenbedingungen in ähnlicher Weise betroffen. Eine wichtige Konsequenz daraus wird unter dem Thema ‚Kundenorientierung‘ bearbeitet (vgl. exempl. Reuther u.a. 1996). Demnach reicht es nicht mehr aus, eine Palette von Kursen und Schulungen in einen diffusen Raum hinein anzubieten, vielmehr muss auf die je besonderen Interessen im Sinne der Entwicklung ‚maßgeschneiderter Angebote‘ Rücksicht genommen werden. Insbesondere auf Seiten der kleinen und mittelständischen Unternehmen (KMU) sieht man nicht unerhebliches brachliegendes Potential. Obwohl man sich auch dort der Notwendigkeit von Weiterbildung bewusst ist, führt dies nicht unmittelbar zu einer verstärkten Nachfrage. Die klassische Angebotspolitik der Träger mit ihren standardisierten und fertigen Lehrkonzeptionen stößt offensichtlich bei den Unternehmen auf Desinteresse. Meist werden für die Weiterbildungsabstinenz kleiner und mittelständischer Unternehmen deren dünne Personaldecke und schmale Budgets als Ursachen angenommen, mindestens in gleichem Maße gilt aber:

- Die Unternehmen verfügen in der Regel nicht über Experten der Personalentwicklung bzw. Weiterbildung, was Schwierigkeiten bei der Einschätzung von Weiterbildungsnotwendigkeiten und der Auswahl geeigneter Maßnahmen bedingt.
- Das berufliche Lernen ist kontinuierlich in den Betriebsablauf, die Arbeitsprozesse und die Organisation integriert, kann also nicht ohne weiteres durch externe Lehrgänge gewährleistet werden.
- Die Weiterbildungsangebote externer Träger werden oftmals noch stark von schulorientierten Grundsätzen bestimmt und die Relevanz für das jeweilige Unternehmen nur wenig reflektiert.

Zur Bearbeitung dieser Probleme sollen so genannte ‚Marketing'-Konzepte eingesetzt werden, die auf intensive Zusammenarbeit mit weiterbildungsinteressierten Unternehmen zielen (vgl. Loebe 1996). Der Begriff ‚Marketing' ist insofern nicht ganz glücklich gewählt, als mit ihm in der Regel Werbung und Öffentlichkeitsarbeit verbunden werden. Hier geht es weniger um die ‚Verkaufsförderung' bestehender (Standard-) Angebote als um deren möglichst präzise Ausrichtung auf die je besonderen Problemlagen einzelner ‚Abnehmer'. Um dies zu gewährleisten, ist es mit der Entwicklung und Durchführung von Kursen nicht getan. Vielmehr sind vorab Qualifikationsbedarfsanalysen und deren Ergebnissen entsprechende Bildungsberatungen durchzuführen. Nach Abschluss auf solche Weise entstandener Maßnahmen sind sie gemeinsam zu bewerten und zu evaluieren. In vielen Fällen ist das Personal der Weiterbildungsträger, das bislang schwerpunktmäßig in der Durchführung von Lehrgängen engagiert war, auf diese Tätigkeiten nicht vorbereitet. Von daher muss es zunächst selbst in den Bereichen Bedarfsanalyse, moderne Arbeitsorganisation, Personalentwicklung und Marketing qualifiziert werden. Im Ergebnis verlagern sich die Aufgaben von der standardisierten Lehre zur Analyse, Recherche, Akquise und Beratung. Das Tätigkeitsprofil nähert sich so dem der öffentlichen Einrichtungen allgemeiner Erwachsenenbildung an, zumal sich auch diese immer mehr um die Entwicklung von Angeboten für einzelne Firmen und die Einwerbung von Mitteln für berufsqualifizierende Maßnahmen bemühen, auf dem ‚Markt' also als direkte Konkurrenten auftreten.

Die Notwendigkeit verstärkter Kundenorientierung hat auch außerhalb der Weiterbildungseinrichtungen selbst Konsequenzen für erwachsenenpädagogische Tätigkeit: Sie ist zum mehr oder weniger integrierten Bestandteil personenbezogener Dienstleistungen unterschiedlichster Art geworden. An zwei Beispielen lässt sich dieser Wandel gut nachvollziehen: dem Gesundheitswesen und der Touristik.

Über lange Zeit waren erkrankte Menschen gewissermaßen ‚Objekte', die vom Gesundheitssystem nach der ihm eigenen Rationalität ‚bearbeitet' oder ‚behandelt' wurden. Ärzte konzentrierten sich auf die Beschwerden ihrer Patienten und versuchten, durch medikamentöse oder andere Therapien Abhilfe zu schaffen; Krankenkassen hatten lediglich dafür Sorge zu tragen, dass die Menschen das bekamen, was ihnen zustand und dass die verschiedenen Dienstleistungen bezahlt wurden. Vor Ausbruch und nach Heilung akuter Erkrankungen ‚gab es' die Menschen für das Gesundheitssystem in gewisser Weise gar nicht. Seit mindestens zwanzig Jahren ist ein Perspektivwechsel zu beobachten, der sicher noch nicht überall durchgesetzt ist, aber erheblich an Bedeutung gewonnen hat. Die Menschen geraten nicht erst in den Blick, sobald und solange sie erkrankt sind, sondern ihre gesamte Lebensweise wird zum Thema. In vielen Fällen muss es erst gar nicht zu Erkrankun-

Erwachsenenbildung im Gesundheitswesen

191

gen kommen, wenn ein Lebenswandel gepflegt wird, der auf unsere psychischen und physische Voraussetzungen Rücksicht nimmt; selbst wenn Erkrankungen einmal eingetreten sind, kann man mit ihren Folgen – auch im Sinne der Vorbeugung vor Rückfällen – auf unterschiedliche Weise umgehen. Es geht also darum, Zusammenhänge etwa zwischen Ernährung, Bewegung (-smangel), permanenter Überlastung und Krankheit deutlich zu machen sowie Hilfestellungen bei allen Versuchen zu geben, gesundheitsgefährdende Verhaltensweisen so weit wie möglich zu vermeiden. Prävention und Rehabilitation bekommen neben der Heilung immer stärkeres Gewicht, womit Beratung, Betreuung und auch ‚Bildung‘ gefragt sind. So lässt sich zum Beispiel eine dem Körper einigermaßen zuträgliche Ernährung kaum intuitiv gewährleisten, vielmehr benötigt man dazu eine Fülle von Informationen über einzelne Bestandteile von Nahrungsmitteln und über deren Bedeutung für den menschliche Organismus. Hat man diese Zusammenhänge erkannt und verstanden, ist vielfach Hilfe und Ermutigung im Blick auf eine entsprechende Zubereitung der Speisen von Nöten usw. Auch das Skelett macht vielen Menschen heute einige Mühe: offensichtlich fällt es schwer, eine Körperhaltung zu kultivieren, die es auf Dauer verträgt. Vielfältige Beratungs- und Hilfsangebote (‚Rückenschule‘) unterschiedlicher Institutionen knüpfen hier an. Dass es bei all dem nicht allein um humanitäre Ansprüche, sondern schlicht auch um Kosten (-dämpfung) geht, ist hier von nachrangiger Bedeutung. Krankenkassen, Kliniken und andere Institutionen greifen auf erwachsenenpädagogische Kompetenzen zurück, um Menschen über krankheitsverursachende Faktoren aufzuklären und ihnen bei gesundheitsfördernder Lebensweise behilflich zu sein. Zumindest eine Zeit lang gab es Gesundheitsbildung auch ‚auf Krankenschein‘; mittlerweile ist der Präventionsgedanke – vor allem wegen der anhaltenden Finanzierungsprobleme des Gesundheitssystems – wieder ein wenig unter Druck geraten. Es hat sich allerdings längst außerhalb des Gesundheitssystems im engeren Sinne ein (recht lukrativer) ‚Wellness‘-Bereich entwickelt, der von vielen Menschen (die es sich leisten können) im Sinne vorbeugender Entspannung und Pflege genutzt wird. Sobald dort nicht nur ‚Hand angelegt‘ wird (Massage etc.), treffen wir auf pädagogisch strukturierte Situationen, in denen zumindest *auch* ‚Erwachsenenbildung‘ stattfindet.

Bildung und Reisen

Reiseunternehmen verkaufen nur vermeintlich ‚Urlaub‘. Tatsächlich sorgen sie dafür, dass der menschliche Körper von einem geographischen Punkt zu einem anderen transportiert wird und am Zielort ein Nachtlager und Verpflegung vorfindet. Für alles andere, also den eigentlichen ‚Urlaub‘, sind die Kunden selbst zuständig. Dass damit mancher überfordert ist, kann man den unzähligen Geschichten über krisengeschüttelte Ferien entnehmen. Auch hier setzen pädagogische Angebote an: sei es im Sinne kompletter ‚Bildungsreisen‘, sei es im Sinne gelegentlicher Belehrung, Schulung oder intellektueller Erbauung. Man kann auf eine Fülle von Kursen in den Bereichen Sport und Bewegung (unter dem Label ‚Wellness‘ kommt es hier zu Verschränkungen mit dem Gesundheitssystem), Ernährung und Kochen, kreativ-künstlerische Betätigung, Fremdsprachen etc. zurückgreifen; geführte Ausflüge zu historisch, künstlerisch, architektonisch interessanten Orten gehören zum Standardprogramm; selbst die vielgeschmähte ‚Animation‘ verdiente genauere Untersuchungen unter dem Gesichtspunkt ‚bildender‘ Elemente. Auch für die Touristikindustrie gilt also, dass (erwachsenen-) pädagogische Praktiken Eingang in das Spektrum ihrer Dienstleistungen finden, sobald sie auf Menschen und ihre Interessen umfassender zugeht.

Ähnliche Entwicklungen gibt es auch in anderen Bereichen: Museen überlassen es nicht mehr dem Zufall, wer ihre Exponate auf welche Weise und mit welchem persönlichen Gewinn betrachtet, sondern beschäftigen Museumspädagogen; Händler gepflegter Weine offerieren nicht nur die Getränke selbst, sondern laden zu Informationsveranstaltungen über Weinbauregionen, Traubensorten, Herstellungsmethoden (unter Umständen gekoppelt mit Kochkursen) ein; soziale Bewegungen organisieren (Aufklärungs-) Kampagnen, Vereine – vom Sport über Multikulti bis zur Rheumaliga – bieten Aufklärung, Bildungsveranstaltungen an; Fernsehredaktionen und Firmen wenden sich über ihre Internetauftritte in aufklärender Absicht an ein breites und diffuses Publikum usw. Angesichts des aktuellen Trends, bislang ‚einfache' Verrichtungen und Entscheidungen erheblich komplizierter zu gestalten – ein schlichtes Beispiel ist das Telefonieren, ein ebenso komplexes wie existentielles die Altersversorgung – kann man in weiteren Feldern mit ähnlichen Praxen rechnen.

In all diesen Fällen ist die (erwachsenen-) pädagogische Tätigkeit ein mehr oder weniger gewichtiger *Teil* eines vielgestaltigen Ganzen. Man wird dort eher selten auf ‚reine' Erwachsenenpädagogen treffen, also auf Menschen, die ‚nichts anderes können'; vielmehr gibt es ganz unterschiedliche Mischqualifikationen und Kompetenzen. Allerdings ist es nicht unwahrscheinlich, dass Aufgaben und Tätigkeiten dieser Art an Bedeutung eher gewinnen und dass dann auch die Sensibilität gegenüber der Güte entsprechender Bemühungen zunimmt. Mit anderen Worten: Einrichtungen, die *auch* pädagogisch tätig werden, um ihre ‚Kern-Dienstleistung' besser verkaufen zu können, werden es sich auf Dauer kaum erlauben, in diesem Teil ihrer Aktivitäten hinter die ansonsten gültigen Qualitätsstandards zurück zu fallen.

Diffundierungstendenzen anderer Art sind mit der wachsenden Bedeutung so genannter ‚intermediärer' Organisationen verbunden. Gemeint sind Organisationen, die zwischen der Privatsphäre (Familie, Nachbarschaft etc.) auf der einen und den öffentlichen Sphären Markt und Staat auf der anderen Seite agieren (vgl. Körber/Effinger 1995). Sie gewinnen an Gewicht, weil es auf beiden Seiten zu ‚Versorgungs'-Einschränkungen kommt. Traditionelle Institutionen im sozialen Nahraum bieten den einzelnen Personen immer weniger Unterstützung und Sicherheit – das spitzt sich in Zeiten zu, die mit einer gewissen Berechtigung mit dem Schlagwort ‚Individualisierung' gekennzeichnet werden: Familiäre Bande und lokale Bindungen lösen sich durch erwünschte wie erzwungene soziale und räumliche Mobilität zusehends auf. Grundsätzlich könnte man sich vorstellen, dass staatliche Instanzen an die Stelle treten, wie sie es ja historisch zumindest in jüngerer Zeit auch getan haben (z.B. durch Krankenhäuser, Wohlfahrtseinrichtungen). Allerdings wird die so genannte ‚Staatsquote' gegenwärtig eher abgebaut, d.h. man ist bemüht, möglichst viele Versorgungsleistungen entweder zu privatisieren oder an andere, nicht-staatliche Institutionen zu übertragen. Im Prinzip könnte dann der Markt einspringen, dem allerdings dadurch Grenzen gesetzt sind, dass viele personenbezogene Dienstleistungen unter privatwirtschaftlichen Bedingungen nicht rentabel zu realisieren sind.

Es entsteht also eine ‚Lücke', die in Teilen ignoriert, in anderen Teilen durch Initiativen unterschiedlicher Art partiell geschlossen wird. So gibt es rein ehrenamtliche Aktivitäten wie zum Beispiel die so genannten ‚Tafeln' in größeren Städten, die überzählige Lebensmittel einsammeln und an einigen Tagen in der

Woche Menschen kostenlose Mahlzeiten zubereiten. Diese Art von Tätigkeit wird seit einiger Zeit politisch stark aufgewertet und unter dem Schlagwort ‚Bürgerarbeit' kontrovers diskutiert (vgl. Kommission 1997, S. 146ff.). Es gibt aber auch Initiativen, Projekte, Organisationen mit oft ‚alternativem' Hintergrund und Anspruch, deren Aktivitäten aus ganz unterschiedlichen ‚Töpfen' mehr oder weniger üppig und regelmäßig finanziert werden. Eine Untersuchung im Stadtstaat Bremen Mitte der 1990er-Jahre hat allein für diese überschaubare Region etwa 250 solcher Organisationen mit etwa 2.500 bezahlten und unbezahlten MitarbeiterInnen ermittelt. Sie bieten personenbezogene Dienstleistungen in den Bereichen Erziehung, Weiterbildung, Ausbildung und Beschäftigung (auf dem zweiten Arbeitsmarkt), soziale Arbeit und Gesundheitsdienste, Organisations- und Politikberatung, Umwelt- und Ernährungsberatung sowie Kulturarbeit an (vgl. Körber/Effinger 1995, S. 342). In solchen Initiativen engagieren sich auch viele Absolventen sozial- und erziehungswissenschaftlicher Studiengänge, so dass sie vorzugsweise in Universitätsstädten gedeihen (zur Situation in Berlin Anfang der 1990er-Jahre vgl. Dinter/Becker 1991). Hochschulabsolventen haben sich auf diese Weise neue Beschäftigungsmöglichkeiten geschaffen, was nicht zuletzt deshalb notwendig wurde, weil der öffentliche Dienst nicht länger den weitaus größten Teil der Absolventen oben genannter Studiengänge aufnahm. Die Beschäftigungssituation in solchen Organisationen ist ambivalent: Ihre ökonomische Absicherung ist eher spärlich und anhaltend prekär, dafür agieren die Beteiligten mit einem ungewöhnlich hohen Maß an Autonomie und sehen – nach eigenem Bekunden – viele Möglichkeiten der Selbstverwirklichung. Die konkrete Tätigkeit wird auch hier mehr oder weniger erwachsenenpädagogisch akzentuiert sein. Sie ist zudem an Projekte gebunden, die stets befristet finanziert werden. Angesichts der Vielfalt an Aufgaben, der notwendigen Flexibilität und Risikobereitschaft solcher ‚Sozialunternehmer' stellen Tätigkeiten in intermediären Organisationen für viele auch Übergangssituationen dar, erleichtern die Einmündung in stabile Beschäftigungsverhältnisse ‚traditioneller' Art.

Freiberufliche Tätigkeit Mit den skizzierten Veränderungen des Feldes insgesamt sowie der Verhältnisse in den einzelnen Organisationsbereichen hat schließlich eine Beschäftigungsart an Bedeutung gewonnen, die man wohl am besten mit ‚Freiberuflichkeit' bezeichnet. Bisweilen ist auch von ‚Selbständigen' die Rede, was aber die konkreten Verhältnisse kaum trifft, weil dieser Typus Weiterbildner sein Handeln eher am Klienten orientiert als am ‚Geschäft' und weil er in der Regel eher abhängig ist (vgl. Nittel 2000b). Im Volkshochschulmilieu wird bereits seit längerer Zeit von ‚hauptberuflich Nebenberuflichen' gesprochen; abgehoben wird damit auf KursleiterInnen, die mit der ‚nebenberuflichen' Tätigkeit ihren Lebensunterhalt bestreiten. Möglich ist das, wenn man in einer Region bei verschiedenen Weiterbildungsinstitutionen Kurse gibt, die in der Summe auf eine Art ‚Vollzeitbeschäftigung' hinauslaufen. Nach einer entsprechenden Untersuchung in Hessen geben immerhin mehr als 20% der Unterrichtenden an Volkshochschulen an, mit ihrer Lehrtätigkeit zwischen 81% und 100% ihres Gesamteinkommens zu erwirtschaften (vgl. Arabin 1996, S. 318). Komfortabel ist deren Situation meist nicht, da die Volkshochschulen und vergleichbare Institutionen bislang kaum Formen entwickelt haben, mit diesem Typus von Beschäftigten umzugehen. Jede einzelne Einrichtung, bei der diese Lehrenden in kleinem Umfang tätig sind, behandelt sie als ‚Nebenberufliche'. Insofern Lehrkräfte dieser Art insbesondere für solche

194

Programmteile wichtig sind, die eine gewisse Kontinuität erforderlich machen, und hauptberufliche ‚Weiterbildungslehrer' angesichts knapper Budgets kaum einzustellen sind, kann man erwarten, dass Lösungen gefunden werden. Vorbilder gibt es dazu insbesondere im Bereich der Medien/Kunst/Kultur, in dem die freiberufliche Tätigkeit eine ganz andere Tradition und einen anderen Stellenwert hat. Dort gibt es zum Beispiel so genannte ‚feste Freie', die zumindest für einen definierten Zeitraum Gewissheit über eine bestimmte Größenordnung regelmäßiger Beschäftigung haben.

Potentiell lukrativer ist die Tätigkeit als freiberuflicher ‚Trainer', der seine Dienste vorzugsweise Unternehmen und Verbänden anbietet. Es ist bereits darauf hingewiesen worden, dass solche Trainer in Abstimmung mit ihren angestellten KollegInnen einen gewichtigen Teil betrieblicher Weiterbildung tragen. Solange sie mit ihrem ‚Repertoire' auf der Höhe der Zeit (das heißt: der Nachfrage) bleiben und ihre Arbeit von den Weitergebildeten geschätzt wird, werden sie gute Chancen behalten. Als ‚Ein-Mann- bzw. Eine-Frau-Unternehmen' sind sie grundsätzlich unter dem Gesichtspunkt der Flexibilität, aber möglicherweise auch der Aktualität den meisten Institutionen mit einem festen Mitarbeiterstamm überlegen. Zudem gelingt es ihnen unter Umständen besser, sich in Konzepte zu integrieren, die innerhalb von Unternehmen entwickelt werden.

Es ist gegenwärtig schwer absehbar, wie sich dieses Segment erwachsenenbildnerischer Berufstätigkeit entwickeln wird. Nimmt man die aktuelle politische Diskussion zum Maßstab, in der unablässig darauf hingewiesen wird, dass der Anteil selbständiger Tätigkeit in Deutschland generell zu gering ist, dann könnte man die Form der Freiberuflichkeit als Zukunftsmodell verstehen. Dem entsprächen dann auch die vielfältigen Förderaktivitäten im Bereich der Existenz- bzw. Unternehmensgründungen. Hinzu kommt der große Trend in Richtung Dienstleistung, der durchaus weitere Betätigungsfelder für freiberufliche Weiterbildner schaffen kann, zumal wir ja bereits gesehen haben, dass pädagogische Elemente Dienstleistungen verschiedenster Art zu ‚veredeln' geeignet sind. All die Fälle, in denen eine solche Orientierung und Praxis gelingen, in denen sich also die Akteure nicht gegenüber ihren KollegInnen mit unbefristeten Vollzeit-Arbeitsverträgen degradiert vorkommen, wird man als Bestätigung der optimistischen Sicht verbuchen. Überall dort, wo es nicht gelingt, traditionelle Anstellungsformen durch freiberufliche Tätigkeit wirklich zu substituieren, also einigermaßen entspannt tätig zu sein und ein vergleichbares Einkommen zu erzielen, werden Ambivalenzen deutlich. Manche ‚Selbständigkeit' ist erzwungen, weil die Suche nach ausbildungsadäquaten Anstellungen ohne Erfolg geblieben ist; die Arbeitsverhältnisse sind eher fragil, die Bezahlung und noch mehr die soziale Sicherung sind schlecht. Generell kann es kaum als Zufall angesehen werden, dass Existenzgründerseminare und staatliche Förderprogramme in einer Situation anhaltender Massenarbeitslosigkeit angeboten werden. Es geht eben auch um Hoffnungen, um Visionen, um Ersatz, und dabei bleibt offen, welche Teile davon tragfähig sind und welche nicht. Von dieser Ambivalenz eher wenig berührt sind besondere Personengruppen und Interessenkonstellationen: Für Menschen, die in eher geringem zeitlichem Umfang einer anspruchsvollen Tätigkeit nachgehen wollen, ohne damit ihren kompletten Lebensunterhalt zu bestreiten, und für Berufsanfänger, die Zugang zum Feld suchen, sind die vielfältigen Möglichkeiten freiberuflicher Tätigkeit in der Erwachsenenbildung uneingeschränkt attraktiv. Anders als in den meisten Berufen gibt es nicht nur ein ‚drin-sein' oder ,nicht-drin-sein', sondern es gibt sehr verbreitete und legitime Vor- oder Zwischenformen.

Fasst man knapp zusammen, so gibt es ein sehr breites Spektrum von Aufgaben, inhaltlichen Ausrichtungen, institutionellen Kontexten und Beschäftigungsformen in der Weiterbildung. Gleichwohl lassen sich übergreifende Merkmale bestimmen, die erwachsenenbildnerisches Handeln in verschiedenen Kontexten (mit unterschiedlichen Gewichtungen) ausmachen. So lässt sich vom Grundprinzip, von der Aufteilung, von der Art der Benennung, vom ganzen ,Geist' her eine schematische Darstellung des Bildungsmanagements und der Programmplanung kirchlicher Erwachsenenbildung relativ problemlos auf weite Bereiche des Feldes übertragen (vgl. Abb. 32).

Abb. 32: Felder erwachsenenpädagogischer Tätigkeit

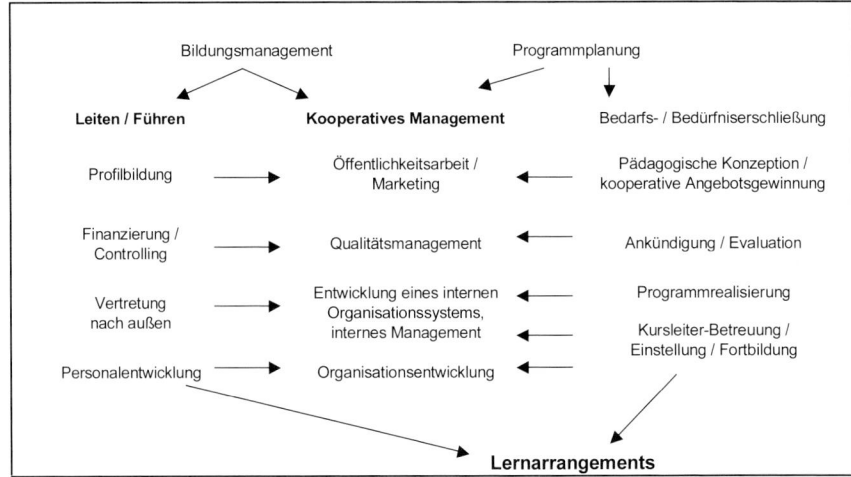

Quelle: Giesecke 2000, S. 335

Man wird unter Umständen an der einen oder anderen Stelle kleinere Modifikationen vornehmen (weil man z.B. nicht überall von ,Kursleitern' spricht), und es werden sich Unterschiede ergeben, sobald man den Bereich ,Lernarrangements' auszufüllen beginnt. Manche Begriffe werden unterschiedliche Konkretisierung erfahren. Aber im Großen und Ganzen ist diese Beschreibung selbst für betriebliche Bildungsabteilungen kompatibel, sobald diese sich nicht vor allem der Erziehung widmen und auf externen ,Märkten' mit ihren Angeboten bewähren müssen.

7. Studium der Erwachsenenbildung und Arbeitsmarkt

Es gibt nicht den einen ‚Königsweg' der Ausbildung für eine Tätigkeit in der Erwachsenenbildung. Angesichts der Vielfalt und Unterschiedlichkeit von Aufgaben und institutionellen Kontexten sind Menschen mit ganz verschiedenen Bildungsabschlüssen in einem breiten Spektrum von Fächern als WeiterbildnerInnen tätig. Das hat zum einen ‚historische' Gründe: Der Weiterbildungsbereich hat sich ohne entsprechende Vorgaben entwickelt und die Bemühungen um eine adäquate Ausbildung sind dieser Entwicklung eher gefolgt als vorausgegangen. Die Selbstverständnisse der einzelnen Milieus spielen ebenfalls eine Rolle: So findet man in kirchlichen Bildungsstätten mehr Theologen als andernorts und in Unternehmen setzt man nicht selten auf Wirtschaftswissenschaftler. Schließlich gibt es sachliche Gründe: Insofern alle erdenklichen Probleme Gegenstand von Erwachsenenbildung werden können, sind grundsätzlich alle Qualifikationen bzw. Kompetenzen für sie von Bedeutung. Allerdings gibt es eine wichtige Frage, mit deren Hilfe man einerseits Bildungswege voneinander unterscheiden kann und an der sich andererseits die Geister scheiden: In welchem Verhältnis steht das jeweilige Fachwissen, um das es in Vermittlungsprozessen geht, zu den Kompetenzen, die für eine seriöse Planung, Durchführung und Auswertung von Weiterbildungsangeboten erforderlich sind? Lange Zeit hat man insbesondere in Kreisen, die mit dem Bildungssystem wenig Berührung haben, geglaubt, wer in seinem Fachgebiet auf der Höhe der Zeit ist, könne sein Wissen auch adäquat an die Frau und den Mann bringen. Je ernster man die Weiterbildung nimmt und je mehr man daher auch an deren Qualität und Nachhaltigkeit interessiert ist, desto mehr setzt sich die Einsicht durch, dass spezifische Kompetenzen von Nöten sind. Denn so wenig man sich Dozenten vorstellen mag, die Kurse über Schweißtechniken durchführen, ohne vom Schweißen etwas zu verstehen, so wenig hilft die schweißtechnische Kompetenz dabei, solche Kurse inhaltlich und organisatorisch zu *planen* sowie gegebenes Fachwissen zu *vermitteln*. Auch wenn es faktisch Weiterbildner gibt, die keinerlei pädagogische Ausbildung erfahren haben, beachte ich im Folgenden diesen ‚Zugangsweg' nicht weiter, da er kaum mehr als adäquat angesehen werden kann. Es geht dann um die Fragen, in welchen Anteilen, welchem Mischungsverhältnis pädagogische und sonstige Fachkompetenzen entwickelt werden (sollen) sowie um die zeitliche Anordnung, die Reihenfolge entsprechender Studien.

7.1. Viele Wege führen nach Rom

Diplom
oder Magister

Im Blick auf die Anteile verschiedener Fächer kann man auf eine Kontroverse zurückblicken, die es seit Einführung des Diplompädagogik-Studienganges gibt. Strittig war, ob (erwachsenen-) pädagogisches Wissen *allein* für eine Tätigkeit in der Weiterbildung ausreicht. Diejenigen, die dies bejahten, setzten sich vehement für den Diplomstudiengang ein, der sich im Wesentlichen auf das Fach Pädagogik konzentriert, die anderen favorisierten den Magisterstudiengang, der in der Regel drei, bisweilen auch zwei parallel zu studierende Fächer vorsieht, von denen dann eines Erziehungswissenschaft sein kann. Es gibt auf beiden Seiten gute Argumente, so dass der Streit kaum zu entscheiden ist. Gerade im Blick auf die ,klassische' hauptberufliche Weiterbildungstätigkeit etwa in einer VHS ist es sinnvoll, wenn zum Beispiel eine Fachbereichsleiterin für Fremdsprachen mindestens *eine* solche beherrscht und auch Kenntnisse im Bereich der entsprechenden Fachdidaktik hat. So gesehen sind Magisterabsolventen mit der Kombination Anglistik oder Romanistik und (Erwachsenen-) Pädagogik sowie – den jüngsten Entwicklungen Rechnung tragend – Betriebswirtschaft sicherlich gut auf ihre Tätigkeit vorbereitet. Die Institutionen haben vielfach unter genau diesem Gesichtspunkt ihr Personal rekrutiert, so dass auch viele LehrerInnen Zugang zur Erwachsenenbildung gefunden haben. Die Kombination Fach & Pädagogik erschien so attraktiv, dass man über den Schulbezug der Lehrerbildung hinweg zu sehen bereit war. In Abgrenzung von genau dieser Praxis kann man aber auch den Diplomstudiengang stark machen. Denn bei der hauptberuflichen Tätigkeit in der Weiterbildung geht es um deren individuelle und gesellschaftliche Voraussetzungen, um die Bedingungen ihres Zustandekommens, um die Ermittlung von Bedarf, um die Abstimmung mit Organisationszwecken, die Finanzierung usw. Der einzelne Kurs, in dem es dann schließlich um die Vermittlung spezieller Inhalte geht, stellt also nur ein Moment eines komplexen Prozesses dar, dem vieles vorausgeht und manches folgt. Kompetent in diesem Sinne sind also nur Akteure, die sich intensiv mit den Problemen der Bildung Erwachsener in ihrer ganzen Breite beschäftigt haben, wie es im Diplomstudiengang geschieht.

Konsekutive
Studiengänge

Im Blick auf die Reihenfolge, in der verschiedene Kompetenzen erworben werden, lassen sich die grundständigen Studiengänge unterschiedlicher Art von Ergänzungs- und Weiterbildungsstudiengängen unterscheiden. Im einen Fall ist das Berufsziel Erwachsenenbildner von vornherein klar und das Erststudium darauf hin ausgerichtet. Im anderen Fall wird irgendein Fachstudium ohne Rücksicht auf Weiterbildungsbelange studiert und dann um ein Weiterbildungsstudium, oft auch nur um einschlägige berufliche Weiterbildungsveranstaltungen bei verschiedenen Trägern ergänzt. Nicht selten erfolgt eine solche Qualifizierung, *nachdem* eine entsprechende Tätigkeit aufgenommen wurde. Dieses Prinzip – Studium eines beliebigen Faches mit ,aufgesattelter' erwachsenenpädagogischer Qualifizierung – wird aller Voraussicht nach an Bedeutung gewinnen, wenn sich die neuen ,konsekutiven Studiengänge' (Bachelor of Arts – B.A. – und Master of Arts – M.A.) durchgesetzt haben. Deren erste Stufe, die Bachelor-Studiengänge, soll ausdrücklich ,polyvalent' angelegt sein, also ganz unterschiedliche Anschlüsse ermöglichen. Wenn man mit einem Physik-, Philosophie- oder Jurastudium beginnt, ist noch völlig offen, in welchen Tätigkeitsfeldern man die erworbenen Kompetenzen einzusetzen gedenkt, man studiert lediglich das Fach. Gesetzt den Fall, man verlässt die Hochschule nicht mit dem Bachelor-Abschluss nach etwa sechs Semestern, wählt man einen anschließenden viersemestrigen Master-Studiengang gezielt unter Gesichtspunkten späterer beruflicher Verwendung. Idealtypisch – weil heute niemand weiß, wie die Studierenden und später dann die Arbeitgeber reagieren werden – kann der Physiker dann entweder sein Fach vertiefen oder einen M.A. Lehrerbildung oder einen M.A. Publizistik mit dem Ziel naturwissenschaftlicher Fachjournalist oder eben einen M.A. Erwachsenenpädagogik und vieles andere mehr studieren. Wir wissen gegenwärtig nicht, wie sich die Neuorganisation des Studiums im Detail entwickeln wird; allerdings müssen im Zuge des so genannten ‚Bologna-Prozesses' bis 2010 alle Studiengänge an deutschen Hochschulen auf das neue Prinzip umgestellt sein. Insofern gibt es für die folgenden Hinweise zwei Einschränkungen:

- Wegen der generellen Umbruchsituation erscheint es als nicht sinnvoll, die Art der an einzelnen Standorten gegenwärtig realisierten Studiengänge auszuweisen. Sie werden – soweit es sich um Diplom- bzw. Magisterstudiengänge handelt - über kurz oder lang auslaufen. In welcher Weise die konsekutiven Formen realisiert werden, ist in vielen Fällen noch nicht absehbar. Insofern bedeutet Nennung eines Studienstandortes, dass dort ein Diplom-, Magister-, Bachelor- und/oder Masterstudiengang mit einem Schwerpunkt Erwachsenenbildung angeboten wurde bzw. wird. Angesichts vielfältiger Unwägbarkeiten bedeutet dies auch, dass unsere Angaben, die wir (vor allem über das Internet, Stand Winter 2005) ermitteln konnten, jeweils aktuell überprüft werden müssen.
- Die Tipps zum Studium können sich nur auf solche Aspekte beziehen, die übergreifend für die verschiedenen Studienformen gelten, womit allerdings auch die wesentlichen Fragen angesprochen sei dürften.

Spezielle Studienangebote im Bereich Erwachsenenbildung gibt es an folgenden deutschen Universitäten:

(Die Detailinformationen zu den angebotenen Studiengängen sind an verschiedenen Orten abgelegt. Entweder erreicht man sie über Fachbereiche/Fakultäten > Fächer > Erziehungswissenschaft/Pädagogik oder von den Startseiten aus über Studium/Studienangebote/Studiengänge.)

Abb. 33: Erstausbildende Studiengänge

Universitäten	Internetadressen	Professor/in
Universität Augsburg	www.uni-augsburg.de	Prof. Dr. Hildegard Macha
Otto-Friedrich-Universität Bamberg	www.uni-bamberg.de	Prof. Dr. Jost Reischmann
Freie Universität Berlin	www.fu-berlin.de	N. N.
Humboldt Universität zu Berlin	www.hu-berlin.de	Prof. Dr. Wiltrud Gieseke Prof. Dr. Ortfried Schäffter
Universität Bielefeld	www.uni-bielefeld.de	Prof. Dr. Wolfgang Wittwer
Ruhr-Universität Bochum	www.ruhr-uni-bochum.de	Prof. Dr. Jürgen Wittpoth Prof. Dr. Klaus Harney
Universität Bremen	www.uni-bremen.de	Prof. Dr. Detlef Kuhlenkamp Prof. Dr. Erhard Schlutz

Technische Universität Chemnitz	www.tu-chemnitz.de	Prof. Dr. Roland Schöne
Universität Dortmund	www.uni-dortmund.de	Prof. Dr. Sigrid Nolda
Technische Universität Dresden	www.tu-dresden.de	Prof. Dr. Giesela Wiesner
Heinrich-Heine-Universität Düsseldorf	www.uni-duesseldorf.de	Prof. Dr. Christine Schwarzer
Universität Duisburg-Essen, Standort: Duisburg	www.uni-duisburg.de	Prof. Dr. Rolf Dobischat Prof. Dr. Ekkehard Nuissl Prof. Dr. Anne Schlüter
Katholische Universität Eichstätt	www.ku-eichstaett.de	Prof. Dr. Margret Fell
Universität Erfurt	www.uni-erfurt.de	Prof. Dr. Manfred Eckert Prof. Dr. Rudolf Husemann
Universität Duisburg-Essen, Standort: Essen	www.uni-essen.de	Prof. Dr. Klaus Ahlheim
Bildungswissenschaftliche Hochschule - Universität Flensburg	www.uni-flensburg.de	Prof. Dr. Christine Zeuner
Johann-Wolfgang-Goethe-Universität Frankfurt am Main	www.uni-frankfurt.de	Prof. Dr. Jochen Kade Prof. Dr. Dieter Nittel
Pädagogische Hochschule Freiburg	www.ph-freiburg.de	Prof. Dr. Thomas Fuhr
Justus-Liebig-Universität Gießen	www.uni-giessen.de	Prof. Dr. Hermann J. Forneck
Georg-August-Universität Göttingen	www.paedsem.gwag.de	Prof. Dr. Peter Alheit
Martin-Luther-Universität Halle-Wittenberg	www.uni-halle.de	Prof. Dr. Bernd Dewe
Universität Hamburg	www.uni-hamburg.de	Prof. Dr. Peter Faulstich
Universität der Bundeswehr Hamburg	www.unibw-hamburg.de	N. N.
Universität Hannover	www.uni-hannover.de	Prof. Dr. Horst Siebert Prof. Dr. Lothar Schäffner
Ruprecht-Karls-Universität Heidelberg	www.uni-heidelberg.de	Prof. Dr. Christiane Schiersmann
Friedrich-Schiller-Universität Jena	www.uni-jena.de	Prof. Dr. Martha Friedenthal-Haase
Universität Koblenz-Landau	www.uni-koblenz.de	Prof. Dr. Elisabeth de Sotelo
Universität zu Köln	www.uni-koeln.de	Prof. Dr. Klaus Künzel
Universität Leipzig	www.uni-leipzig.de	Prof. Dr. Jörg Knoll
Pädagogische Hochschule Ludwigsburg	www.ph-ludwigsburg.de	Prof. Dr. Ulrich Müller
Otto-von-Guericke-Universität Magdeburg	www.uni-magdeburg.de	Prof. Dr. Johannes Fromme
Johannes-Gutenberg-Universität Mainz	www.uni-mainz.de	Prof. Dr. Heide v. Felden
Philipps-Universität Marburg	www.uni-marburg.de	Prof. Dr. Wolfgang Seitter
Universität der Bundeswehr München	www.unibw-muenchen.de	Prof. Dr. Burkhard Schäffer
Westfälische Wilhelms-Universität Münster	www.uni-muenster.de	Prof. Dr. Rainer Brödel Prof. Dr. Ursula Sauer-Schiffer
Carl von Ossietzky Universität Oldenburg	www.uni-oldenburg.de	Prof. Dr. Anke Hanft
Universität Paderborn	www.uni-paderborn.de	Prof. Dr. Eckard König
Universität Trier	www.uni-trier.de	N. N.
Eberhard-Karls-Universität Tübingen	www.uni-tuebingen.de	Prof. Dr. Josef Schrader
Bergische Universität Wuppertal	www.uni-wuppertal.de	N. N.

Abb. 34: Postgraduale/weiterbildende Studiengänge

Universitäten	Internetadressen	Professor/in	
Otto-Friedrich-Universität Bamberg	www.uni-bamberg.de	Prof. Dr. Jost Reischmann	Aufbaustudiengang
Humboldt Universität zu Berlin	www.hu-berlin.de	Prof. Dr. Wiltrud Gieseke Prof. Dr. Ortfried Schäffter	Zusatzstudium zur erwachsenenpädagogischen Qualifizierung (Zertifikat)
Katholische Universität Eichstätt	www.ku-eichstaett.de	Prof. Dr. Margret Fell	Zusatz- und Ergänzungsstudium
Pädagogische Hochschule Freiburg	www.ph-freiburg.de	Prof. Dr. Thomas Fuhr	Aufbaustudium
Universität Hannover	www.uni-hannover.de	Prof. Dr. Horst Siebert Prof. Dr. Lothar Schäffner	Ergänzungsstudium
Universität Kaiserslautern	www.uni-kl.de	Prof. Dr. Rolf Arnold	Postgradualer Fernstudiengang
Pädagogische Hochschule Ludwigsburg	www.ph-ludwigsburg.de	Prof. Dr. Sebastian Müller-Rolli	Kontaktstudium
Otto-von-Guericke-Universität Magdeburg	www.uni-magdeburg.de	Prof. Dr. Johannes Fromme	Ergänzungsstudium

Für einige Hochschulen speziell in Nordrhein-Westfalen gilt ein Numerus clausus, über den die Zentralstelle für die Vergabe von Studienplätzen (ZVS) Auskunft gibt (www.zvs.de). Informationen über etwaige lokale Beschränkungen sind über die einzelnen Hochschulen zu beziehen.

Viele Studierende wählen ihren Studienort nach einem einzigen, sehr pragmatischen Gesichtspunkt: der räumlichen Nähe zum Heimat- bzw. Wohnort. Sicherlich gibt es Studienorte, die wegen (ihnen nachgesagter) besonderer Lebensqualität, also ihres ‚Images‘ auch von weiter entfernt lebenden Studienwilligen aufgesucht werden. Generell gilt aber, dass ein sehr großer Teil der Studierenden einer Hochschule aus dem jeweiligen regionalen Umfeld stammt – Studierende nehmen in diesem Fall also das Profil des von ihnen gewählten Faches so hin, wie es ist. Will man sich bei seiner Entscheidung stärker von fachlichen Gesichtspunkten leiten lassen, was wünschenswert ist, dann stößt man zunächst auf die seit einiger Zeit beliebten ‚Rankings‘ in verschiedenen überregionalen Zeitschriften. Diese können zu einer ersten Orientierung dienen, aber keinesfalls zu mehr. Die Gewinner solcher Rankings gehen in der Regel gnädig mit den methodischen Problemen der ihnen zugrunde liegenden Erhebungen um, sind froh, gut abgeschnitten zu haben, wissen aber bisweilen selbst nicht, aus welchen Gründen. Die Verlierer betonen in der Regel die Schwächen solcher Hitparaden, müssen allerdings meist auch zugestehen, dass nicht alle Monita von der Hand zu weisen sind. Eines der Probleme liegt – wenn man ein klares Studienziel vor Augen hat – darin, dass in allen Hinsichten ‚gemittelt‘ wird. Auskunft geben Rankings meist über Studiendauer, Ausstattung, Forschungsleistungen, Urteil der Studierenden und der Professoren anderer Hochschulen. Ein schlechter Wert bei der Studiendauer bedeutet also, dass ein verhältnismäßig großer Teil der Studierenden vergleichsweise lange für sein Studium benötigt. Das ist keineswegs wünschenswert, aber diese Information allein ist auch wenig hilfreich. Gründe können in den privaten Verhältnissen der Studierenden liegen, was besonders stark an Hochschulen wirksam wird, die wenig Zulauf aus der gesamten Republik haben. Relativ immobil sind vor allem Studierende mit Familie, Kindern, einer einigermaßen gesicherten Erwerbsquelle vor Ort usw. Dass gerade sie ihr Studium nicht so zü-

Wahl des Studienortes

201

gig absolvieren können wie Kommilitonen, die sich frei von sozialen Verpflichtungen und materiellen Beschränkungen irgendeinen Ort in Deutschland oder auch im Ausland aussuchen können, an dem es sich lernen und leben lässt, liegt auf der Hand. Es geht aber noch weiter: Der Mittelwert über längere Studiendauer schließt nicht aus, dass man in bestimmten Bereichen oder Vertiefungsrichtungen des Faches recht zügig zum Ende kommt. So geht es bei anderen Punkten weiter: die Forschungsleistungen, gemessen an der Zahl der Publikationen *aller* Professoren des Faches am Standort, das Professorenurteil, das sich auf das *gesamte* Fach bezieht, werden den Verhältnissen *im Einzelnen* selten gerecht.

Informationen über Lehrende

Es bleibt also nichts anderes übrig, als sich selbst detaillierter zu informieren. Für den ersten Schritt bietet das Internet dazu mittlerweile recht gute Möglichkeiten. Die meisten Professorinnen und Professoren geben auf ihren Homepages bereitwillig Auskunft über ihre Forschungsaktivitäten, Publikationen und Lehrangebote. Hier kann man sich einen recht genauen und plastischen Eindruck davon verschaffen, welche Fragen bearbeitet werden, wie weit die Ergebnisse in der Zunft gefragt sind (Veröffentlichungen) und was auf welche Weise Gegenstand der Lehre ist. Aber Vorsicht: Nicht in allen Fällen, in denen solche Angaben *nicht* gemacht werden, bedeutet dies, dass es an Aktivität und Anerkennung fehlt. Es mag bisweilen als Ausdruck eines persönlichen Stils verstanden werden, sich eher ‚bedeckt zu halten‘, oft ist es aber durchaus so, dass es nichts mitzuteilen gibt. Zur weiteren Aufklärung lohnt es sich dann durchaus, Bibliothekskataloge oder Internet-Suchmaschinen (Eingabe des Namens) zu Rate zu ziehen. Man kann sich auf diese Weise einen ersten Eindruck des Aktivitätsniveaus und der konkreten Arbeitsschwerpunkte von Personen verschaffen, die an einem Ort ein Fachgebiet wie die Erwachsenenbildung vertreten.

Kombinationen

Darüber hinaus ist es empfehlenswert zu prüfen, welche Kombinationsmöglichkeiten gegeben sind. Bei Magister-, Bachelor- und Master-Studiengängen bezieht sich dies auf die Fächer, beim Diplomstudiengang auf die erziehungswissenschaftlichen Teildisziplinen. Ist man zum Beispiel selbst sportlich aktiv und interessiert sich für das expandierende Feld der Gesundheitsbildung, so könnte man im Magisterstudium das Hauptfach Pädagogik (Schwerpunkte: Erwachsenen- und Rehabilitationspädagogik) mit den Nebenfächern Sport und Psychologie kombinieren, was aber nur an bestimmten Orten möglich ist. Menschen, die bereits außerschulisch eine hohe Kompetenz im EDV-Bereich entwickelt haben und sich zugleich für Bildungsarbeit interessieren, wären gut bedient mit der Kombination Erziehungswissenschaft und Informatik. Schließlich gibt es Studierende, die bereits früh ein Interesse zu forschen entwickeln. Sie sollten darauf achten, dass in einem (Diplom-) Studiengang die Ausbildung in Forschungsmethoden einen hohen Stellenwert hat und auch konkrete empirische Forschungsprojekte im Verlauf des Studiums durchgeführt werden. Dies sind nur wenige Beispiele, um die Richtung anzudeuten. Es gibt so viele denkbare individuelle Vorlieben und lokale Profile des Faches Erziehungswissenschaft, dass nur jeder für sich klären kann, welche Bedingungen besonders gut ‚passen‘.

Persönliche Beratung

Hat man sich auf diese Weise eine erste Orientierung verschafft, ist es sinnvoll, Hochschulen, die ein (aus der Ferne betrachtet) interessantes Angebot liefern, zu besuchen und sich vor Ort umzusehen. Es gehört zu den Sternstunden der Hochschullehrertätigkeit, wenn in der Sprechstunde unvermittelt ein Mensch auftaucht, der sich einen Eindruck von den Studienmöglichkeiten und der Atmosphäre verschaffen will und dabei unter anderem berichtet, an welchen anderen Hochschulen er sich bereits umgesehen hat oder noch umsehen will. Das geschieht selten, ist aber dringend zur Nachahmung empfohlen. Die Sorge, man könnte unter Umständen nicht willkommen sein, ist in der Regel unbegründet, im Gegenteil, Lehrende freuen sich über einen so starken Ausdruck von Interesse und Motiviertheit. Sollte man tatsächlich eine gegenläufige Erfahrung machen, so kann dies als eine wichtige Information für die Entscheidung zu(un)- gunsten eines Studienortes betrachtet werden. Ist man einmal vor Ort, sollte auch ein Besuch bei der studentischen Fachschaft erfolgen, in der man dann auch ‚inoffizielle‘ Informationen über Vorzüge und Probleme des Studiums bekommt. Weitere Hilfen geben die meist vorhandenen Zentralen Studienberatungsstellen und die Studienfachberater. Offensichtlich schrecken viele davor zurück, solche Mühen auf sich zu nehmen, bezahlen dafür aber unter Umständen einen hohen Preis, denn in einer Institution, die man erst allmählich durchschaut und die das, woran man vor allem interessiert ist, gar nicht anbietet, verschenkt man kostbare Lebenszeit. Allein wenn man vor Beginn des Studiums selbst nicht weiß, was man eigentlich will, kann man sich zunächst überraschen lassen. Dann setzt aber die ganze Prozedur der Orientierung und gezielten Informationsbeschaffung zu einem späteren Zeitpunkt ein, wobei zwei Semester ausreichen sollten, um eine begründete Entscheidung zu treffen.

7.2. Das rechte Maß zur rechten Zeit

Hat man sich schließlich für einen Studiengang, eine Fächerkombination und einen Studienort entschieden, sollte man zunächst vor allem gelassen bleiben – anders formuliert: Die meisten nehmen sich am Anfang zu viel vor. Wichtig für die Studienplanung sind die Studien- und die Prüfungsordnung. Dabei hat die Studienordnung einen *empfehlenden* Charakter, zeigt also einen Studienweg auf, der nach menschlichem Ermessen und örtlichen Gegebenheiten *sinnvoll* ist. Die Prüfungsordnung ist (rechts-) *verbindlich*, d.h. sie allein regelt, welche Leistungen im Studium (mindestens) erbracht und dokumentiert werden müssen. Faktisch beschreiten die meisten Studierenden einen Weg zwischen beiden Ordnungen, setzen sich also über die eine oder andere Empfehlung hinweg, ohne sich auf das verbindliche Minimum an Leistungen zu beschränken. Es ist nicht ungewöhnlich, dass man solche Ordnungen nicht auf Anhieb versteht, sie sind meist in einer Sprache verfasst, die eher rechtlichen Bestimmungen und Gepflogenheiten genügt als dem Ziel, von Ungeübten verstanden zu werden – auch hier bietet es sich also an, Rat von älteren Studierenden, Fachberatern und dem Prüfungsamt einzuholen.

Dass die meisten zu viele Veranstaltungen belegen und besuchen, liegt wesentlich an Fehleinschätzungen dessen, worauf es in Lehrveranstaltungen ankommt. Solche Irrtümer gehen oft darauf zurück, dass kein Unterschied zwischen Schule und Universität gemacht wird, und sie sind bei manchen so tief verwurzelt, dass sie bis ins Hauptstudium hinein wirksam bleiben. Abgesehen von wirklichen ‚Übungen‘, in denen etwa gemeinsam Texte interpretiert, Fragebögen erstellt, Interview-Transkriptionen ausgewertet werden, erschöpfen sich universitä-

Gründlich statt viel

re Veranstaltungen nicht in sich selbst. Sie setzen Vor- und Nachbereitungen in Form von Lektüre voraus, die in der Regel mehr Zeit beanspruchen als die Veranstaltungen selbst. Vorlesungen und Seminare fragen nach Zusammenhängen zwischen, vertiefen Verständnisse von, vergleichen *etwas*, das man sich vorher individuell aneignen und über das man sich im Zweifelsfall nachträglich noch einmal vergewissern muss. Besucht man also eine Veranstaltung mit einem Umfang von zwei Semesterwochenstunden (also zwei Stunden wöchentlich), so schlägt diese mindestens mit vier Stunden wöchentlich (eher mehr) zu Buche, wobei die Zeit für die Erstellung eines Leistungsnachweises (Verfassen einer Hausarbeit, Vorbereitung auf eine Klausur u.Ä.) noch nicht mitgerechnet ist! Wählt man in einem Semester insgesamt zehn Vorlesungen bzw. Seminare, ist man auf jeden Fall an der Obergrenze angelangt – vorausgesetzt, man muss nicht noch zusätzliche Zeit für Erwerbsarbeit einkalkulieren. Bei Studierenden im Grundstudium nicht selten anzutreffende Stundenpläne mit bis zu dreißig Veranstaltungsstunden sind daher unsinnig. Statt sich 90 Minuten in einem Seminar zu langweilen, weil man nicht versteht, wovon die Rede ist, sollte man ins Café gehen, Zeitung lesen, Fahrrad fahren oder Ähnliches – dabei ist man auf jeden Fall besser aufgehoben.

Lust am Lesen Ist die mangelnde Vor- und Nachbereitung weniger auf ein im Einzelfall zu knappes Zeitbudget als vielmehr auf *generell* mangelnde ‚Lust am Lesen' zurückzuführen, hat man das falsche Fach gewählt. Entscheidet man sich für Pädagogik, um auf diese Weise der ungeliebten Zahl (Mathematik, Naturwissenschaften) ebenso zu entkommen wie den schwer verdaulichen Texten (Geisteswissenschaften), so ist man einem folgenschweren Irrtum aufgesessen. Das verbreitete soziale Motiv ‚helfen zu wollen', ist ehrenvoll, aber für ein universitäres Studium der Erziehungswissenschaft so wenig tragfähig wie für die anspruchsvolle und verantwortliche Tätigkeit in der Erwachsenenbildung. Vor das Helfen ist das Verstehen gesetzt (und zwar nicht von Personen, sondern in erster Linie von komplexen Zusammenhängen) und vor das Verstehen das Lesen. Es mag sein, dass man in der Vergangenheit in den so genannten ‚weichen' Fächern, zu denen die Pädagogik gerechnet wird, auch ohne die genaue Kenntnis komplizierter Theorieansätze und mindestens solide Anwendung empirischer Forschungsmethoden reüssieren konnte – etwa durch eher ‚freihändiges' diskursives Engagement. Das wird immer weniger der Fall sein, weil alle Wissenschaftsdisziplinen in einem bislang unbekannten Ausmaß ‚beobachtet', evaluiert, mit anderen verglichen werden, sich rechtfertigen müssen. Das hat einerseits zur Folge, dass Standards einzuhalten sind. Es wird zum anderen dazu führen, dass es sich die Fächer an den einzelnen Standorten nicht mehr erlauben können, Studierende in großer Zahl ‚irgendwie mitzuschleppen' und am Ende ohne einen Abschluss zu entlassen. Es ist also sehr früh und sehr entschieden zu klären, wer den Anforderungen genügen wird und wer nicht. Schließlich wird die allmähliche Umsetzung des European Credit Transfer System (ECTS) zu weit reichenden Veränderungen im Studienbetrieb führen. Mit ihm verbunden sind rigide Anwesenheitsregelungen und permanente Studien begleitende Prüfungen im größten Teil der Veranstaltungen. Unabhängig von diesen schrittweise realisierten Veränderungen gilt generell, dass diejenigen Hochschullehrerinnen und Hochschullehrer, die ihre Studierenden mit komplexen Problemstellungen konfrontieren und auf geltenden Standards in den Leistungen beharren, ihr Fach *und ihre Studierenden*, die ja absehbar bestimmten Anforderungen genügen müssen, sehr ernst nehmen und (deshalb) meist auch innerhalb ihres Faches ernst genommen werden.

‚Pflicht und Kür'

Neben der wohldosierten Menge von Veranstaltungen sollte man auf das Mischungsverhältnis achten. Es gibt für uns alle Themen, die uns mehr und solche, die uns weniger interessieren. Unter Beachtung der Prüfungsordnung kann man sich dann einen Stundenplan für ein Semester zusammenstellen, der unter Umständen ungeliebte aber obligatorische ‚Pflicht-' sowie den eigenen Neigungen entsprechende ‚Kür'-Anteile enthält. Bei Letzteren sollte man immer wieder einen Blick auf Veranstaltungen anderer Fächer riskieren: Philosophie, Soziologie und Psychologie bearbeiten viele Fragestellungen, die für Erwachsenenpädagogen von mehr als nur beiläufigem Interesse sein können. Weiterhin sollten die erforderlichen Leistungsnachweise in Grund- und Hauptstudium möglichst gleichmäßig auf die zur Verfügung stehende Anzahl von Semestern verteilt werden. Der Stolz mancher Studierenden, bereits nach zwei Semestern Grundstudium alle Scheine gemacht zu haben, ist voreilig: Meist geht hier die Geschwindigkeit zu Lasten der Qualität. Begnügt man sich damit, die einzelnen Hürden ‚irgendwie' zu überwinden, verschenkt man Übungsmöglichkeiten, von denen erziehungswissenschaftliche Studiengänge eher (zu) wenige vorsehen. Im günstigen Fall entwickelt man die eigene Fähigkeit, komplexe Sachverhalte schriftlich zu bearbeiten, Schritt für Schritt. Rückmeldungen zur ersten Hausarbeit finden Berücksichtigung bei der zweiten, deren Kritik sich wiederum positiv auf die Gestaltung der dritten usw. auswirkt. Nur auf diese Weise erreicht man ein Niveau der schriftlichen Äußerung, das in der Examensarbeit zu guten Bewertungen führt. Von daher ist Skepsis angebracht, wenn Lehrende Hausarbeiten ohne Kommentar, bestenfalls noch mit einer Note versehen, zurückgeben. Demgegenüber ist die Praxis, schwache Texte mit Auflagen zur Überarbeitung zurückzugeben, zwar für die meisten Studierenden zunächst ärgerlich, aber angesichts knapp bemessener Übungsmöglichkeiten zu begrüßen. Auf diese Weise braucht man mehr Zeit, kommt aber auch tatsächlich mit seinen eigenen Fähigkeiten voran. Im Blick auf die formalen Aspekte, die sinnvollen Recherche- und Arbeitsschritte beim Verfassen einer schriftlichen Arbeit gibt es meist vor Ort mehr oder weniger ausführliche Einführungsveranstaltungen und schriftliche Hinweise sowie andererseits einschlägige Literatur, die man auf jeden Fall zu Rate ziehen sollte, sobald man unsicher wird (vgl. etwa Rost 1997). Oft ist an diesem Punkt Eigeninitiative gefragt; man geht in den Universitäten – nicht zu Unrecht – davon aus, dass Abiturienten (‚eigentlich') in der Lage sein müssten, formal korrekte schriftliche Ausarbeitungen anzufertigen (also korrekt zu zitieren, ein angemessenes Literaturverzeichnis anzulegen etc.). Stellt man dann fest, dass dies bei vielen Studierenden nicht der Fall ist, müssen Lösungen gefunden werden, die aber nicht dem Charakter und den Arbeitsweisen der Institution zuwider laufen dürfen.

Bereits während des Grundstudiums – vor allem in den meist obligatorischen und leider selten geschätzten Proseminaren über Forschungsmethoden – sollte man sich selbst darauf hin beobachten, ob man sich eher zu empirischer oder eher zu theoretischer Beschäftigung mit dem Feld der Erwachsenenbildung hingezogen fühlt. In beiden Fällen braucht es Zeit, die eigene Kompetenz so weit zu schulen, dass man ein anspruchsvolles Projekt im Rahmen der Abschlussarbeit gut bewältigen kann. Es gibt Studierende, die mit der ‚Arbeit am Begriff' (Theoriebildung) mehr Probleme haben als mit empirischen Untersuchungen (und umgekehrt). Gehört man dem einen oder dem anderen Typ zu, sollte man sich darüber rechtzeitig klar werden. Man wird beides im Studium weiter verfolgen, kann aber die Akzente entsprechend setzen.

Zusammenarbeiten

Viele erfolgreiche Hochschulabsolventen berichten im Rückblick auf ihr Studium, dass sie es ohne bestimmte Personen, mit denen sie parallel studiert und zusammengearbeitet haben, ‚nicht geschafft' hätten. Offensichtlich ist es hilfreich, sich in Kenntnis konkreter Problemlagen wechselseitig zu motivieren, Prüfungsvorbereitungen gemeinsam durchzustehen, Hausarbeiten gegenlesen zu lassen usw. Insofern kann man nicht früh genug damit beginnen, persönliche Beziehungen dieser Art im Studium aufzubauen und sie sorgsam zu pflegen. Im Sinne eines Nebeneffektes erwirbt man auf diese Weise auch etwas von der im populären Diskurs immer wieder hervorgehobenen ‚Schlüsselqualifikation Teamfähigkeit' – anders als oft suggeriert wird, kann man sie auch gar nicht auf andere Weise, also quasi ‚direkt' erwerben. Auch andere Akteure innerhalb der Institution können Verlauf und Ergebnis des Studiums sehr positiv beeinflussen, werden aber nach meinen Beobachtungen an verschiedenen Standorten eher zu wenig ‚gefragt': die Lehrenden. Zumindest an Orten, an denen das Fach Erziehungswissenschaft nicht überlaufen ist, muss es möglich sein, sich bei wissenschaftlichen Mitarbeitern und Professoren gezielt Rat zu holen. Mit ‚gezielt' ist gemeint, dass man sich tunlichst auf solche Sprechstunden/Gesprächssituationen vorbereiten sollte; solange man ‚überhaupt nicht weiß' oder ‚gar keine Idee' hat, kann man nicht ‚beraten' werden, vielmehr verlangt man vom anderen, seine eigenen Probleme in die Hand zu nehmen, Entscheidungen zu treffen etc. Bringt man demgegenüber ‚kundige Ratlosigkeit' zum Ausdruck, zeigt also, dass man sich mit einem bestimmten Problem bereits eine Weile beschäftigt hat und kann die Schwierigkeiten, die zu überwinden Mühe macht, genauer benennen, dürfte man im Regelfall auf reichlich Hilfsbereitschaft treffen. Sollte dies ausnahmsweise nicht der Fall sein, lohnt sich auf jeden Fall ein zweiter Versuch bei einer anderen Person.

Praxiskontakte

Es ist im Bereich der Erwachsenenbildung nicht ungewöhnlich, dass Studierende bereits während des Studiums Kontakte zum Praxisfeld knüpfen. Dem dienen nicht zuletzt die Praktika, die in der Regel mehr oder weniger umfänglich (von vier Wochen bis zu einem halben Jahr) zu absolvieren sind. Mit solchen Praxiserfahrungen können verschiedene Effekte verbunden sein. Manche Studierende bekommen zusätzliche oder neue Motivation, wenn sie erleben, dass sie in ihrem Studium Kompetenzen erwerben, die andernorts gefragt sind. Die praktische Tätigkeit qualifiziert auf einer Ebene, die im Rahmen des Studiums kaum berührt wird: Man kann Erfahrungswissen sammeln, das – etwa im Bereich von Moderations- oder Vermittlungsmethoden – auch auf das Studium zurückwirkt. Konkret: Studierende mit entsprechenden Erfahrungen legen plötzlich Wert auf gut vorbereitete Referate und beteiligen sich daran, die Rückmeldung über Stärken und Schwächen studentischer Leistungen als Normalität zu etablieren. Schließlich erwirbt man durch Praxis Milieukenntnisse, die für den späteren Zugang zum Berufsfeld außerordentlich wichtig sind. Auch wenn sich die allgemeinen Tätigkeitsmerkmale in der gewerkschaftlichen, kirchlichen und (qualifizierenden) betrieblichen Weiterbildung einander annähern (vgl. Kap. 6.), so bleiben wichtige Unterschiede in der Symbolik, den Inszenierungsformen, dem Jargon usw. bestehen. Insofern hat die praktische Arbeit – auch über das Praktikum hinaus, etwa als Kursleiterin, Teamerin o.Ä. – eine letztlich tätigkeitsfelderschlie-

206

ßende Funktion, die *in der Form* das Studium nicht gewährleisten kann. Ähnlich gilt das selbst für (ehrenamtliches) Engagement, das mit Erwachsenenbildung zunächst gar nichts zu tun hat. Denkt man an die allmähliche Diffundierung erwachsenenpädagogischer Tätigkeit in so genannte intermediäre oder generell personenbezogene Dienstleistungsbereiche hinein, dann erschließt man sich auch über Aktivitäten im Sportverein, in sozialen Bewegungen, in der Altenbetreuung Milieus, die erwachsenenpädagogische Kompetenz nachfragen.

Unterschiedliche Auffassungen gibt es zu der Frage, in welcher Phase des Studiums ein Praktikum am besten anzusetzen ist. Versteht man es eher als Möglichkeit, Eindrücke von dem Feld zu gewinnen, auf das das Studium sich bezieht, dann plädiert man eher für einen frühen Zeitpunkt. Studierende könnten so unter Umständen erleben, dass ihre Vorstellungen völlig unrealistisch waren, sie können sich auch in unterschiedlichen Bereichen der Weiterbildung umsehen usw., um schließlich zu einer begründeten Entscheidung darüber zu kommen, wie sie ihr Studium weiter ausrichten wollen. Hat man die attraktive Möglichkeit vor Augen, ein Thema für die Examensarbeit in Verbindung mit einem praktischen Projekt zu entwickeln, wird man eher für einen späten Zeitpunkt plädieren. Auch diese Frage lässt sich kaum generell entscheiden. Soweit eine Orientierung im Praxisfeld bereits durch Studien begleitende Tätigkeit erfolgt, kann man versuchen, einen späten Praktikumszeitpunkt mit Gewinn im angesprochenen Sinne zu nutzen. Haben Studierende keinerlei Kontakt mit dem Feld, wäre es riskant, diesen erstmals kurz vor Beendigung des Studiums herzustellen, weil dann Korrekturen der Schwerpunktwahl schwerer möglich sind.

7.3. Der Arbeitsmarkt für Erwachsenenbildner

Weiterbildung ist – trotz der skizzierten Einbrüche in einzelnen Segmenten – ein nach wie vor expandierender Bereich, und es ist angesichts der Entwicklungen im Beschäftigungssystem schwer vorstellbar, dass sich in naher Zukunft daran etwas ändern wird. In ihr engagierte Akteure verfügen über sehr unterschiedliche Ausbildungen (vgl. Kap. 6.). Im Folgenden werde ich lediglich auf die Chancen von Hochschulabsolventen eingehen, die – mehr oder weniger umfangreich – Erziehungswissenschaft studiert haben. Man kann sie als ‚Erwachsenen*pädagogen*‘ im Unterschied zu ‚Erwachsenen- oder Weiter*bildnern*‘ bezeichnen und damit auf ihre *einschlägige* Qualifikation (im Unterschied zur Tätigkeit) abheben.

Wir verfügen generell über wenig Wissen zum ‚Verbleib‘ von Hochschulabsolventen, also ihre Einmündung(-sprobleme) in den Arbeitsmarkt, ihre Karrieren, Berufszufriedenheit usw. Allgemeine Daten auf Bundesebene, etwa über die Gesamtzahl an ‚Pädagogen‘ und die Quote der Arbeitslosigkeit sind für unseren Zusammenhang zu grob, weil sie disparate Studienfächer, -gänge und Tätigkeitsfelder umgreifen. Allerdings zeigt sich bereits auf dieser Ebene, dass Diplom- und Magisterpädagogen keinesfalls schlechtere Berufsaussichten haben als die Absolventen anderer Fächer. Ihr ‚Risikofaktor‘ (ermittelt über das Verhältnis der Anzahl arbeitslos gemeldeter Personen zu der im laufenden Jahr hinzukommender Absolventen) ist niedriger als bei Psychologen, Soziologen und Politologen, er liegt mittlerweile gleichauf mit Absolventen der Wirtschaftswissenschaften (vgl. Rauschenbach/Züchner 2000, S. 65). Insofern sind Pädagogen ‚besser als ihr Ruf‘ – ein Slogan, der bereits Anfang der 1990er-Jahre allzu pessimistischen Beurteilungen insbesondere der Chancen von Diplompädagogen entgegengestellt wurde (vgl. Krüdener/Schulze 1993).

Empirische Untersuchung zeigen, dass innerhalb der Gesamtgruppe der Pädagogen und aller pädagogischer Tätigkeitsfelder die Erwachsenenbildung noch einmal eher gut abschneidet. Befragt wurden die Absolventen der Examensjahrgänge 1996 und 1997 an allen deutschen Universitäten, die den Diplompädagogik-Studiengang anbieten. In die Auswertung einbezogen wurden 2.902 Fragebögen (Frauenanteil: 2.272) (vgl. Rauschenbach u.a. 2002, S. 76). Die Bildungs- und Berufswege von Magisterpädagogen unterscheiden sich von denen der Diplompädagogen kaum (vgl. Fuchs 2004, S. 63).

Berufseinmündung Das erste Ergebnis bezieht sich auf die traditionell schwierige Phase der Berufseinmündung; insbesondere während der 1980er-Jahre hatte sich die Dauer der Übergangsarbeitslosigkeit erhöht. Die Lage hat sich generell entspannt und im Vergleich mit der Sozialpädagogik/-arbeit und der Sonder-/Rehabilitationspädagogik stellt sich die Situation in der Erwachsenenbildung sehr gut dar: immerhin gut ein Viertel der Absolventinnen hatten bereits vor oder mit dem Abschluss und knapp ein weiteres Viertel 1 bis 3 Monate danach ihre erste Stelle gefunden. Wiederum gut ein Viertel brauchten zwischen 4 und 12 Monate und 20% mehr als ein Jahr Zeit; lediglich 2,6% waren seit ihrem Abschluss nie erwerbstätig (vgl. Rauschenbach 2002, S. 79).

Zieht man diejenigen pädagogischen Arbeitsfelder zusammen, die der Erwachsenenbildung/Weiterbildung zugerechnet werden (können), so zeigt sich, dass wir es hier mir einem sehr relevanten Arbeitsmarktsegment für Pädagogen zu tun haben (angegeben ist die Anzahl der Erststellen; vgl. ebd., S. 81):

Berufliche Wiedereingliederung	181
Überbetriebliche berufliche Weiterbildung	51
Betriebliche Aus- und Weiterbildung	45
Personal- und Organisationsentwicklung	42
Allgemeine Erwachsenenbildung	41
Referententätigkeit	32

Von insgesamt 134 Personen, die nach ihrem Examen in ‚Forschung/Wissenschaft‘ tätig geworden sind, kann man sicherlich einen Teil der Erwachsenenbildung zuschlagen. Entsprechendes gilt für die ‚nicht-pädagogischen Arbeitsfelder‘ Personalwesen und Unternehmensberatung (22 bzw. 19). Von den gut 2.300 Nennungen beziehen sich also mehr als 400 auf den Erwachsenenbildungsbereich (bei der ‚beruflichen Wiedereingliederung mögen sozialpädagogische Aufgaben berücksichtigt sein, dafür sind in anderen – bisweilen wenig trennscharfen – Kategorien sicherlich auch Erwachsenenbildner enthalten). Bemerkenswert ist dabei, dass diejenigen, die den Schwerpunkt Erwachsenenbildung im Diplomstudiengang studiert haben, nur zu 30% eine Erststelle in der Erwachsenenbildung wählen, der zweitgrößte Bereich ist ‚sonstige‘, d.h. der nicht den pädagogischen Arbeitsfeldern im engeren Sinne zugerechnete (vgl. ebd., S. 84).

Arbeitgeber Sehr auffällig – im Vergleich mit den anderen Feldern – ist bei den Erwachsenenbildnern, dass knapp ein Drittel ‚privat gewerbliche Träger‘ als Arbeitgeber angibt; der Anteil der öffentlichen liegt lediglich bei etwa 12% (vgl. ebd., S. 88). Ebenso auffällig ist der relativ hohe Anteil an Selbständigen/Freiberuflern (16,4%); befristet erwerbstätig waren auf ihrer ersten Stelle knapp 40% (vgl. ebd., S. 89). Vergütet werden die in der Weiterbildung tätigen Pädagogen – im Vergleich mit ihren Kollegen in anderen Bereichen – am besten; allerdings erreichen auch hier nur noch etwa 17% die ‚klassische‘ Einstiegsmarge von BAT II a/b bzw. BAT I, bei der ‚aktuellen Stelle‘ steigt die Quote auf gut 20%. Geht man nicht vom Tätigkeitsfeld, sondern von der Studienrichtung aus, bezieht also die Erwachsenenbildungs-Absolventen ein, die nicht in der Erwachsenenbildung tätig sind, steigt die Quote der ‚akademikeradäquaten‘ Vergütung (vgl. ebd., S. 93, S. 107).

Hinter der vergleichsweise hohen Bedeutung privatwirtschaftlicher Einrichtungen und freiberuflicher Tätigkeit dürfte sich neben der Tatsache, dass Teile der Weiterbildung – anders als etwa sozialpädagogische Betreuung – auch unter annähernd marktwirtschaftlichen Bedingungen realisierbar sind, die recht große Zahl der Trainerinnen und Trainer verbergen. Die bereits erwähnte Analyse des deutschen Weiterbildungs-‚Marktes‘ ermittelt einen Anteil der sehr kleinen Weiterbildungs-‚Unternehmen‘ (mit 1 bis 2 Beschäftigten) von knapp 46%. Nimmt man hinzu, dass solche Unternehmen wiederum mit ‚externen‘ Trainern zusammenarbeiten, zeichnet sich hier ein wichtiges Arbeitsmarktsegment ab, das sich erst in jüngerer Zeit entwickelt hat und dessen weitere Entwicklungsmöglichkeiten von den Akteuren selbst positiv eingeschätzt werden (vgl. Muskatewitz/ Schulze 2001, S. 35, S. 76). Zwar konkurrieren Pädagogen hier insbesondere mit Wirtschaftswissenschaftlern, die immer noch stärker gefragt sind, sie haben aber Fuß gefasst und behaupten ihr Terrain (vgl. ebd., S. 217). Dass öffentliche Arbeitgeber für Studienabsolventen der Jahre 1996/97 eine eher kleine Rolle spielen, geht darauf zurück, dass dieser Bereich des Arbeitsmarktes seit langem ‚besetzt‘ ist und dass öffentliche Mittel in der Weiterbildung eher knapper werden – es gibt also seit geraumer Zeit keine Zuwächse. Allerdings ist das hauptberufliche Personal insbesondere der öffentlich verantworteten Erwachsenenbildung relativ alt an Jahren. Viele wurden während der 1970er-Jahre eingestellt und bewegen sich nun auf die kollektive Verrentung zu. Es ist eine mit den Schulen durchaus vergleichbare Situation: Lange Zeit waren Stellen blockiert, die dann recht kurzfristig und in großer Zahl zur Wiederbesetzung anstehen. Insofern ist auch im öffentlichen Segment des Arbeitsmarktes Weiterbildung in naher Zukunft Bewegung zu erwarten.

Im Zusammenhang der Debatte über eine Entgrenzung oder Universalisierung der Erwachsenenbildung sind die ‚nicht-pädagogischen Arbeitsfelder‘, in denen relativ viele Absolventen des Schwerpunktes Erwachsenenpädagogik (knapp 18%) tätig werden (vgl. Rauschenbach u.a. 2002, S. 85), besonders interessant. Die Absolventenstudie teilt lediglich das Faktum mit und gibt keine weiteren Auskünfte. Eine andere aktuelle Arbeit geht der Frage nach, in welchem Umfang pädagogische Tätigkeit in den verschiedensten Bereichen des Beschäftigungssystems an Bedeutung gewinnt (vgl. Heise 2002). Die Studie hat mit einigen – von der Autorin selbst benannten – Problemen umzugehen. Insbesondere ist offen, ob sich die Anteile pädagogischer Tätigkeit *faktisch* verändert haben oder ob die Bereitschaft gewachsen ist, bestimmte Tätigkeiten, die auch früher an der Tagesordnung waren, nun *als pädagogische* zu *benennen*. Dessen eingedenk

Nicht-pädagogische Arbeitsfelder

gibt die Arbeit gleichwohl Hinweise darauf, dass sich pädagogische Kompetenzen insbesondere auf den höheren Hierarchiestufen „zu einer Schlüsselqualifikation auf dem Arbeitsmarkt zu entwickeln scheinen" (ebd., S. 119). In diese Richtung gilt es weiter nach plausiblen Erklärungen für den Umstand zu suchen, dass PädagogInnen zunehmend auch in Bereichen erfolgreich agieren, die im Rahmen der Ausbildung zumindest bislang gar nicht im Blick sind. Nimmt man alles zusammen, so kann man den jüngeren Slogan derer, die den Absolventen pädagogischer Studiengänge zu Beginn der 1990er-Jahre bestätigten, ‚besser als ihr Ruf' zu sein, heranziehen: ‚nichts ist sicher, aber vieles ist möglich' (vgl. Schulze-Krüdener 1997).

Literatur

Einführungen

Faulstich, P./Zeuner, Ch.: Erwachsenenbildung. Weinheim/München 1999.
Forneck, H.J./Wrana, D.: Ein parzelliertes Feld. Bielefeld 2005.
Kade, J./Nittel, D./Seitter, W.: Einführung in die Erwachsenenbildung/Weiterbildung. Stutt-
	gart/Berlin/Köln 1999.
Nuissl, E.: Einführung in die Weiterbildung. Neuwied 2000.
Weinberg, J.: Einführung in das Studium der Erwachsenenbildung. Bad Heilbrunn 2000.
Weisser, J.: Einführung in die Weiterbildung. Weinheim u.a. 2002.

Nachschlagewerke

Arnold, R./Nolda, S./Nuissl, E. (Hrsg.): Wörterbuch Erwachsenenpädagogik. Bad Heilbrunn
	2001.
Grundlagen der Weiterbildung ,Praxishilfen' – Loseblattsammlung – Neuwied 1989ff.
Grundlagen der Weiterbildung ,Recht' – Loseblattsammlung – Neuwied 1981ff.
Hacker, J./Olzog, G. (Hrsg.): Deutsches Handbuch der Erwachsenenbildung – Loseblatt-
	sammlung – München 1985ff.
Hufer, K.P. (Hrsg.): Außerschulische Jugend- und Erwachsenenbildung. Bd. 2 des Lexikons
	der politischen Bildung, hg. v. G. Weißeno. Schwalbach 1999.
Tietgens, H. (Hrsg.): Studienbibliothek für Erwachsenenbildung. 5 Bände, Frankfurt 1991ff.
Tippelt, R. (Hrsg.): Handbuch Erwachsenenbildung/Weiterbildung. Opladen, 2. Aufl. 1999.

Zeitschriften

Literatur- und Forschungsreport Weiterbildung, hg. v. Nuissl, E./Schiersmann, H./Siebert, H.
Grundlagen der Weiterbildung ,Zeitschrift'.
DIE – Zeitschrift des Deutschen Instituts für Erwachsenenbildung Bonn.
Hessische Blätter für Volksbildung.

Literaturverzeichnis zu den einzelnen Kapiteln:

1. Perspektiven auf die Erwachsenenbildung und die Bildung Erwachsener

Wittpoth, J.: Recht, Politik und Struktur der Weiterbildung. Baltmannsweiler 1997.

2. Historische Betrachtungen

Ahlheim, K.: Zwischen Arbeiterbildung und Mission. Beispiele und Probleme protestantischer Erwachsenenbildung und ihrer Theorie in der Weimarer Republik und nach 1945. Stuttgart 1982.

Benning, A.: Quellentexte Katholischer Erwachsenenbildung. Paderborn 1971.

Castan, Y./Lebrun, F./Chartier, R.: Figuren der Modernität. In: Ariès, P./Duby, G. (Hrsg.): Geschichte des privaten Lebens. Bd. 3: Von der Renaissance zur Aufklärung. Frankfurt 1991, S. 21-165.

Deutscher Ausschuß für das Erziehungs- und Bildungswesen: Zur Situation und Aufgabe der deutschen Erwachsenenbildung. Stuttgart 1963.

Deutscher Bildungsrat: Strukturplan für das Bildungswesen. Stuttgart 1973.

Dräger, H. (Hrsg.): Volksbildung in Deutschland im 19. Jahrhundert. Bd. 1: Braunschweig 1979, Bd. 2: Bad Heilbrunn 1984.

Engelsing, R.: Analphabetentum und Lektüre. Stuttgart 1973.

Faulstich, P./Zeuner, Chr.: Erwachsenenbildung und soziales Engagement. Bielefeld 2001.

Febvre, L.: Leben in der französischen Renaissance. Berlin 2000.

Feidel-Merz, H. (Hrsg.): Zur Geschichte der Arbeiterbildung. Bad Heilbrunn 1968.

Dies.: Zur Ideologie der Arbeiterbildung. Frankfurt, 2. Aufl. 1972.

Dies.: Erwachsenenbildung seit 1945. Köln 1975.

Dies.: Erwachsenenbildung im Nationalsozialismus. In: Tippelt, R. (Hrsg.): Handbuch Erwachsenenbildung/Weiterbildung. Opladen 1994, S. 40-51.

Fischer, G.: Erwachsenenbildung im Faschismus. Bensheim 1981.

Flasch, K.: Der Buchdruck als geschichtliche Schwelle. In: Gutenberg – Aventur und Kunst, hg. v. d. Stadt Mainz. Mainz 2000, S. 440-459.

Fleischmann-Heck, I.: Schrift im Gebrauch – Lese- und Schreibkultur im Spätmittelalter. In: Gutenberg – Aventur und Kunst, hg. v. d. Stadt Mainz. Mainz 2000, S. 144-155.

Friedenthal-Haase, M.: Erwachsenenbildung im Prozeß der Akademisierung. Frankfurt u.a. 1991.

Giesecke, M.: Sinnenwandel, Sprachwandel, Kulturwandel. Frankfurt, 2. Aufl. 1998 (1998a).

Ders.: Der Buchdruck in der frühen Neuzeit. Frankfurt 1998 (1998b).

Groothoff, H.-H./Wirth, I.: Erwachsenenbildung und Industriegesellschaft. Paderborn 1976.

Henningsen, J.: Die Neue Richtung in der Weimarer Zeit. Stuttgart 1960.

Huge, W.: Handwerkerfortbildung im 19. Jahrhundert. Zum Widerstand Osnabrücker Handwerksmeister und Gesellen gegen neuzeitlich-modernes Bildungs- und Berufswissen. Bad Heilbrunn 1989.

Kaiser, A. (Hrsg.): Gesellige Bildung. Bad Heilbrunn 1989.

Kant, I.: Was ist Aufklärung? Hg. v. J. Zehbe. Göttingen, 2. Aufl. 1975.

Keim, H./Urbach, D.: Volksbildung in Deutschland 1933 – 1945. Braunschweig 1976.

Knoll, J.: Erwachsenenbildung vor der 3. industriellen Revolution. Befunde und Zukunftsprogrammatik in Quellen und Dokumenten. Ehningen bei Böblingen 1988.

Ders./Siebert, H.: Erwachsenenbildung in der Bundesrepublik: Dokumente 1945-1966. Heidelberg 1967.

Langewiesche, D.: Erwachsenenbildung. In: Ders./Tenorth, H.-E. (Hrsg.): Handbuch der deutschen Bildungsgeschichte. Bd. 5, München 1989, S. 337-370.

Lenz, W.: Grundlagen der Erwachsenenbildung. Stuttgart u.a. 1979.

Maase, K.: Grenzenloses Vergnügen. Der Aufstieg der Massenkultur 1850 – 1970. Frankfurt 1997.

Manguel, A.: Eine Geschichte des Lesens. Reinbek 2000.

Olbrich, J.: Erwachsenenbildung zwischen Bürgertum und Arbeiterbewegung. In: Grundlagen der Weiterbildung – Praxishilfen 1.30.20 (1-18) 1993.

Ders.: Erwachsenenbildung in der Zeit Bismarcks und der Wilhelminischen Epoche. In: Grundlagen der Weiterbildung – Praxishilfen 1.30.30 (1-18) 1994 (1994a).

Ders.: Bildung und Demokratie. In: Grundlagen der Weiterbildung – Praxishilfen 1.30.40 (1-19) 1994 (1994b).

Ders.: Geschichte der Erwachsenenbildung in Deutschland. Opladen 2001.

Platter, Th.: Lebenserinnerungen. Basel 1999.

Pöggeler, F. (Hrsg.): Geschichte der Erwachsenenbildung (‚Handbuch der Erwachsenenbildung‘ Bd. 4). Stuttgart u.a. 1975.

Röhrig, P.: Volksbildung. In: Jeismann, K.-E./Lundgreen, P. (Hrsg.): Handbuch der deutschen Bildungsgeschichte. Bd. 3, München 1987, S. 333-361.

Ders.: Erwachsenenbildung. In: Berg, Chr. (Hrsg.): Handbuch der deutschen Bildungsgeschichte. Bd. 4, München 1991, S. 441-471.

Schiffler, H./Winkeler, R.: Tausend Jahre Schule. Stuttgart/Zürich, 3. Aufl. 1991.

Seitter, W.: Geschichte der Erwachsenenbildung. Bielefeld 2000.

Siebert, H.: Erwachsenenbildung in der Bundesrepublik Deutschland – Alte Bundesländer und neue Bundesländer. In: Tippelt, R. (Hrsg.): Handbuch der Erwachsenenbildung/Weiterbildung. Opladen 1994, S. 52-79.

Tietgens, H. (Hrsg.): Erwachsenenbildung zwischen Romantik und Aufklärung. Göttingen 1969.

Ders.: Die Erwachsenenbildung. München 1981.

Ders.: Vorbemerkungen. In: Kaiser, A. (Hrsg.): Gesellige Bildung. Bad Heilbrunn 1989, S. 7-8.

Ders.: Geschichte der Erwachsenenbildung. In: Tippelt, R. (Hrsg.): Handbuch Erwachsenenbildung/Weiterbildung. Opladen 1994, S. 23-39.

Ders.: Hohenrodter Bund. In: Arnold, R./Nolda, S./Nuissl, E. (Hrsg.): Wörterbuch Erwachsenenpädagogik. Bad Heilbrunn 2001, S. 148-149.

Tuguntke, H.: Demokratie und Bildung. Erwachsenenbildung am Ausgang der Weimarer Republik. Frankfurt 1988.

Wendehorst, A.: Wer konnte im Mittelalter lesen und schreiben? In: Fried, J. (Hrsg.): Schulen und Studium im sozialen Wandel des hohen und späten Mittelalters. Sigmaringen 1986, S. 9-33.

Wittmann, R.: Geschichte des deutschen Buchhandels. München 1991.

Wolgast, G.: Zeittafel zur Geschichte der Erwachsenenbildung. Neuwied u.a. 1996.

3. Theoretische Zugänge

Alheit, P: Biographie und Bildungstheorie. Müssen wir Leben lernen? In: Jahrbuch Arbeit, Bildung und Kultur, hg. v. Forschungsinstitut für Arbeiterbildung. Recklinghausen 1992, S. 4-47.

Arbeitsgemeinschaft QUEM (Hrsg.): Von der beruflichen Weiterbildung zur Kompetenzentwicklung. Berlin 1995.

Arnold, R.: Deutungsmuster und pädagogisches Handeln in der Erwachsenenbildung. Bad Heilbrunn 1985.

Ders.: Weiterbildung. Ermöglichungsdidaktische Grundlagen. München 1996.

Ders./Siebert, H.: Konstruktivistische Erwachsenenbildung. Baltmannsweiler 1995.

Baecker, D.: Organisation als System. Frankfurt 1999.

Beck, U.: Risikogesellschaft. Auf dem Weg in eine andere Moderne. Frankfurt 1986.

Beck, U.: Das Zeitalter der Nebenfolgen und die Politisierung der Moderne. In: Beck, U./Giddens, A./Lash, S.: Reflexive Modernisierung. Eine Kontroverse. Frankfurt 1996, S. 19-112.

Bernstein, B.: Studien zur sprachlichen Sozialisation. Düsseldorf 1972.

Bourdieu, P. u.a.: Titel und Stelle. Über die Reproduktion sozialer Macht. Frankfurt 1981.

Ders.: Die feinen Unterschiede. Frankfurt, 2. Aufl. 1983.

Ders.: Die konservative Schule. In: Ders.: Wie die Kultur zum Bauern kommt. Hamburg 2001, S. 25-52.

Ders./Wacquant, L.: Reflexive Anthropologie. Frankfurt 1996.

Bundesminister für Bildung und Wissenschaft: Thesen zur Weiterbildung. Bonn 1985.

Dahm, G. u.a.: Wörterbuch der Weiterbildung. München 1980.

Dauber, H./Verne, E. (Hrsg.): Freiheit zum Lernen. Alternativen zur lebenslänglichen Verschulung. Reinbek 1976.

Dewe, B./Frank, G./Huge, W.: Theorien der Erwachsenenbildung. München 1988.

Dohmen, G.: Das lebenslange Lernen. Leitlinien einer modernen Bildungspolitik, hg. v. Bundesministerium für Bildung, Wissenschaft, Forschung und Technologie. Bonn 1996.

Erikson, E.H.: Identität und Lebenszyklus. Frankfurt, 12. Aufl. 1991.

Faulstich, P. u.a.: Bestand und Perspektiven der Weiterbildung. Das Beispiel Hessen. Weinheim 1991.

Faure, E. u.a.: Learning to be. Paris 1972.

Flaig, B./Meyer, Th./Ueltzhöffer, J.: Alltagsästhetik und politische Kultur. Bonn 1993.

Fuchs, W. u.a. (Hrsg.): Lexikon zur Soziologie. Opladen, 2. Aufl. 1978.

Geulen, D./Hurrelmann, K.: Zur Programmatik einer umfassenden Sozialisationstheorie. In: Hurrelmann, K./Ulich, D. (Hrsg.): Handbuch der Sozialisationsforschung. Weinheim/ Basel, 2. Aufl. 1982, S. 51-67.

Groothoff, H.-H./Wirth, I.: Erwachsenenbildung und Industriegesellschaft. Paderborn 1976.

Habermas, J.: Theorie des kommunikativen Handelns. Bd. 2, Frankfurt 1988.

Heckhausen, J.: Erwerb und Funktion normativer Vorstellungen über den Lebenslauf. In: Mayer, K.U. (Hrsg.): Lebensverläufe und sozialer Wandel, Sonderheft der KZfSS, 1990, S. 351-373.

Kade, J.: Vermittelbar/nicht-vermittelbar: Vermitteln: Aneignen. In: Lenzen, D./Luhmann, N. (Hrsg.): Bildung und Weiterbildung im Erziehungssystem. Frankfurt 1997, S. 30-70.

Ders.: Risikogesellschaft und riskante Biographien. Zur Wissensordnung der Erwachsenenbildung/Erziehungswissenschaft. In: Wittpoth, J. (Hrsg.): Erwachsenenbildung und Zeitdiagnose. Bielefeld 2001, S. 9-38.

Ders./Nittel, D./Seitter, W.: Einführung in die Erwachsenenbildung/Weiterbildung. Stuttgart/Berlin/Köln 1999.

Körber, K. u.a.: Das Weiterbildungsangebot im Lande Bremen. Bremen 1995.

Kohli, M.: Normalbiographie und Individualität: Zur institutionellen Dynamik des gegenwärtigen Lebenslaufregimes. In: Brose, H.-G./Hildenbrand, B. (Hrsg.): Vom Ende des Individuums zur Individualität ohne Ende. Opladen 1988, S. 33-53.

Kommission der Europäischen Gemeinschaften: Weißbuch zur allgemeinen und beruflichen Bildung. Lehren und Lernen. Auf dem Weg zur kognitiven Gesellschaft. Brüssel 1995.

Krüger, H.H.: Einführung in Theorien und Methoden der Erziehungswissenschaft. Opladen, 2. Aufl. 1999.

Löwe, H.: Stand und Probleme der Psychologie des Erwachsenenalters. In: Löwe, H. (Hrsg.): Psychologische Probleme des Erwachsenenalters. Bern/Stuttgart/Wien 1983, S. 11-23.

Luhmann, N.: Ökologische Kommunikation. Opladen, 3. Aufl. 1990.

Mader, W./Weymann, A.: Zielgruppenentwicklung, Teilnehmerorientierung und Adressatenforschung. In: Siebert, H. (Hrsg.): Taschenbuch der Weiterbildungsforschung. Baltmannsweiler 1979, S. 346-376.

Merleau-Ponty, M.: Phänomenologie der Wahrnehmung. Berlin 1966.

Negt, O.: Soziologische Phantasie und exemplarisches Lernen. Frankfurt/Köln 1971.

Nolda, S.: Das Konzept der Wissensgesellschaft und seine (mögliche) Bedeutung für die Erwachsenenbildung. In: Wittpoth, J. (Hrsg.): Erwachsenenbildung und Zeitdiagnose. Bielefeld 2001, S. 91-117.

Nuissl. E.: Einführung in die Weiterbildung. Neuwied/Kriftel 2000, S. 142.

OECD/CERI: Recurrent Education. A Strategy for Lifelong Learning. Paris 1973.

Pawlowsky, P.: Betriebliche Qualifikationsstrategien und organisationales Lernen. In: Managementforschung Bd. 2 (1992), hg. v. Staehle, W. H./Conrad, P., Berlin/New York 1992, S. 177-237.

Ders.: Wozu Wissensmanagement? In: Götz, K. (Hrsg.): Wissensmanagement. Zwischen Wissen und Nichtwissen. München/Mering 1999, S. 113-129.

Romberg, R.: Bedürfnisse, Erwartungen, Kalküle – was steuert das Lernen Erwachsener? In: Literatur- und Forschungsreport Weiterbildung 29/1992, S. 51-74.

Rustemeyer, D.: Nichtsehen sehen. In: Faulstich, P./Wiesner, G./Wittpoth, J. (Hrsg.): Wissen und Lernen, didaktisches Handeln und Institutionalisierung. Bielefeld 2001, S. 15-28.

Schmitz, E.: Erwachsenenbildung – Wissenschaft und Lebenshilfe. In: betrifft: erziehung 13 (1980), H. 5, S. 54ff.

Schütz, A./Luckmann, Th.: Strukturen der Lebenswelt. Frankfurt 1979.

Schulze, G.: Die Erlebnisgesellschaft. Frankfurt/New York 1992.

Siebert, H.: Theorieansätze der Erwachsenenbildung. In: Ders. (Hrsg.): Begründungen gegenwärtiger Erwachsenenbildung. Braunschweig 1977, S. 11-36.

Ders.: Theorien für die Bildungspraxis. Bad Heilbrunn 1993.

Ders.: Pädagogischer Konstruktivismus. Neuwied/Kriftel 1999.

Thomssen, W.: Deutungsmuster – eine Kategorie der Analyse von gesellschaftlichem Bewußtsein. In: Weymann, A. (Hrsg.): Handbuch für die Soziologie der Weiterbildung. Darmstadt/Neuwied 1980, S. 358-373.

Tippelt, R. (Hrsg.): Handbuch der Erwachsenenbildung/Weiterbildung. Opladen 1994.

UNESCO: Agenda for the Future. Hamburg 1998.

Vester, M. u.a.: Soziale Milieus im gesellschaftlichen Strukturwandel. Köln 1993.

Weber, K./Wittpoth, J.: Zum Verhältnis von bildungspolitischem Diskurs, Strukturentwicklung und Partizipation in der Weiterbildung. In: Derichs-Kunstmann, K./Faulstich, P./Wittpoth, J. (Hrsg.): Politik, Disziplin und Profession in der Erwachsenenbildung. Frankfurt 1999, S. 145-158.

Weinberg, J.: Einführung in das Studium der Erwachsenenbildung. Bad Heilbrunn, 2. Aufl. 1990.

Weymann, A. (Hrsg.): Handlungsspielräume. Stuttgart 1989.

Willke, H.: Supervision des Staates. Frankfurt 1997.

Ders.: Systemisches Wissensmanagement. Stuttgart 1998.

Wittpoth, J.: Rahmungen und Spielräume des Selbst. Frankfurt 1994.

Ders.: Recht, Politik und Struktur der Weiterbildung. Baltmannsweiler 1997.

Ders.: Belastung und Ressource. Zum Stellenwert theoriegeleiteter Reflexionen für die Praxis der Weiterbildung. In: Faulstich-Wieland, H. u.a. (Hrsg.): Literatur- und Forschungsreport Weiterbildung 40, Dezember 1997, S. 57-65 (1997a).

Ders. (Hrsg.): Erwachsenenbildung und Zeitdiagnose. Bielefeld 2001.

4. Forschung

Ambos, I.: Forschung zur Erwachsenenbildung. Bielefeld 2001.

Arbeitsgemeinschaft QUEM (Hrsg.): Formen arbeitsintegrierten Lernens. Berlin 1998.

Arnold, R. u.a.: Forschungsmemorandum für die Erwachsenen- und Weiterbildung. Frankfurt 2000.

Baethge, M./Baethge-Kinski, V.: Arbeit – die zweite Chance. Zum Verhältnis von Arbeitserfahrungen und lebenslangem Lernen. In: Kompetenzentwicklung 2002. Auf dem Weg zu einer neuen Lernkultur, hg. v. Arbeitsgemeinschaft Betriebliche Weiterbildungsforschung, Münster 2002, S. 69-140.

Barz, H./Tippelt, R. (Hrsg.): Weiterbildung und soziale Milieus in Deutschland. Bielefeld 2004.

Berger, P.L./Luckmann, Th.: Die gesellschaftliche Konstruktion der Wirklichkeit. Frankfurt 1980.

Born, A.: Geschichte der Erwachsenenbildungsforschung. In: Tippelt, R. (Hrsg.): Handbuch Erwachsenenbildung/Weiterbildung. Opladen 1994, S. 285-295.

Brater, M./Maurus, A.: Über einige Grenzen multimedialen Lernens – Erfahrungen mit dem Modellversuch ‚IKTH‘. In: Berufsbildung in Wissenschaft und Praxis 26 (1997) H. 2, S. 36-41.

Bremer, H.: Soziale Milieus und Bildungsurlaub. Hannover 1999.

Castells, M.: Die Netzwerkgesellschaft. Opladen 2001.

Diesler, P./Nittel, D.: Spuren des Selbstorganisierten Lernens im Kontext betrieblicher Modernisierung. In: Zeitschrift für Berufs- und Wirtschaftspädagogik 97 (2001), H. 1, S. 56-83.

Dörner, O.: Umgang mit Wissen in betrieblicher Praxis. Diss. Bochum 2005.

Eckert, Th.: Pluralisierung und Segmentierung des Weiterbildungsangebotes am Beispiel der Region Freiburg. In: Tippelt, R./Eckert, Th./Barz, H.: Markt und integrative Weiterbildung. Bad Heilbrunn 1996, S. 46-84.

Eco, U.: Apokalyptiker und Integrierte. Frankfurt 1986.

Ehrenspeck, Y./Schäffer, B. (Hrsg.): Film- und Photoanalyse in der Erziehungswissenschaft. Opladen 2003.

Faulstich, P. u.a.: Bestand und Perspektiven der Weiterbildung. Das Beispiel Hessen. Weinheim 1991.

Ders./Zeuner, Ch.: Erwachsenenbildung und soziales Engagement. Bielefeld 2001.

Flaig, B./Meyer, Th./Ueltzhöffer, J.: Alltagsästhetik und politische Kultur. Berlin 1993.

Flick, U./Kardoff, E.v./Steinke, I.: Was ist qualitative Forschung? In: Dies. (Hrsg.): Qualitative Forschung. Ein Handbuch. Reinbek 2000, S. 13-29.

Friebel. H. u.a.: Bildungsbeteiligung: Chancen und Risiken. Opladen 2000.

Gieseke, W.: Habitus von Erwachsenenbildnern. Oldenburg 1989.

Gieseke, W./Meueler, E./Nuissl, E. (Hrsg.): Empirische Forschung zur Bildung Erwachsener. Frankfurt 1992.

Glaser, B.G./Strauss, A.L.: Grounded Theory. Strategien qualitativer Forschung. Bern u.a. 1998.

Goffman, E.: Rahmen-Analyse. Ein Versuch über die Organisation von Alltagserfahrungen. Frankfurt, 2. Aufl. 1989.

Grotlüschen, A.: Widerständiges Lernen im Web – selbstbestimmt? Münster 2003.

Harney, K.: Form und Gegenform. Zur Funktion sozialer Netzwerke. In: Hagedorn, F. u.a. (Hrsg.): Anders arbeiten in Bildung und Kultur, Weinheim/Basel 1994, S. 31-44.

Ders./Hovemann, M./Hüls, R.: Zur empirischen Fundierung von Marketing- und Planungswissen in der Weiterbildung. In: Grundlagen der Weiterbildung 12 (2001). H. 3, S. 127-130.

Honer, A.: Beschreibung einer Lebens-Welt. Zur Empirie des Bodybuilding. In: Zeitschrift für Soziologie 14 (1985) H. 2, S. 131-139.

Kade, J.: Universalisierung und Individualisierung der Erwachsenenbildung. In: ZfPäd. 35 (1989), H. 6, S. 789-808.

Ders.: ‚Tatort‘ und ‚Polizeiruf 110‘. In: Zeitschrift für Biographieforschung und Oral History, 9 (1996) H. 1, S. 114-126.

Ders./Lüders, Chr.: Lokale Vermittlung. In: Combe, A./Helsper, W. (Hrsg.): Pädagogische Professionalität. Frankfurt 1996, S. 887-923.

Ders./Seitter; W.: Lebenslanges Lernen – Mögliche Bildungswelten. Opladen 1996.

Kejcz, Y./Nuissl, E./Paatsch, U./Schenk, P.: Bildungsurlaubs-, Versuchs- und Entwicklungsprogramm der Bundesregierung. Endbericht Bd. I-VIII. Heidelberg 1979ff.

Kelle, U./Erzberger, Chr.: Qualitative und quantitative Methoden: kein Gegensatz. In: Flick, U. u.a. (Hrsg.): Qualitative Forschung. Hamburg 2000, S. 299-309.

Körber, K. u.a.: Das Weiterbildungsangebot im Lande Bremen. Bremen 1995.

Kuhn, Th.: Die Struktur wissenschaftlicher Revolutionen. Frankfurt 1973.

Kultusministerkonferenz: Dritte Empfehlung der Kultusministerkonferenz zur Weiterbildung. Bonn 1994.

Kuwan u.a.: Berichtssystem Weiterbildung VIII, hg. v. Bundesministerium für Bildung und Forschung. Bonn 2003. Verfügbar im Internet: www.bmbf.de/pub/berichtssystem_weiterbildung_viii-gesamtbericht.pdf, 02.01.2006.

Laermann, K.: Kommunikation an der Theke. In: Hammerich, K./Klein, M. (Hrsg.): Materialien zur Soziologie des Alltags. Opladen 1978, S. 420-430.

Loos, P./Schäffer, B.: Das Gruppendiskussionsverfahren. Opladen 2001.

Mayntz, R.: Modernisierung und die Logik von interorganisatorischen Netzwerken. In: Journal für Sozialforschung 32 (1992), H. 1, S. 19-32.

Mead, G.H.: Geist, Identität und Gesellschaft. Frankfurt 1973.

Merten, K.: Inhaltsanalyse: Einführung in Theorie, Methode und Praxis. Opladen, 2. Aufl. 1995.

Meuser, M./Nagel, U.: ExpertInneninterviews – vielfach erprobt, wenig bedacht. In: Garz, D./Kraimer, K. (Hrsg.): Qualitative empirische Sozialforschung. Opladen 1991, S. 441-471.

Möller, S.: Marketing in der Weiterbildung. Bielefeld 2002.

Nolda, S.: Interaktion und Wissen. Frankfurt 1996.

Dies./Pehl, K./Tietgens, H.: Programmanalysen. Frankfurt 1998.

Norden, G.: Die Lebenswelt der Saunist(inn)en. In: Richter, R. (Hrsg.): Sinnbasteln. Wien u.a. 1994, S. 99-120.

Peters, R.: Erwachsenenbildung-Professionalität. Bielefeld 2004.

Pongratz, H.J./Voß, G.G.: Fremdorganisierte Selbstorganisation. Eine soziologische Diskussion aktueller Managementkonzepte. In: Zeitschrift für Personalforschung 11 (1997), H.1 , S. 30-53.

Schäffer, B.: Generationen – Medien – Bildung. Opladen 2002.

Schiersmann, Ch. u.a.: Innovationen in Einrichtungen der Familienbildung: eine bundesweite empirische Institutionenanalyse. Opladen 1998.

Schlutz, E.: Leitstudien der Erwachsenenbildungsforschung. In: Gieseke, W./Meueler, E./ Nuissl, E. (Hrsg.): Empirische Forschung zur Bildung Erwachsener. Frankfurt 1992, S. 39-55.

Ders./Siebert, H. (Hrsg.): Zur Identität der Wissenschaft der Erwachsenenbildung. Bremen 1984.

Schmidt, S.J.: Medien, Kultur: Medienkultur. In: Ders. (Hrsg.): Kognition und Gesellschaft. Der Diskurs des Radikalen Konstruktivismus Bd. 2. Frankfurt 1992, S. 425-450.

Schnell, R./Hill, P.B./Esser, E.: Methoden der empirischen Sozialforschung. München, 6. Aufl. 1999.

Schrader, J.: Lerntypen bei Erwachsenen. Weinheim 1994.

Schulenberg, W.: Ansatz und Wirksamkeit der Erwachsenenbildung. Stuttgart 1957.

Ders. u.a.: Soziale Faktoren der Bildungsbereitschaft Erwachsener. Stuttgart 1978.

Schütze, F.: Biographieforschung und narratives Interview. In: Neue Praxis 13 (1983), S. 283-293.

Seitter, W.: Riskante Übergänge in der Moderne. Opladen 1999.

Siebert, H./Gerl, H.: Lehr- und Lernverhalten bei Erwachsenen. Braunschweig 1975.

Soeffner, H.G.: Der fliegende Maulwurf. In: Ders.: Die Auslegung des Alltags. Frankfurt, 2. Aufl. 1995, S. 131-156.

Steeger, G.: Zukünftiger Weiterbildungsbedarf im Handwerk. Köln 1999.

Strauss, A.: Creating Sociological Awareness. New Brunswick/London 1991.

Strzelewicz, W.: Die Erwachsenenbildung als Gegenstand soziologischer Forschung. In: Eggers, Ph./Steinbacher, F. (Hrsg.): Soziologie der Erwachsenenbildung. Stuttgart u.a. 1977, S. 43-66.

Ders./Raapke, H.D./Schulenberg, W.: Bildung und gesellschaftliches Bewußtsein. Stuttgart 1966.

Vogelgesang, W.: Jugendliche Video-Cliquen. In: deutsche jugend 40 (1992), S. 326-334.

Wellenreuther, M.: Quantitative Forschungsmethoden in der Erziehungswissenschaft. Weinheim/München 2000.

Weyer, J.: Zum Stand der Netzwerkforschung in den Sozialwissenschaften. In: Ders. (Hrsg.): Soziale Netzwerke. München/Wien 2000, S. 1-34.

Willke, H.: Supervision des Staates. Frankfurt 1997.

Winter, R.: Der produktive Zuschauer. In: medien praktisch 20 (1996), H. 2, S. 33-36.

Witt, H.: Forschungsstrategien bei quantitativer und qualitativer Sozialforschung. [online] In: Forum Qualitative Sozialforschung (Online-Journal) 2(1)/2001. [Stand: 11.12.2002] Verfügbar im Internet: http://www.qualitative-research.net/fqs/fqs.htm.

Wittpoth, J.: Rahmungen und Spielräume des Selbst. Frankfurt 1994.

Ders.: Recht, Politik und Struktur der Weiterbildung. Eine Einführung. Baltmannsweiler 1997.

Ders.: (Weiter-)Bildungssystem und Systembildung. In: Nittel, D./Seitter, W. (Hrsg.): Die Bildung des Erwachsenen. Bielefeld 2003, S. 53-67 (2003a).

Ders.: Heute hier, morgen dort ... Wandel und Reflexivität in der Erwachsenenpädagogik. In: Baldauf-Bergmann, K./Küchler, v. Felicitas (Hrsg.): Erwachsenenbildung im Wandel – Ansätze einer reflexiven Weiterbildungspraxis, Baltmannsweiler 2005, S. 17-27 (2005a).

Witzel, A.: Das problemzentrierte Interview. In: Jüttemann, G. (Hrsg.): Qualitative Forschung in der Psychologie. Weinheim/Basel 1985, S. 227-255.

5. Der ‚quartäre Sektor' des Bildungssystems: Strukturen, Institutionen, Aktivitäten

Arbeitskreis Deutscher Bildungsstätten: Betr.: Bericht der Bundesregierung über den Stand und die Perspektiven der politischen Bildung in der Bundesrepublik Deutschland. In: Außerschulische Bildung 1/1996, S. 65

Ders.: Die Demokratie braucht politische Bildung. In: AUE-Informationen Hochschule Weiterbildung 23 (1996), H.1, S. 65-69.

Arbeitskreis Universitäre Erwachsenenbildung (Hrsg.): Realisierungsprobleme des Weiterbildenden Studiums. Hannover 1979.

Argumente für den Lern- und Begegnungsort Bildungsstätte. In: Außerschulische Bildung 23 (1992), H. 1, S. 39-49.

Bardeleben, R. v./Böll, G./Kühn, H.: Strukturen betrieblicher Weiterbildung. Berlin 1986.

Ders./Sauter, E.: Finanzierung der beruflichen Weiterbildung. In: Berufsbildung in Wissenschaft und Praxis 24 (1995) H. 6, S. 32-38.

Bellmann, I./Leber, U.: Der Trend zu mehr Weiterbildung. Ergebnisse aus dem Betriebspanel 1999. Typoskript (2000).

Berufsbildungsbericht 1991, hg. v. Bundesministerium für Bildung und Wissenschaft, Bonn 1991.

Berufsbildungsbericht 2001 [online], hg. v. Bundesministerium für Bildung und Forschung. [Stand 10.12.2002]. Verfügbar im Internet: http://www.bmbf.de/pub/bbb2001.pdf

Berufsbildungsbericht 2005, hg. v. Bundesministerium für Bildung und Forschung. Berlin 2005.

Berufsfortbildungswerk des DGB (Hrsg.): Informationen zum Geschäftsjahr 2000 der bfw-Gesellschaften. Düsseldorf o.J.

Berufsfortbildungswerk des DGB (Hrsg.): Geschäftsbericht 2004. Düsseldorf o.J. (2005).

Böttcher, J.: Erwachsenenbildungsarbeit der privaten Träger. In: Hacker, J./Olzog, G. (Hrsg.): Deutsches Handbuch der Erwachsenenbildung. München 1988.

Bundesinstitut für Berufsbildung: Schaubilder zur Berufsbildung, Ausgabe 1996, Bd. 2, Weiterbildung. Bielefeld 1996.

Dass. (Hrsg.): BIBBforschung 2/2002.

Bundesminister für Bildung und Wissenschaft (Hrsg.): Volkshochschule. Gutachten der Kommunalen Gemeinschaftsstelle für Verwaltungsvereinfachung (KGSt). Bonn 1973.

Ders. (Hrsg.): Betriebliche Weiterbildung. Forschungsstand und Forschungsperspektiven. Bonn 1990.

Bundesministerium für Bildung und Forschung (Hrsg.): Grund- und Strukturdaten 2000/2001. Bonn 2001.

Dass. (Hrsg.): Grund- und Strukturdaten 2003/2004. Bonn/Berlin 2004.

Bundesverband der Träger beruflicher Weiterbildung: Info-Brief Februar 2005.

Bunke, K.P.: Strukturen und Institutionen der kommerziellen Träger der Weiterbildung. In: Grundlagen der Weiterbildung – Praxishilfen, Juni 1992.

DAA: Ziele, Daten und Fakten. Die DAG-Bildungseinrichtungen stellen sich vor. CD-ROM, 2001.

Deutsche Evangelische Arbeitsgemeinschaft für Erwachsenenbildung: Recht auf Bildung für alle. Typoskript, Bonn 1991.

Dies.: Stellungnahme der DEAE zur dritten Empfehlung der Kultusministerkonferenz zur Weiterbildung. Typoskript, Bonn 1994.

Dies.: Stellungnahme der DEAE zum Schlussbericht der unabhängigen Expertenkommission „Finanzierung Lebenslangen Lernens". Verfügbar im Internet: www.deae.de/news/index.html; 02.01.2006.

Deutscher Bildungsrat: Strukturplan für das Bildungswesen. Stuttgart 1973.

Deutscher Industrie- und Handelstag (Hrsg.): Berufsbildung, Weiterbildung, Bildungspolitik 1993/94. Bonn 1994.

Ders. (Hrsg.): Berufsbildung, Weiterbildung, Bildungspolitik 1995/96. Bonn 1996.

Ders.: Karriere mit Lehre. Bonn 1998.

Deutscher Volkshochschulverband (Hrsg.): Stellung und Aufgabe der Volkshochschule, o.O. 1978.

DGB-Bildungswerk: Geschäftsbericht 1993. Düsseldorf 1994.

Dokumentation betriebliche Weiterbildung: Die meisten lernen am Arbeitsplatz. In: Informationsdienst des Instituts der deutschen Wirtschaft vom 3.2.1994, S. 4-5.

Eckert, Th.: Pluralisierung und Segmentierung des Weiterbildungsangebots am Beispiel der Region Freiburg. In: Tippelt, R./Eckert, Th./Barz, H.: Markt und integrative Weiterbildung. Bad Heilbrunn 1996, S. 46-84.

Ehmann, C.: Institutionen des Fernunterrichts. In: Grundlagen der Weiterbildung – Praxishilfen, März 1991.

Eichhorn, P.: Verwaltungs- und Wirtschaftsakademien. In: Grundlagen der Weiterbildung – Praxishilfen, Juni 1993.

Evangelische Kirche in Deutschland: Maße des Menschlichen. Verfügbar im Internet: www.ekd.de/EKD-Texte/denkschrift_154_3.html; 02.01.2006.

Faulstich, P.: (Hrsg.): Lernzeiten. Für ein Recht auf Weiterbildung. Hamburg 2002.

Faulstich, P.: Weiterbildungsarmut und Sozialstaatserosion, hg. v. Bundesverband der Träger beruflicher Bildung. Hamburg 2005.

Ders./Vespermann, P. (Hrsg.): Weiterbildung in den Bundesländern. Weinheim/München 2002.

Flaig, B./Meyer, Th./Ueltzhöffer, J.: Alltagsästhetik und politische Kultur. Berlin 1993.

Graeßner, G./Lischka, I.: Weiterbildung an Hochschulen in Deutschland. Bielefeld 1996.

Grünewald, U./Moraal, D.: Betriebliche Weiterbildung in Deutschland. Bielefeld 1996.

Dies.: Betriebliche Weiterbildung. Bielefeld 2001.

Harney, K.: Berufliche Weiterbildung als Medium sozialer Differenzierung und sozialen Wandels. Frankfurt u.a. 1990.

Ders.: Handlungslogik betrieblicher Weiterbildung. Stuttgart 1998.

Hurlebaus, H.D.: Weiterbildung im Berufsbildungsgesetz. In: Grundlagen der Weiterbildung – Praxishilfen, Dezember 1989.

Jagoda, B.: 25 Jahre Arbeitsförderungsgesetz. In: arbeit und beruf 45 (1994), H. 6, S. 165-168.

Karasch, J.: 25 Jahre Arbeitsförderungsgesetz. Das lange Sterben eines guten Gesetzes. In: arbeit und beruf 45 (1994), H.5, S. 133-138.

Knoll, J.H.: Erwachsenenbildung. In: Materialien zur Lage der Nation, hg. v. Bundesministerium für innerdeutsche Beziehungen. Bonn 1990, S.490-509.

Kompa, A.: Demontage des Assessment Centers. In: Die Betriebswirtschaft 50 (1990) H. 5, S. 587-609.

Körber, K. u.a.: Das Weiterbildungsangebot im Lande Bremen. Bremen 1995.

Krekel, E.M./Kath, F.: Was ist berufliche Bildung in Deutschland wert? Bielefeld 1999.

Kuhlenkamp, D.: Weiterbildung zwischen Förderung und Gewährleistung. In: Recht der Jugend und des Bildungswesens 1983, S. 113-125.

Kuratorium der Deutschen Wirtschaft für Berufsbildung: Über- und außerbetriebliche Weiterbildung der Wirtschaft. Gesamtstatistik 1994. Typoskript, Bonn 1996.

Kuwan, H. u.a.: Berichtssystem Weiterbildung 89, hg. v. Bundesminister für Bildung und Wissenschaft. Bonn 1990.

Ders./Waschbüsch, E.: Betriebliche Weiterbildung. Bonn 1994.

Ders. u.a.: Berichtssystem Weiterbildung VI, hg. v. Bundesminister für Bildung, Wissenschaft, Forschung und Technologie. Bonn 1996.

Ders. u.a.: Berichtssystem Weiterbildung VII, hg. v. Bundesministerium für Bildung und Forschung. Bonn 2000.

Ders. u.a.: Berichtssystem Weiterbildung VIII, hg. v. Bundesministerium für Bildung und Forschung. Bonn 2003. Verfügbar im Internet: www.bmbf.de/pub/berichtssystem_weiterbildung_viii-gesamtbericht.pdf; 02.01.2006.

Ders./Thebis, F.: Berichtsystem Weiterbildung IV, hg. v. Bundesministerium für Bidlung und Forschung. Bonn/Berlin 2005. Verfügbar im Internet: www.bmbf.de/pub/berichtssystem_weiterbildung_9.pdf; 02.01.2006.

Lange, A.: Formen der betrieblichen Weiterbildung. In: Grundlagen der Weiterbildung – Praxishilfen, Dezember 1989.

Leitbild der Katholischen Erwachsenenbildung im Lande Niedersachsen e.V. Beschluss der Mitgliederversammlung 2000 in Vechta. Verfügbar im Internet: www.kath.de/kbe/Dokumentations-Pool/Leitbild-Nds.pfd; 02.01.2006.

Lipsmeier, A.: Berufliche Weiterbildung in der Bundesrepublik Deutschland. In: Materialien zur Lage der Nation, hg. v. Bundesministerium für innerdeutsche Beziehungen. Bonn 1990, S. 363-376.

Lucas, C.: Privatschulen. In: Grundlagen der Weiterbildung – Praxishilfen, November 1992.

Muskatewitz, R./Schulze, K.: Weiterbildungsszene Deutschland. Bonn 2001.

Nuissl, E./Pehl, K.: Porträt Weiterbildung Deutschland. Bielefeld 2000.

Pawlowsky, P.: Betriebliche Qualifikationsstrategien und organisationales Lernen. In: Managementforschung Bd. 2, hg. v. Staehle, W.H./Conrad, P.. Berlin/New York 1992, S. 177-237.

Pehl, Klaus: Volkshochschulen nach der „ökonomischen Wende"? Verfügbar im Internet: www.die-bonn.de/esprid/dokumente/doc-2005/pehl05_09.pdf; 27.12.2005

Pehl, K./Reitz, G.: Volkshochschulstatistik. Arbeitsjahr 2000. Bielefeld 2001.

Pehl, K./Reitz, R.: Volkshochschulstatistik. Arbeitsjahr 2004. Verfügbar im Internet: www.die-bonn.de/esprid/dokumente/doc-2005/pehl05_04.pdf; 27.12.2005.

Reuther, U. u.a: Kundenorientierung in der Weiterbildung. Neue Formen der Kooperation zwischen Betrieben und Bildungsanbietern. Köln 1996.

Rustemeyer, D./Wittpoth, J.: Zwischen Markt und Staat. Veränderungen im Praxisfeld kultureller Weiterbildung. In: Dies. (Hrsg.): Kultur im Spannungsfeld von Politik und Wirtschaft. Berlin 1991, S. 83-93.

Sander, W.: Politische Bildung nach der Jahrtausendwende. In: Aus Politik und Zeitgeschichte B 45/2002, S. 36-44.

Sausen, H.: Kosten der außerschulischen beruflichen Bildung – kritische Anmerkungen zu einer Untersuchung des Instituts der Deutschen Wirtschaft. In: Recht der Jugend und des Bildungswesens 1983, S. 47-55.

Sauter, E.: Weiterbildungsstatistik. In: Recht der Jugend und des Bildungswesens 1990, S. 258-270.

Schmidt, B./Hogreve, H.: Erhebung zur beruflichen Weiterbildung in Unternehmen im Rahmen des EG-Aktionsprogramms FORCE. In: Wirtschaft und Statistik 1994, H. 4, S. 247-258.

Schmitt, K.H.: Zwischen Pastoral und Andragogik. In: Erwachsenenbildung 33 (1987), H. 4, S. 187-191.

Seiverth, A. (Hrsg.): Am Menschen orientiert. Re-Visionen Evangelischer Erwachsenenbildung. Bielefeld 2002.

Statistisches Bundesamt/Bundesinstitut für Berufsbildung: Berufliche Weiterbildung in Unternehmen. Typoskript, Berlin o.J.

Dies: Haupterhebung Betriebliche Weiterbildung in Deutschland. Berlin o.J.

Staudt, E.: Defizitanalyse betrieblicher Weiterbildung. In: Schlaffke, W./Weiß, R. (Hrsg.): Tendenzen betrieblicher Weiterbildung. Köln 1990, S. 36-78.

Thesenpapier: Für morgen qualifizieren: Berufliche Bildung – Wettbewerbsvorteil für Unternehmen, gesicherte Berufsperspektiven für Arbeitnehmer. In: Landesinstitut für Schule und Weiterbildung (Hrsg.): Informationen Weiterbildung in Nordrhein-Westfalen 7/1990, S. 4-8.

Urbach, D.: Handwerkskammern. In Grundlagen der Weiterbildung – Praxishilfen, April 1996.

Wagner, A.: Teilnahme am Bildungsurlaub, Daten und Tendenzen, hg. v. Bundesarbeitskreis ‚Arbeit und Leben'. Düsseldorf 1995.

Weinberg, J.: Einführung in das Studium der Erwachsenenbildung. Bad Heilbrunn, 2. Aufl. 1990.

Weiß, R.: Betriebliche Weiterbildung. Köln 1994.

Ders.: Unterschiede und Gemeinsamkeiten: Weiterbildungserhebung der Wirtschaft und europäische Weiterbildungserhebung (CVTS). In: Grundlagen der Weiterbildung 7 (1996) H. 2, S. 103-109.

Ders.: Wettbewerbsfaktor Weiterbildung. Köln 2000.

Weiterbildung in Hamburg, 2. Bericht (1988 – 1994), hg. v. Amt für Berufs- und Weiterbildung. Hamburg 1995.

Wessely, U.: Politische Bildung in der globalen Wissensgesellschaft. In: Aus Politik und Zeitgeschichte B 7-8/2004, S. 32-38.

Winter, H./Tholen, H.H.: Schwerpunkte zukunftsorientierter Weiterbildung. Köln 1983.

Wittpoth, J.: Wissenschaftliche Rationalität und berufspraktische Erfahrung. Bad Heilbrunn 1987.

Ders.: Recht, Politik und Struktur der Weiterbildung. Baltmannsweiler 1997.

Ders.: Wissenschaft und Weiterbildung. In: Jütte, W./Weber, K. (Hrsg.): Kontexte wissenschaftlicher Weiterbildung. Entstehung und Dynamik von Weiterbildung im universitären Raum. Münster 2005, S. 7-24 (2005b).

Internet

Arbeit und Leben: http://www.arbeitundleben.de
Arbeitskreis Deutscher Bildungsstätten: http://www.adbildungsstaetten.de
Arbeitsverwaltung: http://www.arbeitsagentur.de
Bund Deutscher Verkaufsförderer und Trainer: http://www.bdtv.de
Bundesarbeitsgemeinschaft Familienbildung und Beratung: http://www.familienbildung.de
Bundesverband Deutscher Privatschulen: http://www.privatschulen.de
Bundesverband Deutscher Unternehmensberater: http://www.bdu.de
Bundeszentrale für politische Bildung: http://www.bpb.de
DEKRA-Akademien: http://www.dekra-akademie.de
Deutsche Evangelische Arbeitsgemeinschaft für Erwachsenenbildung: http://www.deae.de
Deutsche Gesellschaft zur Förderung und Entwicklung des Seminar- und Tagungswesens: http://www.degefest.de
Deutscher Industrie- und Handelskammertag: http://www.dihk.de
Deutscher Volkshochschulverband: http://www.dvv-vhs.de
DGB-Bildungswerk: http://www.dgb-bildungswerk.de
DGB-Bildungswerk NRW: http://www.dgb-bildungswerk-nrw.de
Katholische Bundesarbeitsgemeinschaft für Erwachsenenbildung: http://www.kath.de/kbe
Landesarbeitsgemeinschaft für eine andere Weiterbildung NRW: http://www.laaw-nrw.de
Landessportbund NRW (Bildungswerk): http://www.wir-im-sport.de
Ländliche Erwachsenenbildung: http://www.leb.de
SAP-Akademie: http://www.sap.com
TÜV-Akademien: http://www.die-tuev-akademie.de
Unilog Integrata Training AG: http://www.unilog-integrata.de
Unternehmensberatung Luenendonk: http://www.luenendonk.de
Verwaltungs- und Wirtschaftsakademien: http://www.vwa.de
Volkswagen Coaching: http://www.vw-coaching.de
Weiterbildungsinformationssystem WIS: http://www.wis.ihk.de
Wuppertaler Kreis – Deutsche Vereinigung zur Förderung der Weiterbildung von Führungskräften: http://www.wkr-ev.de

6.   Erwachsenenbildung als Beruf

Arabin, L.: Unterrichtende an hessischen Volkshochschulen. In: Hessische Blätter für Volksbildung 46 (1996), H. 4, S. 315-325.
Arnold, R.: Betriebliche Weiterbildung. Bad Heilbrunn 1991.
Ders./Müller, H.-J.: Berufsrollen betrieblicher Weiterbildner. In: Berufsbildung in Wissenschaft und Praxis 21 (1992) H. 5, S. 36-41.
Becker, H.: Erwachsenenbildung zwischen Wissenschaft, Verwaltung, pädagogischer Praxis und Politik. In: Ders. u.a.: Wissenschaftliche Perspektiven zur Erwachsenenbildung. Braunschweig 1982, S. 7-14.
Busch, D.W./Hommerich, C.: Diplompädagogen in der Weiterbildung. In: Mader, W. (Hrsg.): Forschungen zur Erwachsenenbildung. Universität Bremen, Tagungsberichte Nr. 1. Bremen 1980, S. 84-143.
Deutscher Volkshochschul-Verband (Hrsg.): Stellung und Aufgabe der Volkshochschule. o.O. 1978.
Dinter, I./Becker, M.: Neuer Arbeitsplatz Weiterbildung. Berlin 1991.
Geißler, H.: Positionsbestimmung: Der betriebspädagogisch organisierte Dialog zwischen Theorie und Praxis betrieblicher Bildung als Entwicklungsmedium für die Betriebspädagogik. In: Ders. (Hrsg.): Neue Qualitäten betrieblichen Lernens. Frankfurt u.a. 1992, S. 9-14.

Ders.: Die ‚lernende Organisation' als ‚lebendiges Kunstwerk'. In: Ders. (Hrsg.): Neue Qualitäten betrieblichen Lernens. Frankfurt u.a. 1992, S. 81-102.

Gieseke, W.: Zur Rekonstruktion pädagogischer Handlungskonzepte hauptberuflicher Mitarbeiter an Volkshochschulen. In: Hessische Blätter für Volksbildung 30 (1980), H. 4, S. 324-330.

Dies.: Habitus von Erwachsenenbildnern. Oldenburg 1989.

Dies.: Konsequenzen und Empfehlungen. In: Dies. (Hrsg.): Programmplanung als Bildungsmanagement? Bonn 2000, S. 334-338.

Dies./Gorecki, C.: Programmplanung als Ausgleichshandeln – Arbeitsplatzanalyse. In: Gieseke, W. (Hrsg.): Programmplanung als Bildungsmanagement? Bonn 2000, S. 59-114.

Harney, K.: Handlungslogiken betrieblicher Weiterbildung. Stuttgart 1998.

Kailer, N./Mayrhofer, J.: Anforderung an Fachpersonal in Personalentwicklung und Weiterbildung. (Arbeitsbericht 3 des Lehrstuhls Personal und Qualifikation im Institut für Arbeitswissenschaft der Ruhr-Universität Bochum). Bochum 1995.

Kommission für Zukunftsfragen der Freistaaten Bayern und Sachsen: Erwerbstätigkeit und Arbeitslosigkeit in Deutschland, Teil III. Bonn 1997.

Koring, B.: Erwachsenenbildung und Professionstheorie. Überlegungen im Anschluß an Oevermann. In: Harney, K./Jütting, D./Koring, B. (Hrsg.): Professionalisierung der Erwachsenenbildung. Frankfurt u.a. 1987, S. 358-400.

Körber, K./Effinger, H.: Professionalisierung von personenbezogenen Dienstleistungen in intermediären Organisationen. In: Grundlagen der Weiterbildung 6 (1995) H. 6, S. 342-347.

Loebe, H. (Hrsg.): Klein- und Mittelbetriebe als lernende Unternehmen: Formen der Zusammenarbeit von Bildungsträgern und KMU. Bielefeld 1996.

Nittel, D.: Von der Mission zur Profession? Stand und Perspektiven der Verberuflichung der Erwachsenenbildung. Bielefeld 2000 (2000a).

Ders.: Freiberuflichkeit als Zukunftsmodell für Diplom-Pädagoginnen und -Pädagogen? In: Der pädagogische Blick 8 (2000), H. 3, S. 137-148 (2000b).

Nuissl, E.: Erwachsenenpädagogische Professionalisierung 1995ff. In: Derichs-Kunstmann, K./Faulstich, P./Tippelt, R. (Hrsg.): Qualifizierung des Personals in der Erwachsenenbildung. Frankfurt 1996, S. 23-34.

Ders.: Einführung in die Weiterbildung. Neuwied/Kriftel 2000.

Peters-Tatusch, R.: Anforderungen an Berufstätigkeit in der Erwachsenenbildung/Weiterbildung. Stellenangebote aus den Jahren 1976-1980. Hannover 1981.

Reuther, U. u.a.: Kundenorientierung in der Weiterbildung – Neue Formen der Kooperation zwischen Betrieben und Bildungsanbietern. Köln 1996.

Sarges, W. : Eignungskriterien für betriebliche Weiterbildner aus managementdiagnostischer Sicht. In: Geißler, H. (Hrsg.): Neue Qualitäten betrieblichen Lernens. Frankfurt u.a. 1992, S. 163-179.

Schmitz, E.: Zur Struktur therapeutischen, beratenden und erwachsenenpädagogischen Handelns. In: Schlutz, E. (Hrsg.): Erwachsenenbildung zwischen Schule und sozialer Arbeit. Bad Heilbrunn 1983, S. 60-78.

Schütze, F.: Sozialarbeit als ‚bescheidene' Profession. In: Dewe, B./Ferchhoff, W./Radtke, F.O. (Hrsg.): Erziehen als Profession. Opladen 1992, S. 132-170.

Scott, W. R.: Konflikte zwischen Spezialisten und bürokratischen Organisationen. In: Mayntz, R. (Hrsg.): Bürokratische Organisationen. Köln/Berlin 2. Auflage 1971, S. 201-216.

Stichweh, R.: Professionen und Disziplinen – Formen der Differenzierung zweier Systeme. In. Harney, K./Jütting, D./Koring, B. (Hrsg.): Professionalisierung der Erwachsenenbildung. Frankfurt u.a. 1987, S. 210-275.

Weiss, R.: Aufgaben und Stellung des betrieblichen Weiterbildungspersonals. In: Geißler, H. (Hrsg.): Neue Qualitäten betrieblichen Lernens. Frankfurt u.a. 1992, S.147-156.

Wittpoth, J.: Wissenschaftliche Rationalität und berufspraktische Erfahrung. Bad Heilbrunn 1987.

Ders.: Was macht die Erwachsenenbildung mit Medien? In: Literatur- und Forschungsreport Weiterbildung 42/1998, S. 14-22.

Ders.: Erziehung, Bildung, lebenslanges Lernen. Zum prekären Status von Absichten in der Erwachsenenbildung. In: Rustemeyer, D. (Hrsg.): Erziehung in der Moderne. Würzburg 2003, S. 509-520 (2003b)

Wittwer, W.: Die Aus- und Weiterbildner in außerschulischen Lernprozessen. In: Arnold, R./ Lipsmeier, A. (Hrsg.): Handbuch der Berufsbildung. Opladen 1995, S. 334-342.

7. Studium der Erwachsenenbildung und Arbeitsmarkt

Fuchs, K.: Zwischen Wissenschaftsorientierung und Berufsbezug. Das Magisterstudium und seine Studierenden. In: Krüger, H.-H./Rauschenbach, Th. (Hrsg.): Pädagogen in Studium und Beruf. Wiesbaden 2004. S. 51-74.

Heise, M.: Entgrenzung des Pädagogischen – empirische Annäherung an ein Konstrukt. In: Merkens, H./Rauschenbach, T./Weishaupt, H. (Hrsg.): Datenreport Erziehungswissenschaft 2. Opladen 2002, S. 113-123.

Krüdener, B./Schulze, J.: ... besser als ihr Ruf! Berufseinmündung und Beschäftigungssituation von Diplom-PädagogInnen. In: Der pädagogische Blick 1 (1993), H. 1, S. 19-31.

Muskatewitz, R./Schulze, K.: Weiterbildungsszene Deutschland. Bonn 2001.

Rauschenbach, T./Züchner, I.: Arbeitsmarkt. In: Otto, H.-U. u.a.: Datenreport Erziehungswissenschaft. Opladen 2000, S. 57-74.

Rauschenbach, T. u.a.: Diplom-Pädagoginnen auf dem Arbeitsmarkt. Erste Befunde einer bundesweiten Verbleibsuntersuchung. In: Merkens, H./Rauschenbach, T./Weishaupt, H. (Hrsg.): Datenreport Erziehungswissenschaft 2. Opladen 2002, S. 75-111.

Rost, F.: Lern- und Arbeitstechniken für pädagogische Studiengänge. Opladen 1997.

Schulze-Krüdener, J.: „Nichts ist sicher, aber vieles ist möglich" – Der Arbeitsmarkt für Diplom-Pädagoginnen und Diplom-Pädagogen. In: Der pädagogische Blick 5 (1997), H. 2, S. 88-101.

Internet

Zentralstelle für die Vergabe von Studienplätzen: www.zvs.de

Hinweise zum Autor

Jürgen Wittpoth (geb. 1952), Dr. phil. habil., ist Professor für Erziehungswissenschaft mit dem Schwerpunkt Erwachsenenbildung an der Ruhr-Universität Bochum.

Arbeitsschwerpunkte:
Kulturwissenschaftliche Grundlagen der Bildung Erwachsener; Funktionen von Weiterbildung im gesellschaftlichen Strukturwandel; Institutionen, Struktur- und Organisationsentwicklung in der Weiterbildung; Medien im Alltag und in Bildungsprozessen Erwachsener

Ausgewählte Buchveröffentlichungen

Formen des Studierens von Erwachsenenbildung (mit K.R. Müller und J. Knoll), Frankfurt 1987
Wissenschaftliche Rationalität und berufspraktische Erfahrung, Bad Heilbrunn 1987
Kultur im Spannungsfeld von Politik und Wirtschaft (Hrsg. mit D. Rustemeyer), Berlin 1991
Continuing Education in Higher Education (mit C. Titmus und J.H. Knoll), Leeds 1993
Rahmungen und Spielräume des Selbst, Frankfurt 1994
Recht, Politik und Struktur der Weiterbildung, Baltmannsweiler 1997
Selbstorganisiertes Lernen als Problem der Erwachsenenbildung (Hrsg. mit K. Derichs-Kunstmann u.a.), Frankfurt 1998
Erwachsene – Medien – Bildung (Hrsg.), Heft 42 des Literatur- und Forschungsreport Weiterbildung, Frankfurt 1998
Politik, Disziplin und Profession in der Erwachsenenbildung (Hrsg. mit K. Derichs-Kunstmann und P. Faulstich), Frankfurt 1999
Internationalität der Erwachsenenbildung (Hrsg. mit P. Faulstich und G. Wiesner), Bielefeld 2000
Wissen und Lernen, didaktisches Handeln und Institutionalisierung (Hrsg. mit P. Faulstich und G. Wiesner), Bielefeld 2001
Erwachsenenbildung und Zeitdiagnose – Theoriebeobachtungen (Hrsg.), Bielefeld 2001
Professionswissen und erwachsenenpädagogisches Handeln (Hrsg. mit B. Dewe und G. Wiesner), Bielefeld 2002
Erwachsenenbildung und Demokratie (Hrsg. mit B. Dewe und G. Wiesner), Heft 1/2003 des Literatur- und Forschungsreport Weiterbildung, Bielefeld 2003